KB212204

의암성사법설
義菴聖師法說

동
학
네
오
클
래
식

06

의암성사법설

義菴聖師法說

라 명 재 역주

도서
출판 모시는사람들

종교의 발전

인류의 역사와 종교는 함께 발전해 왔다. 99% 이상 유전자를 공유하는 침팬지 같은 유인원과 달리 호모 사피엔스가 다른 진화의 길을 걷게 된 요인은 여러 가지가 있겠지만, 공통적으로 지적하는 것이 타자의 감정을 공유하는 공감능력과 그것을 바탕으로 공동으로 의식하고 지향하는 상상의 질서를 만드는 인지혁명을 이야기 한다.

타인의 감정을 인식하고 공감하는 능력은 다치거나 힘든 사람을 도와주는 협력을 하고(자신이 같은 도움을 받을 기대 때문이기도 하지만, 그런 기대 없이 순수하게 돕기도 한다), 나아가 아이를 집단이 함께 돌보는 공동육아, 사냥이나 채집을 함께하고 함께 나눠먹는 공동체 생활로 이어지며 인류의 생존 능력을 비약적으로 향상시켰다. 공통의 조상이나 신을 상상하며 점차 집단이 커지고, 해낼 수 있는 일도 커져갔다. 현대에는 그러한 집단이 수억 명까지 이르는 국가로, 공통의 상상은 그 국가를 하나로 결속시키는 이념으로 발전해 왔다.

그러한 상상력이 두드러진 영역 중 하나가 인간의 힘으로 어쩔 수 없는 대상이나 현상에 대한 두려움이나 경외감에서 시작되어, 그 대상·현상 배후의 특별한 존재 즉 신을 상상하고 거기에 자신의 복락을 빌거나, 재앙을 면하게 해 달라고 기원하는 행위이다. 이것이 모든 사물에 신이 있다는 정령신앙, 다신교가 되었다.

다신 시대의 기복적인 신앙은, 사람들 의식이 깨이기 전이라 자연과 교감할 수는 있으되 그 이치를 알지 못하므로 두려워하며 진리에 반하는 일이 많았다. 그러다 차츰 깨인 사람들이 이치를 밝히고, 보편적인 윤리와 도덕을 사람들에게 가르치며 교문을 만드니 그것이 지금 전해지는 보편종교가 되었다.

기원전 900-200년에 이르는 시기에 오늘날 전해지는 유교, 불교, 도교, 유대교 같은 종교와 소크라테스 같은 철학의 시조와 사상들이 한꺼번에 등장해 인류 사상의 중심축을 이루었다. 이를 축의 시대라 한다(1947년 칼 야스퍼스). 이전의 원시종교들이 불운이나 악마를 피하고, 복을 기원하는 제례의식을 위주로 하고 정령신앙에 가까웠다면, 이 시기 이후 나타난 종교들은 자기수양, 절제, 금욕 같은 도덕성을 강조하고 있다. 흥미로운 것은 교류가 없었어도 모든 지역과 종교 그리고 사상들에 공통적으로 '역지사지' 즉 '네가 당하고 싶지 않은 일은 남에게도 하지 말라'는 공감과 자비의 정신이 관통하고 있다는 점이다.

천도교는 종교인가?

사람들이 이치를 깨우치며 각각의 현상들이 따로 있는 귀신의 작용이 아닌 서로 연관된 것임을 알게 되니, 하나의 작용하는 큰 기운, 즉 일신을 숭앙하는 일신교가 되었다. 그러나 다신교 이후 보편종교인 일신교도 악마와 마귀를 상정해 세상을 선과 악의 대립으로 보는 이신교일 뿐이다. 또한 아직 신과 사람을 분리해서, 사람은 높고 멀리 있는 신에게 기도하고 바랄 뿐, 주체적으로 자신의 삶과 세상을 바꾸지 못하는 의타적 종교일 뿐이었다.

그러나 수운 선생이 경신년(1860) 4월 5일 누구나 한울의 영기를 모시고 있음을 밝혀서, 스스로의 신앙과 의지로 자신과 세상을 변화시킬 수 있는 주체적 신앙이 시작되니 이것이 무극대도다. 즉, 선과 악이 따로 있지 않고 귀신도 한울임을 수운 선생이 밝힘으로서 진정한 진리가 밝혀진 것이다. 수운 선생은 이를 "천지는 알아도 귀신은 모르니 귀신이라는 것도 나니라"(동경대전, 논학문)라고 표현하였다.

이처럼 종교는 다신교에서 일신교를 거쳐 신과 사물(다신)은 물론 인간까지 하나 되는 인내천으로 깨달으며 발전해 온 것이다.

보편종교인 유교 불교 선교 파라문교 기독교 여러 가지 종교가 다 어디서 나왔는가? 전부 사람의 마음에서 나온 것이다. 사람이 미개했을 때와 달리 점점 지혜롭게 깨어서, 결국 근본은 하나이니 모든 것을 다 받아들여 통일이 될 수밖에 없다.

학자들은 일신교 다음 무신론으로 가는 것으로 예상한다. 서구 사회에서 종교인구가 감소하는 것과, 전통적 종교의 개념으로는 무신론으로 이해되는 불교에 대한 관심이 느는 것이 이러한 과정이라고 보는 것이다.

천도교의 신관은 멀리 있는 신이 지금 여기, 나와 모든 만물에 내려와 있는 물물천 사사천을 가르친다. 이를 학자들은 범재신론이라 부른다. 종교의 궁극적 발전 단계로 본다. 사실 신이 어디나 존재한다는 것은 신이 없다는 무신론과 상통하는 측면이 있다.

그러나 무신론을 믿는 사람과 자신을 비롯한 모든 만물에 신이 존재한다는 것을 믿는 사람은 일상생활에서 삶을 대하는 태도가 180도 다를 수밖에 없다.

매사를 한울님 대하듯 정성하고, 대하는 모든 사람과 만물을 공경하는 것이 천도교이다. 옛날 사람들은 진리를 일부만 이해했다면, 현재 우리는 그 전체를 이해하게 된 것이다. 결국 시천주 인내천의 원리에 의해서 모든 것이 하나의 이치로 돌아오는 것이다.

학자들이 천도교를 소개한 책을 보더라도 '유교 불교 선교를 합한 것이 천도교다, 각 종교 사상의 장점을 모은 것이 천도교'라고 설명하는 경우가 많다. 모든 종교가 다 한울님 성품과 마음(性心) 그 본자리에서 비롯되었는데 사람들이 그 우주 본체를 얼마나 이해했느냐 하는 정도에 따라서 여러 가지 종교가 생겨날 수밖에 없다. 사람들이 그 지혜의 정도, 깨달음의 정도, 이해하는 정도가 다 달랐기 때문에 시대마다 가르침이 그렇게 달라진 것이다.

사람들을 보편적 윤리와 도덕으로 이끌었던 보편종교들도 아직 이렇게 진리의 온전한 모습을 다 본 것이 아니었기에, 다른 종교를 배척하며 참혹한 전쟁을 일으키기도 하고, 식민주의에 편승하여 인종차별의 추악한 역사를 만들어 온 것도 사실이다.

이제 그 모든 근본은 하나임이 밝혀졌다. 유교, 불교, 선교, 기독교, 이슬람 등 모든 종교 사상이 하나로 돌아올 때가 왔다. 그것이 바로 인내천, 사람이 곧 한울님이라는 말이요, 물물천 사사천, 식물과 동물은 물론 물건에 이르기까지 모든 만물이 무형한 한울님이 유형화된 것이라는 진리다. 이것이 천도교가 밝힌 진리이다.

『의암성사법설』은 기존의 종교 관념과 다른, 모든 진리가 하나 되는 천도교의 비전을 심오하면서도 구체적으로 세세히 밝히고 있다. 독자들도 그 비전에 동참하여 무극대도의 이치를 향유하기를 바란다.

2022년 4월
라명재 심고

일러두기

천도교의 신은 우주 이법으로서의 신(性; 무극, 무선무악)과 만물을 이루고 간섭하시는 기로서의 신(心; 음양분별)과 만물 자체에 살고 있는 유형으로서의 신(身; 선악분별) 모두를 아우르는 신이다. 그러한 신이 나와 하나의 기운으로 일체(오심즉여심)이고, 그러한 신령한 지기(至氣)에 의해 만물이 형성되었으므로 우주만물이 다 일체로서 하나다. 그것이 '한울'이고 내가 적극적 신앙 행위로 모시고 섬기는 대상으로서 '한울님'이다. 여기서 "님이란 것은 존칭하여 부모와 같이 섬기는 것"(동경대전, 논학문)이다.

그러므로 하늘 천(天) 자의 번역을 천도교 신관을 반영한 경우는 한울로, 물리적 하늘을 뜻하는 경우는 하늘로 표기하였다.

의암성사법설義菴聖師法說

머리말 —— 5

여는 글 / 의암 손병희 선생과 법설 —— 13

의암성사법설 —————————————— 27

一. 無體法經무체법경 ————————— 28

二. 後經(一)후경(1) ————————————— 79

三. 後經(二)후경(2) ————————————— 88

四. 十三觀法십삼관법 —————————— 101

五. 覺世眞經각세진경 —————————— 106

六. 明心章명심장 ———————————— 115

七. 天道太元經천도태원경 ——————— 123

八. 大宗正義대종정의 ————————— 153

九. 授受明實錄수수명실록 ——————— 187

十. 明理傳명리전 ———————————— 195

十一. 三戰論삼전론 —————————— 237

十二. 以身換性說(一)이신환성설(1) ——— 261

十三. 以身換性說(二)이신환성설(2) ——— 264

十四. 性靈出世說성령출세설 ————— 268

十五. 法文법문 ─────────────── 277

十六. 無何說무하설 ─────────────── 278

十七. 人與物開闢說인여물개벽설 ─────────────── 283

十八. 入眞境입진경 ─────────────── 290

十九. 雨後靑山우후청산 ─────────────── 297

二十. 我之精神아지정신 ─────────────── 301

二十一. 三花一木삼화일목 ─────────────── 303

二十二. 勸道文권도문 ─────────────── 306

二十三. 講論經義강론경의 ─────────────── 313

二十四. 衛生保護章위생보호장 ─────────────── 319

二十五. 天道敎와 新宗敎천도교와 신종교 ─────────────── 327

二十六. 信仰統一과 規模一致신앙통일과 규모일치 ── 329

二十七. 原子分子說원자분자설 ─────────────── 335

二十八. 夢中間答歌몽중문답가 ─────────────── 336

二十九. 無何詞무하사 ─────────────── 351

三十. 降書강서 ─────────────── 368

三十一. 詩文시문 ─────────────── 375

三十二. 其他詩文기타시문 ─────────────── 435

三十三. 其他기타 ─────────────── 474

여는 글

의암 손병희 선생과 법설

『의암성사법설』 중, 신앙과 철학과 제도를 강조한 것이 있다; "우리 교의 신앙과 철학과 제도를 셋으로 나누어 사람들 마음이 향해야 할 표준을 정하였다."(대종정의)

수운 최제우 선생은 악질로 고통 받는 세상 사람들을 제인질병하기 위해 치열한 구도 끝에 한울님 마음과 하나되는 오심즉여심(吾心卽汝心)의 종교 체험을 하고, 한울님으로부터 "나의 영부를 받아 사람들을 질병에서 구하라"(포덕문)는 명을 받았다.

영부(靈符)로서 사람들의 질병을 고치는 것은 영부에 담긴 시천주(侍天主)의 한울 이치를 따르고 실천하며 삶을 개벽하는 모든 과정이 포함되어 있다. 그렇게 제인질병으로 시작된 동학은 제대로 된 의료의 보살핌은커녕 기본적인 생존 조건인 의식주조차 위협받고 있던 수많은 '아픈 민중'들의 병을 구제하고 삶을 개벽하며 들불처럼 번져나갔다.

영부로 병을 낫고 삶이 개벽되는 것은 신앙이다. 그러나 신앙이 동학-천도교의 전부는 아니다. 수운 선생 당시에도 같은 영부에 누구는 병이 낫고, 누구는 낫지 않음을 토로하고 있다; "그러나 이것을 다른 사람의 병에 써 봄에 이른즉 혹 낫기도 하고 낫지 않기도 하므로 그 까닭을 알 수 없어 이유를 살펴보니, 정성 드리고 또 정성을 드리어 지극히 한울님을 위하는 사람은 매번 들어맞고 도덕을 순종치 않는 사람은 하나도 효험이 없었으니 신선의 약이라도 효과가 있고 없고는 받는 사람의 정성과 공경에 있음이 아니겠는가."(포덕문)

이것이 철학이다. 영부에 담긴 시천주의 의미를 명확히 알고 그를 따르는 사람에게 삶이 변하고 병이 낫는 것, 이것이 신앙의 이치요 철학이다. 이치와 철학이 없는 신앙은 병이 낫지 않듯 효과도 없지만, 효과가 있어도 맹신이나 잘못된 신앙으로 빠질 수 있다. 그래서 해월 선생은 누누이 주문공부와 이치공부를 함께 해야 한다고 강조하고 있다; "주문만 외우고 이치를 생각지 않아도 옳지 않고, 다만 이치를 연구하고자 하여 한 번도 주문을 외우지 않아도 또한 옳지 않습니다. 두 가지를 겸해 온전히 하여 잠깐이라도 우러러 믿는 마음을 늦추지 않는 것이 어떠할꼬."(수도법)

신앙과 그를 뒷받침해 주는 이치공부, 철학이 있어도, 이를 시공간을 넘어 왜곡시키지 않고 체계적으로 전달하는 것은 매우 어려운 문제이다. 교조 사후 가르침이 변질되고 왜곡된 사례는 역사에 무수하다는 점이 이를 잘 보여준다. 이것이 가르침과 수행법을 체계적으로 제도화해야 하는 이유이다. 제도화된 종교의 폐단을 지적하고, 그로써 초기의 순수함을 잃는 것을 지적하는 사람도 있지만, 교리와 수행법, 전달체계가 체계적으로 정리되고 제도화되지 않으면 아무리 좋은 가르침도 대가 끊기거나 변질될 수밖에 없다.

이 문제에 대해 의암 선생은 명확하게 그 진로를 제시한다; "철학은 사람이 한울에 대해 그저 공허한 말이나 하는 것이고, 제도는 교의 겉모습일 뿐이라 하여 그 마음을 신앙에 두는 사람이 철학과 제도에 힘쓰지 않는 경우가 많다. 그러나 생각의 결과가 모습을 나타내지 않으면, 티끌 속에서 배회하는 사람을 어느 문으로 끌어들일 것이며, 보이지 않는 진리의 모습이라도 표현하고 설명하지 않으면 한울을 우러르고 사모하는 마음을 어디에 머무르게 할 수 있겠는가. 그러므로 신앙과 철학과 제도를 함께 닦는 사람은 큰 촛불을 구하여 사람들이 비추어 볼 수 있도록 돕고, 큰 뗏목을 만들어 편안히 건너기를 기다리느니라."(대종정의, 오교의 요지)

그러므로 수운 선생의 심법을 해월 선생이 수심정기와 수도법 같은 법설로 정리했고, 이를 의암 선생이 무체법경의 여러 교리, 이신환성 등의 가르침으로 집대성하였다. 예를 들어 수운선생의 시천주의 가르침은 해월 선생의 향아설위로 이어졌고, 의암 선생의 성령출세설로 이어지며 동학의 사후관이 완성되었다.

또한 수운 선생이 영부로써 병을 고쳤지만, 거기 담긴 의미는 명확했다. 누구나 한울님을 모신 신령한 존재이고, 그러므로 스스로 정성을 들여 자기 자신의 병을 치유하고 존엄한 삶을 자유롭게 영위할 수 있다는 것이다. 이런 메시지는 사회적 악질에 시달리던 민중에겐 구원의 복음이었지만, 엄격한 수직적 신분 질서로 유지되던 조선 왕조와 지배층에겐 이러한 수평적 평등을 전제로 하는 메시지는 자신들의 기득권을 위협하는 치명적 진실일 수밖에 없었다. 때문에 수운 선생은 사회 질서를 어지럽힌다는 좌도난정률의 죄목으로 4년여 만에 참형을 당할 수밖에 없었던 것이다.

그래서 의암 선생은 좋은 신앙으로 사람들의 병을 구해주는 것조차 사회 제도의 변화와 함께 해야 한다면서, 종교가 정치와 좋은 '짝'[교정일치]이라고 말씀하였다; "정치는 종교의 짝이므로, 같은 겨레가 마땅하고 편안한 삶을 살도록 하는 것을 정치라고 말한다. 그러므로 정치의 바른 목적은 같은 겨레의 자유 권한을 옳고 그름을 따져 결정하는 것이라."(천도태원경, 도연구도설)

때문에 바른 도를 펴고, 이 사회와 세상 사람의 질병을 고치기 위해서는, 바른 신앙과 그 이치를 올바르게 해석하고 설명하는 철학, 또한 사회적 제도의 개혁이 조화롭게 해결되어야 하는 것이다. 이것이 동학혁명과 3.1운동으로 이어지는 동학-천도교의 역사로 나타난 것이다. 그러한 교정쌍전, 교정일치의 사회관은 의암 선생 대에 와서 명확히 정리가 되고 있다.(삼전론, 명리전, 천도태원경) 역사와 사회를 깊게, 멀리 보는 이러한 안목은 국제적 역학관계가 나라의 운명을 좌우하는 요즘 더욱 필요한 가르침이 아닐 수 없다.

이렇듯, 동학을 처음 연 분은 수운 선생이고, 이를 삶속에서 일상적으로 실천하고 뿌리내려 전한 것은 해월 선생이고, 이 모든 것을 철학적으로 집대성하고 제도화한 것은 바로 의암 선생이었다.

혹자는 의암 선생이 독립 운동에 헌신한 모습을 보고 현실정치인, 독립 운동가의 측면만 조명하면서 도인으로서의 모습은 폄하하기도 한다. 그러나 의암 선생의 이런 신앙과 철학과 제도의 집대성으로 천도교가 일제와 참혹한 근대사를 감내하며 오늘까지 전해질 수 있었고, 근대사의 한 축을 당당히 감당할 수 있었다. 일제강점기에 천도교에서 발행한『천도교회월보』나『개벽』,『신인간』등을 비롯하여 수많은 문화적 사회적 활동을 눈부시게 전개한 소파 선생, 소춘 선생, 야뢰 선생 등의 신앙적, 이론적 뿌리가 의암 선생과 천도교의 이러한 교정일치적 교리의 완성이었음은 물론이다.

오늘 우리나라가 민주 국가로 발전할 수 있었던 토대가 된 것은 3.1독립선언서의 정신이다. 3.1정신의 근본 뿌리인 천도교의 인내천과 교정일치의 가르침을 다시 깊이 공부하고, 지금 세상의 근본적 위기를 개벽할 수 있는 혜안을 찾아보길 권한다.

『의암성사법설』의 번역을 위한 기본 텍스트는 현『천도교경전』을 기준으로 하여 수정하고 보완하였다.

의암 손병희

의암 손병희(義菴 孫秉熙, 1861~1922, 천도교에서는 聖師라고 존칭한다)는 1861년 4월 8일에 청주에서 손의조의 서자로 태어났다. 어려서부터 기개가 대범하고 작은일에 얽매이지 않았으나 어지러운 세상과 반상의 불평등을 타파할 뜻을 지니고 있던 중, 청주 이방으로 있으면서 먼저 동학에 입도하여 수도와 포덕을 지극히 하던 당질 손천민에게 도를 전해 듣고 1882년 10월에 입도하였다.

1883년 3월에 손병희, 손천민, 박인호 등이 당시 동학 도주인 해월 선생을 찾아 뵈니 해월 선생이 「독공(독실하게 공부하는 법)」 등의 설법을 행하였다. 이때 손병희가 도통하는 방법을 물으니 "도통하는 방법도 사람에 따라 다르니라. 그대는 우선 매일 짚신 두 켤레씩 삼으며 주문을 하루 3만독씩 3년 한정하고 외우라." 하였다.

1884년 10월에 해월 선생이 손병희, 박인호 등을 데리고 공주 가섭사에 가서 49일 기도를 행하시고 「강서(降書)」를 썼다. 이때 해월 선생은 필요한 물품의 운반이나 힘든 일을 모두 손병희에게만 시켰다. 심지어 아궁이를 고쳐서 밥솥을 걸게 하셨는데 일곱 번이나 새로 고쳐 걸게 하는 등 힘들게 하였으나 손병희는 조금도 싫어하는 기색이 없이 일일이 명하는 대로 하였다. 이것은 해월선생이 손병희의 근기와 심주를 시험하기 위한 것이었다.

1894년 9월 이후 동학혁명 2차 봉기로 각지에서 일본군 및 관군과 치열한 격전이 벌어져 수많은 선열들이 순도하였다. 전봉준 장군과 손병희 선생이 연합군을 이루어 관-일본군에 맞섰던 공주 우금치에서의 전투에서 패한 뒤, 전봉준, 김개남, 손화중 등의 두목들은 잇달아 잡혀 순도하였고, 손병희는 관-일본군의 포위망을 뚫어내는 데 성공하여 해월 선생을 모시고 강원도로 피신하였다.

갑오년 이후 동학 도인들을 소탕하기 위한 검색이 전국적으로 매우 심하여 교주인 해월 선생과 모든 도인들의 고초가 막심하였다. 1896년 1월 5일에 해월 선생은 손병희에게 "그대의 절의는 천하에 미칠 자 없다." 하면서 의암(義菴)이라는 도호를 내리고 청주, 충주 등지를 순회하며 도심을 수습케 하였다. 1월 11일에는 손천민에게 송암(松菴), 김연국에게 구암(龜菴)이라는 도호를 주고 의암과 함께 3인을 불러 "세 사람이 마음을 합하면 천하가 이 도를 흔들고자 하여도 어찌하지 못하리라"하였다.

1897년 12월 24일 해월 선생은 3인 중 의암을 주장으로 삼아 동학의 도통을 전수하였다. 이로써 의암 손병희는 수운-해월을 잇는 동학의 3대 교주가 되었다.

해월 선생 순도(1898.6.2) 이후 의암 선생은 심해진 지목을 피하며 손천민과 김연국 등과 함께 각처의 도인들을 지도하면서 동학 재건에 심혈을 기울였다.

1899년 7월에는 「각세진경」을 저술하고, 12월에는 「수수명실록」을 저술하였다. 1900년 5월 1일 해월 선생의 묘소를 경기도 여주군 금사면 천덕산으로 이장하였다. 8월 28일에는 청주 지역을 순접하던 손천민이 체포되어 순도하였다.

1901년 2월에 "장래 우리도를 세계에 빛내고자 하면 오늘날 문명의 대세를 살펴보지 않으면 안 될 것이라. 10년을 한정하고 외유하여 세계의 형편을 두루 살피고자 한다."고 선언하고, 3월에 일본으로 건너가서 미국으로 향하려 하였으나, 배편이 여의치 않아 상해로 갔다가 다시 일본으로 와 이상헌이라는 가명을 사용하였다. 이 해에 도가의 자제들을 선발하여 일본으로 유학을 보내기 시작했고, 11월에는 「위생보호장」을 반포하였다.

1903년에 전국적으로 동학 포덕이 늘었으나 그에 따라 관리들과의 충돌도 잦아졌고, 국제적으로는 러일 간에 개전설이 퍼져 긴박하였다. 이때 의암 선생은 도(道), 재(財), 언(言)을 골자로 개인과 국가 관계에서 삶과 정치의 본질을 되새겨보고, 앞으로의 인류사회가 지향할 비전을 담은 「삼전론」을 지어 국가와 민족의 나아갈 길을 제시하였다. 또한 도의 조직을 강화하기 위해 대두령제를 설정하고 십만명의 교인을 지도하는 수청대령, 오만 명 지도자는 해명대령, 만 명 지도자는 의창대령이라 하였다. 이 해에 「명리전」과 「무하설」을 지었다.

1904년 러일전쟁이 시작되었다. 의암 선생은 러일전쟁의 위기 속에서 조선민족 자력에 의한 개혁만이 동학의 장래와 보국안민, 포덕광제의 바른 길이라고 판단하고 도인들에게 '진보회'를 조직하고 일제히 흑의(무명 옷에 검은물을 들여서 입음), 단발하여 문명 개화의 뜻을 표방하며 궐기하게 하였는데 국내에서 이를 진두지휘한 이가 이용구였다. 이때 관에서 진보회의 배후가 동학임을 알게 되어 탄압을 시작하니 그동안 은도해오던 동학으로서는 진보회로 모든 조직이 노출되어 일대 위기에 직면하게 되었다. 이때 독립협회의 잔당이던 윤시병 등이 일진회를 조직하고 일본군의 보호하에 명맥을 유지하다가 진보회가 크게 일어남을 보고 일진회와 합병할 것을 제안하였는데, 탄압에 직면한 이용구가 이를 받아들이게 된다. 합병 초기 순수 민회 활동에 충실하던 일진회는 러일전쟁 중 도인들에게 일본의 군사 철도 부설에 복역하게 하고, 군수품 수송에 노역하게 하는 등 의암 선생의 명교를 벗어나 이용구와 송병준의 전횡이 계속되었다. 이에 각 지방 두목들이 실정을 조사하여 의암 선생에게 보고하였다. 의암 선생은 이용구에게 정도로 돌아올 것을 누차 경고하였으나 이용구는 이를 듣지 않았다.

1905년 일본이 러일전쟁에 승리하자 이용구, 송병준 등이 일진회의 이름으로 우리 나라가 일본의 보호를 받는 일에 찬성하는 성명서를 발표하였다. 이에 의암 선생은 일진회와 결별을 선언하고 교인들을 수습하기 위해 동학을 근대적 종교 체제로 개편하면서 '천도교'라는 이름으로 세상에 공포하였다(賢道).

1905년 12월 1일 동학을 천도교라 이름하고, 당시 제국신문 첫머리에 광고를 게재한 것을 비롯해 15회에 걸쳐 반복 게재하였다. 천도교란 이름은 수운 최제우 선생이 '학즉동학(學則東學)이요 도즉천도(道則天道)'라고 한 데서 연유한 것이다. 이로써 40여 년 동안 숨어서 신앙 활동을 하던 도인들의 염원이 이루어지게 된 것이다. 현도의 목적은 1차적으로 당시의 극심한 동학 탄압 상황, 이용구의 배신 행위로 말미암은 위기 상황을 공식적인 종교 조직으로 변신하여 탈피하는 데 있었다. 교단 조직을 근대화하기 위해 「천도교대헌」을 발표하고 교구를 설치하는 한편 여러 가지 신제도와 신문화를 도입하였다. 그리하여 인위적 교단 운영에서 체계적 운영으로, 점 조직이고 사적인 포덕 교화 방식에서 공식적이고 집단적인 포덕 교화 방식으로 전환하게 되었다.

의암 선생은 일본에 체류하면서 천도교를 온 세상에 널리 선포(대고천하)한 후 「대헌」 초안과 「권도문」을 인쇄하여 본국의 교인들에게 보내 널리 배포하였다.

1906년 2월, 의암 선생은 일본에서 귀국하였다. 9월에 일진회에서 난법난도하는 이용구와 송병준 등을 불러 친일 행각을 꾸짖으며 마음을 바로잡도록 최후통첩하였으나 도리어 반발하므로 이용구 이하 대두목 60여 인을 출교하였다. 그러자 이용구와 송병준은 의암 선생이 외유 중에 일임하였던 교단의 동산과 부동산 및 현금 일체를 가지고 나가 천도교는 커다란 재정난을 겪게 되었다. 이용구가 "손병희도 돈이 영웅이지 별수 있느냐. 이제 석달 이내에 굶어 죽으리라" 하였다는 말을 전해들은 의암 선생은 "우리 교회가 그동안 목 베어 죽은 귀신(수운 최제우), 목 매달려 죽은 귀신(해월 최시형), 이 두 귀신의 감화와 영우로 이렇게 발전되었는데 이제 굶어죽은 귀신까지 나오면 더 잘되게 되었다"고 웃으며 말했다는 일화가 남아있다.

1908년 4월에 부구총회(部區總會)의 의결로 수운 대선생을 '수운대신사'로, 해월 선생을 '해월신사'로 의암 선생을 '의암성사'로 추존하였다.

1908년 6월에 「강습규칙」을 발표하여 중앙에 사범종학강습소를 설치하고 각 시군에도 교리강습소를 설치하였는데, 그해에만 북으로 의주에서부터 남으로 해남 땅끝까지 전국 각지에 800여 개소가 설립되었다. 그 외에 보성학교, 동덕여학교를 비롯한 전국 수십여 학교를 인수 운영 또는 보조의 형태로 지원하여 인재 양성에 노력하였다.

1909년 12월 20일에 의암 선생은 경남 양산의 통도사 내원암으로 순행하여, 49일 특별기도를 행하고 수운 선생이 공부하던 적멸굴을 올라 '옛적에 이곳을 보았는데 오늘 또 보는구나' 하는 강시를 읊었다. 이는 수운 선생의 성령이 법신(法身)으로 의암 선생에게 출현한 것을 뜻하며, 이러한 이치를 근간으로 하여 의암 선생은 이후에 「성령출세설」 법설을 발표하였다. 이어 1910년에 「무체법경」을 저술하였다.

1914년 4월 2일 의암 선생은 각지 두목(지도자) 74인을 불러 한자리에 앉혀 놓고 '공동전수심법식'(共同傳授心法式)을 거행하였다. 이때 38자의 (의암성사법설, 법문)을 써서 74인에게 각각 나누어 주고 "대신사님께서 처음으로 출세하시었다. 그대들은 다 대신사가 되었으니 대신사는 다른 데 있는 것이 아니라 그대들의 성령 속에 출세하시었다. 양 신사의 심법은 단전밀부(單傳密符)로 내려 왔으나 나는 이제 3백만 교도에게 공동심법을 전수하노니… 앞으로는 단전단수하는 법이 없고 공동심법으로 가는 것을 알아야 한다"고 하였다.

1919년 3월 1일 3.1혁명이 일어났다. 준비 과정에서 의암 선생의 뜻으로 독립운동의 대중화, 일원화, 비폭력화 등 3원칙을 정하고, 불교와 기독교 측과 제휴, 민족대표 33인을 정하고 독립선언서를 인쇄 및 전국 배포하는 한편, 기독교 측에 자금 5000원을 지원하는 등 거사를 주도하였다. 또한 의암 선생은 2월 28일 춘암 대도주에게 교회사를 일임하는 유시문을 내렸다; "우리 교의 교무를 그대에게 맡김은 이미 십수년이라 다시 말할 필요가 없거니와, 이제 세계 인류 평

등의 큰 기운 아래 우리 동양 민족의 공동 행복과 평화를 위하여 의사를 표명치 않으면 안 되게 되었으므로, 이에 정치 방면에 일시 나아가게 되었기에 다음과 같이 부탁하노니, 그대는 간부 여러분과 함께 교무에 대하여 더 한층 분발하여 작은 일에 섣불리 움직이지 말고 우리 오만 년 대종교의 중책을 잘보호하고 나아갈지어다." 라고 당부하였다.

의암 선생은 3.1혁명 이후 서대문형무소에 수감되었다. 건강하던 의암 선생은 수형 생활하던 중, 9개월째 되는 1919년 11월 29일 돌연 뇌연화증으로 우반신마비가 되고, 1920년 5월경에는 좌반신마비까지 되었다. 10월에야 보석이 허가되어 출감하였으나 상춘원에서 치병하던 중 1922년 5월 19일 환원하였으니 향년 62세였다. 유해는 우이동 봉황각 앞에 안장되었다.

의암 선생의 법설은 1890년대 부터 저술-반포된 각 편을 의암 사후에 전편으로 편찬한 것이다.

의암성사법설
(義菴聖師法說)

一. 無體法經(무체법경)[1]

(一) 性心辨(성심변, 성품과 마음을 분별함)[2]

1. 性이 闔則 爲萬理萬事之原素요 性이 開則 爲萬理萬事之良鏡
   성   합 즉   위 만 리 만 사 지 원 소   성   개 즉   위 만 리 만 사 지 양 경
   이니 萬理萬事 入鏡中하여 能運用曰 心이요 心은 卽神이요 神은
       만 리 만 사   입 경 중   능 운 용 왈   심   심   즉 신   신
   卽氣運所致也니라
   즉 기 운 소 치 야

우주 만물의 근원인 성품이 작용을 멈추면 모든 이치와 일이 시작
되기 전의 원소이고 가능태 이지만, 그 성품이 작용하면 모든 이치
와 일을 만든다. 그러므로 성품의 원리와 이치를 알면 일이 어떻게
될지 알 수 있는 좋은 거울이 된다. 모든 이치와 일이 작용하는 틀

---

1 포덕50년(1909) 12월에 의암 선생이 崔俊模, 金相奎, 林明珠, 趙基栞 등 4인과 함께 경남
   양산 내원암에서 49일간의 기도를 마친 後 无體法經과 後經 (一), (二)를 지으셨다.(무체법
   경은 현행 경전 외에, 포덕51년 필사본, 53년판 인쇄본, 포덕62년 '천도교서'에 수록된 '무
   체법설', 포덕74년 '천도교창건사'에 실린 판본들이 있다. 여기선 현행 경전을 기준으로 하
   고 현 경전과 차이가 있는 51년판은 각주에 병기한다.) 무체는 형상이 없으니 육안을 넘
   어선, 습관된 마음을 넘은, 현상의 틀을 벗어난, 진리와 한울을 논함이다.
2 인격화된 한울님이 아닌 한울 자체의 본질을 이해하고 한울님과 나, 그리고 만물과의 관
   계를 연결해 본다. 성품과 마음같은 용어가 익숙치 않다면, 성품은 한울 원리, 마음은 한울
   (참) 기운으로 읽어 보기 바란다.

속에서 운용하는 것을 마음이라 이른다. 그러므로 만물을 운용하는 마음은 사람들이 말하는 신이요, 신은 곧 한울 기운이 이루는 것이다.

2. 運用 最始起點曰 我니 我之起點은 性天之所基因이요 性天之
   운용 최시기점왈 아   아지기점 성천지소기인   성천지
   所根本은 始乎天地未判之前而 是時 億億萬年이 自我而始焉
   소근본   시호천지미판지전이 시시 억억만년   자아이시언
   하고 自我至天地之無而是時 億億萬年이 亦至我而終焉이니라
      자아지천지지무이시시 억억만년   역지아이종 언

모든 운용은 나에서 시작된다. 내가 바뀌지 않으면 상대도 바뀌지 않고 세상도 바뀌지 않는다. 그러므로 모든 것이 시작되는, 나의 시작점이 곧 성품한울이 시작된 우주 만물의 근원과도 같다. 그렇게 나를 확장하면, 성품한울의 근본은 천지가 갈리기 전에 시작되었으니 그러므로 이 모든 억억만 년이 나로부터 시작되었고, 천지가 없어질 때까지 이 모든 억억만 년이 또한 나에게 이르러 마무리되는 것이다.

3. 是以로心幻性曰闔이요性生心曰開니 性心雙修는 惟知道者라야
   시이 심환성왈합   성생심왈개 성심쌍수   유지도자
   能之니라
   능지

이러므로 운용하는 마음이 작용을 멈추고 성품으로 바뀌면 닫혔다

고 말하고 잠잠한 성품에서 활발히 움직이는 마음이 생기면 열렸다고 말한다. 그러므로 성품과 마음을 같이 닦는 것은 오직 도를 아는 사람이라야 할 수 있는 것이다.[3]

(二) 性心身三端(성심신삼단, 성품과 마음과 몸)[4]

1. 或曰「置天於心外하고 但盡至誠하여 受感化而得道라」하고 又
    혹 왈   치 천 어 심 외   단 진 지 성   수 감 화 이 득 도   우
   曰「天在於我어니 仰之何處며 信之何處리오 但 我仰我 我信
    왈   천 재 어 아   앙 지 하 처   신 지 하 처   단   아 앙 아   아 신
   我 我覺我라」하여 使修者 心頭兩方에 疑雲萬疊케하여 爲見性
    아   아 각 아   사 수 자   심 두 양 방   의 운 만 첩   위 견 성
   覺心者之 前路茫茫이니라
    각 심 자 지   전 로 망 망

어떤 사람이 말하기를 "한울님은 내 마음 밖 아득한 곳에 계시니 다만 지극히 정성을 다하여 감화를 받아야 도를 얻는다." 하고, 또 다른 이는 "한울이 내게 있으니 어느 곳을 우러러보며 어느 곳을 믿으랴, 다만 내가 나를 우러러보고 내가 나를 믿고 내가 나를 깨닫는다."고 한다. 그러므로 닦는 이로 하여금 마음을 어디로 향해야 할

---

3 희노애락이 무상한 마음을 언제든 닫고 열고 할 수 있는게 마음공부. 마음이 닫히면 눈앞의 반짝이는 금강석도 그저 원소의 하나일 뿐, 마음이 열리면 돈이 되고 차가 되고 집이 되며 변화가 무상하다.
4 이 장에서는 수도자의 마음 자세에 대한 방향을 제시한다.

지 의심스러움이 겹치게 하여 한울 성품을 보고 마음을 깨달으려 하는 사람의 앞길을 아득케 한다.

2. 凡天地萬物이 不無主客之勢하니 觀天以主體면 我爲客이요 觀
   범 천 지 만 물   불 무 주 객 지 세   관 천 이 주 체   아 위 객   관
   我以主體면 天爲客이니 不此之辨이면 非理非道也니라 故로 主
   아 이 주 체   천 위 객   불 차 지 변   비 리 비 도 야   고   주
   客之位를 指定于兩方하노라 人之權能이 勝天이면 天在人之命
   객 지 위   지 정 우 양 방   인 지 권 능   승 천   천 재 인 지 명
   令下요 天之權能이 勝人이면 人在天之命令下니 此兩端은 只
   령 하   천 지 권 능   승 인   인 재 천 지 명 령 하   차 양 단   지
   在權能均衡이니라
   재 권 능 균 형

모든 천지 만물은 주인과 손님의 형세가 있게 마련이다. 한울을 주체로 보면 나는 한울을 찾는 손님이 되고 나를 주체로 보면 한울은 내가 모셔야 할 손님이 된다. 이를 분별치 못하면 이치도 아니고 도도 아니다. 그러므로 주객의 위치를 두 방향으로 지정한다. 사람이 한울 이치와 상관없이 하고 싶은 대로 행하면 사람 몸을 간섭해주는 한울이 사람의 명령 아래 있고, 한울 이치만 따지고 사람이 하고 싶은 것을 못하면 사람이 한울의 명령 아래 있게 된다. 이 두 가지는 권능의 균형에 있는 것일 뿐이니 사람이 하고 싶은 것을 하되 한울 이치를 어기지 않아야 한다.[5]

5 한울이치와 상관없이 하고 싶은 대로 하는 사람은 어떻게 되는가? 그것이 인과의 이치. 삼

3. 然이나 見性者不見氣하고 見氣者不見性하여 違道不已하니 惜
   연   견성자불견기   견기자불견성   위도불이   석
   乎라 性은 理也니 性理는 空空寂寂하여 無邊無量 無動無靜之
   호   성 리야 성리   공공적적   무변무량 무동무정지
   原素而已요 心은 氣也니 心氣는 圓圓充充 浩浩潑潑 動靜變化
   원소이이   심 기야 심기   원원충충 호호발발 동정변화
   無時不中者라 所以로 於斯二者에 無一이면 非性非心也니라
   무시부중자   소이   어사이자   무일   비성비심야

그러나 한울의 원리인 성품을 보는 사람은 한울의 작용인 기운을
보지 못하고, 기운을 보는 사람은 성품을 보지 못한다. 그렇게 전체
를 보지 못하고 보고 싶은 것만 보아 도에 어기니 아까워라. 그럼
성품과 이치는 무엇인가? 성품은 이치, 원리, 법칙이다. 성품과 이
치는 형상이 있는 실체가 아니다. 비고 고요하여 가이 없고 양도 없
으며 움직임도 없고 고요함도 없는 원소일 뿐이다. 마음은 만물을
움직이는 기운이고 에너지다. 마음과 기운은 둥글고 가득 차서 넓
고 넓어 흘러 물결치며 움직이고 고요하고 변하고 화하는 것이 때
에 맞지 아니함이 없는 것이다. 이러므로 기운을 움직이는 원리가
없어도, 원리만 있고 움직이는 기운이 없어도 안된다. 때문에 두 가
지에 하나가 없으면 성품도 아니고 마음도 아니다.

성과에서 설명된다.

4. 若以明之인대 無性理면 如無心木人이요 無心氣면 如無水魚子
   약 이 명 지   무 성 리   여 무 심 목 인   무 심 기   여 무 수 어 자
   니 修道者 明以察之하고 明以覺之하라 觀性者誰며 觀心者誰오
   　 수 도 자 명 이 찰 지   명 이 각 지   관 성 자 수   관 심 자 수
   若無此我身이면 性心對照何處生乎아
   약 무 차 아 신   성 심 대 조 하 처 생 호

이를 밝혀 다시 말하면 한울의 이치를 모르면 입력된 것만 하는 로
봇이나 다름없다. 한울의 기운이 간섭하지 않으면 물 없는 곳의 고
기처럼 꼼짝 못하다 곧 죽게 될 것이다. 그러니 도 닦는 사람은 밝
게 살피고 밝게 깨달아야 한다. 한울 성품을 보는 것은 누구이며 마
음을 보는 것은 누구인가. 만약 내 몸이 없으면 성품과 마음을 대조
하는 것이 어느 곳에서 생기겠는가.

5. 有性이라야 有身이요 有身이라야有心이나 然이나 性心身三者에 何
   유 성   유 신   유 신   유 심   연   성 심 신 삼 자   하
   爲先가 性爲主면 性之權能이 勝身之權能이요 身爲主면 身之
   위 선   성 위 주   성 지 권 능   승 신 지 권 능   신 위 주   신 지
   權能이 勝性之權能이니라 觀性以主體而修者는 以性之權能으
   권 능   승 성 지 권 능   관 성 이 주 체 이 수 자   이 성 지 권 능
   로 無窮於空寂界하여 擴充其原素而 不生不滅을 謂之道요 觀
   　 무 궁 어 공 적 계   확 충 기 원 소 이 불 생 불 멸 위 지 도   관
   身以主體而修者는 以身之權能으로 濶濶無碍於 現世界而涵
   신 이 주 체 이 수 자   이 신 지 권 능   활 활 무 애 어 현 세 계 이 함
   養萬族을 謂之道니라 故로 示性身雙方之修煉하여 辨論於修道
   양 만 족   위 지 도   고   시 성 신 쌍 방 지 수 련   변 론 어 수 도
   者하노라6
   자

---

6 포덕51년 판; 有性인댄 有身이요 有身인댄 有心也라. 然이나 性心身三者에 何가 爲先고.

한울 성품이 원소가 되어 몸을 이루고, 몸이 생기면서 몸을 움직이는 마음이 생겼다. 그러면 한울 성품과 마음과 몸 세 가지에서 어느 것을 먼저 해야 하겠는가. 성품이 주체가 되면 성품의 권능이 몸의 권능을 이기고, 몸이 주체가 되면 몸의 권능이 성품의 권능을 이긴다. 삶에서 성품이 주체라고 보는 사람은 한울 성품의 권능으로 비고 고요한 평화를 추구한다. 그러한 평화를 넓히고 채워 나지도 죽지도 않는 것을 도라 말한다. 반면에 현실의 삶이 더 중요하다고 보는 사람은 누구나 구속받지 않고 자유롭게 현 세계에서 모든 사람들이 행복하게 살도록 하는 것을 도라고 말한다. 그러므로 성품과 몸의 두 방향에 대한 수련을 보여 도 닦는 사람에게 밝혀 말한다.

6. 身在時는 不可不 認身以主體니 何者오 無身이면 性依何而論
   신 재 시   불 가 불 인 신 이 주 체   하 자   무 신   성 의 하 이 논
   有無며 無心이면 見性之念이 起於何處리오 夫 心은 身之屬也니
   유 무   무 심   견 성 지 념 이 기 어 하 처   부 심   신 지 속 야
   라 心是生於 以性見身之時하여[7] 無形立於 性身兩間而 爲紹
     심 시 생 어 이 성 현 신 지 시   무 형 입 어 성 신 양 간 이 위 소

性이 爲主면 身이 爲客하여 性의 權利가 身의 權利를 勝하고 身이 爲主면 身의 權利가 性의 權利를 勝하나니라. 然이나 性을 主體로 觀하고 修하는 者는 性의 權利가 空寂界에 無窮하야 元素를 確充하야 不生不滅에 道라 云하며, 身을 主體로 觀하고 修하는 者는 身의 權利가 現世界에 濶濶無碍하여 萬族을 涵養하는 道라 云하는 者 多한고로 修道者에게 性身雙方으로 修煉辨論을 示하노라.(確 굳을, 확실할 확. 濶 트일, 통할, 넓을 활. 辨 분별할 변) * 현 경전엔 擴 넓힐 확, 活活無碍(활발하고 거리낌 없이)이나 문맥상 濶로 수정함. 마지막 구절도 말 잘할 辯(현 경전)보다 분별할 辨이 문맥에 맞아 수정함. "不此之辨이면 非理非道也니라"(성심신삼단 2절)

7 見 여기서는 볼 견이 아니라 나타날 현으로 새긴다.

介萬理萬事之要樞니라
개 만 리 만 사 지 요 추

몸이 있을 때는 어쩔 수 없이 몸을 주체로 알아야 할 것이다. 왜 그
런가, 사람이 몸이 없으면 몸을 구성하는 한울 성품이 어디 의지해
서 있고 없는 것을 말하겠는가. 사람이 마음이 없으면 한울 성품이
있어도 그것을 보려는 생각이 어디서 생길 것인가. 무릇 마음은 몸
에 속한 것이다. 마음은 한울 성품이 원소로 모여 몸을 이룰 때 생
긴다. 형상은 없지만 성품과 몸 둘 사이에서 몸이 움직이는 이치를
궁리하고 몸을 움직여 일을 만드는 중심 역할을 한다.

7. 心之發跡은 以有情空氣로 生變化之能力 故로 得心力者 能
   심 지 발 적   이 유 정 공 기   생 변 화 지 능 력   고   득 심 력 자 능
   行有情天之能力與變化니라 故로 觀性於自身者 亦自能自用
   행 유 정 천 지 능 력 여 변 화   고   관 성 이 자 신 자   역 자 능 자 용
   於天之能力이니 是는 觀性之心이 亦因於有情天而 自生也니라
   어 천 지 능 력   시   관 성 지 심   역 인 어 유 정 천 이   자 생 야
   以見性者之 無我 無心 無身 無道之主意로 誹謗神通力하나니
   이 견 성 자 지 무 아 무 심 무 신 무 도 지 주 의   비 방 신 통 력
   此는 不知神通力之 自然生於性心修煉이요 但以哲學陜見으로
   차   부 지 신 통 력 지 자 연 생 어 성 심 수 련   단 이 철 학 협 견
   興其誹謗者라 故로 顧世而取天之能力하여 隨時用道 是在修
   흥 기 비 방 자   고   고 세 이 취 천 지 능 력   수 시 용 도 시 재 수
   道者之執中이니라
   도 자 지 집 중

마음의 자취는 어떻게 해서 나타나는가. 마음은 정이 있는 기로써,
몸을 움직여 사물을 변화시키는 능력이 있기 때문이다. 그러므로,

마음의 힘을 얻은 사람은 능히 한울의 마음을 움직여 그 능력과 변화를 행할 수 있다. 그러므로 제 몸에서 한울 성품을 보아 진리를 깨달은 사람도 또한 한울의 능력을 스스로 쓸 수 있으니, 이것은 성품을 보는 마음이 또한 한울 마음에 의하여 생기기 때문이다. 고요한 평화를 찾아 한울 성품만을 보는 사람이 "나도 마음도 몸도 도도 본래는 없고 영원하지 않다"는 주장으로 신통력을 헐뜯지만, 이는 마음의 힘이 자연히 성품과 마음 수련하는 데서 생기는 것을 알지 못하고, 다만 철학의 좁은 소견만으로 헐뜯는 것이다. 그러므로 세상을 살펴보아 한울의 능력을 써야 할 때 사용하고 도를 쓸 수 있어야 한다. 이는 다만 수도하는 사람이 지나치지 않도록 중도를 잡으면 된다.

(三) 神通考(신통고, 한울님과 통함을 밝힘)

1. 大神師之自謂天皇氏는 非自居天上이요 但以見性覺心으로 居
   대 신 사 지 자 위 천 황 씨   비 자 거 천 상   단 이 견 성 각 심   거
   於三界天之最上天也明矣니라 故로 空空寂寂之 無形天과 圓
   어 삼 계 천 지 최 상 천 야 명 의   고   공 공 적 적 지 무 형 천   원
   圓充充之 有情天과 塵塵濛濛之 習慣天이 俱在性心左右之
   원 충 충 지 유 정 천   진 진 몽 몽 지 습 관 천   구 재 성 심 좌 우 지
   玄眞兩方이니라
   현 진 양 방

대신사께서 자신을 천황씨[8]라고 말씀하신 것은 자신이 한울 위에 계신다는 것이 아니요, 다만 한울의 진리를 보고 마음을 깨달아 삼계천[9]의 맨 위 한울에 계신다는 것이 명백하다. 그러므로 비고 비어 고요하고 고요한 무형의 이치 한울과, 둥글고 가득한 기운과 마음이 약동하는 생명 한울과, 욕망과 인과의 티끌이 자욱한 현실 한울이 다 성품과 마음 좌우의 깊고 미묘하며 참된 두 곳에 있을 뿐 다른 곳에 있지 않다.

2. 由是 究性心則 奚獨 大神師以 天皇氏 自居리오 人皆有侍天
유시 구성심즉 해독 대신사이 천황씨 자거 인개유시천
이니 及其見性覺心에는 一也니라 神師는 居玄眞兩間하여 性一
급기견성각심 일야 신사 거현진양간 성일
邊은 不生不滅이요 心一邊은 萬世極樂이니라
변 불생불멸 심일변 만세극락

그러므로 성품과 마음을 연구하면 어찌 홀로 대신사만이 천황씨가 되겠는가. 사람은 다 모신 한울이 있으니 한울 성품을 보고 마음을 깨달음에 이르러서는 하나이다. 신사께서는 현묘한 한울 진리와

---

8 대신사는 동학을 연 수운 최제우 선생을 부르는 존칭. 천황씨는 처음 인간세상의 문명의 문을 연 성인. 수운 선생은 자신을 후천의 천황씨라 하였다. 여기서 천황씨는 모신 한울을 깨달아 한울의 이치에 어긋남이 없는 사람, 곧 깨달은 사람.
9 불가에선 극락, 지상, 지옥을 삼계천이라 한다. 그러나 여기에선 무형천, 유정천, 습관천 즉 성심신 세 한울을 뜻한다. 그러므로 삼계천의 맨 위 한울에 계시다함은 성심신의 모든 이치를 깨달으셨다는 뜻.

참된 한울 마음을 모두 깨달아 그곳에 계시므로 그 성품은 나지도 멸하지도 않음이요, 마음은 영원한 극락이다.

3. 人之覺性은 只在自心自誠이요 不在乎 天師權能이니 自心自
   인지각성   지재자심자성   부재호 천사권능   자심자
   覺이면 身是天 心是天이나 不覺이면 世自世 人自人이니라 故로
   각   신시천 심시천   불각   세자세 인자인   고
   覺性者를 謂之天皇氏요 不覺者를 謂之凡人이니라
   각성자   위지천황씨   불각자   위지범인

사람이 진리를 깨닫는 것은 다만 자기 마음이 깨닫고자 원하고 그를 위한 변함없는 정성이 있어야 한다. 자기 노력에 달려 있고 한울과 스승의 권능에 있는 것이 아니다. 자기 마음을 자기가 깨달으면 몸이 바로 한울이요 마음이 바로 한울이므로 만물과 하나 되나, 깨닫지 못하면 세상은 세상대로 사람은 사람대로 단절된다. 그러므로 성품을 깨달아 한울과 하나 된 사람을 천황씨라 이르고, 깨닫지 못해 다른 사람과 사물과 세상과 단절된 개인을 범인이라 한다.

4. 然則 惟我修道者는 勤勤不已하고 進進不退하여 心入性覺이면
   연즉 유아수도자   근근불이   진진불퇴   심입성각
   自居其位리니 一黙에 空寂極樂이요 一喜에 泰和乾坤이요 一動
   자거기위   일묵   공적극락   일희   태화건곤   일동
   에 風雲造化니라
      풍운조화

그러면 오직 우리 수도하는 사람은 어떻게 해야 하는가? 수도에 부

지런히 하고 부지런히 하여 그치지 않고, 나아가고 나아가 물러가지 아니하여, 마음이 한울 성품 깨닫는 데 들어가면 스스로 천황씨의 자리에 있게 될 것이다. 그러면 한울의 변화를 함께할 수 있으니 어디서든 조용히 묵상에 들면 그곳이 바로 비고 고요한 극락이다. 깨달은 마음으로 세상의 마음을 어루만져 한번 기뻐하면 세상이 모두 함께 기뻐하니 크게 화한 세상이다. 깨달은 몸으로 한번 움직이면 세상의 모든 변화를 이끌고 함께한다.

5. 一體三變은 性心所能이니 此之謂天皇氏요 若三端에 能一이면
   일체삼변   성심소능   차지위천황씨   약삼단   능일
   謂之聖이요 三端에 不能一이면 謂之凡이니 皇聖凡이 別無妙法
   위지성   삼단 불능일   위지범   황성범   별무묘법
   이요 只在心之定不定이니라
      지재심지정부정

한울은 하나이나 그 씀에 있어 이렇게 세 가지로 변하는 것은 성품과 마음이 할 수 있는 것이니 이를 자유로 할 수 있으면 천황씨-모든 것을 깨달아 세상의 틀을 바꿀 수 있는 사람이라 이른다. 만약 세 가지에 하나가 능하면 성인이라 이르고, 세 가지에 하나라도 능치 못하면 보통 세상 사람이라 한다. 그러나 천황씨와 성인과 범인이 분별 되는 것이 따로 별다른 묘한 방법이 있는 것이 아니고, 다만 마음을 정하고 정하지 못하는 데 있는 것일 뿐이다.

6. 見性覺心이면 我心極樂이요 我心天地요 我心風雲造化니라 心
   견성각심   아심극락   아심천지   아심풍운조화   심
外에 無空空 無寂寂 無不生 無不滅 無極樂 無動作 無喜怒
외   무공공 무적적 무불생 무불멸 무극락 무동작 무희노
無哀樂이니 惟我道人은 自心自誠하고 自心自敬하고 自心自信
무애락   유아도인   자심자성   자심자경   자심자신
하고 自心自法하여 一毫無違면 無去無來하며 無上無下하며 無
     자심자법   일호무위   무거무래   무상무하   무
求無望하여 自爲天皇氏也니라
구무망   자위천황씨야

한울 성품을 보고 마음을 깨달으면 내 마음이 곧 극락이요, 천지요,
바람과 구름의 조화와 하나가 된다. 내 마음 밖에는 빈 것도 없고,
고요함도 없고, 나지 않음도 없고, 죽지 않음도 없고, 극락도 없고,
동작도 없고, 기쁘거나 성냄도 없고, 슬프거나 즐거움도 없다. 내가
느끼고 함께 하지 않으면 의미가 없는 것이다. 그러므로 오직 우리
도인은 이 참된 내 마음을 스스로 정성하고, 공경하고, 믿으며, 법
으로 삼아야 한다. 그렇게 한울 마음과 털끝만치라도 어김이 없으
면 더이상 가는 것도 없고 오는 것도 없으며, 위도 없고 아래도 없
으며, 구할 것도 바랄 것도 없어 스스로 천황씨가 되는 것이다.

7. 故로 經에 云「我爲我而非他」요「遠不求而修我」요「在近不
   고 경 운 아위아이비타   원불구이수아   재근부
在於遠이라」하니 深思어다[10]
재어원   심사

---

10 포덕51년판; 故로 經에 云 我爲我而非他와 遠不求而修我와 在近不在於遠이란 訓辭가 明

그러므로 경에 말씀하시기를 「내가 나를 위함이요 다른 것이 아니다」 「멀리 구하지 말고 나를 닦으라」 「가까운 데 있고 먼 곳에 있지 아니하다」 하였으니 깊이 생각하라.[11]

8. 侍天主之 侍字는 卽覺天主之意也요 天主之主字는 我心主之
   시 천 주 지 시 자   즉 각 천 주 지 의 야   천 주 지 주 자   아 심 주 지
   意也니라 我心覺之면 上帝卽我心이요 天地我心이니 森羅萬象
   의 야   아 심 각 지   상 제 즉 아 심   천 지 아 심   삼 라 만 상
   이 皆我心之一物也니라 我心을 我侍니 我는 卽指名이요 指名은
   개 아 심 지 일 물 야   아 심   아 시   아   즉 지 명   지 명
   卽現身之謂也니라
   즉 현 신 지 위 야

시천주의 모실 시 자는 내게 모신 한울님을 깨달았다는 뜻이요, 천주의 님 주자는 내 마음의 님이라는 뜻이다. 그러므로 내 마음을 깨달으면 상제가 곧 내 마음이요, 천지도 내 마음이요, 우주의 모든 사물과 현상이 다 내 마음의 한 물건일 뿐이다. 그런 크고 참된 마음을 내가 모셨으니 나는 그저 이름일 뿐이고, 그 이름은 곧 현재의 몸을 말하는 것이다.

明在玆하니 深思어다.('故로'는 현 경전에 없지만, 넣는 것이 문맥에 자연스러워 삽입)
11 동경대전 팔절. 내가 찾고자 하는 나는 어떤 나인가?

9. 性心은 玄玄妙妙하여 應物無跡이나 如有如生이니라 性本無無라
　　성심　　　현현묘묘　　　　응물무적　　　　여유여생　　　　성본무무

無有 無現 無依 無立 無善 無惡 無始 無終이요 心本虛라 萬
무유　무현　무의　무립　무선　무악　무시　무종　　　심본허　　만

思萬量과 憶古憶今이 無形無迹이나 千事萬事 思量中得生이니
사만량　　억고억금　　무형무적　　　천사만사　사량중득생

라 故로 心在性裏면 變化無雙하여 造化不測이니 性身兩間에 變
　고　　심재성리　　변화무쌍　　　　조화불측　　　성신양간　　변

化自成이니라 分而言之면 心이 以白欲求則 以白示之하고 以紅
화자성　　　　분이언지　　심　　이백욕구즉　이백시지　　　이홍

求之則 以紅示之하고 以靑求之則 以靑示之하고 以黃求之則
구지즉　이홍시지　　　이청구지즉　이청시지　　　이황구지즉

以黃示之하고 以黑求之則 以黑示之니라[12]
이황시지　　　이흑구지즉　이흑시지

성품과 마음은 매우 깊고 미묘해서 눈으로 보이지 않고 물건에 자
취를 남기지 않는다. 그러나 모든 유형한 형체 내면에 있는 듯 사는
듯하다.

성품은 모든 드러난 현상 이전의 근원이므로 본래 없는 것도 없고,
있는 것도 없고, 나타난 것도 없고, 의지한 것도 없고, 서 있는 것도
없고, 선한 것도 없고, 악한 것도 없고, 처음도 없고, 나중도 없는 것

12　포덕51년판; 性心은 玄玄妙妙하야 應物無跡에 如有如生이라. 性本 無無 無有하야 無現
無依 無立 無善 無惡 無始終이요, 心은 本虛하야 萬思萬量과 憶古憶今이 無形無迹하야 千
事萬事가 思量中에 得生하나니 故로 心在性裏하야 變化無雙하고 造化難測하야 性身兩間
에 變化를 成하나니라. 分以言之면 心이 以白欲求則 以白示之하고 以紅求之則 以紅示之
하고 以靑求之則 以靑示之하고 以黃求之則 以黃示之하고 以黑求之則 以黑示之하나니라.
(億 헤아릴 억, 憶 생각할 억) 문맥으로 보아 생각할 억이(포덕53년판도 憶, 천도교서와 현
경전은 億), 현 경전의 性心양간은 '마음은 성품에서 몸이 될 때 생겨 성품(한울진리)과 몸
(현실) 사이에서(性身兩間) 만리만사를 소개'(성심신삼단)한다고 했으므로 性身兩間이 맞
을 듯. 마음의 작용은 성품을 바탕으로 몸과 성품사이에서 이루어지므로.

이다.

몸을 움직이는 마음은 본래 비어 있어, 모든 생각과 헤아림 그리고 예와 지금을 생각해도 형상도 없고 자취도 없다. 그러나 천만 가지 모든 일이 마음으로 생각하는 가운데서 얻어진다. 그러므로 마음이 욕망에 끌려가지 않고 한울 성품 속에 정해 있으면 모든 가능성과 변화가 무쌍하여 조화를 헤아릴 수 없으니, 한울 성품과 내 몸 두 사이에 모든 변화가 자연히 이루어진다.

나누어 말하면 마음이 구하고 보고자 하는 대로 성품은 모습을 나타낸다. 즉 흰 것을 구하고자 하면 흰 것으로 보이고, 붉은 것을 구하면 붉은 것으로 보이고, 푸른 것을 구하면 푸른 것으로 보이고, 노란 것을 구하면 노란 것으로 보이고, 검은 것을 구하면 검은 것으로 보인다.

10. 以此推之면 求道者 亦不可不愼也니 求者求之以正則 示亦
　　 이 차 추 지　 구 도 자　 역 불 가 불 신 야　　 구 자 구 지 이 정 즉　 시 역
正이요 求之以邪則 示亦邪니라
정　　 구 지 이 사 즉　 시 역 사

이로써 미루어 생각하면 도를 구하는 사람이 또한 삼가지 않을 수 없다. 구하는 사람이 구하기를 바르게 하면 보이는 것도 또한 바르고, 구하기를 그릇되게 하면 보이는 것도 그릇되게 보이기 때문이다.

11. 往往古之賢哲이 自求自示로 互相競爭이나 及此吾道하여는 人
왕 왕 고 지 현 철   자 구 자 시   호 상 경 쟁   급 차 오 도   인
非自求成道라 天必正示正聞 하나니 萬無一疑니라 正示正聞은
비 자 구 성 도   천 필 정 시 정 문   만 무 일 의   정 시 정 문
性心身三端이 合以示之하고 分以示之니 三端無一이면 非道非
성 심 신 삼 단   합 이 시 지   분 이 시 지   삼 단 무 일   비 도 비
理니라 吾亦此三端을 合以覺得하여 獨坐皇皇上帝之位호라
리   오 역 차 삼 단   합 이 각 득   독 좌 황 황 상 제 지 위

지나간 옛 현인과 철인이 이렇듯 자기가 구하고 보이는 대로 판단
하여 서로 다투었으나, 우리 도에 이르러서는 사람이 자기 생각으
로 구하여 도를 이루는 것이 아니라 한울님이 반드시 바르게 보이
고 바르게 들으니, 만에 하나도 의심이 없다.

바르게 보고 바르게 듣는 것은 한울 진리(성)와 한울을 위하는 마음
(심) 그리고 실현 가능한 것인지(신) 세 부분을 합하여 보고, 나누어
따져 보는 것이니 세 가지에 하나가 없으면 도가 아니고 이치도 아
니다.[13] 나도 또한 이 세 가지를 합하여 깨달아 홀로 황황상제의 자
리에 앉았노라.

12. 人必相愛라야 大道必得이니 念念思之하라 我愛衆生이면 衆去
인 필 상 애   대 도 필 득   염 념 사 지   아 애 중 생   중 거
天路하여 靈橋必成이요 衆生愛我면 我去天路하여 靈橋必成이니
천 로   영 교 필 성   중 생 애 아   아 거 천 로   영 교 필 성
眷眷相愛면 必有得果니라 性心身三端으로 相助相愛면 大道大
권 권 상 애   필 유 득 과   성 심 신 삼 단   상 조 상 애   대 도 대

13 아무리 이치에 합당해도 마음이 내키지 않고 실현이 어렵다면 탁상공론일 뿐이다.

宗이니라
종

사람이 반드시 서로 사랑해야 큰 도를 반드시 얻으리니, 항상 생각하고 생각하라. 내가 뭇 사람을 사랑하면 뭇 사람이 한울 진리의 길에 가서 영의 다리를 반드시 이룰 것이요, 뭇 사람이 나를 사랑하면 내가 한울 길에 가서 영의 다리를 반드시 이룰 것이니, 돌보고 돌보아 서로 사랑하면 반드시 성과를 얻을 수 있다. 성(한울 진리)·심(참된 마음)·신(현실의 실천) 삼단으로 서로 돕고 서로 사랑하면 대도의 큰 근본이 된다.

13. 我心送遠이라도 去處無處요 彼天來我라도 入處無處니라 道求
    아 심 송 원   거 처 무 처   피 천 래 아   입 처 무 처   도 구
何處오 必求我心이니 審矣어다
하 처   필 구 아 심   심 의

내 마음을 진리를 찾고자 멀리 보내도 진리가 따로 있는 것이 아니니 갈 곳이 없고, 저 한울이 가르침을 주기 위해 내게 와도 내 생각이 차 있으면 들어올 곳이 없다.[14] 그러므로 도를 어느 곳에서 구할

---

14 "(마음이)비어야 그 속에 영이 있어 깨달음이 스스로 나는 것입니다. 그릇이 비었으므로 만물을 받아들일 수 있고, 집이 비었으므로 사람이 거처할 수 있으며, 천지가 비었으므로 만물을 용납할 수 있고, 마음이 비었으므로 모든 이치를 통할 수 있는 것입니다."(해월신사법설, 허와실)

것인가, 반드시 내 마음에서 구할 것이니 깊이 생각하라.[15]

14. 夫性理는 空寂이나 自體秘藏中에 有大活動的動機라 萬物이
   부성리 공적   자체비장중   유대활동적동기   만물
   一切 垂精絲妙理之機脈하여 萬相이 自爲的으로 總集處作大
   일체 수정사묘리지기맥   만상 자위적   총집처작대
   活動的本地요 心은 小活動的機關이라 各受自分動作이니라
   활동적본지 심 소활동적기관   각수자분동작

본래 한울의 성품과 이치는 비고 고요하지만 자체의 비밀리 간직
한 속에 크게 활동할 만한 동기가 있는 것이다. 만물이 한울 성품으
로부터 한결같이 정밀하고 묘한 각각의 형상을 이루고 활동할 이
치의 기틀과 맥락을 받아, 사물이 스스로를 위해 원소가 전부 한 곳
에 모여 형상을 이루고, 크게 활동할 바탕이 된 것이 성품이다. 이
렇게 생기고 태어난다. 마음은 형상을 이룬 뒤 각각이 작게 스스로
활동하게 하는 기관이니 각각 자기 직분의 동작을 받은 것이다.

15. 煉心은 受自性本府之 大活動的密機니 能力이 可以運搬天
   연심   수자성본부지 대활동적밀기   능력   가이운반천
   地요 權能이 可爲萬相首位니라
   지 권능   가위만상수위

---

15 내 안의 내유신령과 밖의 외유기화가 다 같은 한울이니 어디 가고 올 것이 없다. 내 마음
   의 변화(희로애락)를 객관화시켜 바라보는 것은 마음공부의 시작. 그로써 감정에 집착하
   지 않을 수 있게 되고 자신의 감정을 스스로 조절할 수 있게 된다.

마음을 단련하는 것은 자기 성품의 본바탕에 있는 크게 활동하는 비밀의 기틀을 받는 것이니, 그 능력이 가히 천지를 운반하고 권능이 가히 모든 사물의 윗자리가 되는 것이다.[16]

(四) 見性解(견성해, 성품 보는 것을 풀이함)[17]

1. 見性을 何處見이며 守心을 何處守오 性亦我性이요 心亦我心이
   (견성) (하처견) (수심) (하처수) (성역아성)   (심역아심)

   나 見而無所요 守而無基로다 我性我心은 應物無迹이니 以何見
      (견이무소) (수이무기)   (아성아심) (응물무적)   (이하견)

   之며 以何守之리오
   (지) (이하수지)

   성품-한울의 근본 진리를 어디서 보며 참된 마음은 어디서 지킬까. 성품도 또한 내 성품이요 마음도 또한 내 마음이나, 보려 하여도 형상이 없으니 볼 곳이 없고 지키려 하여도 지킬 터전이 없다. 내 성품과 내 마음은 보이지도 자취도 없으니 어떻게 보며 어떻게 지킬 것인가.

---

16 수련을 하는 것은 나의 육신에 갇힌 소견을 벗어나 무한한 한울의 시야와 기를 소통하는 것이다.
17 견성해는 법경의 본론이 시작되는 장으로 본격적인 수행의 모습들과 과정을 안내한다. 서론의 성심변, 성심신삼단, 신통고의 말씀이 심화되므로 앞장을 숙지해야 한다. 성품 수련 과정에선 현송보다 묵송하며 내 모든 것을 비우고, 생명이 태어나기 전의 고요함을 체험하도록 한다.

2. 見性守心에 別有二端하니 自我做性과 自掛自性으로 各用自分
   견성수심   별유이단   자아주성   자괘자성   각용자분
   內 自我作心하여 互相是非하니 惜哉라
   내 자아작심   호상시비   석재

사람들이 성품을 보고 마음을 지킨다고 하는 방법이 두 가지가 있다. 본성이 어떤 건지 모른 채 스스로 내 성품은 이러해야겠다고 목표 삼아 만들거나, 내 성품은 이런 것이라고 자의대로 마음에 걸어 놓거나 한다. 그렇게 각각 자기의 알량한 소견 안에서 자기가 마음 먹은 대로 하여 서로 시비 하니 애석하다.

3. 我性我在니 見性守心은 我之任意也니라
   아성아재   견성수심   아지임의야

내 성품이 내게 있으니, 성품을 보고 마음을 지키는 것은 내가 마음대로 할 수 있다.

4. 我心을 送物外하면 無形無迹 無上無下요 我心을 送物內하면
   아심   송물외   무형무적 무상무하   아심   송물내
   億千萬像과 森羅微塵이 皆是我性我心이니라 故로 心以物外면
   억천만상   삼라미진   개시아성아심   고   심이물외
   無情理天也요 心以物內면 有情心天也니 然則 有情無情은 我
   무정이천야   심이물내   유정심천야   연즉 유정무정   아
   性心本體라
   성심본체

내 마음이 감정과 욕심에 흔들리지 않도록 어떻게 지킬 수 있는가?

내 마음이 물건의 가치나 형상, 그리고 그것을 갖고자 하는 욕심에서 벗어나면 큰 집도 좋은 차나 보석도 언젠간 사라질 먼지일 뿐임을 알게 된다. 현실 세상의 지위가 아무리 높고 낮아도, 그것은 인간의 기준일 뿐 영원하지 않음을 알게 된다. 반면에 내 마음을 물건 안에 보내 물건의 원리를 알고 그 기운과 하나 되면 수많은 형상들과 수없이 펼쳐진 작은 먼지에 이르기까지 다 내 성품이요, 내 마음이다. 그러므로 마음을 물건 밖에 두면 정 없는, 냉철한 이치 한울이다. 반면에 마음을 물건 안에 두어 감정이입하면 정 있는 마음 한울이 된다. 그러므로 정이 있고 없는 것은 내 성품과 마음이 물건에 반응하고 안하고의 차이일 뿐 본래 그런 것이다.

5. 我體秘藏이 靈妙靈迹이요 靈中所發이 我思我量이니 我思我量
   아 체 비 장   영 묘 영 적   영 중 소 발   아 사 아 량   아 사 아 량
   은 靈妙所發이니라
     영 묘 소 발

내 본래 모습에 비밀히 간직한 것이 「성령의 오묘함」과 「성령의 자취」다. 성령 속에서 나타나는 것이야말로 나의 참된 생각과 헤아림이니 성령으로 생각하고 나의 지식으로 생각하지 말라.[18] 본래 나

---

18 "심령으로 생각할 것이요, 몸의 감각과 자의식으로 생각하는 것이 아닙니다." 해월신사 법설, 수심정기.

의 모든 생각과 헤아림도 성령의 오묘함에서 나오는 것이다.

6. 覺所左岸은 性天理天이요 覺所右岸은 心天身天이니라 靈發本
   각 소 좌 안   성 천 이 천   각 소 우 안   심 천 신 천   영 발 본
   地는 我性我身이라 性無身無면 理無天無니 理亦我天後理요
   지   아 성 아 신   성 무 신 무   이 무 천 무   이 역 아 천 후 리
   古亦我心後古니라
   고 역 아 심 후 고

   깨달은 왼쪽은 성품 한울 즉 이치로써의 한울이요, 깨달은 바른쪽
   은 마음이 작용하는 한울과 몸이 있는 현실 한울이다. 나의 영은 내
   성품과 내 몸에서 나타난 것이므로, 내 성품도 몸도 없으면 이치도
   한울도 없다. 그러므로 이치도 내 한울이 있어야 이치를 생각할 것
   이고, 옛적도 내 마음이 있어야 옛적을 돌아볼 수 있는 것이다.

7. 我爲性理鏡 天地鏡 古今鏡 世界鏡이요 我爲性理天 天地天
   아 위 성 리 경 천 지 경 고 금 경 세 계 경   아 위 성 리 천   천 지 천
   古今天 世界天이니 我心은 卽天地萬物 古今世界 自裁之一造
   고 금 천 세 계 천   아 심 은   즉 천 지 만 물 고 금 세 계 자 재 지 일 조
   化翁이니라 是以로 心外無天이요 心外無理요 心外無物이요 心
   화 옹   시 이   심 외 무 천   심 외 무 리   심 외 무 물   심
   外無造化니라
   외 무 조 화

   그러므로 내 몸은 한울 성품과 이치가 실현되어 있는 거울이요, 한울
   과 땅의 기운과 원소가 담겨있는 거울이요, 삶의 예와 이제가 기록
   되어 있는 거울이요, 세상이 나의 행에 따라 변화하는 세계의 거울

이다.

나는 성품과 이치가 구현되어 있는 한울이요, 하늘과 땅이 들어 있
는 한울이요, 예와 이제의 한울이요, 세계의 한울이다.

그러므로 내 마음은 곧 천지만물과 예와 지금의 세계를 스스로 주
재하는 한 조화옹이다. 이러므로 마음밖에는 한울이 없고, 이치도
없고, 물건도 없고, 조화도 있을 수 없다.

8. 性理를 欲見이라도 求我心이요 造化를 欲用이라도 在我心이요 天
   성 리   욕 견   구 아 심   조 화   욕 용   재 아 심   천
   地萬物 世界를 欲運搬이라도 在我心一片頭니라 詩曰「心爲天
   지 만 물 세 계   욕 운 반   재 아 심 일 편 두   시 왈   심 위 천
   地衡이나 懸無一分重이요 眼爲古今錄이나 見無一字用이니라」
   지 형   현 무 일 푼 중   안 위 고 금 록   견 무 일 자 용

그러므로 성품과 이치를 보고자 할지라도 내 마음에 구할 것이요,

조화를 쓰고자 할지라도 내 마음에 있는 것이요, 천지만물 세계를

운반코자 할지라도 내 마음 한쪽에 있는 것이다.

시로써 말하기를 「마음은 천지의 저울이 되나 달아도 한 푼의 무게

도 없고, 눈은 예와 지금의 기록이 되나 보아도 글자 한 자 쓴 것이

없느니라.」[19]

---

19 자취를 남기고 자랑하고자 하는 것도 나를 분별하는 마음이 남은 것. 한울이 한울을 위한
    것일 뿐이니 내세울게 뭐 있는가? 큰 사랑일수록 드러내지 않는다. 그저 행할 뿐.

(五) 三性科(삼성과, 세가지 성품과 인과)[20]

1. 我有一物하니 物者는 我之本來我也니라 此物也는 欲見而不
   아유일물   물자   아지본래아야   차물야   욕견이불
   能見이요 欲聽而未能聽이요 欲問而無所問이요 欲把而無所把
   능견   욕청이미능청   욕문이무소문   욕파이무소파
   라 常無住處하여 不能見動靜하며 以法而不能法이나 萬法이 自
     상무주처   불능견동정   이법이불능법   만법   자
   然具體하며 以情而不能養이나 萬物이 自然生焉이니라 無變而
   연구체   이정이불능양   만물   자연생언   무변이
   自化하며 無動而自顯하여 天地焉成出하고 還居天地之本體하며
   자화   무동이자현   천지언성출   환거천지지본체
   萬物焉生成하고 安居萬物之自體하니 只爲天體因果하여 無善
   만물언생성   안거만물지자체   지위천체인과   무선
   無惡 不生不滅하나니 此所謂本來我也니라
   무악 불생불멸   차소위본래아야

   나에게 하나의 실체가 있으니 이것이 나의 본래 모습이다.[21] 이것은

   일상적인 감각과 인식으로는 보려 해도 볼 수 없고, 들으려 해도 들

   을 수 없고, 물으려 해도 물을 곳이 없고, 잡으려 해도 잡을 것이 없

   다. 그러나 따로 고정되어 머무는 곳이 없이 어디나 있고,[22] 움직이

---

20 성품-한울의 이치는 세상에 어떻게 적용되는가에 대한 설명이 본격적으로 이루어진다.
    세상의 모든 현상에는 원인이 있게 마련이다. 그 원인과 결과를 세가지 인과로 대별해 분
    석하고 있다.
21 한울-우주는 수없이 많은 생명을 낳고 기르는, 그 자체가 하나의 생명. 무한한 한울에게
    있어 사람들의 나고 죽음과 선악은 분별되지 않는다. 그러나 세상에 몸을 받아 태어나면
    감각에 의해 만들어지는 자아에 갇혀 희로애락과 생로병사를 겪는다. 하지만 그 속에서도
    변하지 않는 본성이 누구나 있으니 이를 한 물건으로 표현하였다.
22 상무주처. 한울은 어느 일정한 곳(옥경대 같은)에 계시는 것이 아니라, 언제나 어디서나
    간섭하고 명령하신다. "虛靈蒼蒼 無事不涉 無事不命."(논학문)

거나 고요함을 볼 수 없으나 모든 일을 간섭한다. 어떤 모범이 있어 그를 따르는 것이 아니나 만법이 스스로 몸에 갖추어지며, 사적인 정으로 일부러 기르지 않지만 만물이 자연히 나는 것이다. 변함이 없으나 스스로 화해 나며, 움직임이 없으나 스스로 나타나서 천지를 이루어내고 도로 천지의 본체에서 살며, 만물을 생성하고 편안히 만물 자체에서 사니, 다만 천체를 인과로 하여 선도 없고 악도 없으며 나지도 않고 죽지도 않으니 이것이 이른바 본래의 나이다.[23]

2. 然而 我亦名也요 天亦名也요 人亦名也요 性亦名也요 心亦名
   연이 아역명야   천역명야   인역명야   성역명야   심역명
   也나 特有元初二名하니 一曰我也요 二曰彼也라 我是人也요
   야   특유원초이명   일왈아야   이왈피야   아시인야
   彼是天也니라
   피시천야

그러나 나라고 하는 것은 이름일 뿐이다. 한울도 또한 이름이요, 사람도 또한 이름이요, 성품도 또한 이름이요, 마음도 또한 이름일 뿐이다. 특히 맨 처음에 두 가지 이름이 있으니 첫째는 나요, 둘째는 저쪽이라 하는 것이니, 나는 바로 사람이요 저쪽은 바로 한울이다.[24]

---

23 본래의 나에 대한 설명은 그대로 성품 즉 한울님에 대한 설명이 된다.
24 본디 나와 한울은 한 생명이나 '나'라는 인식이 생기면서 구분되기 시작한다. 이를 다시 회복하는 과정이 수련.

3. 我在彼在이요 我無彼無니 我爲我名도 我之自謂也요 天爲天名
   아 재 피 재 아 무 피 무 아 위 아 명 아 지 자 위 야 천 위 천 명
   도 我之自謂也니라 於我於彼에 各有名焉하고 先有原理原素하
   아 지 자 위 야 어 아 어 피 각 유 명 언 선 유 원 리 원 소
   여 天亦生焉이요 物亦生焉이니 理亦我之本來是我也니라
   천 역 생 언 물 역 생 언 이 역 아 지 본 래 시 아 야

내가 있으면 저쪽이 있고 내가 없으면 저쪽도 없으니, [25] 나를 나라
고 이름하는 것도 내가 스스로 한 말이요, 한울을 한울이라 이름한
것도 내가 스스로 한 말이다. 나와 그대에게 각각 이름이 있으나 먼
저 원리원소가 있어, 한울도 생기고 만물도 또한 생겼으니, 이치도
또한 내 안의 본래 나이다.

4. 物之未生은 無緣無現時代요 物之有生은 有相有現時代니 我
   물 지 미 생 무 연 무 현 시 대 물 지 유 생 유 상 유 현 시 대 아
   亦生物이라 先天億億과 後天億億이 皆由吾生而始요 天天物
   역 생 물 선 천 억 억 후 천 억 억 개 유 오 생 이 시 천 천 물
   物이 我體我用이니라
   물 아 체 아 용

만물이 생겨나기 전은 인연도 없고 나타남도 없었던 시대요, 만물
이 생겨난 다음은 형상도 있고 나타남도 있는 시대이다. 나도 또한
한울의 원소에서 생겨난 물건이다. 그러므로 선천억억과 후천억억

25 내가 있으면 네가 있고, 주가 있으면 객이 있고. 유형이 있으면 무형이 있다. 그러나 분별
   이 없어지면 일체가 본래 하나일 뿐이다.

이 다 내가 태어남으로 말미암아 시작되어 모든 한울과 모든 물건 들이 나를 몸으로 하고 나를 쓰임으로 하는 것이다.[26]

5. 我體用之 實有三性이니 一曰 圓覺性이요 二曰 比覺性이요 三
   아 체 용 지 실 유 삼 성   일 왈 원 각 성   이 왈 비 각 성   삼
   曰 血覺性이니라 圓覺性은 以爲萬法因果하여 無爲而爲故로 守
   왈 혈 각 성   원 각 성   이 위 만 법 인 과   무 위 이 위 고   수
   心煉性者 不得法體因果면 難得善果요 比覺性은 以爲萬相因
   심 연 성 자 부 득 법 체 인 과   난 득 선 과   비 각 성   이 위 만 상 인
   果하여 無現有量이니 修心見性者 若非正觀思量이면 不得眞
   과   무 현 유 량   수 심 견 성 자 약 비 정 관 사 량   부 득 진
   境이요 血覺性은 以爲禍福因果하여 有善有惡而 無時相視하니
   경   혈 각 성   이 위 화 복 인 과   유 선 유 악 이 무 시 상 시
   爲其善而世得果者는 擇其好好化頭어다
   위 기 선 이 세 득 과 자   택 기 호 호 화 두

나를 몸으로 하여 쓰이는 성품을 셋으로 나누어 볼 수 있다. 첫째는 원각성(온전히 깨달음)이요, 둘째는 비각성(비교하여 깨달음)이요, 셋째는 혈각성(몸으로 깨달음)이다.[27] 원각성은 모든 법과 이치를 인과로 삼아 원칙과 진리를 지키면 억지로 하지 않아도 자연히 이루어지는 것이다. 그러므로 한울 마음을 지키고 성품을 단련하고자 하는 사람은 법체(진리의 본체)의 인과를 얻어야 좋은 성과를 얻을 수 있다. 비각성은 모든 드러난 모습으로 인과를 삼아 어떻게 그런 모

---

26 '나'는 한울. 한울(우주)는 그 자체로 대생명이시다.
27 하나인 성품이 그 쓰임에 있어 세 가지가 된 것이다.

습이 되었는지 그 변화를 바로 볼 순 없으나 어떻게 변할지 헤아릴 수는 있는 것이다.[28] 그러므로 마음을 닦아 세상의 모든 변화하는 이치와 그 성품을 깨달으려는 사람이 만일 바르게 보고 생각하여 헤아리지 않으면 진리의 경지를 얻지 못할 것이다. 혈각성은 화와 복으로 인과를 삼아 선도 있고 악도 있어 삶에서 수시로 보는 모든 희노애락의 이치이다. 그러므로 선한 세상을 만들기 위하여 성과를 얻으려는 사람은 좋은 화두를 가려 할 것과 하지 말아야 할 것을 분별해야 한다.

6. 以此三性爲科하여 善守不失이면 見性覺心이 有時有刻이니라
　　이 차 삼 성 위 과　　선 수 부 실　　견 성 각 심　　유 시 유 각

이러한 세 성품으로 과목을 삼아 잘 지키어 잃지 않으면 성품을 보아 진리를 깨닫고 마음을 깨닫는 것이 순식간이다.

---

28 만상이란 모든 드러난 모습, 현상. 그 현상의 원인을 보는게 만상의 인과. 현 경전은 有現無量, 나타남이 있으나 헤아릴 수는 없다. 즉, 인과가 즉시 나타나는 혈각성에 비해 비각성의 인과는 사람이 나이 들며 변하듯 단시간에 나타나는 것은 아니다. 그러므로 나타남은 있으되 단순한 헤아림으로 그 결과를 추정할 수 없는 것으로 풀이해 왔다. 그러나 포덕51년판은 '無現有量' 이 경우 '나타남이 없지만 헤아릴 수는 있다'가 된다. 즉 인과가 바로 눈앞에 드러나진 않지만 나중에 어떻게 될지 가늠할 수 있다고 해석할 수 있다. 다음 구절에서 바르게 보고 생각하여 헤아리라는 구절이 따라오는 것으로 보아, 이렇게 고치는게 문맥에 맞을 듯.(포덕53년판에도 無現有量)

(六) 三心觀(삼심관, 세가지 마음 단계를 관찰함)[29]

1. 道有三心階梯하니 修心見性者 若非三階梯妙法이면 難得善
도 유 삼 심 계 제　　　수 심 견 성 자　약 비 삼 계 제 묘 법　　　난 득 선
果니라
과

도에 세 가지 마음의 계단이 있다. 마음을 닦고 성품을 보려는 사람

은 만약 이 세 계단의 묘한 방법이 아니면 좋은 성과를 얻기 어려울

것이다.[30]

2. 一曰 虛光心이니 天天物物이 各有性心하여 自體自動이 皆由
일 왈 허 광 심　　　천 천 물 물　　각 유 성 심　　　자 체 자 동　　개 유
法相色相也니라 修者念頭에 必在兩端하리니 勤勤不息하며 惺
법 상 색 상 야　　　수 자 염 두　　필 재 양 단　　　　근 근 불 식　　　성
惺不昧하고 寂寂不昏하면 虛中生光이라 必是萬理具存하여 無
성 불 매　　　　적 적 불 혼　　　허 중 생 광　　　필 시 만 리 구 존　　　무
相法體 覺所現發하며 有相色體 回光返照하여 無所不明이요
상 법 체　각 소 현 발　　　유 상 색 체　회 광 반 조　　　무 소 불 명
無所不知니 此曰 虛光心力이니라 止此不求면 吾必不贊이니 自
무 소 부 지　　차 왈 허 광 심 력　　　　지 차 불 구　　오 필 불 찬　　　자

29 한울의 본성이 무엇인지 느낀 후(강령) 한울(성품)과 나(육신) 사이에서 가장 중요한 요체
인 마음을 닦는 단계에 대한 말씀으로 법경에서 가장 중요한 장이다. 내 모습을 규정하는
것이 성품이고 그것이 인과에 의해 결정된다면 인과를 만들어 가는 것은 마음의 작용이
다. 성품 공부가 삶의 모습 전반을 돌아보는 큰 공부라 한다면 마음공부는 그때 그때의 마
음 씀을 어떻게 할 것인가 하는 미시적 실천의 장이다.
30 마음공부에 단계가 있는가 하는 것은 오랜 논란이 되어왔다. 불가의 돈오와 점수 논쟁도
그것이고. 그러나 돈오를 주장하는 것도 그 내용은 항상 수행하는 정성이 기본에 깔려 있
다. 그러므로 꾸준히 수행하며 차츰 마음의 지혜가 열려간다는 점수와 그 실 내용은 별 차
이가 없을 수도 있다.

庸奮發하여 且進一階하라
용 분 발   차 진 일 계

첫째는 허광심(비어 빛나는 마음)이니 한울과 세상의 모든 만물이 각기 타고난 성품과 마음이 있어, 스스로 형상을 갖추고 움직이는 것이 다 법상(본래의 모습)과 색상(드러난 모습)에 말미암은 것이다. 어떤 것이 본래의 모습이고, 어떤 것이 꾸며진 모습인가? 닦는 사람이 생각하기에 그 둘을 분별하여 보고 싶을 것이다. 진실을 보고자 하는 이 마음을 부지런히 하여 쉬지 아니하며, 참 모습을 깨달아 어리석음으로 어둡지 아니하고, 마음이 고요하고 평온하여 욕념에 혼미하지 아니하면, 빈 마음 가운데서 빛이 날 것이다.[31] 그러면 한울이치는 반드시 모든 곳에 갖추어 있으므로 형상 이면의 법체(진리의 본체)가 마음 깨닫는 곳에 드러난다. 형상 있는 색체(드러난 현재 모습)에 깨달음의 빛이 비치면[32] 겉모습에 속단하지 않고 본모습을 밝게 알지 못할 곳이 없다. 이것을 허광심의 힘이라고 한다. 그러나 그렇게 진실과 허상을 알고 분별하는 것에 멎어서 공부를 멈추면 있는 것만 알고 없는 것을 모르니 내 반드시 찬성하지 않을 것이다. 그러

31 진실(법상)을 알기 위해선 끊임없는 노력과 드러난 현상(색상)에 혹하지 않는 지혜와 자신의 선입견을 버린 공정한 자세가 필요하다.
32 다른 곳만 찾던 눈길을 안으로 돌려, 마음속 지혜의 밝은 빛을 내 안으로 돌려 마음안의 보물, 본성 진성을 찾는 것을 뜻한다.

니 스스로 힘써 분발하여 또 한 단계를 나아가라.

3. 二曰 如如心이니 一超上界하면 空空寂寂하여 無問無聞하며 如
   이왈 여여심   일초상계   공공적적   무문무문   여
心如眞하여 森羅萬相이 本吾一體라 唯一無二니 我我彼彼 善
심여진   삼라만상   본오일체   유일무이   아아피피 선
善惡惡 好好惡惡 生生死死 都是法體自用이라 人何作成이리
선악악 호호오오 생생사사 도시법체자용   인하작성
오. 且以法中妙用이 皆吾性心이라 性心本體는 空亦斷矣니 何
    차이법중묘용   개오성심   성심본체   공역단의   하
求此外리오마는 休休喘息하여 更加一層하라
구차외   휴휴천식   갱가일층

둘째는 여여심(같고 같은 마음)이니 보이는 것 너머 마음을 한 번 위
지경에 뛰어오르라. 유형한 세상 이전은 비고 비어 고요하고 고요
하여, 물을 것도 없고 들을 것도 없으며, 나의 본래 마음과 같고 참
과 같다. 우주의 모든 사물과 현상이 본래 나와 일체라, 오직 하나
요 둘이 아니다. 그러므로 나와 너, 선과 악, 좋은 것과 싫은 것, 나
고 죽는 것이 모두 이 법체가 스스로 쓰는 것이다. 사람이 어찌 지
어서 이루리오. 또한 법 가운데 묘하게 쓰는 것이 다 내 성품과 마
음이므로, 더 구할 것도 없는 무극이라 성품과 마음의 본체는 비고
또 끊겼다.[33] 이 밖에 무엇을 구하리오마는 쉬고 쉬어 숨을 돌려 다

33 일체만물은 원인이 있어 나타남이 있다. 원인이 있기 전의 근원(性)은 현상도 있을 수 없
    다. 일체가 공할 뿐이요 무극이다.

시 한 층계를 더 나아가라.

4. 三日 自由心이니 天亦不空이요 物亦不斷이라 道何止空이며 物
   삼 왈 자 유 심   천 역 불 공   물 역 부 단   도 하 지 공   물
   何止斷이리오 性無本末이요 理無始終이니 但因吾心一條하여 萬
   하 지 단   성 무 본 말   이 무 시 종   단 인 오 심 일 조   만
   法萬相을 量而考之니라 心有空斷이면 理亦必斷矣니 若或如是
   법 만 상   양 이 고 지   심 유 공 단   이 역 필 단 의   약 혹 여 시
   면 何可謂性이며 何可謂理乎아[34]
      하 가 위 성   하 가 위 리 호

셋째는 자유심(자유로운 마음)이니 한울도 또한 비지 아니하고 만물
도 또한 끊기지 않는다. 도가 어찌 빈 데 멎으며 만물이 어찌 끊긴
데 멎겠는가. 성품은 근본과 끝이 없고 이치는 처음과 나중이 없으
니, 다만 내 마음 한 가닥에 기인하여 모든 진리와 모든 모습을 헤
아려 생각하라. 마음이 비고 끊기면 이치 또한 반드시 끊기리니, 만
약 이렇게 세상과 삶과 단절되고 끊겨 있으면 어찌 성품이라 말할
수 있으며 어찌 이치라 말할 수 있겠는가.

---

34 포덕51년판; 天亦不空이요 物亦不斷이니 道何止空이며 物何止斷가 性無本末하고 理無
    始終하니 但因吾心一條하야 萬法萬相을 量而考之하라. 心有空斷이면 理亦必斷矣리니 若
    或如是면 何可謂性이며 何可謂理乎아. (삼왈 자유심이 없다. 현 경전엔 心唯空斷 마음이
    오직 비고 끊기면. 문맥상 有로 하는게 자연스럽다)

5. 故로 教自性自心하여 一超自由하라 心欲爲玉이면 玉亦障碍요
   고   교자성자심   일초자유   심욕위옥   옥역장애

   心欲如水면 水亦障碍요 心欲爲空爲寂이면 空寂도 亦障碍요
   심욕여수   수역장애   심욕위공위적   공적   역장애

   心欲明明이면 明亦障碍요 以吾無吾면 吾亦障碍요 心欲無心이
   심욕명명   명역장애   이오무오   오역장애   심욕무심

   라도 心亦大障碍니 以何妙法으로 脫其大障고 更加一層하여 必
        심역대장애   이하묘법   탈기대장   갱가일층   필

   用自由하라
   용자유

그러므로 자기의 성품과 마음을 가르쳐 한 번 뛰어올라 자유로워
라. 마음이 인위적으로 뭔가 되려 하는 것은 자연한 이치가 아니
다. 마음이 옥이 되고자 하면 옥도 또한 장애요, 물같이 되고자 하
면 물도 또한 장애요, 비고 고요하게 되고자 하면 비고 고요한 것도
또한 장애요, 밝고자 하면 밝은 것도 또한 장애다. 나로서 나를 없
애려 하면 나도 또한 장애요, 마음으로 마음을 없애고자 하여도 마
음도 또한 큰 장애다. 어떤 묘한 방법으로 그 큰 장애[35]를 벗어날 것
인가. 다시 한 층계를 더하여 반드시 자유를 쓰라.

6. 性心自由면 道必無終이요 世必自由면 世亦不沒이요 人必自由
   성심자유   도필무종   세필자유   세역불몰   인필자유

   면 人人億億이 了悟此自由하리니 不爲生不爲死하며 不爲無不
     인인억억   요오차자유   불위생불위사   불위무불

---

35 무엇을 하려 욕심내면 그것이 마음의 집착이 된다. 마음을 비우고 단지 정성을 드리면 한
    울의 이치에 따라 일의 성패는 결정된다. 이것이 무위이화

爲有하며 不爲善不爲惡하며 不爲喜不爲怒하여 一動一靜 日用
위 유   불 위 선 불 위 악   불 위 희 불 위 노   일 동 일 정 일 용

行事를 吾必自由니 好則好 善則善 怒則怒 生則生 死則死 每
행 사   오 필 자 유   호 즉 호 선 즉 선 노 즉 노 생 즉 생 사 즉 사 매

事每用을 無心行無碍行이니 此之謂天體公道公行이니라
사 매 용   무 심 행 무 애 행   차 지 위 천 체 공 도 공 행

성품과 마음이 자유로우면 도가 반드시 끝이 없을 것이다. 세상이
반드시 자유로우면 세상이 또한 없어지지 않을 것이다. 사람이 반
드시 자유로우면 억만 사람이 마침내 이 자유를 깨달을 것이다. 그
러면 한울이 주신 명을 살 뿐 억지로 살려 하지 않고 상황이 어렵다
고 일부러 죽으려고도 하지 않는다. 어렵고 힘들다고 없으려고 하
지 않고 자신을 내세우려 있으려고도 하지 않는다. 지금 이 자리에
나 자신으로 존재할 뿐이다. 착하려고 하지 않고 악하려고도 하지
않고 다만 내가 해야 할 일을 할 뿐이다. 상황에 맞춰 기쁘려고 하
지 않고 노하려고도 하지 않고 오직 나의 마음에 충실할 뿐이다.[36]
이렇게 움직이고 머무는 모든 것과 매일 행하는 모든 일을 내가 반
드시 자유롭게 한다. 좋으면 좋고, 착하면 착하고, 노하면 노하고,
살면 살고, 죽으면 죽고, 모든 일과 모든 쓰임을 사사로운 마음 없
이 행하고 거리낌 없이 행하니 이것을 한울님의 공변된 도와 공변

36 무위는 인위의 반대 개념. 억지로 하려고도, 하지 않으려고도 할 필요가 없다. 일체가 한
    울임을 깨달으면 좋고 나쁜 것, 삶과 죽음, 너와 나, 나와 한울의 분별이 없어진다. 더럽고
    싫은 것도 모두 내가 안고 가야 할 한울의 모습일 뿐이다.

된 행이라 한다.[37]

7. 聖亦大障이요 世必小障이니 以何斥障하여 公道公用으로 天體
   성 역 대 장   세 필 소 장   이 하 척 장   공 도 공 용   천 체
   自用고 告諭修者하니 一切障碍를 脫如弊衣하고 速步速進하여
   자 용   고 유 수 자   일 체 장 애   탈 여 폐 의   속 보 속 진
   好好自由極樂하라
   호 호 자 유 극 락

성인이 되고자 함도 큰 장애요 세상을 위하겠다 함도 작은 장애다.

이 모든 욕심을 버리고 장애를 물리치어 공변된 도와 공변된 사용

으로 한울을 스스로 쓰면 함이 없이 모든 일이 이루어진다. 닦는 사

람에 고하여 깨우쳐 주니 일체 장애를 헌 옷을 벗는 듯이 하고, 수

행의 과정을 지체하지 말고 빠른 걸음으로 나아가 좋고 좋은 자유

를 즐거워하라.[38]

(七) 極樂說(극락설, 극락을 설명함)[39]

---

37 유위가 아닌 무위에서 공도공행이 나온다. 즉 수운선생의 무위이화는 의암선생의 공도
    공행으로 이어지고 확장된다.
38 성인이 되고자 하는 것도 세상을 구하고자 함도 욕심이다. 명예와 권력의 욕심이 있음이
    다. 일체의 욕심과 인위를 버리고 한울의 뜻을 따라 정성 드리니 이것이 공도공행이요, 그
    이후의 결과는 무위이화일 따름이다. 그것이 어떤 결과이든 우리의 호불호로 판단할 필요
    가 없다. 욕심이 없고 결과에 얽매이지 않으니 얼마나 자유로운가!
39 극락설에서 진심불염까지는 무체법경 전체의 결론에 해당하는 장으로 앞의 장에서 한울
    의 본성을 깨닫고 내 마음을 본성에 합일시켜 가는 과정이 설명되었다면 여기서는 그러한
    수행을 한 사람들이 세상에 바른 도를 펴야 됨을 역설하신 실천의 장이다. 세상사는 가르
    침을 이야기하는데 제목은 극락설이다. 극락은 어디에 있는가? 기성종교들이 사후에 극

1. 我有一黙하니 世能不知로다 黙裏에 在樹하니 其幹爲性이요 其
   아 유 일 묵   세 능 부 지   묵 리 재 수   기 간 위 성   기
   枝爲心이라 有性有心에 大道必生이니라
   지 위 심   유 성 유 심   대 도 필 생

나에게는 한 잠잠하나 무한한 가능성이 있다. 하지만 세상 사람들

은 잘 알지 못한다. 잠잠한 속에 나무가 있어 그 줄기는 성품이 되

고 가지는 마음이 되었다.[40] 성품이 있고 마음이 있으니 거기에서

큰 도가 반드시 생겨 나온다.[41]

2. 道亦在世어니 若不言用이면 道斷世荒이니라
   도 역 재 세   약 불 언 용   도 단 세 황

도가 또한 세상에 있으니, 만약 도가 쓰이고 실천되지 않으면 도가

락과 지옥을 이야기하지만 이치에도 안맞고 확인도 안되는, 어리석은 사람들을 교화하기
위한 방편일 뿐이다.(천도교 사후관은 성령출세설 참조) 실제 마음이 맞지 않는 사람과 갈
등하며 함께 살고 함께 일해야 하는 상황이라면 그곳이 곧 지옥이 될 것이고, 마음이 맞는
사람과 함께라면 경제적으로 어려워도 극락이 될 수도 있다. 부부가 서로 미워하며 산다
면 그 가정은 지옥같을 것이고, 사랑하고 아끼며 살면 극락일 것이다. 거기 경제적 조건은
절대 중요 변수가 될 수 없다. 물질은 원래 내 것도 없고 영원하지도 않은데 거기에 마음을
빼앗겨 자신과 주변 사람의 마음을 다치고 힘들게 한다면 그 또한 지옥이 될 것이다. 결국
극락과 지옥은 우리 지금 사는 이곳에 있음이요, 그 선택은 모든 게 자기 마음에 달려 있
고, 어떤 마음으로 어떻게 살아가는가에 달려 있다.
40 세상이 시작되기 전은 무의 상태(잠잠함). 무에서 만물이 생겨 생명이 태동(줄기)하고 만
    물이 각각 형상을 이룬다(가지와 열매, 꽃).
41 세상이 시작되기 전 아무것도 없는 상태에선 도도 필요없다. 도는 한울의 이치가 세상에
    나타나는 법칙이므로 세상과 함께 한다. 움직이기 위해서는 방향과 방법, 속도와 목적지
    등이 있어야 한다. 가만히 있을 때는 필요 없는 이러한 규칙들이 도가 되는 것이다.

끊어지고 세상이 거칠어질 것이다.

3. 黙必爲性本이니 若不固其根이면 葉不靑花不紅이요 言必爲心
   묵 필 위 성 본   약 불 고 기 근   엽 불 청 화 불 홍   언 필 위 심
本이니 若不淸其源이면 春不來秋不來니라
본   약 불 청 기 원   춘 불 래 추 불 래

잠잠하나 무한한 가능성은 반드시 성품이 근본이니, 만약 그 근본

이 굳건하지 못하면 근본에서 표현되는 잎이 푸르지 못하고 꽃도

붉지 못하듯 형상을 제대로 이루지 못할 것이다. 말은 반드시 마음

이 근본이 되니, 만약 그 근본인 마음이 맑지 못하면 마음의 표현인

말이 맑지 못하여 다툼과 갈등이 생길 것이다. 그러면 도와 세상의

운영이 잘못되어 봄이 와도 꽃이 피지 않고, 가을이 와도 결실이 없

을 것이다.

4. 擧心而用道者 性不得黙裏면 道必歸虛요 擧言而用世者 道不
   거 심 이 용 도 자 성 부 득 묵 리   도 필 귀 허   거 언 이 용 세 자 도 부
得心裏면 世必歸荒이니 用道用世는 在性在心이요 世平國平은
득 심 리   세 필 귀 황   용 도 용 세   재 성 재 심   세 평 국 평
有言有正이니라
유 언 유 정

그렇듯이 도를 행하고자 마음을 내어 도를 쓰는 사람이 성품을 깊

은 근본으로 묵상하여 얻지 못하면 도가 반드시 빈 데 돌아갈 것이

다. 말로써 세상을 바꾸고 도를 실천하고자 하는 사람이 도를 마음

속에서 얻지 못하면 바른 말과 바른 실천이 되지 못하므로 세상이 반드시 거칠어질 것이다. 그러므로 도를 쓰고 세상을 쓰는 것은 성품과 마음에 달려 있고, 세상과 나라를 태평하게 하는 것은 바른 말에 달려 있다.

5. 言必有正이면 天亦正矣요 言必有正이면 世亦正矣요 言必有正
   언 필 유 정   천 역 정 의   언 필 유 정   세 역 정 의   언 필 유 정
   이면 國亦正矣요 言必有正이면 人人必正이니라
   국 역 정 의   언 필 유 정   인 인 필 정

말이 반드시 바르면 한울도 바르게 될 것이고, 세상도 또한 바르게 될 것이고, 나라도 또한 바르게 될 것이요, 사람마다 반드시 바르게 될 것이다.[42]

6. 天地正焉이면 萬物이 育焉이요 世界正焉이면 戰爭이 必息이요
   천 지 정 언   만 물   육 언   세 계 정 언   전 쟁   필 식
   國家正焉이면 人民이 享福이요 人人必正이면 天下極樂이리니
   국 가 정 언   인 민   향 복   인 인 필 정   천 하 극 락
   安知今日之黙이 爲後日之多言哉아
   안 지 금 일 지 묵   위 후 일 지 다 언 재

천지가 바르면 만물이 제대로 자라고, 세계가 바르면 전쟁이 반드

---

42 말은 서로간의 소통의 기본이요, 소통은 모심의 시작이다. 만물이 시천주함을 알고 실천하면 모든 것이 바르게 될 것이다

시 그치고, 국가가 바르면 인민이 복을 누리고, 사람 사람이 바르면 천하가 극락이 될 것이다. 어찌 오늘 한번 묵상하여 잠잠한 것이 후일 이토록 많은 말이 될 줄 누가 알겠는가.[43]

7. 吾用天體公法하여 以副皇皇帝心하노라(副 알맞을 부. 皇 아름다울 황)
   오 용 천 체 공 법   이 부 황 황 제 심

나는 한울의 공변된 진리로써 아름답고 거룩한 한울님 마음에 맞게 행하노라.

(八) 聖凡說(성범설, 성인과 범인은 어떻게 달라지나)[44]

1. 人이 問「聖凡이 特有差別乎이까」曰「一樹花發하니 花亦同色
   인   문   성 범   특 유 차 별 호   왈   일 수 화 발   화 역 동 색
   이요 一蒂結果하니 果亦共味로다 性本一源이요 心本一天이요 法
        일 체 결 과   과 역 공 미   성 본 일 원   심 본 일 천   법
   本一體니 何有聖凡이리오」
   본 일 체   하 유 성 범

묻기를 "성인과 범인이 특별히 차별이 있습니까?"

---

43 모든 행과 실천의 시작은 내 욕심이 아니라 한울님의 바른 이치(잠잠함)에서 시작되어야
    할 것이다. 내 잠잠함이 나를 바꾸면 내 말과 행이 개벽되는 것이고, 나로 인하여 사람들과
    세상이 바뀌고 개벽되면, 한울 마음을 가진 사람들이 사는 곳, 그곳이 곧 극락이 아닌가!
44 성인과 범인은 같은 한울 성품을 지닌 존재이나 삶을 사는 태도에 따라 차이가 있음을 말
    씀하시며 동학이 지향하는 인간상을 제시한다.

대답하시기를 "한 나무에 꽃이 피니 꽃도 같은 색깔이요, 한 꼭지에 열매가 맺혔으니 열매 또한 같은 맛이다. 성품은 본래 한 근원이요, 마음은 본래 한 한울이요, 법은 본래 한 몸이니 어찌 성인과 범인에 차별이 있겠는가."

2. 曰「聖明凡愚하니 豈無差別乎이까」曰「不然하다 性無賢愚요
   왈 성명범우   기무차별호   왈 불연   성무현우
心無賢愚요 體無賢愚나 然이나 只是用心에 小有差別하니 聖人
심무현우 체무현우 연   지시용심 소유차별   성인
은 我性不染이요 我心不變이요 我道不惰라 用心用世에 一無拘
  아성불염   아심불변   아도불타 용심용세   일무구
礙하며 持心用道에 非善不行하며 非正不用하며 非義不行하며
애   지심용도 비선불행   비정불용   비의불행
非明不爲니라 凡人은 我性을 我不知하고 我心을 我不知하고 我
비명불위 범인   아성 아부지   아심 아부지   아
道를 我不知하여 用心用世에 自用外道하며 行惡行悖하여 非正
도 아부지   용심용세 자용외도   행악행패   비정
非義를 無所不行하나니라」
비의 무소불행

묻기를 "성인은 밝고 범인은 어리석으니 어떻게 차별이 없습니까?"
대답하시기를 "그렇지 않다. 한울에서 받은 성품은 본래 어질고 어리석음이 없고, 마음도 어질고 어리석음이 없고, 몸도 어질고 어리석음이 없다. 그러나 다만 이 마음을 쓰는 데 작은 차별이 있을 뿐이다. 성인은 내 성품을 사사로운 욕념에 물들이지 않고, 내 참된 마음을 변치 않고, 내 도를 행함에 게으르지 않는다. 마음을 쓰고 세상에 실천하는 데 감출 게 없고 떳떳하니 하나도 거리낌이 없다.

참된 마음을 지니고 도를 쓰는 데 선이 아니면 행치 아니하며, 바른 것이 아니면 쓰지 아니하며, 옳은 것이 아니면 행치 아니하며, 밝은 것이 아니면 하지 않는다.[45] 범인은 내가 무엇을 잘하는지 그 성품을 내가 알지 못하고, 내가 무엇을 하고 싶은지 그 마음을 내가 알지 못하고, 내 행을 어떻게 해야 할지 그 도를 내가 알지 못한다. 그러므로 마음을 쓰고 세상을 쓰는 데 스스로 바르지 않은 길을 가며 악을 행하고 빗나간 행을 하며 정의가 아닌 것을 행치 않는 바 없다."[46]

3. 曰「聖凡性心이 一體所發이면 用心用世에 何可謂有異乎이까」
   왈 성범성심 일체소발 용심용세 하가위유이호

   曰「人生厥初에 實無一毫持來요 只將寶鏡一片이라 反照虛空
   왈 인생궐초 실무일호지래 지장보경일편 반조허공

   하니 左邊一岸은 如如寂寂이요 右邊一岸은 塵塵濛濛이라 居其
   좌변일안 여여적적 우변일안 진진몽몽 거기

   兩間하여 始生爲爲心이요 爲爲心始生하니 天地生焉이요 世界
   양간 시생위위심 위위심시생 천지생언 세계

   生焉이요 道亦必生이니라」
   생언 도역필생

묻기를 "성인과 범인의 성품과 마음이 한 몸에서 나타난 것이라면

---

45 천도교가 지향하는 인간상은 성인 또는 군자이다. 여기 그 모습이 표현된다. 결국 마음을 어떻게 사용하는가에 달려있는데 성인의 마음은 바르고 밝고 착하고 의로운 것(正明善義)를 추구하는 것이다. 자신의 본성과 마음을 알면 그 안에서 무슨 일을 하건 희로애락이 자유롭다.

46 잘못을 저지르는 것을 아는 사람은 그나마 개선의 여지가 있지만 가장 무서운 것은 자신이 잘못하고 있음을 모르는 인격장애자(사이코패스)이다. 흉악범의 경우 죄의식이 없는 경우가 많고 수많은 인명을 살상한 역사상 독재자들도 마찬가지였다.

마음을 쓰고 세상을 쓰는 데 왜 다름이 있습니까?"

대답하시기를 "사람이 태어난 처음에는 실로 한 티끌도 가지고 온 것이 없다. 다만 보배로운 거울 같은 마음 한 조각을 가진 것뿐이다.[47] 허공에 도로 비치니 왼쪽 가에 한 편은 모두 같고 차별 없는 고요하고 평온한 진리의 세상이고, 바른쪽 가에 한 편은 티끌이 자욱하고 희노애락이 교차하는 현실의 모습이다.[48] 그 두 사이에 살면서 비로소 진리로써 현실을 위하는 마음(위위심)이 생기었고, 위위심이 비로소 생기니 천지가 생기고, 세계가 생기고, 도가 또한 반드시 생기었다."[49]

47 사람이 태어날 때 거울 한 조각만 가지고 태어난다. 거울 한 조각은 무엇을 말씀하신 것일까? 사람의 마음은 그로서 세상을 비추어보니 거울로 많이 표현한다. 거울이 일그러져 있으면 세상이 왜곡되어 보일 것이고, 거울이 때가 많으면 세상을 정확하게 비추어 볼 수 없을 것이다. 거울을 바르게 해야 하고 항상 먼지(욕념)가 끼지 않게 닦아야 하는 이유다.
48 거울 양편의 모습은 무엇을 뜻할까? 낮의 활동이 있으면 밤의 휴식이 있어야 하고, 생명이 있으면 죽음이 있다. 이 음양이 모두 차별 없는 한울 모습이다. 한쪽만 보거나 알아선 온전한 진리를 볼 수 없다.
49 성품 자리는 비고 고요하니 도가 필요 없지만 티끌이 자욱한 현상 세계는 규칙이 필요하다. 왜 규칙이 필요한가? 물건이 물건답고 사람이 사람답기 위해, 스스로 타고난 성품을 온전히 드러내기 위해 필요할 것이다. 이렇듯 만물이 제 모습을 잡기를 바라는 마음이 위위심일 것이다. 그것은 또한 무한한 사랑이기도 하다. 이 마음이 없으면 세상과 만물이 뒤죽박죽, 제멋대로일 것이니 참으로 큰 마음이다. 천지와 세계와 도를 낳은 어머니의 마음이다.

4. 古今賢哲이 只此一心으로 恒時不休하며 悠悠不絶하며 天地萬
   고 금 현 철   지 차 일 심   항 시 불 휴   유 유 부 절   천 지 만
物을 皆載於爲爲心頭나 凡人은 無爲爲心하여 只以今日所見으
물   개 재 어 위 위 심 두   범 인   무 위 위 심   지 이 금 일 소 견
로 爲今日心하고 且以明日所見으로 爲明日心하여 不知方向하고
   위 금 일 심   차 이 명 일 소 견   위 명 일 심   부 지 방 향
莫非自性所關이나 不知本性之本來하고 每事莫非自心所關이
막 비 자 성 소 관   부 지 본 성 지 본 래   매 사 막 비 자 심 소 관
나 不知自心之用道하니 此所謂 凡人魔奪心이니라 性本無賢愚
   부 지 자 심 지 용 도   차 소 위 범 인 마 탈 심   성 본 무 현 우
나 然이나 用心에 必在賢愚니라
   연   용 심   필 재 현 우

예와 지금의 현인과 철인이 다만 이 한마음으로 항시 쉬지 않고 오
래오래 끊기지 아니하며 천지만물을 다 위위심의 마음으로 보고
행해 왔다. 그러나 범인은 위위심이 없어 다만 오늘 보는 것으로서
오늘 마음을 삼고, 또 내일 보는 것으로서 내일 마음을 삼아 삶의
방향을 알지 못한다.[50] 모든 것이 자기 천성 소관 아님이 없으나 자
기 성품이 어디에서 비롯됐는지 알지 못한다. 모든 일이 자기 마음
소관 아님이 없으나 자기 마음의 용도를 알지 못한다. 이것이 이른
바 범인의 마탈심(마·욕심에 빼앗긴 마음)이다.[51] 성품은 본래 어질고
어리석음이 없으나, 그러나 마음을 쓰는 데 반드시 어질고 어리석

---

50 보통 사람들은 오늘 점심은 뭘 먹지? 오늘 퇴근하면 뭐 하지? 오늘 하루 피곤했다. 어떻
    게 하면 좀 덜 일하고 많이 벌 수 있을까? 그러면서 자기 삶이 어떻게 흘러가는지 큰 방향
    을 모른다. 그저 그날 그날을 닥치는 대로 살 뿐.
51 마탈심은 법경에서 사용된 고유용어. 마에 빼앗긴 마음. 마는 무엇인가? 진리보다 내 욕
    심을 위하는 것, 맑은 마음을 흐리는, 유혹하는 모든 것이 마다.

음이 있는 것이다.

5. 聖人之爲爲心은 卽自利心이니 自利心이 生則 利他心이 自生
   성 인 지 위 위 심   즉 자 리 심   자 리 심   생 즉 이 타 심   자 생
   이요 利他心이 生則 共和心이 自生이요 共和心이 生則 自由心
      이 타 심   생 즉 공 화 심   자 생   공 화 심   생 즉 자 유 심
   이 自生이요 自由心이 生則 極樂心이 自生이니라
      자 생   자 유 심   생 즉 극 락 심   자 생

성인의 위위심은 곧 자리심(스스로 이로운 마음)이니[52] 자리심이 생기
면 이타심(남을 이롭게 하는 마음)이 저절로 생기고, 이타심이 생기면
공화심(함께 화하고자 하는 마음)이 저절로 생기고, 공화심이 생기면
자유심(얽매이지 않는 마음)이 저절로 생기고, 자유심이 생기면 극락
심(지극히 안락하고 행복한 마음)이 저절로 생기게 된다.

6. 凡人은 魔奪心이 一生이면 一身이 必亡이요 一國이 必亡이요 一世
   범 인   마 탈 심   일 생   일 신   필 망   일 국   필 망   일 세
   必亡이요 天地必亡이니 人은 不有魔奪心이요 不失爲爲心이니라
   필 망   천 지 필 망   인   불 유 마 탈 심   부 실 위 위 심

세상 사람이 참된 마음을 잃고 마탈심이 생기면 한울의 간섭을 받
지 못하고 바른 판단을 못하므로 한 몸이 반드시 망한다. 한 사람,

52 본래의 나는 작은 육신에 한정된 나가 아니다. 만물에 공유한 참 생명이 '나'이다. 그러므
로 모두를 이롭게 하는 것이 곧 나를 이롭게 하는 것이요, 개별 육신만을 위하는 각자위심
은 곧 모두를 상하게 하는 것이다.

한 사람의 잘못된 마음과 그로 인한 행은 한 나라를 망하게 하고, 한 세상을 망하게 하고, 천지를 망하게 할 것이다.[53] 그러므로 누구든지 마탈심을 두지 말고, 위위심을 잃지 말아야 할 것이다.

(九) 眞心不染(진심불염, 참된 마음은 물들지 않는다)[54]

1. 衆生이 陷萬塵千坑하여 不能解脫迷夢하니 說解脫世塵理由하
   중생   함만진천갱   불능해탈미몽   설해탈세진이유
   리라[55]

세상 사람들은 마음을 가리는 수많은 티끌과 유혹에 빠져 자신이 살아갈 길을 모르고 아득한 꿈에서 벗어나지 못한다. 이제 세상 티끌 구덩이에 얽매인 삶을 벗어나 자유로운 삶을 사는 방법을 설명한다.

2. 我是我也니 我爲一塵이요 物是物也니 物爲萬塵이라 我塵物塵
   아시아야   아위일진   물시물야   물위만진   아진물진
   이 都是一塵이니 何能染此며 何能染彼리오 然而 我爲有情이요
     도시일진   하능염차   하능염피   연이 아위유정
   物爲無情이니 以有情으로 奪無情은 理所固然이라 有心有奪을
   물위무정   이유정   탈무정   이소고연   유심유탈

---

53 한 사람의 마탈심이 천지를 망칠 수 있듯이, 한 사람의 위위심이 천지를 구할 수도 있다.
54 세상을 사는 사람들의 마음은 모두 한울 마음이나, 욕심으로 참 마음이 가려져 삶이 고해에 빠진다. 이를 경계하는 것이 마지막 장의 요지이다.
55 포덕51년판; 衆生이 萬塵千坑에 陷하야 迷夢을 解脫키 不能하기로 世塵 解脫의 理由를 說明하노라.(현행 경전에는 說자가 없으나 있어야 뜻이 보다 명확해질 듯)

是謂塵染이나 實有不然이니 再思再思어다
시 위 진 염   실 유 불 연   재 사 재 사

나는 나일 뿐 다른 누구도 아니다. 나는 무한한 우주에서 한 티끌
일 뿐이다. 물건은 물건일 뿐 그 가치는 사람들 생각일 뿐이다. 물
건은 또한 많은 티끌일 뿐이다. 나라는 티끌과 물건이란 티끌이 모
두 한 티끌이니 어찌 여기에 물들며 저기에 물들겠는가. 그러나 나
는 생각과 생각에 따라 몸을 움직이게 하는 정이 있고 만물은 정이
없어 스스로 움직이지 못하니, 정 있는 것으로써 정 없는 것을 쓰는
것은 이치가 본래 그런 것이다. 마음이 있고 빼앗겨 쓰이는 것을 티
끌에 물들었다고 말하나, 실로 그렇지 않다. 본래 같은 티끌임을 알
고 마음에 얽매이지 않으면 소유와 집착을 벗어날 수 있으니, 다시
생각하고 다시 생각하라.

3. 我有二心하니 一日愛心이요 一日憎心이라 愛憎二心이 蔽心如
   아 유 이 심   일 왈 애 심   일 왈 증 심   애 증 이 심   폐 심 여
   塵이니라 愛憎은 何所由來아 萬物이 入心이면 自生愛憎이니 愛
   진   애 증   하 소 유 래   만 물   입 심   자 생 애 증   애
   憎은 物之反動心이라 譬則 乳兒 眼見物하고 發愛心하여 喜而
   증   물 지 반 동 심   비 즉   유 아   안 견 물   발 애 심   회 이
   笑라가 奪物이면 怒而厭하나니 此日 物情心이라 物情心은 卽第
   소   탈 물   노 이 염   차 왈   물 정 심   물 정 심   즉 제
   二天心이니 人人億億이 皆留不脫이니라
   이 천 심   인 인 억 억   개 유 불 탈

나에게 두 마음이 있으니 하나는 사랑하는 마음이고, 다른 하나는

미워하는 마음이다. 사랑하고 미워하는 두 마음이 참된 마음을 가린 것이 티끌과 같다. 사랑하고 미워하는 것은 어디서 온 것인가? 모든 물건이 마음에 들어오면 자연히 사랑하는 것과 미워하는 것이 생긴다. 이렇듯 사랑하고 미워하는 것은 본래 있는 마음이 아니라 물건에 대한 반동심이다. 비유하면 젖먹이가 눈으로 물건을 보고 사랑하는 마음이 생겨 기뻐하며 웃다가 물건을 빼앗으면 성내어 싫어하니, 이것을 물정심(물건에 정든 마음)이라 이른다. 물정심은 제이의 천심이고 본래의 마음이 아니지만 모든 사람이 다 여기에 얽매어 벗어나지 못한다.

4. 然이나 我 本來天을 不顧不尋하고 但以物情心으로 行于世하니
   연   아 본 래 천   불 고 불 심   단 이 물 정 심   행 우 세
   此曰凡愚니라
   차 왈 범 우

그리하여 물질에 얽매여 나의 본래 한울을 돌아보지도 않고 찾지도 않고 다만 물건을 사랑하고 미워하는 마음으로 세상을 살아가니 이를 범인의 어리석음이라 이른다.[56]

---

56 일체가 티끌임을 잊고 물건에만 마음을 빼앗기면 더 소중한 것들을 잃게 된다. 친구도, 마음도, 자신의 생명도….

5. 聖賢은 不然하여 恒不忘我本來하고 固而守之하며 强而不奪故
   성현　불연　　　항불망아본래　　　고이수지　　　　강이불탈고

   로 觀得萬理根本하여 萬理具體하며 徘徊心頭하여 圓圓不絶하며
   　　관득만리근본　　　만리구체　　　배회심두　　　원원부절

   自遊遊不寂于慧光內하여 萬塵之念이 自然如夢想이니 是謂解
   자유유부적우혜광내　　　만진지념　　자연여몽상　　　시위해

   脫心이니라 解脫은 卽見性法이니 見性은 在解脫이요 解脫은 在
   탈심　　　　해탈　즉견성법　　　견성　재해탈　　　해탈　재

   自天自覺이니라[57]
   자천자각

성현은 그렇지 아니하여 항상 나의 본래 마음과 성품을 잊지 않고

굳건히 지키며 굳세어 빼앗기지 않는다. 그러므로 모든 이치의 근

본을 보아 얻어 그 이치가 어떤 일이나 사물에도 모두 갖추어져 있

음을 안다. 언제나 한울 이치가 마음 머리에 머뭇거려 둥글고 둥글

어 그치지 않고, 스스로 슬기로운 빛 안에서 놀고 놀아 적적하지 아

니하므로, 일만 티끌 생각이 자연히 꿈 같으니 이것을 해탈심(굴레

---

57 포덕51년판; 聖賢은 不然하야 我의 本來를 恒時不忘하야 固以守之하고 强而不奪故로 萬
理萬像에 根本的 觀得하야 萬理가 具體로 心頭에 徘徊不流하며 圓圓不絶하야 自慧光內에
遊遊不寂 故로 萬塵에 念은 自然히 昨夜夢想과 如하니 是以로 解脫心이라 云하도다. 解脫
은 즉 見性法이니 見性은 在於解奪이요 解奪은 在於自天自覺이니라. * 해탈을 두가지로
쓰고 있다. 본래 解脫은 불교에서 모든 번뇌와 미혹을 벗어난 궁극의 상태로, 자기와 한울
이 일체 분별없이 한울임을 깨달은 자유심 단계, 즉 진정한 진리를 깨달아 만사와 만물에
걸림 없이 트인 단계다. 뒤의 解奪은 다른 곳에선 용례를 찾기 어려운 법경의 조어(마탈심
처럼)로, 마탈심에서 벗어남(욕심과 유혹에서 벗어나 자유로움)을 의미한다. 그러므로 解
脫과 解奪은 같은 의미로 사용된 듯 하다. 자천자각 즉 스스로 한울님을 모시고 있음을 깨
우치면(시천주) 나와 남, 나와 물건, 나와 한울의 분별이 사라진다. 욕심의 유혹에서 벗어
나 자유로우니 解脫이 되고, 욕심과 유혹의 선입견을 벗으면 진실을 바로 볼 수 있으니 見
性이다.

에서 벗어나 자유로운 마음)이라 이른다. 해탈-모든 굴레를 벗고 자유로운 것은 곧 한울 성품을 보아 진리를 깨닫는 방법이다. 그러므로 진리를 깨닫는 것은 해탈에 있고, 해탈의 자유는 제이천심-물건에 대한 욕심에서 벗어나 자기 안에 모시고 있는 한울이 자기의 참모습임을 스스로 깨닫는 것에 있다.

6. 自心을 自守而不失하고 固而不流하면 自心이 自然解脫이니 萬
　　자심　　자수이부실　　　고이불류　　　자심　　자연해탈　　　만
法萬相이 一切具心하여 事理不錯이면 我天이 不二요 性心이 不
법만상　　일체구심　　　사리불착　　　아천　　불이　　성심　　불
二요 聖凡이 不二요 我世不二요 生死不二니라
이　　성범　　불이　　아세불이　　생사불이

내 참된 마음을 내가 지켜 잃지 않고, 굳게 하여 욕심을 향한 다른 길로 흐르지 않으면 내 마음이 자연히 자유로워지고 해탈이 된다. 그러면 모든 이치와 모든 현상이 일체 마음에 갖추어져서 일과 이치가 엇갈리지 않고 자연히 이루어진다. 거기 이르면 나와 한울이 둘이 아니요, 성품과 마음이 둘이 아니요, 성인과 범인이 둘이 아니요, 나와 세상이 둘이 아니요, 삶과 죽음이 둘이 아니다. 경계가 터져 분별이 없어지고 하나 된다.[58]

---

58 깨달은 사람에게는 좋고 나쁘고가 없다. 다만 자신의 행을 정성 드릴 뿐이다. 나와 주변 사람 나아가 물건까지 경계가 사라진다. 일체가 같은 한울일 뿐이다. 그러므로 남을 내 몸 대하듯 하고, 물건을 내 한울 대하듯 한다.

7. 故로 眞心은 不二不染이니 天體自用하며 自地自用하며 吾用自
   고　진심　불이불염　　천체자용　　자지자용　　오용자
   由니라
   유

그러므로 참된 마음은 둘도 아니요 물들지도 않으니, 한울과 우주
를 스스로 쓰며 내 땅을 스스로 쓰며 나를 자유로 쓴다.[59]

---

59 어떤 상황에서도 얽매임이 없이 자유로운 삶. 그것은 진리 안에서 가능하며 또한 그것이
    천도교가 추구하는 참된 삶이다. 이 장의 결론은 무체법경 전체의, 아니 천도교 신앙의 목
    적이기도 하다. 그것은 참된 마음을 깨달아 삶을 자유롭게 하라는 것이 아니겠는가!

二. 後經(一)(후경(1))[1]

1. 其性如月落 隱萬頃蒼波
기 성 여 월 락 은 만 경 창 파

그 성품은 달이 끝없는 푸른 물결에 떨어져 숨은 것 같이 비고 고요

하고,[2]

其心如火起 燒千里長風
기 심 여 화 기 소 천 리 장 풍

그 마음은 불이 천 리에 이르는 큰바람에 일어나 타는 것 같이 온

세상을 밝히느니라.[3]

月隱蒼波海國朗 火燒長風雲天晴
월 은 창 파 해 국 랑 화 소 장 풍 운 천 청

1 포덕50년(1909) 12월 저술. 후경은 무체법경의 뒤에 배치되어 깨달은 사람의 감회와 마음
   가짐 등을 표현하였다.
2 성품은 비고 빈 것이다. 무극이요, 생명이 시작되기 전이다. 어두운 밤바다에 달이 지면 온
   세상이 칠흙 같은 어둠속으로 빠져들 것이다. 아무 것도 없는, 빛조차 없는 공의 상태가 성
   품 자리가 아니겠는가?
3 마음은 호호발발한 기운의 작용이다. 생명 활동이다. 잠잠할 땐 시간과 공간조차 없는 텅
   빈 상태지만 생명이 작용하면 온 우주에 미치지 않음이 없고 간섭하지 않음이 없다.

달이 푸른 물결에 숨은 듯 비치니 바다 나라가 밝고 불이 큰바람에
타오르듯 한울 마음이 일어나니 구름 낀 한울이 개이듯 모든 이치
가 밝아지도다. [4]

海朗雲晴一色空 空收色消夜無語
해 랑 운 청 일 색 공　공 수 색 소 야 무 어

바다가 맑고 구름이 개니 온 세상이 하나로 빈 것일 뿐이요, 빈 것
을 거두고 형상을 지우니 분별이 사라진 텅 빈 밤에 분별의 말이 없
어라. [5]

暗中生風 天復活
암 중 생 풍　천 부 활

텅 빈 어둠 속(성)에서 바람(심)이 일어나니 한울이 다시 살아나도
다. [6]

---

4 성품은 나의 습관된 마음을 버려야 볼 수 있다(달이 창파에 숨으니). 습관된 마음과 이상을
　버려야 지혜가 열릴 것이다(바다 나라가 밝고). 한울 성품에 바탕을 둔 시천주 마음을 일
　으켜야(불이 타오르니) 세상의 모든 근심과 의혹(구름)이 걷힐 것이다.
5 바다가 맑고 구름이 갠 것은 일체의 의혹이 걷힌 깨달음의 상태. 한울 성품과 마음을 깨달
　으면 일체가 한울로 공할 뿐이다. 공(무형천)과 색(유형천)도, 깨닫지 못한 자의 분별일 뿐,
　그 조차도 넘어서면 분별(말)을 넘어선 빈자리만 있을 뿐이다.
6 모든 생명은 빈 곳에서 시작되어 다시 빈 곳으로 돌아간다. 나의 욕심과 습관된 마음이 버
　려지고 빈 곳에서 참된 한울마음이 회복될 것이다.

空空本無空 心爲空寂界
공 공 본 무 공   심 위 공 적 계

비고 빈 것이 본래 빈 것이 아니요, 마음이 비어서 공적계가 되니
라.[7]

我性本來天 我心身後天
아 성 본 래 천   아 심 신 후 천

내 성품은 본래 한울이요, 내 마음은 몸 뒤의 한울이니라.[8]

2. 我性我亦無 我心我方在 世法百年苦 聖法萬年愁
아 성 아 역 무   아 심 아 방 재   세 법 백 년 고   성 법 만 년 수

내 성품에는 나조차도 없는 것이요, 내 마음이 있어야 내가 바로 있
는 것이니라.[9]

---

7 "마음 밖에 빈 것도 없고, 고요함도 없고, 나지 않음도 없고, 죽지 않음도 없고, 극락도 없
   고, 동작도 없고, 기쁘거나 성냄도 없고, 슬프거나 즐거움도 없느니라."(신통고) "성품을 보
   는 것은 누구이며 마음을 보는 것은 누구인가. 만약 내 몸이 없으면 성품과 마음을 대조하
   는 것이 어느 곳에서 생길 것인가."(의암성사법설, 성심신삼단) 아무리 좋은 진리가 있은
   들 내가 그것을 깨닫지 못하면 무슨 의미가 있으랴. 참된 마음은 곧 한울마음이니 그 마음
   이 욕념에 흔들리지 않고 비고 고요하면 곧 성품이요 공적계가 된다.
8 "마음은 바로 성품으로써 몸으로 나타날 때 생기어 형상이 없이 성품과 몸 둘 사이에 있어
   만리만사를 소개하는 요긴한 중추가 되느니라."(의암성사법설, 성심신삼단) "그 실인즉 마
   음도 또한 기운에서 나는 것이니라."(해월신사법설, 천지인 귀신 음양)
9 한울님의 성품 자리는 일체 분별이 없어진 곳이다. 나와 너, 이쪽과 저쪽, 좋고 나쁨의 모

세상 법은 사람의 평생 괴로움을 고민하고, 성인 법은 만물의 영원한 시름을 고민한다.[10]

明中生暗 暗中生明 暗中生明 明中生暗
명 중 생 암　암 중 생 명　암 중 생 명　명 중 생 암

밝은 가운데서 어둠이 나고 어둠 가운데 밝음이 나는 것이요,[11] 어둠 가운데서 밝음이 나고 밝은 가운데서 어둠이 나느니라.[12]

든 차별이 사라진다. 그러나 현실 속에서 몸을 움직이는 것은 나의 마음이다. 한울의 무형천에선 분별과 차별이 없지만, 육신을 갖고 현실을 사는 나는 옳고 그름을 구분하며 살아야 한다. 그것이 마음의 방향이고 도가 된다.

10　법이란 규칙이고 이치다. 속세 사람들은 자신의 일생(백 년)을 어떻게 살지 고민하지만, 성인은 모든 생명이 바르게 사는 이치(만 년)를 고민한다.

11　좋은 일도 방심하면 마가 끼기 마련이고, 고난 속에서도 마음의 평정을 잃지 않으면 희망을 찾을 수 있다. 음양의 이치와 같다. "없은 뒤에는 있는 것이요, 있은 뒤에 없어지는 것이니, 무는 유를 낳고 유는 무를 낳느니라."(해월신사법설, 허와 실) 마음공부할 때 습관된 욕념이 없어지고 한울님 마음과 하나가 되면 무엇이든 귀신같이 밝게 알게 되고 환하게 지혜가 열린다. 하지만 공부를 게을리하거나, 조금 안다 하여 욕심을 내거나, 또는 마음이 육신에 매이게 되면, 자식 걱정, 남편 걱정, 돈 걱정, 오만 걱정 다 하면서 지혜가 끊기고 깜깜해진다.

12　해가 뜨면 지게 되고, 태어남이 있으면 죽음이 있게 마련이다. 그러한 순환이 깨지면 어찌 되겠는가? 그래서 무왕불복의 이치라 하신 것이다. 수련도 강령과 강화 받으며 밝게 앎이 있는 듯 하다가 일상으로 돌아가면 어두워진다. 다시 주문 외며 참된 마음을 잃지 않으려 정성을 다하면 차츰 밝음이 길어지고 어둠이 줄어들며 지혜가 커지니 양천주하는 단계이다. 항상 한울의 밝음을 잃지 않는 단계가 되면 인내천이니 성인의 경지가 된다. 성인은 귀신같은 마음을 오래 간직하고, 육신에 물이 들었다가도 거기에 완전히 뺏기지 않고 금방 마음을 돌리지만, 보통 사람은 뺏긴다. 가령 맛있는 음식이 있으면 성인은 맛있게 먹지만 요기가 될 만큼만 먹는 반면, 보통 사람이 마음을 빼앗기면 남의 것까지 차지해 배탈 나도록 먹는다. 좋은 물건도 이성관계도 마찬가지. 하지만 그렇게 밝음과 어둠이 계속 교차

3. 道過三天心自昏 風動細派空作喧
도 과 삼 천 심 자 혼 풍 동 세 파 공 작 훤

도가 무형천에서 유정천과 습관천으로 세 한울을 지나면 마음이

희노애락에 스스로 어두워지고,

희노애락이 바람이 되어 잔잔한 물결을 움직이니 마음이 부질없이

시끄럽기만 하느니라.[13]

百雲以上白雲下 上以也聽下以論
백 운 이 상 백 운 하 상 이 야 청 하 이 론

흰 구름 위와 흰 구름 아래가 있으니, 깨달은 위에서는 마음이 열려

모든 것을 듣고 아래서는 부질없이 논하기만 하니라.[14]

聽不聽聽天心處 知不知知我心邊
청 불 청 청 천 심 처 지 부 지 지 아 심 변

들어도 들리지 않는 것을 듣는 것이 한울 마음 있는 곳이요,

되는 것이 공부의 과정이니 일희일비할 필요없다.

13 한울의 성품 자리인 무형천은 맑고 고요한 곳이나, 유정천은 생명의 흐름에 따라 희로애락이 생긴다. 습관천은 희로애락에 집착해 본심을 가리고 아상에 빠지기 쉽다. 그러므로 어둡다 한 것이요, 나의 욕심(바람)이 제어되지 않으면 공연히 바쁠 뿐 성과가 없을 것이다.

14 흰 구름은 깨달음을 상징한다. 한울 이치를 깨달으면 모두가 한울님 가르침이니 귀 기울이게 되나, 깨닫지 못한 이들은 자기 생각만을 주장하느라 갑론을박 한다.

알려 해도 알지 못할 것을 아는 것이 내 마음이니라.[15]

浮花埋天脫萬劫 虛舟駕波載百年
부 화 매 천 탈 만 겁　허 주 가 파 재 백 년

뜬 꽃이 한울을 묻어 무한한 시간을 벗어나고

빈 배가 물결을 멍에 하여 백 년을 실었더라.[16]

遍踏法界故家歸 五色花葉簷外飛
편 답 법 계 고 가 귀　오 색 화 엽 첨 외 비

법계를 두루 돌아 옛집에 돌아오니 오색 꽃잎이 처마 끝에 날리누
나.[17]

15 한울의 지극한 기운은 보이지도 들리지도 않지만 만물에 간섭하지 않음이 없는 혼원한
한 기운이다. "보였는데 보이지 아니하고 들렸는데 들리지 않는 데 이르러야 가히 도를 이
루었다 할 것이요…."(해월신사법설, 심령지령) 한 몸에 갇힌 습관된 마음은 모르는 게 많
지만 우주에 편만한 한울님 참 마음은 모르는 것이 없다. 그 무한한 지혜에 하나가 되는 것
이 만사지.
16 뜬 꽃이 하늘을 묻었다 함은 연못에 핀 연꽃으로 물에 비치는 하늘이 가리워짐을 표현한
것인가? 흐드러진 연꽃(진리)을 보며 세월(번뇌)을 잊는 것은 옛 선비들의 꿈이었다."연못
의 깊고 깊음이여, 바로 주렴계의 즐거움이로다."(동경대전, 화결시) "난간이 못가에 다다
름은 주렴계의 뜻과 다름이 없고…."(동경대전, 수덕문) 빈 배는 욕심을 버린 육신. 물결은
세상을 살며 겪는 희로애락. 마음은 세속의 번뇌에서 해탈했어도 몸은 일생 백 년 동안 희
로애락을 겪으며 살게 마련이다.
17 진리는 지역과 풍습에 따라 다양하게 전해지고 표현되었다. 법계를 두루 돌아봄은 이러
한 다양한 가르침들을 섭렵했음을 뜻하고 옛 집에 돌아옴은 자신에게 가장 익숙한 가르침
으로 돌아왔음을 뜻한다. 수운 선생도 주유천하 후 용담 옛집에 돌아오셔서 동학을 창도

清虛月色澹泊味 空使主翁自足肥
청 허 월 색 담 박 미 공 사 주 옹 자 족 비

맑고 빈 달빛의 담박한 맛은 속절없이 내 마음을 스스로 흐뭇하게
하느니라.[18]

上帝默默天久虛 風動空竹初心生
상 제 묵 묵 천 구 허 풍 동 공 죽 초 심 생

「상제」가 잠잠하고 잠잠하여 한울이 오래 비고
바람이 속 빈 대를 움직이어 처음으로 마음이 생기게 하느니라.[19]

道必一貫也無二 對物精神各有情
도 필 일 관 야 무 이 대 물 정 신 각 유 정

도는 반드시 하나의 이치로 꿰뚫어 둘이 없으나 사물을 대하는 정
신은 각각 정이 있느니라.[20]

하시지 않았던가! 옛 집으로 돌아오니 낡고 못난 집인 줄 알았던 곳이 가장 아름답고 좋은
곳이 아닌가!

18 맑고 빈 것은 한울의 본 모습이다. 나의 본래 성품이기도 하다. 세속의 욕심에 지친 마음이
맑고 고요한 성품에 깃들면 차분히 가라앉으며 편안해진다. 마치 부모 품에 든 아이처럼.

19 한울은 본래 비고 잠잠하다. 억 겁을 그렇게 또 앞으로도 그럴 것이다. 그렇게 비어 있으
므로 만물이 거기서 생기고 또 포용할 수 있다. 빈 곳에서 기운이 생기어 움직이기 시작하
면 생명이 생기는 것이고 그 생명을 움직이는 작은 기운을 마음이라 한다.

20 도는 그 모습이 어떻든 모두 하나의 한울 작용이고 그 모두가 빈 것으로 돌아갈 뿐이나,
각각의 사물에는 사물의 특성대로 나타나니 이를 유정천이라 한다. 한울 마음엔 차별하는

無量大天寸心低 風雲忽然萬里蹄
무 량 대 천 촌 심 저　풍 운 홀 연 만 리 제

헤아릴 수 없는 큰 한울도 조그만 마음보다 낮고 홀연히 풍운이 일

어나면 만 리를 뒤밟느니라.[21]

枕上覺魂登中霄 月下俱瞰也東西
침 상 각 혼 등 중 소　월 하 구 감 야 동 서

베개 위에 깨인 혼이 중천에 올라가니 달 아래 동서를 다 굽어보느

니라.[22]

人如日月非分時 斷然不作百年悲
인 여 일 월 비 분 시　단 연 부 작 백 년 비

사람은 해와 달같이 나누어진 시간이 아니니 단연코 백년 슬픔을

만들지 말라.[23]

마음이 없지만 현실을 살아가는 육신은 옳고 그름을 분별해야 하는 법이다.

21　부모는 자식을 위해 똥구덩이라도 들어간다. 천지부모도 생명을 위해 아무리 낮은 곳이
라도 마다 않고 돌보아 주신다. 군림하지 않는다. 그러나 한번 천지부모의 큰 기운이 일어
서면 온 세상이 뒤바뀐다. 이를 개벽이라 한다.

22　진리를 깨닫지 못하고 습관심 속에서 살아가는 사람들은 일장춘몽을 살 뿐이다. 자신의
참된 삶을 사는 것이 아니다. 그 꿈에서 깨어 진리를 깨닫고 小我가 아닌 大我로서 세상을
바라보면 나와 남, 이쪽과 저쪽, 동양과 서양의 분별이 없어지고 하나가 된다.

23　사람은 하고 싶은 일이 많아도 해와 달처럼 역할을 나눠 할 수 없다. 스스로 해야 한다.
그러므로 일의 선후와 경중을 보아 버릴 건 버리고 집중해서 행해야 일생의 명을 이룰 수

男兒留心天不休 其壽必作百年知
남 아 유 심 천 불 휴 기 수 필 작 백 년 지

사나이 마음을 두면 한울도 쉬지 않으니 그 목숨은 반드시 백 년의
앎을 만들리라.[24]

있을 것이다. 사람이 평생 살면서 해야 할 명을 이루지 못한다면 그 어찌 슬픈 일이 아닌
가? 많은 사람들이 자신의 명조차 모르기에 더욱 그러하다.
24 마음을 진리에 두고 잊지 않으면(수심정기) 반드시 감응이 있다. 만사지(백년의 앎)란 모
든 일에 지혜가 열려 무위이화됨을 뜻한다.

三. 後經(二)(후경(2))

1. 性本無始하고 心本無二나 萬法具體하여 放天無量하고 放地無
   성 본 무 시   심 본 무 이   만 법 구 체   방 천 무 량   방 지 무
   邊하여 收之라도 亦不得其也니라
   변   수 지   역 부 득 기 야

   한울 성품은 본래 처음이 없고 마음도 본래 둘이 없으나, 모든 법이

   격식을 갖추어 하늘에 놓아도 한량이 없고 땅에 놓아도 가이 없고

   거두려 하여도 무한한 무형을 둘 곳이 없다.

2. 或이 問曰「性本無始어니 有性有心은 何也니이까」曰「性者
   혹   문 왈   성 본 무 시   유 성 유 심   하 야   왈   성 자
   는 名也니 名爲有物後에 始得者요 始者는 太初有物之時也니
     명 야   명 위 유 물 후   시 득 자   시 자   태 초 유 물 지 시 야
   라 能言性 能言始는 是靈感想識이요 靈感所發은 是有體性이라
     능 언 성 능 언 시   시 영 감 상 식   영 감 소 발   시 유 체 성
   是性是心은 不免死生이나 無始之性은 是無體性이니 不有生死
   시 성 시 심   불 면 사 생   무 시 지 성   시 무 체 성   불 유 생 사
   하여 眞眞如如也니라」
     진 진 여 여 야

   어떤 사람이 묻기를 "성품은 본래 처음이 없는데 성품이 있고 마음

   이 있는 것은 어찌된 것입니까?"

   대답하시기를 "성품이란 것은 이름이니 이름은 만물이 있게 된 후

에 처음으로 얻은 것이요, 처음이란 것은 태초 만물이 있던 때이다. 능히 성품을 말하고 처음을 말하는 것은 이는 영으로 느껴 생각한 것이다. 영의 느낌이 나타나는 것은 우리 몸에 있는 성품(유체성)이므로, 몸에 속한 성품과 마음은 죽고 사는 것을 면치 못한다. 하지만 처음도 없는 한울 성품은 바로 몸이 없는 성품(무체성)이니 나고 죽는 것이 있지 아니하여 참일 뿐이고 만물과 같을 뿐이다."[1]

3. 曰「眞性이 已在有始之前이어니 有始後之人이 豈能知有性乎니까」曰「以無觀無則 無亦有之요 以無觀有則 有亦無之니 定其無有하여 始有 無始有生이요 有有始無滅이니 眞眞如如하여 無漏無增이니라 無漏無增은 性心之始也라 故로 知本性之 無緣有生이니라」

묻기를 "참된 성품이 이미 처음이 있기 전에 있었는데, 처음이 있은 뒤의 사람이 어떻게 성품이 있음을 알 수 있습니까?"[2]

---

1 한울 성품은 무형천, 무체성이니 일체의 분별을 초월한 자리다. 그러나 생명이 움직이는 곳에는 나와 너, 좋고 나쁨의 분별이 생길 수밖에 없으니 이를 유정천, 유체성이라 하신 것. 이러한 분별에 얽매여 한울의 진면목을 깨닫지 못하는 것을 습관천.
2 사람이 자신이 직접 보지 못한 것들은 어떻게 아는가? 이치를 따져 추론하기도 하고, 다른 사람의 경험을 책이나 사진, 미디어 등을 통해 간접체험하기도 한다. 이렇게 해서 배우고 아는 것을 교육이라고 한다. 그러나 이러한 교육은 오관의 범위를 벗어나지 못한다. 모든 생명에겐 오관 이외의 배움 법이 있으나 오관의 학습이 과도히 많아지면서 이를 잊게 되었

대답하시기를 "나의 선입관과 소견을 비우고 텅 빈 한울의 관점으로 보면 사람의 눈으로 보이지 않던 것도 있는 것을 안다. 그 텅 빈 마음으로 세상의 모든 현상을 보면 있는 것도 곧 소멸할 순간일 뿐이다. 그렇게 현상에 집착하지 않고 없고 있는 것을 분별할 수 있으면 비로소 시작이 없으나 스스로 생하는 한울 성령을 알 것이고, 성령은 시작이 있으나 멸함이 없는 것도 알게 된다. 성령은 참될 뿐이고 모습은 달라도 다 같은 한울 성령일 뿐이다. 그러므로 새는 것도 없고 더함도 없는 것이다. 새는 것도 없고 더함도 없는 것은 성품과 마음의 처음이라. 그러므로 본래 한울 성품이 인연 없이 생함을 알 것이다."[3]

4. 曰「如何方法으로 脫其大障하여 見其眞性乎이까」曰「日月則
   왈 여 하 방 법   탈 기 대 장   견 기 진 성 호   왈   일 월 즉

   雖明이나 黑雲弊之하면 如瓶內燈光이니라 性之淸淨을 萬障圍
   수 명   흑 운 폐 지   여 병 내 등 광   성 지 청 정   만 장 위

   之하여 如泥中沒玉하니 無他妙法이요 但以心爲師하여 剛而不
   지   여 니 중 몰 옥   무 타 묘 법   단 이 심 위 사   강 이 불

   奪 定以不動 柔而不弱 惺以不昧 黙而不沈 閒而不息 動而
   탈 정 이 부 동 유 이 불 약 성 이 불 매 묵 이 불 침 한 이 불 식 동 이

   不亂 擾而不拔 靜而不寂 視而不顧 有能不用이니라」
   불 란 요 이 불 발 정 이 부 적 시 이 불 고 유 능 불 용

다. 그것은 직관, 영감, 성령으로 깨닫는 것이다. 수련은 이 능력을 다시 깨우는 과정이다.
3 없는 것으로 본다 함은 내 오관을 버리고 봄을 뜻한다. 선입관, 육신관념, 아상을 버리면 나와 너, 이쪽과 저쪽, 있고 없고, 생하고 멸함의 분별이 없어진다. 시작없이 생하고 멸함이 없는 것은 참된 한울의 성품. 육관에 갇혀서는 볼 수 없고, 천지미판전의 빈자리를 공부해야 한다.

묻기를 "어떤 방법으로 사람들이 큰 장애를 벗어나서 한울의 참된 성품을 볼 수 있습니까?"[4]

대답하시기를 "해와 달은 비록 밝으나 검은 구름이 가리면 병 속의 등불과 같다. 마찬가지로 성품의 맑고 깨끗한 것을 많은 장애물이 둘러서 진흙 속에 묻힌 구슬과도 같다. 그 장애물을 없애려면 다른 묘한 방법이 없고 다만 마음으로써 스승을 삼아[5] 다음과 같이 하여 구름을 걷고 진흙을 닦아 밝은 성품을 드러내면 된다.

참된 마음을 군세게 하여 세상 욕심에 빼앗기지 않는다. 진리에 마음을 정하여 이랬다저랬다 움직이지 않는다. 부드러워 모든 것을 포용하나 약하여 악에 끌려가지 않는다. 늘 깨어있어 거짓에 속는 어리석음에 빠지지 않는다. 잠잠한 성품 자리에 들어 분별을 잊으나 거기 잠기지 않고 언제나 몸은 삶 속에 있다. 서두르지 않고 한가하나 정성을 쉬지 않는다. 움직여 일할 때는 간결하고 어지럽게 하지 않는다. 어려운 일에 흔들려도 근본은 지켜 뽑히지 않는다. 마음은 번잡하지 않고 고요하나 삶의 움직임과 등지지 않는다. 삶의 모든 희노애락이 보이나 집착하며 되돌아보지 않는다. 능력이

---

4 견성하는 방법, 즉 한울진리를 깨닫는 방법을 묻고 있다. 다음 구절이 답.
5 해와 달의 밝음은 진리, 진실의 빛이요, 이를 가리는 검은 구름은 사람의 욕심과 선입관, 육신관념이다. 그러므로 보는 이의 마음을 바로 하면 어느 곳이나 진리이지만, 보는 이의 마음이 어지럽고 흔들리면 어느 곳에도 진실은 보이지 않는다. 다음 11개 구절은 그러한 마음을 다스려 진리 즉 견성하는 법을 말씀하셨다.

있으나 꼭 필요할 때 말고는 쓰지 않아야 한다."

5. 曰「有視不顧而 有能不用則 何以用天用人乎이까」曰「如法
   왈   유시불고이 유능불용즉 하이용천용인호   왈   여법

而行則 自生大道니라」
이행즉   자생대도

묻기를 "보이는 것이 있으나 되돌아보지 않고 능력이 있으나 쓰지

않으면 어떻게 한울을 쓰고 사람을 씁니까?"

대답하시기를 "보이는 것이 다가 아니고 자신의 능력이 다가 아니

니, 한울법 대로 순리에 맞게 행하면 스스로 큰 도가 나타나 자연히

이루어진다."

6. 曰「何謂大道乎이까」曰「大道는 非天非地 非山非水 非人非
   왈   하위대도호   왈   대도   비천비지 비산비수 비인비

鬼니 思不如思 視不如視 言不如言 聽不如聽 坐不如坐 立不
귀   사불여사 시불여시 언불여언 청불여청 좌불여좌 입불

如立하여 如如之間에 怳然是 本來淸淨이니라」
여립   여여지간   황연시   본래청정

묻기를 "어떤 것을 큰 도라 합니까?"

대답하시기를 "큰 도는 하늘도 아니요 땅도 아니요 산도 아니요 물

도 아니요 사람도 아니요 귀신도 아니다.⁶ 한울의 큰 도는 사람의

6 보이는 형상에 집착해선 진실을 깨달을 수 없다.

감각 너머에 있으니 생각하나 생각하는 것 같지 아니하고, 보나 보
는 것 같지 아니하고, 말하나 말하는 것 같지 아니하고, 들으나 들
는 것 같지 아니하고, 앉으나 앉은 것 같지 아니하고, 서나 선 것 같
지 아니하여 같고 같아 변하지 않는 사이에 문득 느껴지는, 이것이
본래의 맑고 깨끗한 것이다."

7. 曰「大道至此盡矣歟이까」曰「修其性而 得其道者 固至而盡
   왈 대 도 지 차 진 의 여   왈   수 기 성 이 득 기 도 자 고 지 이 진
   矣나 然이나 性上生心이면 身在淸風明月이요 家在宇宙江山이
   의   연   성 상 생 심   신 재 청 풍 명 월   가 재 우 주 강 산
   니라 觀天地於我則 我在世在하여 我我物物이 各遂其性하며 各
        관 천 지 어 아 즉 아 재 세 재   아 아 물 물   각 수 기 성   각
   守其道하며 各得其分하나니 喜喜我喜喜物이 豈非極樂世哉아
   수 기 도   각 득 기 분   희 희 아 희 희 물   기 비 극 락 세 재
   三天大氣 混然相應하여 同歸一心하나니 前聖後聖이 不立文字
   삼 천 대 기 혼 연 상 응   동 귀 일 심   전 성 후 성   불 립 문 자
   하고 但 以心傳心也니라 欲求天道면 自持求心이니 求則求也나
        단 이 심 전 심 야   욕 구 천 도   자 지 구 심   구 즉 구 야
   畢求無受니라」
   필 구 무 수

묻기를 "큰 도가 여기서 그칩니까?"

대답하시기를 "그 성품을 닦아 도를 얻은 사람은 진실로 한울에 지
극히 다 이른 것이다. 그러나 그 성품에서 마음이 생기면 몸은 맑은
바람 밝은 달과 함께 자유롭고 집은 우주 강산 어디 있어도 편안하
다. 천지를 나에게서 보면 나도 있고 세상도 있어 나와 나, 만물과
만물이 각각 그 천성을 이루며 각각 그 도를 지키며 각각 그 직분을

얻는다. 그렇게 기쁜 나와 기쁜 만물이 어찌 극락세계가 아니겠는
가. 세 한울의 큰 기운이 섞여 서로 응하여 한마음으로 같이 돌아가
니,[7] 먼저 성인과 뒤 성인이 문자를 나타내지 않고 다만 마음으로
써 마음에 전한 것이다.[8] 천도를 구하고자 하면 구하는 마음을 스스
로 가져야 하니, 구하면 구할 것이나 구하기를 다하면 어디서 따로
받을 것이 없다."[9]

8. 曰「畢求無受라하면 於何求之乎이까」曰「爾問求是爾心이요
　　吾答爾問은 是吾心이니 吾無爾無則 吾爾之間에 何有是言이리
　　오 夫天地有生以來로 億億衆生의 施爲運動과 一切善善惡惡
　　이 皆是人人由心이니 由心所發이 是我性我心이라 除此本心이
　　면 終無別天이요 離此本地면 更無求所니 自求 自性 自心하라
　　性心本體는 非因非果 無證無修 亦無相貌니라 如虛如空 取不
　　能得 捨不能棄 往來自在 常無住處 微妙而難見難言이나 然
　　而人能自動自用이니라」

---

7 무형천(한울의 성품), 유정천(만물의 기운과 생명, 에너지), 습관천(현상 세계) 이 세 한울이
　모두 있어야 온전한 한울이다.
8 도는 말로 설명할 수 있는 것이 아니므로 깨달음을 얻은 사람에서 사람으로 그 마음과 정
　신이 이어진 것이다.
9 한울 성품을 깨달으면 내 안에 모셔져 있으니 더 구할 것도 받을 것도 없다.

묻기를 "구하기를 다하여 받을 것이 없다 하면 어디서 구합니까?"

대답하시기를 "네가 구함을 묻는 것은 이는 네 마음이요, 내가 네 물음에 대답하는 것은 이는 내 마음이다. 내가 없고 네가 없으면 나와 너 사이에 어떻게 이 말이 있겠는가. 무릇 하늘과 땅이 생긴 이래로 많은 중생의 움직임과 일체 선악이 다 사람 사람의 마음에 달린 것이다. 마음으로 인하여 나타나는 것이 내 성품과 내 마음이라. 이 본래의 마음을 제거하면 마침내 별다른 한울이 없는 것이요, 이곳을 떠나면 다시 구할 곳이 없으니, 내 성품을 내 마음에서 스스로 구하라.[10] 성품과 마음의 본체는 특정 사물의 원인도 아니고 결과도 아니며, 증거 할 것도 없고 닦을 것도 없고, 또한 모습도 없는 것이다. 텅 빈 것 같아서 가지려 하여도 능히 얻지 못하며, 버리려 하여도 능히 버리지 못한다. 가고 오는 것이 스스로 있어, 항상 머물러 있는 곳이 없다. 미묘해서 보기도 어렵고 말하기도 어려우나, 그러나 사람이 능히 스스로 움직이고 스스로 쓸 수 있는 것이다."

9. 曰「人能自動自用이면 何以信天也이까」 曰「自心自信하며 自
　　왈　인 능 자 동 자 용　　하 이 신 천 야　　왈　자 심 자 신　　자
天自心하며 自知自動하며 自天自法하나니 故로 古來千經萬說이
천 자 심　　자 지 자 동　　자 천 자 법　　고　고 래 천 경 만 설

---

10 아무리 훌륭한 스승도 도를 배우고 깨닫고자 하는 이의 의지가 없다면 제자에게 도를 전할 수 없다. 깨닫고자 하는 사람의 마음이 가장 중요한 것이다. * 爾 너 이.

自心自法이요 自外不由니라 學經萬讀과 見天千拜는 只是愚夫
자심자법   자외불유   학경만독 견천천배 지시우부

愚婦之 戒心說法이요 以此不得見性覺心이니라 性心修煉이 必
우부지 계심설법   이차부득견성각심   성심수련   필

有妙法이니 惺惺不昧焉이니라 心入性裏則 空空寂寂이요 性入
유묘법   성성불매언   심입성리즉 공공적적   성입

心裏則 活活潑潑이라 空寂活潑은 起於自性自心이요 自性自
심리즉 활활발발   공적활발 기어자성자심   자성자

心은 吾心本地니 道求何處오 必求吾心이니라」
심   오심본지 도구하처 필구오심

묻기를 "사람이 제가 능히 움직이고 쓸 수 있다면 어찌하여 한울을

믿습니까?"

대답하시기를 "자기의 참된 마음을 자기가 믿으며, 자기 한울을 자

기 마음으로 하며, 스스로 아는 것을 스스로 움직이며, 자기 한울을

스스로 법으로 삼는 것이다. 그러므로 예부터 많은 경전과 많은 법

설이 자기 마음을 자기가 법으로 하는 것이요, 밖으로부터 오는 것

이 아니다.[11] 경전을 배워서 만 번 외우고 하늘을 보고 천 번 절하라

는 것은 다만 어리석은 사람들의 마음을 경계하느라고 만든 법이

요, 이로써 성품을 보고 마음을 깨닫는 것은 얻지 못한다.[12] 성품과

마음을 닦는 데는 반드시 묘한 방법이 있으니 깨어있고 깨달아서

어둡지 말아야 한다. 마음이 성품 속에 들면 비고 고요할 뿐이나,

11 여기서 자기 마음은 습관된 현재의식이 아니라, 육관에 가려져 있던 참된 한울 마음.
12 밖에 있는 한울도 내 마음이 열리지 않으면 볼 수도 깨달을 수도 없다. 내 마음이 모든 것
    을 보고 판단하는 것이므로 내 마음이 중심이다.

성품이 마음속에 들면 활발히 움직인다. 비고 고요하고 활발한 것은 자기 성품과 자기 마음에서 일어나고, 자기 성품과 자기 마음은 내 마음의 본바탕이니, 도를 어느 곳에서 구할 것인가. 반드시 내 마음에서 구할 것이다."[13]

10. 曰「吾亦何處生이며 性在何處來니이까」曰「以天觀之則 吾
　　 왈　 오역하처생　　 성재하처래　　 왈　 이천관지즉 오
無性無요 以人觀之則 吾有性有니라 吾無觀 性無觀이면 其壽
무 성무　 이인관지즉 오유성유　　 오무관 성무관　　 기 수
無量이요 吾有觀 性有觀이면 其壽必短하여 死生不離니라 大壽
무 량　 오유관 성유관　　 기 수필단　　 사생불이　 대 수
는 無死生 無善惡 無動作 無空寂 無色相 無上下 無古今 無
　 무 사생 무선악 무동작 무공적 무색상 무 상하 무 고금 무
言書니 難形難言이니라」
언 서　 난 형 난 언

묻기를 "나는 또 어디서 났으며 성품은 어디서 왔습니까?"
대답하시기를 "한울의 입장에서 보면 나도 없고 성품도 없고, 사람의 입장에서 보면 나도 있고 성품도 있는 것이다. 나도 없고 성품도 없다는 한울 입장에서 보면 그 수명이 한량이 없고, 나도 있고 성품도 있다는 사람 입장에서 보면 그 수명이 반드시 짧아서 죽고 사는 것을 떠나지 못한다. 한울의 큰 수명은 죽고 사는 것도 없고, 선하

13 성품은 모든 것의 근원으로 무한 고요이나 마음은 생명의 무한 작용이므로 간섭치 않음이 없다. 이 모든 것이 내 안에 있으니 나를 먼저 관찰하고 제어할 수 있어야 한다.

고 악한 것도 없고, 움직이는 것도 없고, 비고 고요함도 없고, 빛깔과 형상도 없고, 위도 아래도 없고, 예와 이제도 없고, 말과 글도 없는 것이니 형용하기도 어렵고 말하기도 어려운 것이다."[14]

11. 曰「難形難言은 何也니이까」 曰「爾問이 只是 色相所發이요
    왈   난형난언   하야   왈   이문   지시 색상소발
爾之不問不聽이 是難形難言이니라 性은 無空寂 無色相 無動
이지불문불청   시난형난언   성   무공적 무색상 무동
靜이나 然이나 氣凝하여 血脈相通이면 有時有動하나니 此之謂 有
정   연   기응   혈맥상통   유시유동   차지위 유
天有人 有情有神이니라 凡夫凡眼은 但以自身感覺靈識으로 對
천유인 유정유신   범부범안   단이자신감각영식   대
照於光內하고 不知光外 無量廣大之性이니라」
조어광내   부지광외 무량광대지성

묻기를 "형용하기도 어렵고 말하기도 어렵다는 것은 무엇입니까?"
대답하시기를 "너의 물음이 다만 드러난 모습에서 나온 것이요,[15] 너의 감각 너머 묻지 아니하고 듣지 못하는 것이 바로 형용하기 어렵고 말하기도 어려운 것이다. 성품은 비고 고요함도 없으며 빛깔도 형상도 없으며 움직임도 고요함도 없다. 그러나 기운이 엉기어 혈맥이 서로 통하면 때가 있고 움직임이 있으니, 이것을 한울이 있다, 사람이 있다, 정이 있다, 신이 있다고 말하는 것이다. 보통 사람의 눈

---

14 큰 수명은 한울 본성이요, 크게 빈 자리다. 인간의 모든 분별과 척도를 벗어난 자리다.
15 원문의 색상은 공적계와 대비되는 현상계.

은 자신의 감각과 영이 인식하는 것으로 빛 안에서 대조할 뿐이고, 빛이 비쳐 보이는 외에 한량없이 넓고 큰 본성은 알지 못한다."[16]

12. 曰「無量廣大는 何處在니이까」曰「爾之感覺所到는 是有相
   왈 무량광대   하처재   왈 이지감각소치   시유상
有色而已요 爾之感覺不到는 是無量廣大니라 爾亦自無量廣
유색이이 이지감각부도   시무량광대   이역자무량광
大淸淨界中來라 故로 本無業障이어늘 久沈苦海하여 如浮雲蔽
대청정계중래   고   본무업장   구침고해   여부운폐
日이니라
일

묻기를 "한량없이 넓고 큰 나의 본성은 어디에 있습니까?"

대답하시기를 "너의 감각이 미치는 것은 형상이 있고 빛깔이 있는 것뿐이요, 너의 감각이 미치지 못하는 이것이 한량없이 넓고 큰 것이다. 너도 또한 한량없이 넓고 크고 맑고 깨끗한 지경으로부터 온 것이다. 그러므로 본래는 인과의 원인도 장애도 없었거늘 오랫동안 괴로운 세상사에 빠져 본성을 잃은 것이 뜬구름이 햇빛을 가린 것과 같다.

13. 爾不覺 自性自心이면 雖身破如塵이라도 終不得大成이요 爾不
   이불각 자성자심   수신파여진   종부득대성   이부

---

16 진리는 사람의 말로 다할 수 없다. 그래서 不立文字라 했다. 언어는 단지 진리에 이르는
    길을 가리킬 뿐, 그것을 깨닫고 느끼는 것은 마음으로 해야 한다. 빛이란 감각을 대표하는
    표현.

知 自性自大 自心有道면 雖說得千經萬讀이라도 必不辨하리라
지 자성자대 자심유도   수설득천경만독   필불변

네가 자기 성품과 마음을 깨닫지 못하면, 비록 몸을 깨뜨려 티끌이

되더라도 끝내 크게 이루지 못할 것이다. 네가 자기 성품이 스스로

크며 자기 마음에 도가 있음을 알지 못하면, 비록 천 가지 경전을

만 번 읽어서 설득하더라도 반드시 분별치 못할 것이다."[17]

14. 道求自性 法求自心하라 性心所在는 非彼非此 非上非下요
    도 구 자 성 법 구 자 심   성 심 소 재   비 피 비 차   비 상 비 하
只我在我니라 我天我道면 天道無量이 亦繫我也니 我尊我尊이
지 아 재 아   아 천 아 도   천 도 무 량   역 계 아 야   아 존 아 존
無上無上하여 尊於三天之上이니라
무 상 무 상   존 어 삼 천 지 상

도를 자기의 성품에서 구하고, 법을 자기 마음에서 구하라. 성품과

마음이 있는 곳은 저기도 아니요, 여기도 아니요, 위도 아니요, 아

래도 아니요, 다만 내 성품과 마음이 내 몸에 있는 것이다. 내 한울

을 내 도로 하면 천도의 한량없는 것이 또한 내게 달려 있으니, 그

를 깨달으면 내가 높고 높음이 위도 없고 위도 없어 세 한울 위에

높이 있는 것이다.[18]

17 경전도 말이다. 그것이 가리키는 것을 깨닫지 못하면 경전을 외운다 해도 무슨 의미가 있
    을까?
18 繫 매달 계. 세 한울은 무형천, 유정천, 습관천.

四. 十三觀法(십삼관법: 한울을 보는 열세가지 방법)[1]

1. 念呪觀 感化觀
염 주 관 감 화 관

한울과 하나 되는 주문을 수행하고 감화됨을 보는 것[2]

2. 我無觀 天有觀
아 무 관 천 유 관

육신의 나는 영원하지 않으니 없다고 보고 한울을 있다고 보는 것[3]

3. 我有觀 天無觀
아 유 관 천 무 관

---

1 포덕53년(1912) 발표. 어떤 일이나 사물을 해석하는 방식을 관점이라 한다. 이때 해석은 자신의 마음 상태나 공부 수준의 영향을 받을 수밖에 없다. 마음공부 할 때도 마찬가지. 자신의 선입견이나 습관된 마음을 떠나 객관적으로 보는 것을 '관'한다고 한다. 그러므로 여기 소개된 열세 가지 관점은 그대로 공부하면서 체험하는 마음과 시각의 변화를 말한다,
2 진리가 무엇인지 주문이 무엇인지, 나의 진면목이 무엇인지, 강령과 한울님의 감화가 무엇인지 고민하게 되는 초발심의 단계.
3 내 참모습을 깨닫기 위해선 그동안의 습관된 모습들을 버리고 참회해야 한다.

내게 모셔진 한울인 나를 있다고 보고 따로 한울이 없다고 보는 것[4]

4. 性無觀 心有觀
성 무 관 심 유 관

생명 이전의 성품은 없다고 보고 현재의 마음을 있다고 보는 것[5]

5. 心無觀 性有觀
심 무 관 성 유 관

현재의 마음은 허상으로 없다고 보고 변치 않는 진리로서 성품을

있다고 보는 것[6]

6. 性無觀 心無觀
성 무 관 심 무 관

만물이 분별 되는 성품은 따로 없어 일체가 하나로 분별하는 마음

4 내유신령과 외유기화가 하나임을 알면 일체가 한울로서 나의 본 모습임을 알게 된다.
5 현 세계는 일체가 지기로 살아있는 생명이다. 그러므로 현실을 보면 현상을 움직이는 기
   와 마음을 주로 공부하게 된다. 생명이 있기 전과 죽은 뒤의 자리인 無와 성품은 현재를 사
   는 사람에게 차후 공부가 된다.
6 마음과 기운은 항상 움직이고 살아있는가? 쉴 때도 있고 죽을 때도 있다. 마음을 공부하다
   보면 마음이 일어나기 전, 기운과 생명이 시작되기 전은 무엇이었고 다시 돌아가는 곳은
   어디인가를 공부하게 된다. 그것이 성품 자리이다. 모든 생명이 시작되기 전, 천지미판 전
   의 상태, 무극의 자리이다.

도 없다고 보는 것[7]

7. 性有觀 心有觀
성 유 관 심 유 관

일체가 하나인 참된 성품이 있다고 보고 생명을 움직이는 참된 마
음도 있다고 보는 것[8]

8. 我先觀 天後觀
아 선 관 천 후 관

한울이 내게 모셔져 있으므로 나를 먼저 보고 진리로서의 한울은
뒤에 보는 것[9]

---

7 비고 고요한 성품자리에선 모든 인과가 끊어지고, 없는 것도 없고, 있는 것도 없고, 나타난
   것도 없고, 의지한 것도 없고, 선한 것도 없고, 악한 것도 없고, 처음도 없고 나중도 없다.
   육신 관념과 개체의식이 다 없어지니 성품과 마음의 분별도 없어진다. 진정으로 습관된
   나를 버리는 단계다. 나와 내 주위의 모든 경계가 허물어진다.
8 성품과 마음의 본체는 비고 끊겼으나, 현실은 여전히 실재한다. 밤이 있으면 낮이 있고 죽
   음이 있으면 삶이 있게 마련이다. 현실의 한울은 비지 않고 끊기지 않으며, 도도 또한 비지
   않고 끊기지 않는다.
9 내가 먼저인가, 한울이 먼저인가? 닭이 먼저인가, 달걀이 먼저인가? 내가 없으면 한울을
   어디서 보며 어떻게 찾을 것인가? 그럼 나는 누구인가? 어디에서 왔는가? 본래의 나를 깨
   달으면, 나는 천지가 갈리기 전에 시작하여 천지가 없어질 때까지 억억만년이 나에게 이
   르러 끝나는 것이다.(의암성사법설, 성심변)

9. 我有觀 天有觀
아 유 관 천 유 관

한울을 모신 한울 사람으로서 나도 있다고 보고 세상에 화해진 모든 한울도 있다고 보는 것[10]

10. 我有觀 物有觀
아 유 관 물 유 관

한울 사람으로서 나도 있고 한울 형상으로서 물건도 있다고 보는 것[11]

11. 自由觀 自用觀
자 유 관 자 용 관

분별없는 일체가 한울 안에서 자유로움을 보고 한울로서 스스로의 쓰임을 보는 것[12]

---

10 나와 한울이 하나가 된 경지다. 본래의 나를 깨달아 나와 한울, 나와 세상, 죽고 사는 것이 둘이 아닌 경지다. 내가 생각하는 것과 행하는 것이 모두 한울 이치에 어긋남이 없으니 물물천 사사천이요, 공도공행이다.

11 한울은 무엇이고 물건은 무엇인가? 모두가 한울이고 같은 기운의 자취이다. 나라는 습관심과 개체의식이 없어지고 본래아를 깨달으면 나와 천지만물이 일체가 된다. 경천과 경인 그리고 경물(해월신사법설, 삼경)이 완성되는 것이다.

12 나와 남, 만물의 분별심이 없어지면 일체의 행에 거리낌이 없어진다. 그러나 그 행은 이치와 도에 맞지 않는 것이 없으니, 일동일정과 일용행사를 자유로이, 모든 일과 모든 쓰임을 마음 없이 행하고 거리낌 없이 행한다.(의암성사법설, 삼심관) 해탈한 사람의 자유로운

12. 衆生觀 福祿觀
중 생 관 복 록 관

한울과 나의 모습으로서 중생을 보고 중생의 복록을 보는 것[13]

13. 世界觀 極樂觀
세 계 관 극 락 관

중생과 만물이 한울로써 살아가는 세계를 보고 그것이 극락임을
보는 것[14]

삶과 행은 일반적인 윤리의 잣대로 판별할 수 없다.

13 중생은 또 다른 나이다. 모두 진리를 깨달아 진정한 자신의 삶을 살도록 해야 전체 한울
의 기운이 바뀐다. 그것이 개벽이다. 중생을 위하는 마음은 도의 시작이자 마지막이다.
"내가 사는 것은 누구를 위하여 사는 것인가. 내가 사는 것은 창생을 위하여 사는 것이라."
(강시)

14 중생과 만물이 살아가는 곳이 세계다. 한마음 깨달으면 그곳이 극락이요, 깨닫지 못하면
번뇌가 가득한 지옥이다. 깨달은 사람들이 살아가는 그곳이 지상천국이다. 무엇을 위해
어떻게 살 것인지 '보이는가!'

五. 覺世眞經(각세진경: 세상을 깨닫는 참 진리)[1]

1. 曰「高莫高於天이요 厚莫厚於地요 卑莫卑於人이어늘 人以侍
   왈 고막고어천   후막후어지   비막비어인   인이시
   天者는 何也니이까」曰「物有是性이요 物有是心이니 是性是心
   천자   하야   왈 물유시성   물유시심   시성시심
   은 出於天이라 故로 曰侍天也니라」
      출어천   고   왈시천야

묻기를 "높은 것은 하늘보다 더 높은 것이 없고, 두터운 것은 땅보

다 더 두터운 것이 없고, 비천한 것은 사람보다 더 비천한 것이 없

는데, 사람이 한울을 모셨다 하는 것은 어찌 된 것입니까?'

대답하시기를 "만물은 다 그 모습을 이루는 원소가 있으니 그것이

성품이고, 그 모습을 유지하는 기운이 있으니 그것이 마음이다. 이

성품과 마음은 한울에서 나온 것이므로 한울을 모셨다고 말하는

것이다."[2]

---

1 포덕40년(1899) 7월 저술 반포. 의암 선생 초기작으로 동학혁명과 해월 선생 순도(포덕39
  년, 1898) 후 도인들을 수습하고 도풍을 진작시키기 위해 기본적인 가르침들을 정리한 것
  으로 보인다. 위기에는 기본으로 돌아가야 한다.
2 한울님은 천상의 옥황상제 같은, 어디 따로 있는 인격신이 아니다. 진리요 생명이다. 그러
  므로 누구나 모시고 있다.

2. 曰「性心이 出於天者는 何也니이까」曰「陰陽合德而俱體者를
   왈　성심　출어천자　　하야　　　왈　음양합덕이구체자

   謂之性이요 外有接靈而內有降話者를 謂之心也니라」
   위지성　　　외유접령이내유강화자　　위지심야

문기를 "성품과 마음이 한울에서 나왔다는 것은 어찌된 것입니까?"

대답하시기를 "한울의 원소 중 음의 성질을 가진 것(혈액이나 신경 같

은)과 양의 성질을 가진 것(뼈나 근육 같은)이 그 성분과 덕을 모아 우

리 몸을 갖추니 이를 성품이라 한다. 우리 몸 밖으로 모든 다른 한

울의 영양과 기운과 마음을 받아들이고 소통하며, 몸 안으로는 신

령한 가르침이 내려 몸을 움직이는 중심이 있으니 이것이 마음이

다."[3]

3. 曰「然則 高而非天이요 厚而非地乎이까」曰「高依於厚요 厚
   왈　연즉　고이비천　　후이비지호　　왈　고의어후　후

   依於高니 卑在於其間하여 上蒙於 高明之德이요 下載於 博厚
   의어고　비재어기간　　　상몽어　고명지덕　　　하재어　박후

   之恩이라 是故로 天地人三才者는 都是一氣也니라」
   지은　　　시고　천지인삼재자　　도시일기야

문기를 "그러면 높은 것이 하늘이 아니요, 두터운 것이 땅이 아니란

것입니까?"

대답하시기를 "높은 것은 두터운 것에 의지하고 두터운 것은 높은

---

3 성품이란 집을 짓는 재료와 원료다. 마음은 그 집의 형태를 구성하고 사용하는 것이다.

것에 서로 의지하였다. 비천하다는 사람은 그 사이에 있어 위로는 높고 밝은 하늘의 덕을 입었고 아래로는 넓고 두터운 땅의 은혜를 실은 것이다. 이러하므로 천·지·인 삼재란 것은 도무지 한 한울 기운뿐이다."

4. 曰「性者何也니이까」曰「天地之精體也니라」
　　왈　성 자 하 야　　　　왈　천 지 지 정 체 야

묻기를 "성품이란 것은 무엇입니까?"
대답하시기를 "천지를 구성하는 가장 근본의 정미로운 본체이다."

5. 曰「心者何也니이까」曰「如聞而難見한 渾元之虛靈也니라」
　　왈　심 자 하 야　　　　왈　여 문 이 난 견　　혼 원 지 허 령 야

묻기를 "마음이란 것은 무엇입니까?"
대답하시기를 "들리는 듯 하나 보기는 어려운, 우주에 가득하나 비어있는, 그렇지만 신령한 영이 한울마음이고 그것이 곧 내 마음이다."

6. 曰「靈者何也니이까」曰「虛靈蒼蒼而無物不遺하며 無時不照
　　왈　영 자 하 야　　　　왈　허 령 창 창 이 무 물 불 유　　무 시 부 조
而寂然不動하며 起而明之하고 暗而變化하여 自德自理之天地
이 적 연 부 동　　　기 이 명 지　　　암 이 변 화　　　자 덕 자 리 지 천 지
之勢요 自然之理也니라」
지 세　자 연 지 리 야

묻기를 "영이란 것은 무엇입니까?"

대답하시기를 "온 우주에 빈 듯 하지만 신령한 영이 가득차고 무성하여 만물에 보내지 아니함이 없으며, 비치지 않은 때가 없으며, 고요하여 움직이지 아니하지만, 일어나면 밝고 어두우면 변화하여 스스로의 덕과 스스로의 이치가 이룬 천지의 기세요, 자연의 이치이다."[4]

7. 曰「五行者何也니이까」曰「氣之精體也니라」
   왈　오 행 자 하 야　　 왈　기 지 정 체 야

묻기를 "오행이란 것은 무엇입니까?"

대답하시기를 "기운이 작용하는 다섯 가지 정제된 틀이다."[5]

8. 曰「氣者何也니이까」曰「理之精靈이 豁發之秀儀也니라」
   왈　기 자 하 야　　 왈　이 지 정 령　 활 발 지 수 의 야

묻기를 "기란 것은 무엇입니까?"

대답하시기를 "이치의 순수한 영이 사물에 통하여 드러나는 수려

---

4 영이란 기의 작용이다. 기운은 움직이지 않을 때 에너지일 뿐이지만 그것이 작용하면 결과(자취)를 남긴다. 그러므로 신령한 것이다.
5 오행은 한울의 기가 세상에 작용하는 것을 해석하는 방법.

한 모양이다."[6]

9. 曰「理者何也니이까」曰「一塊也니라」
　　왈　이 자 하 야　　　왈　일 괴 야

묻기를 "이치란 것은 무엇입니까?"

대답하시기를 "온 우주가 일체가 하나로 한 덩어리이다."

10. 曰「一塊者何也니이까」曰「以無始有也니라」
　　왈　일 괴 자 하 야　　　왈　이 무 시 유 야

묻기를 "한 덩어리란 것은 무엇입니까?"

대답하시기를 "만물의 근본은 비고 없어 하나지만 만물이 또한 시

작되는 것이다."[7]

11. 曰「精者何也니이까」曰「體之至靈也니라」
　　왈　정 자 하 야　　　왈　체 지 지 령 야

묻기를 "정이라는 것은 무엇입니까?"

6 이치는 한울의 성품. 한울의 성품이 드러나 작용하면 기운이 되니 이치와 기운은 동전의
　 양면. 豁 열릴, 통할 활.
7 한울의 성품은 무한한 가능성. 시작도 끝도 없다.

대답하시기를 "몸의 각 부위를 움직이는 기운의 지극한 영이다."[8]

12. 曰「陰陽者何也니이까」曰「初有一物하니 物者는 一塊也요 塊
　　왈　음양자하야　　　왈　　초유일물　　　물자　　일괴야　　괴
者는 無極也니 只有始分하여 所謂 無極而生太極이라 無極은
자　무극야　　지유시분　　　소위　무극이생태극　　　　무극
陰이요 太極은 陽이니 上下論之則上下亦陰陽이요 東西論之則
음　　　태극　　양　　　상하론지즉상하역음양　　　동서론지즉
東西亦陰陽이요 其他 寒署 晝夜 去來 屈伸이 皆無 不陰陽이니
동서역음양　　　기타　한서　주야　거래　굴신　　개무　불음양
總究其本則 天地鬼神變化之理 相對相應이니 都是陰陽之理
총구기본즉　천지귀신변화지리　상대상응　　　도시음양지리
也니라」
야

묻기를 "음양이란 것은 무엇입니까?"

대답하시기를 "처음에 한 물건이 있었으니 물건이란 것은 한 덩어
리요 덩어리란 것은 무극(나누어지지 않는 지극함)이다. 이것이 처음
나누어지면 이른바 무극이 태극을 낳은 것이다. 무극은 음으로 어
둡고 비어있는 무형이지만 태극은 양으로 밝고 형상이 드러난 것
이다. 상하로 말하면 상하도 또한 음양이요, 동서로 말하면 동서도
또한 음양이요, 그밖에 춥고 더운 것, 낮과 밤, 가고 오는 것, 구부리
고 펴는 것 등이 다 음양 아님이 없다. 그 근본을 연구하면 천지 ·

8　"세 가지를 나누어 말하면 마음은 기운이요, 성품은 바탕이요, 정은 뇌수와 골격과 폐부 개
　　개 절절을 응하여 있는 것이니라. 동작의 조화로 말하면 마음이 먼저 발하여 정을 움직이
　　고 정이 발함에 몸이 움직이는 것이라."(의암성사법설, 위생보호장)

귀신 · 변화의 이치가 서로 대하고 서로 응하니, 서로 대하고 응하는 것은 모두 음양의 이치이다."

13. 曰「降話者何也니이까」曰「降者는 接靈之理也요 話者는 無不
   왈 강 화 자 하 야   왈 강 자 접 령 지 리 야   화 자 무 불
受鬼神之靈하여 能言能笑 能動能靜이 皆無不降話之敎也니라」
수 귀 신 지 령   능 언 능 소 능 동 능 정 개 무 불 강 화 지 교 야

묻기를 "강화(말씀을 받는다)란 것은 무엇입니까?"

대답하시기를 "강(내린다)이란 것은 한울의 영이 내 몸에 접하는 이치를 말하고, 화(말씀)란 것은 영이 구부리고 펴는 신령함을 받아 능히 말하고 웃고, 능히 움직이고 고요한 것이다. 이것이 다 강화의 가르침 아님이 없는 것이다."

14. 曰「接靈者何也니이까」曰「其形然然發發 渾入於骨格하여
   왈 접 령 자 하 야   왈 기 형 연 연 발 발 혼 입 어 골 격
聰明이 應其耳目하여 我與天之氣 相合而 天與人이 言語相聽
총 명 응 기 이 목   아 여 천 지 기 상 합 이 천 여 인   언 어 상 청
하며 意思相同而 萬事能通者也니라 蒙昧餘生이 何以知天之
   의 사 상 동 이 만 사 능 통 자 야   몽 매 여 생   하 이 지 천 지
的實하여 以守心正氣로 至於聖賢之境하며 能聽天語之的實하
적 실   이 수 심 정 기 지 어 성 현 지 경   능 청 천 어 지 적 실
여 無違敎化之德하리오」
   무 위 교 화 지 덕

묻기를 "영이 접한다는 것은 무엇입니까?"

대답하시기를 "한울기운이 나타나 작용하여 빠르게 우리 몸의 골

격에 혼연히 들어가면, 한울의 총명이 그 귀와 눈에 응하게 된다.
그러면 나와 한울의 기운이 서로 합하여 한울과 사람이 말을 서로
들으며, 뜻과 생각이 서로 같아서 모든 일을 능히 통하는 것이다.
한울의 영이 접함을 모르는 어리석은 사람들이 어찌 한울의 적실
한 것을 알 수 있으며, 한울 마음을 지키고 기운을 바르게 하여[9] 성
현의 경지에 이르며, 능히 한울님 말씀의 틀림없이 확실한 것을 들
어 교화의 덕을 어김이 없게 하겠는가."[10]

15. 曰「鬼神者何也니이까」曰「陰陽之變化謂也니라 鬼神論之則
　　　왈　귀신자하야　　　　왈　음양지변화위야　　　귀신논지즉
陰鬼陽神이요 性心論之則 性鬼心神이요 屈伸論之則 屈鬼伸
음귀양신　　　성심논지즉　성귀심신　　　굴신논지즉　굴귀
神이요 動靜論之則 動神靜鬼니 總而論之則 氣抱理 理賦氣而
신　　동정논지즉　동신정귀　　총이논지즉　기포리　이부기이
無依無立之環也니라」
무의무립지환야

묻기를 "귀신이란 것은 무엇입니까?"
대답하시기를 "음양의 변화를 말하는 것이다. 귀신으로 말하면 음
은 귀 · 양은 신이요, 성심으로 말하면 성품은 귀 · 마음은 신이요,

9　수심정기. 동학 수행의 핵심 가르침.
10　"밖으로 접령하는 기운이 있음과 안으로 강화의 가르침이 있음을 확실히 투득해야 가히
　　덕을 세웠다 말 할 것이니…"(해월신사법설, 심령지령) 그러므로 접령이란 나의 마음과 한
　　울의 성령이 서로 어그러짐 없이 합치된 상태를 말한다.

굴신으로 말하면 구부러짐은 귀 · 펴짐은 신이요, 동정으로 말하면

움직임은 신 · 머무는 것은 귀다. 통틀어 말하면 기운이 이치를 포

용하고 그 이치가 기운을 받는 것인데, 의지한 것도 없고 선 것도

없는 한 울이다."

16. 曰「無依無立而環則 有方而不變者는 何也니이까」曰「舟中
　　왈　무 의 무 립 이 환 즉　유 방 이 불 변 자　　하 야　　　왈　주 중
臥則 環舟去而不知 其方者也니라 嗟呼 生而不知其生하고 行
와 즉　환 주 거 이 부 지　기 방 자 야　　차 호　생 이 부 지 기 생　　　행
而不知其行하고 食而不知其食이로다」
이 부 지 기 행　　　식 이 부 지 기 식

묻기를 "의지한 것도 없고 선 것도 없는 한 울이라면, 방향이 있고

그것이 변치 않는 것은 어찌된 것입니까?"

대답하시기를 "배 가운데 누우면 배를 돌려서 가도 그 가는 방향

을 알지 못하는 것과 같다. 뜻을 세워 일어나 진리를 봐야 방향을

알 것이다. 하지만 슬프다, 세상 사람들은 살면서도 그 사는 것을

알지 못하고, 행하면서도 그 행하는 것을 알지 못하고, 먹으면서도

그 먹는 것을 알지 못하는구나."[11]

11 배 가운데 누워 배가 가는 방향을 모르는 것은 세상 사람들이 자신의 습관심 속에 빠져
한울의 성령이 있음을 모르는 것과 마찬가지. 일어나 밖을 보면 될 것을.

六. 明心章(명심장: 마음을 밝히는 장)

1. 吁라 **外有接靈者**는 **這裡自載**에 **五行合德**하여 **萬物**이 **各有接**
   우 외유접령자   저리자재   오행합덕   만물   각유접
   靈之氣也요 **內有降話者**는 **以五行**으로 **至於造物**에 **豈無相生**
   령지기야   내유강화자   이오행   지어조물   기무상생
   相克變化之理乎아
   상극변화지리호

아! 밖으로 한울의 영이 접하는 것도 우리 몸 안의 영에서 스스로 비롯되어 소통되는 것이다.[1] 만물은 모두 이렇게 다섯 가지 한울 기운으로 덕을 합하여, 각각이 한울의 영과 소통하는 기운으로 형상을 이루고 살아간다. 마음속으로 가르침이 내리는 것은, 한울의 다섯 기운으로 만물을 이루고, 그 기운들이 서로 돕거나 혹은 서로 부딪히며 만물의 변화를 이루는 이치를 알게 하는 것이다.[2]

---

[1] 외유접령이 되는 것도 내유신령이 응하지 않으면 안된다. 죽은 생명에 어찌 간섭이 되겠는가?
[2] 한울의 기운은 오행의 다섯 가지 상징적 기운의 형태로 만물에 간섭한다. 외부에서 그러한 기와 이치를 느끼고 깨닫는 것이 외유접령이요, 내 몸 안에서 그를 느끼는 것은 내유강화다.

2. 自動明應하고 自量自白하고 口作話語也니 動明自量은 可謂降
   자동명응　　자량조백　　구작화어야　　동명자량　　가위강

話之敎也요 口作話語는 可謂先生之敎也니 天語人語가 豈有
화지교야　　구작화어　　가위선생지교야　　천어인어　　기유

異哉아 然이나 守心正氣하고 一心正氣하여 渾入於無極之境則
이재　연　　수심정기　　일심정기　　혼입어무극지경즉

明知降話之的實이나 放心亂意則 天語人語之相去를 不數記
명지강화지적실　　방심난의즉　천어인어지상거　불수기

也니라 然則 言語動靜은 實是莫過於此나 然이나 實非陰陽鬼
야　연즉　언어동정　실시막과어차　연　실비음양귀

神之跡이면 豈有化生動靜之理乎아 故로 於千萬理에 自有無
신지적　기유화생동정지리호　고　어천만리　자유무

爲而化요 一動一靜이 都是鬼神之敎也니라
위이화　일동일정　도시귀신지교야

사람은 스스로 움직여 밝게 응하고 자기 잘잘못을 헤아리고 입으
로 말을 한다. 스스로 움직여 밝히고 헤아릴 수 있음은 가히 강화의
가르침(한울 기운의 간섭)이라 이를 것이요, 입으로 이치에 맞는 말을
하는 것은 가히 그 이치를 알려준 선생의 가르침 덕이라 할 것이다.
한울의 간섭과 스승의 가르침대로 하면 한울님 말씀과 사람의 말
이 어찌 다름이 있겠는가.[3]

그러나 수심정기하고 한마음으로 기운을 바르게 하여 분별을 넘어
선 무극의 경지에 혼연히 들어가면 한울님 말씀이 정확하고 확실
함을 밝게 알 것이나, 방심하여 생각이 어지러우면 한울님 말씀과

---

3 "강화는 사람의 사사로운 욕심과 감정으로 생기는 것이 아니요, 공변된 진리와 한울님 마
  음에서 나오는 것을 가리킴이니, 말이 이치에 합하고 도에 통한다 하면 어느 것이 한울님
  말씀 아님이 있겠느냐."(해월신사법설, 천어)

사람의 말이 서로 떨어지는 것이 셀 수 없이 많다.

그러므로 말하고 움직이고 머무는 모든 것이 실로 한울 기운이 간섭하는 이치 아님이 없다. 그러나 실제 그 작용이 음양과 귀신의 자취로 나타남을 모르면 어찌 화해나며 움직이고 머무는 이치를 알겠는가. 그러므로 세상의 수많은 이치가 자연히 함이 없이 되는 것이요, 움직이고 머무는 모든 것이 도무지 한울님이 드러나게 또는 감추어 가르치시는 것일 뿐이다.[4]

3. 聽之不聞하고 視之不見 云者는 世人이 不知鬼神自然之理하
   청지불문   시지불견 운자   세인   부지귀신자연지리
   고 但知吾身自行之理라 故로 言語는 先出於敎化之際나 然이나
     단지오신자행지리 고 언어   선출어교화지제   연
   聽之不聞이요 一身은 化生於理氣之中이나 然이나 視之不見也
   청지불문   일신   화생어이기지중   연   시지불견야
   니 無他라 此姑未免大悟之故也니라
     무타   차고미면대오지고야

한울 이치는 들어도 들리지 아니하고 보아도 보이지 않는다. 그것은 사람의 감각을 넘어선 것이기 때문이다. 세상 사람은 보이지 않는 가운데 한울이 자연히 간섭하는 이치를 알지 못하고, 다만 자기 몸이 스스로 행하는 줄로만 안다.

---

4 한울님 마음을 잃지 않고 그대로 몸을 행하면 이루어짐이 귀신의 자취처럼 무위이화할 것이나, 한울님 마음을 잃고 습관된 욕심으로 움직이면 일도 망치고 기운이 상하며 건강도 상할 것이다. 이것이 한울님 말씀과 사람의 말이 떨어지는 것이다.

그러므로 언어로 교화할 즈음에 말로 이치를 설명하지만, 한울님 말씀은 마음으로 들을 뿐 귀로는 들리지 않는 것이다. 내 한 몸은 한울의 이치 기운 가운데에서 화생하였으나 한울 이치는 마음으로는 보아도 사람 눈으론 보이지 않는다. 이는 다름이 아니라 아직 마음이 큰 깨달음에 이르지 못한 때문이다.

4. 守心正氣로 以達盖載之德則 物我豈有毫末之間乎아
　　수 심 정 기　　이 달 개 재 지 덕 즉　물 아 기 유 호 말 지 간 호

한울님 마음을 지키고 한울 기운을 바르게 하는 수행으로 천지가 덮어주고 실어 주는 덕을 환히 알게 되면 만물과 내가 어찌 털끝만 치라도 사이가 있겠는가.

5. 萬物各得形이나 這裡自有性이라 心雖無作處나 用地作禍福이라
　　만 물 각 득 형　　저 리 자 유 성　　심 수 무 작 처　　용 지 작 화 복

만물이 각각 모습은 다르지만 그 속에 모두 같은 한울의 성품이 있다. 마음은 무엇을 만들려 하지 않는다. 다만 마음을 어떻게 쓰는가에 따라 화와 복이 만들어질 뿐이다.

6. 安分身無辱이요 知機心自閑이라 聾處無是非하고 謹步無危地라
　　안 분 신 무 욕　　지 기 심 자 한　　농 처 무 시 비　　근 보 무 위 지

분수를 지켜 편안하면 몸에 욕되는 일이 없고, 때를 알면 마음이 자연히 한가롭다.[5] 귀 막은 곳에는 시비가 없고, 삼가하여 걸으면 위험한 곳이 없다.

7. 心動去去亂이요 性靜時時安이라 一亂十載失이요 百忍萬機生
   심 동 거 거 란   성 정 시 시 안   일 란 십 재 실   백 인 만 기 생
   이라

마음이 욕심을 따라 움직이면 갈수록 어지럽지만[6] 한울 성품을 찾아 고요하면 언제나 편안하다. 한 번 마음이 어지러우면 십 년을 잃고, 백 번 참으면 만 가지 기회가 생긴다.

8. 黙言道心長이요 懲忿百神從이라 莫知分義定커든 每事當來行하라
   묵 언 도 심 장   징 분 백 신 종   막 지 분 의 정   매 사 당 래 행

말없이 잠잠히 함에 도의 마음이 자라고[7] 화를 참으니 모든 신이 따른다. 자기 분수가 어떤지 알지 못하거든 매사에 멀리 있는 것을 생

---

5 사람들이 불안을 느끼는 것은 때를 잘 모르기 때문인 경우가 많다. 씨 뿌릴 때와 거둘 때를 안다면 차분히 준비하며 일을 그르치지 않을 것이다.
6 성품은 고요하나 마음은 움직이는게 본질. 그러나 물건을 따라 본래 마음에서 멀어지면 흐려지고, 마음을 빼앗기지 않고 갓난아기때 천심을 지켜 수심정기하면 맑은 거울이 된다.
7 구체적인 사안에서 말을 적게 하는 것은 나의 섣부른 판단으로 평가하고 말하기 전에 상대의 입장과 생각을 먼저 경청하고 이해하고 공감하는 것이다. 그것이 모두가 공감하는 한울 마음에 가까울 것이니 도심이다.

각지 말고 가까운 것부터 행하라.

9. 生言一氣中인데 貴賤亦有命이라 百事如此說하면 平生我自知
   생 언 일 기 중   귀 천 역 유 명   백 사 여 차 설   평 생 아 자 지
하리라

말은 같은 한울 기운 속에서 생기지만, 그 쓰임에 따라 귀천이 생긴

다. 모든 일을 이 말씀같이 하면 평생 자신의 삶과 자신이 하는 일

을 스스로 알리라.

10. 陰陽造化萬物生인데 但知成形理不見이라 陰陽始分五行生이요
    음 양 조 화 만 물 생   단 지 성 형 리 불 견   음 양 시 분 오 행 생
    五行合德萬物成이라 只知體物氣不見하여 知行自身氣不行이라
    오 행 합 덕 만 물 성   지 지 체 물 기 불 견   지 행 자 신 기 불 행

음양의 조화로 만물이 생기지만 그렇게 형상을 이룬 것은 알아도

이치는 보이지 않는다. 음양이 처음 나뉘어 오행이 생기고, 오행이

덕을 합하여 만물을 이룬 것이다. 물건의 형체는 알아도 형체를 이

루고 움직이는 기운은 보지 못하여, 자기 몸이 행하고 한울 기운은

행하는 것을 모르는게 세상 사람들이다.

11. 一水始分是陰陽이요 濁則爲地淸則天이라 地則水火金木土요
    일 수 시 분 시 음 양   탁 즉 위 지 청 즉 천   지 즉 수 화 금 목 토
    天則日月九星明이라 陰陽五行何有分가 淸濁之中自有別이라
    천 즉 일 월 구 성 명   음 양 오 행 하 유 분   청 탁 지 중 자 유 별

萬物化生於其中이요 四時分明無爲化라
만 물 화 생 어 기 중　　　사 시 분 명 무 위 화

한 물이 처음 나뉘니 이것이 음양이요, 탁하여 가라앉으면 땅이 되
고 맑으면 하늘이 된다. 땅은 수화금목토의 다섯 원소(오행)로 구성
되고, 하늘은 해와 달, 아홉별이 가장 밝다. 그러나 음양오행이 모
두 한 한울에서 비롯된 것이니 어찌 구분이 있겠는가. 맑은가 흐린
가가 자연히 구별이 될 뿐이다. 만물은 그 가운데서 화생한 것이요,
사계절이 분명한 것은 함이 없이 되는 자연의 이치이다.

12. 心有能通慢是天하니 豈不歎哉 豈不憫가 自古英雄以來聞인
　　심 유 능 통 만 시 천　　　기 불 탄 재 기 불 민　　자 고 영 웅 이 래 문
데 去後永永更無威라
　　거 후 영 영 경 무 위

마음에 약간 능통함이 있다고 한울에 거만하면 어찌 탄식치 않으
며, 어찌 민망치 않겠는가. 예부터 세상의 명예를 얻어 영웅이라 하
는 사람도 지금까지 듣건대 죽은 후에는 영영 다시 위엄이 없더라.

13. 於千萬物至於生하니 生則理也行則神이라
　　어 천 만 물 지 어 생　　　생 즉 리 야 행 즉 신

천만 물건이 태어나고 살아가니 사는 것은 한울 이치요, 그 행함은

신의 작용이다.[8]

14. 於千萬物明明兮여 鬼神之跡은 亦留此라
    어 천 만 물 명 명 혜   귀 신 지 적   역 유 차

천만 물건이 한울 이치에 따라 드러나 밝고 밝음이여! 귀신의 자취
는 또한 여기에 있는 것이다.[9]

15. 性則質也 心則氣요 氣質合德 成則形이라 內有神靈外有化는
    성 즉 질 야 심 즉 기   기 질 합 덕 성 즉 형   내 유 신 령 외 유 화
    靈則氣也 化則理라 理氣豈有間가 造物이 自有別이라
    영 즉 기 야 화 즉 리   이 기 기 유 간   조 물   자 유 별

성품은 바탕이요, 마음은 기운이다. 기운과 바탕이 덕으로 합하여
이룬 것은 형상이다. 안으로 신령이 있고 밖으로 화함이 있다고 하
는 것은, 영은 형상을 움직이는 기운이고 밖으로 화하는 것은 한울
이치이기 때문이다. 그러므로 이치와 기운이 어찌 사이가 있겠는
가. 다만 다양한 만물을 이룸에 자연히 구별이 있는 것이다.[10]

8 한울이치, 성령으로 만물이 생기지만, 움직이고 행하는 것은 기운의 조화이다.
9 만물은 한울 이치로 생기는 것이고, 그것이 움직이는 것은 기운의 조화인데 기운의 조화
   가 드러남은 신이요, 드러나지 않고 작용하는 것은 귀이다.
10 한울의 기운이 작용하기 전은 모든 가능성이 내포된 이치, 작용하여 움직이는 것은 기운.
   그러므로 동전 양면이지 둘이 아니다. 그러나 그 이치와 기운이 형상을 이루어 만물을 만
   들 때 각각의 인과에 따라 형상이 이루어짐이 차이가 생긴다.

七. 天道太元經(천도태원경)[1]

(一) 道 全體圖(도 전체도, 도의 전체모습 그림)

[1] 포덕47년(1906) 저술. 의암 선생은 동학혁명 후 위기에 처한 도와 나라의 운명을 헤쳐 나가기 위해 일본과 미국 등을 돌아보려 했으나 미국엔 가지 못하셨다. 일본과 청에서 급변하는 국제 정세와 각국의 개명된 부국강병의 모습을 확인하고, 러일 전쟁 등이 조선에 미치는 영향을 면밀히 주시하며 진보회 활동을 지시하기도 한다. 이런 외유(포덕42-47년)를 끝내고 귀국하여 저술하신 것이 천도태원경이다. 즉 도가 세상에 해야 할 역할과 위치 등을 규정한 것으로 볼 수 있다.

㈁ 道 全體圖說도 전체도설(도 전체도를 설명함)[2]

1. 夫吾道는 天이라 天의 極廣極大한 範圍內에 在한 飛潛動植이
   부 오 도　천　　　천　극광극대　　범위내　재한　비잠동식
   各히 質素中 拒力吸力을 受하여 氣質을 成하며 氣素中 多分小
   각　질소중　거력흡력　수　　　기질　성　　　기소중　다분소
   分을 受하여 其氣를 資하니 此는 天理의 流行이라 此를 體하여 人
   분　수　　　기기　자　　차　천리　유행　　　차　체　　　인
   與物이 天理에 密接關係가 有케하는 吾道의 責任이 有하니라
   여물　천리　밀접관계　유　　　오도　책임　유

우리 도는 한울이다. 한울의 지극히 넓고 큰 범위 안에 있는 새 · 물
고기 · 짐승 · 풀 · 나무 같은 만물이 각각 바탕의 원소 속에서 밀고
당기는 힘을 받아 그 기질을 이룬다. 한울 기운의 원소 중에서 많은
부분과 작은 부분을 받아 각각의 형상이 되는 기운이 된다. 이것이
한울 이치의 흐름이다.[3] 이것을 본체로 하여 사람과 물건이 한울 이
치에 맞게 잘 살게 하는 것은 그 이치를 밝힌 우리 도에 책임이 있
는 것이다.[4]

2　앞 장의 그림에서 처음의 도는 세상이 시작되는 한울의 이치이다. 만물이 만들어지고 세
　상이 되니 만물과 세상이 운행하는 규칙이 생기게 되었다. 드러나는 현실의 삶을 규제하
　는 것을 정치라 하고 이는 법으로서 다스리니 행정과 사법 등이 이에 속하고, 정신적 삶을
　바르게 하는 것은 교육으로써 하니 종교와 학교 등에서 이치를 가르치게 되었다. 이러한
　다스림이 조화롭게 이루어져 한울님의 뜻이 온전히 펴지는 것이 나중의 도가 된다. 중간
　의 빈 원은 다스림이 자연스러워 인위적 간섭이 없는 상태(무위이화)를 뜻한다.
3　한울기운을 많이 받으면, 큰 형체가, 작게 받으면 작은 형체가 생길 것이다.
4　이러한 이치를 밝혀 한울의 이치가 세상에 퍼져 사람과 물건에 적용하게 하는 것은 사람
　이 할 일이고, 도를 깨달은 사람이 할 일이다. 앞의 전체 도표를 개괄해 설명한 것이다. 도

(三) 道는 無善無惡도는 무선무악(도는 선도 없고 악도 없다)[5]

(衍義) 1. 無漏無增한 原體를 謂함이라 善惡은 施爲上發迹이요 曰
　　　　　무루무증　원체　위　　　선악　　시위상발적　　왈

善曰惡은 向背的起想이니 天理의 無始無終하며 無淺無深한 大
선왈악　　향배적기상　　　천리　무시무종　　　무천무심　　대

範圍에 對하여 人이 向背的起想을 容措不得일세 是境이 空이요
범위　대　　　인　향배적기상　　용조부득　　　시경　　공

是案이 斷이라 故로 曰 無善無惡은 天이요 天은 吾道의 起原이니
시안　단　　고　왈　무선무악　천　　천　오도　기원

經에 曰「無極大道」라 하시니라 無漏無增은 理想上眞諦라
경　왈　무극대도　　　　　　무루무증　이상상진체

(넓힌 뜻)도는 새는 것도 없고 더함도 없는 근원의 본체를 말한다.

선과 악은 베풀어 이루는 데서 드러나는 결과일 뿐이다. 선이라 악

이라 말하는 것은 자기를 기준으로, 같은 곳을 향하거나 등지는 데

서 일어난 생각일 뿐이다. 한울 이치는 처음도 없고 나중도 없으며

얕은 것도 없고 깊은 것도 없는 큰 울이지만, 사람은 자기와 같은

방향은 선으로, 등진 방향은 악으로 생각한다. 이런 망상을 어찌할

수 없을 때[6] 필요한 이 경지가 공(형상이 있기 전 무형한 한울, 성품)이

표에서와 같이 내면의 가르침과 현실 정치를 모두 조화롭게 하는 것이 한울의 바른 도가
된다. 여기에서 천도교는 성심신삼단을 아우르는 교정일치의 종교라는 특징이 다시 확인
된다. 동학혁명과 3·1운동 등은 그러한 현실참여의 연장선에서 이해할 수 있다.

5　한울님 진리는 인간세상의 선악분별 이전의 자리. 때문에 수운선생도 한울님은 불택선악
　이라고 하셨다. "호천금궐 상제님도 불택선악 하신다네"(안심가) "한울님은 지공무사하신
　마음 불택선악 하시나니"(도덕가)

6　措 그만둘 조, 容措不得은 용납하기도 그만두기도 어렵다는 뜻. 한울은 어디나 차별이 없

요, 이 방안이 단(잡념 끊기)이다. 그러므로 선한 것도 없고 악한 것도 없는 것은 한울이요, 한울은 우리 도의 기원이니, 경에 말씀하시기를 「무극대도」라 하시었다.[7] 이렇게 새는 것도 없고 더함도 없는 것이야 말로 이상적인 참된 깨달음이다.[8]

2. 吾人의 眼前心內에 交橫한 理妙物狀이 天外別區로 從하여 往
　　오 인　　안 전 심 내　　교 횡　　이 묘 물 상　　천 외 별 구　　종　　왕
復한 者 無하고 但蒼穹內에 此形의 消化한 餘素가 彼理의 玄牝
복　　자 무　　단 창 궁 내　　차 형　　소 화　　여 소　　피 리　　현 빈
을 供함에 不過하니 此에 對하여 科學的觀念으로 試하면 天內의 在
　　공　　불 과　　차　　대　　과 학 적 관 념　　시　　천 내　　재
在常常한 玄機를 自覺하리니 天의 一軌에 同歸한 吾道의 原體는
재 상 상　　현 기　　자 각　　천　　일 궤　　동 귀　　오 도　　원 체
一言架床을 不要하니라
일 언 가 상　　불 요

우리 사람의 눈앞에 보이는 형상과 마음 안에 엇갈리는 미묘한 이치는 한울 밖에 별개로 오고 가는 실재가 아니다. 다만 너른 한울속에서 이 형상을 이룬 원소가 한울 이치에 의해 만물을 생성하는 바탕으로 제공된 것일 뿐이다.[9] 이에 대하여 과학적 관념으로 시험

는 하나지만, 사람은 보는 입장에 따라 좋기도 나쁘기도 하니, 분별과 시비가 생긴다.
7　선과 악, 음과 양, 이런 모든 분별 이전의 근본을 온전히 밝힌 도가 무극대도다.
8　도표 맨 위 도를 설명한 것으로 한울의 이치가 세상에 적용되기 전의 상태이다. 그러므로 한울의 본성, 성품과 같다.
9　牝 암컷 빈. 玄 검을 현. 예부터 생명의 시원은 검고 어두운 골짜기로 표현해왔다. 그러므로 현빈은 만물이 생성되는 우주의 자궁, 즉 도를 상징. "玄牝之門 是謂天地之根" 현빈의 문이 바로 천지의 근원이니라. (도덕경 6장)

하면 한울 속에 어디나 늘 있는 현묘한 기틀을 스스로 깨달을 것이니, 한울의 한 궤도에 같이 돌아가는 우리 도의 원체는 한 마디라도 더할 필요가 없다.[10]

(四) 敎는 善惡分別(교는 선악분별, 교는 선과 악을 분별하는 것)

(衍義) 1. 兩段心性을 衡平함이라 敎는 規矩繩墨의 一定한 標準으로 善은 高度에 致하며 惡은 未萌에 警하여 兩途不齊한 念迹을 人文 上要點에 歸宿케하고 先天朴素를 排除하여 未來光燭을 挑得케하는 新範을 兼包하니라

(넓힌 뜻)종교는 마음과 성품이 선악을 오가지 못하게 균형 잡는 것이다. 종교[11]는 자와 먹줄의 일정한 표준과 같이,[12] 선은 고도에 이르게 하며 악은 싹트기 전에 경계한다. 그리하여 선과 악의 두 길이 같지 않다는 생각과 자취를 인류 문화의 요점으로 강조하게 한

---

10 성품은 이치다. 한울의 이치는 모든 만물에 베풀어져 있으므로 만물을 잘 관찰하고 연구하면 각각의 이치를 알 수 있다. 이것이 과학이요 학문이다.

11 가르침과 (참된 가르침을 집대성한) 종교의 두가지 뜻이 있다.

12 규구준승은 목수가 쓰는 그림쇠ㆍ자ㆍ수준기와 먹줄. 일상생활의 법도나 기준의 의미가 있다.

다.[13] 또한 옛 세상의 꽉 막힌 소질을 버려 미래의 밝은 등불을 얻게 하는 새로운 틀을 겸하여 내포한 것이다.[14]

(五) 理는 善惡範圍(이는 선악범위, 이치는 선악의 범위를 가르친다)

(衍義) 1. 心性定有之圈이라 理는 善惡兩界에 道光을 對照하여 善
의 高岸과 惡의 熱潮가 何周圍에 占據한 實迹을 究得하는 慧眼이
在我하니라

(넓힌 뜻)이치는 마음과 성품이 정해진 테두리다. 이치는 선악의 두 경계에서 도의 이치로써 바라보아,[15] 선의 높은 언덕과 악의 뜨거운 물결이 어떠한 곳에서 어떤 자취를 남기는가 생각하여 얻는 슬기로운 안목이다.[16] 이것은 어디 있는가. 다른 곳에 있지 않고 내게 있

---

13 선을 또는 악을 따르느냐에 따라 개인의 삶과 공동체의 삶이 달라진 예는 역사에 그 교훈이 무수히 많다. 역사란 그 교훈에 따라 잘못을 되풀이 하지 않기 위한 공부이다.

14 한울의 본성은 선악 분별이 없다. 그러나 개체가 활동하다 보면 서로 이해가 충돌할 수 있다. 이때 최대한 한울의 자연한 이치에 따라 조정되면 선이요, 이치에 거스르면 악이 된다. 이를 분별하고 조정하는 것이 현실이다. 교란 그러한 조정을 스스로 할 수 있도록 가르치는 것이다. 朴은 나무껍질, 순박할 박. 다듬어지지 않은 통나무. 여기선 새로운 것을 받아들이지 못하고 과거의 것에서 벗어나지 못하는 의미로 사용.

15 선과악은 상대적이므로 내 입장에서만 봐선 안된다. 선입견을 버린 객관적인 도의 마음으로 이치를 분별해야 한다.

16 선의 높은 언덕에 올라가면 멀리, 넓게 보인다. 막힌 것 없이 시원하다. 반면 악은 성품의

는 것이다.[17]

(六) 政은 事物分別(정은 사물분별, 정치는 일과 물건의 이익을 분별하는 것)

(衍義) 1. 一切利益을 鑑定함이라 政은 等族에 關한 事由物質을 雙
方裁宜하는 立脚點이니 積極的美果를 結하는 重要價値를 負한
者라 政이 腦裏에 浸潤하여 舊時迷昧한 思想을 黜하면 人은 政을
賴하여 人理上 極程度에 臻하나니 政은 人에 粘着하고 人은 政을
使用하여 互相締合한 後에 國家機能과 家庭規則이 健全하나니라

(넓힌 뜻)정치는 모든 이익에 관한 것을 판별하여 결정하는 것이다.

정치는 같은 집단 내에서 관련된 일과 물건에 관한 것을 쌍방에 치

우침 없이 적당하게 주재하는 기준점이니,[18] 적극적인 좋은 성과를

맺을 수 있는 중요한 가치를 가진 것이다. 바른 정치에 대한 생각이

머릿속에 뚜렷하여 구시대의 낡은 사상을 물리치면, 사람들이 정

고요함을 잃은 폭주다. 그 뜨거움을 잘 다루지 못하면 크게 데어 상처가 심할수 있다

17 이치는 삶에 대한 안목이다. 선악을 분별할 수 있는 분별력이다. 그 모든 한울의 이치가
내게 모셔져 있다.

18 같은 문화와 생활권에 있는 사람들에겐 일이 되어가는 것과 물건의 교류(경제적 이해)가
고루 되야 한다. 이러한 삶의 격차가 큰 불평등 사회일수록 불안정하고 갈등과 다툼이 많
을 수 밖에 없다. 이를 슬기롭게 조절해가는 기술이 정치. 쌍방재의라 함은 치우침이 아닌
균형된 조절을 뜻한다.

치를 신뢰하여 사람 된 도리의 지극한 정도에 이를 수 있다. 정치는 사람들 삶에 밀착하고[19] 사람은 정치를 사용하여 서로 맺어 합한 뒤에야, 국가의 기능과 가정의 규칙이 건전하게 된다.[20]

(七) 法은 事物範圍(법은 사물범위, 법은 일과 물건이 쓰는 범위를 정한다)

(衍義) 1. 利益原因之圍라 法은 法人個人間 兩截交締하는 原因的明證이라 法의 性質은 國家의 特種形式으로 人衆的原素의 影響下에 構成하여 劃定한 界限內에 各個人의 活潑的起色을 創助하는 一點에 在하며 其次는 人의 正當한 軌途外에 盲從하는 情迹을 導引하여 法의 發足點에 復歸케하는 萬能力이 有하니 法은 行政上大機關이요 身分上 反射鏡이니라

(넓힌 뜻)법은 이익이 생기는 행동에 누구나 같은 결과를 보도록 하는 것이다.[21] 법은 법인과 개인 사이에 서로 끊어진 것을 맺어야 하

---

19 정치는 사람에 다가서 밀착해야 한다. 사람들이 정치에 무관심할수록 자신의 권리와 이익을 자격 없는 사람들에게 빼앗기게 된다. 사람된 도리가 이루어지는 사회를 위해선 바른 정치가 필요하다.

20 정치란 사람들 간 이익이 충돌하는 것을 조정하는 기술이다. 물질적 이익과 정신적 이익이 있고, 개별 육신관념에서의 이익과 전체 한울에서의 이익이 다를 수 있다. 소수 이익을 위해 다수가 희생하는 것이 독재정치라면 다수 이익을 위한 것이 민주정치이다.

21 정치가 사물을 분별하여 사람들 삶이 편중되지 않고 고루되게 하는 기술이라면, 법은 그

는 근본 이유를 보여주는 밝은 증거이다.[22] 법의 성질은 국가마다 특별한 다른 형식으로 국민적 구성과 합의에 따라 구성된다.[23] 법은 법이 계획하고 정한 한계 내에서 각 개인이 활발한 활동과 모습을 하도록 돕는 것에 그 목적이 있다.[24] 그 다음은 정당한 삶의 궤도 밖에서 방황하는(법을 어기는) 사람을 이끌어 법의 테두리 안에 다시 돌아가게 하는 큰 능력이 있다.[25] 법은 행정을 집행할 때는 큰 기관이지만, 신분상으로는 법으로 규정되는 세상을 반영하는 거울이 된다.[26]

러한 기준이 사람과 상황에 따라 자의적으로 적용되지 않고 일정하게 적용되도록 하는 것이다. *圃 동산, 담 유. 금수를 방사하기 위해 일정 구역에 담을 친 곳. 옛날 임금께 바칠(사냥할) 짐승을 기르던 구역을 말한다. 여기서 일하는 사람을 圃人이라고 했다. 그러므로 여기에선 이익을 서로 나누는 일정 테두리를 뜻한다고 보면 되겠다.

22 사람들 간 갈등을 조정하기 위한 틀이 법이 된다. 유형의 개인에 대비, 법인은 회사 조합 국가 같은 무형의 가상 인격체다.

23 법의 성질은 각 나라의 특성에 따라 사람들이 정한 것. 나라마다 사는 곳의 기후와 풍습에 따라 필요한 법이 다를 수밖에 없다.

24 각 개인의 활발한 특성과 개성을 나타내는 것을 돕는 것이 법이다. 법이 특정 권력집단의 이익을 위해 다수를 억압했던 시절이 있었다. 모신 한울의 능력과 개성이 자유롭게 발휘되고 꽃피우도록 돕는 것이 본연의 역할일 것이다.

25 사람답지 못한 행동에 대해 법의 정신으로 인도하는 것. 일탈하는 사람과 그 행위가 다른 생명을 상하게 하는 것을 막기 위한 강제력이 필요할 수 있다.

26 사람들 간 이익을 조정하는 정치는 사람이 한다. 그러므로 변화와 실수가 있을 수 있다. 적절한 변화는 정치에 활력이 되지만 지나친 변화는 혼란을 일으킨다. 그러므로 대다수가 동의하고, 한울 이익에 가까운 방향으로 일정한 규칙을 정해 조정할 필요가 있다. 그것이 법이다. 정치를 위한 최소한의 규칙인 것이다. 법은 그 사회를 반영하는 거울이다. 법이 낙후하여 사람들의 삶을 보호하지 못해도 안돼지만, 좋은 법이라도 사람들이 지키지 않아 사문화되어 있다면 그 또한 좋은 사회는 아니다.

(八) 治는 範圍平均(치는 범위평균, 다스림은 일과 물건이 쓰는 범위의 평균)[27]

(衍義) 1. 氣和形和하여 萬方이 乃乂라 治는 萬般人族이 一轍에 歸
　　　　기화형화　　　만방　내예　치　　만반인족　　일철　귀

하여 心宅을 敎區에 立하고 身格을 政界에 守하여 永續한 一規로
　　심택　　교구　입　　　신격　　정계　수　　　영속　　일규

靈光을 世界에 發揮하면 人界上 眞面目이 呈露하나니라
영광　세계　발휘　　　인계상　진면목　정로

(넓힌 뜻)다스리는 것은 마음이 화하고 사는 모습도 조화로워 모든

곳이 마침내 어질게 되도록 하는 것이다.[28] 그것은 수많은 사람들

이 바른 한 길로 돌아가도록[29] 마음은 진리를 가르치는 곳에 바로

세우고, 몸은 현실의 바른 삶을 위해 그 자격을 정치하는 곳에 맞도

록 지키게 하여 실현된다.[30] 그렇게 영원히 계속되는 하나의 규칙

27 정치는 국민의 평균 민도를 반영한다. 잘못된 정치를 욕하기 전에 나의 잘못된 행을 참회
하고 고쳐야 하고, 그러한 반성이 사회적 인식이 되고 제도화 되도록 요구하는 것이 정치
이다.
28 모든 곳이 어질게 되기 위해선 마음과 기운처럼 내면을 다스릴 수 있어야 하고, 현실적인
모습(형상)도 바뀌어야 한다. 기운은 가르침과 이치로서 다스리고, 현실은 정치와 규율로
다스린다. 그러나 실제 정치는 법만 따지기 보다 사람들의 마음을 열고 소통하여야 성공
할 수 있다. 이 모두가 아우러져야 바른 다스림이다.
29 모든 이치는 결국 하나로 귀일된다. 그러나 그 이치가 실현되는 모습은 사람들 사는 모습
만큼 다양할 수 있다. 다름을 배척하는 도그마가 아닌 그 다양함을 모두 포용할 수 있는 진
리가 참 진리일 것이다.
30 마음은 항상 한울의 진리와 빈자리(空)를 생각하여 뜻을 세우고(立), 몸은 현실을 직시하
고 사람들과 상황들 속에서 순리와 중도(몸의 격)를 찾아 지켜야(守) 할 것이다. 그것이 정
치다.

으로 영의 빛을 세계에 떨쳐 나타내면 세상에 그 참된 면목이 드러나게 된다.[31]

(九) ○의 極致(○의 극치)

(衍義) 1. 天高地圓이라 治의 極致에 至하여 輝輝融融한 天然格이
     연의   천고지원   치   극치 지   휘휘융융   천연격
有하면 是는 敎政을 演布하는 根本的思想에 到達한 者니라
유   시   교정   연포   근본적사상   도달 자

(넓힌 뜻) 하늘은 높고 땅은 둥글다.[32] 다스림의 극치에 이르러 만물이 모두 한울이 부여한 빛나고 화하는 자연한 품격이 있으면, 이는 종교와 정치가 바르고 차별 없이 널리 베풀어지는 근본 뜻에 이른 것이다.[33]

---

31 모든 생명의 이익을 최대한 지켜 본연의 모습을 유지하고(다치거나 상하지 않고), 마음과 기운을 상하지 않도록 하는 것이 교육과 정치의 목적이 된다. 교육이 한울 이치를 밝히고, 정치가 바른 법으로 조정하여 모든 생명들을 바르게 살도록 이끄는 것이 다스림이 된다. 몸의 격은 현실의 품위 있는 삶이고, 영의 빛은 만물을 위하는 한울의 위위심이다. 결국 다스림이란 한울의 바른 이치(영속적인 한 규칙)가 정치와 교육 등을 통해 현실에 바르게 구현되도록 하는 것이다.

32 하늘이 높은 것은 한울의 가르침, 생명의 소중함, 삶의 가치 같은 우리가 추구해야 할 가치가 귀하고 높다는 뜻일 게다. 땅이 둥근 것은 주고받는 것이 무왕불복하는 우리 삶의 모습이 그렇고, 사람과 자연이 주고받으며 생명의 순환과 고리를 이루며 사는 것 또한 그렇다.

33 바른 다스림은 생명으로 하여금 (종교와 정치를 넓게 펴는 것에 의해) 한울이 부여한 본연의 모습대로 살도록 하는 것이다. 그러므로 각자가 모신 한울을 깨닫고 그대로 행하면 따로 다스리고 강제할 것도 없어진다. 따라서 예부터 지도자가 누군지도, 다스림을 받는

(十) 道(도)

(衍義) 1. 天人合德이라 吾道의 本體를 說去하던 餘想으로 心界上
　　　천인합덕　　오도　본체　설거　　여상　　심계상
三階段을 說하여 人의 三思를 勉하노라
삼계단　설　　인　삼사　면

(넓힌 뜻)도는 한울과 사람이 덕을 합한 것이다. 우리 도의 진리를
온전히 설명하고 나면[34] 삶에서의 마음자리 세 단계를 말하여 사람
들이 그 세 가지 생각에 힘쓰게 할 수 있다.

2. 其始는 自利的 主觀的으로 趨步를 試하고 其次는 敎政의 界分을
　기시　자리적　주관적　　추보　시　　기차　교정　계분
理會하여 其眞核을 透覓하며 一方面으로는 差別的思想이 客體
이회　　기진핵　투멱　　일방면　　　차별적사상　객체
에 泥合하여 迷妄念이 胸間에 徘徊하다가 嶄新的悟性을 終局에
이합　　미망념　흉간　배회　　　참신적오성　종국
得하여 道의 本部中에 撞着한 心根이 萬魔力으로 動撓不得할 者
득　　도　본부중　당착　심근　　만마력　　동요부득　자
有하며
유

그 처음은 자기를 이롭게 하며 자기생각으로 삶에 나아가는 것을

지도 모르게 하는 것이 가장 좋은 다스림이라 했다. 그래서 도표에 공으로 표시된다.
34　본체는 한울님. 또는 한울의 진리. 즉 본체를 설함은 진리를 온전히 파악한 것이니, 나머
지 자질구레한 삶의 문제들은 모두 거기서 자연히 풀려 나온다.

시험하는 것으로 시작한다.[35] 그 다음 단계는 종교(마음공부)와 정치 (현실세계)를 나누어 이해하여 그 참된 핵심을 찾아낸다.[36] 그리하여 한편으로는 사람이나 물건을 차별하는 생각이 개인에게 진흙같이 들러붙어 아득하고 망령된 마음이 가슴 속에 머뭇거리지만, 차별 심을 버리고 참신한 깨달음을 나중에 얻으면 도의 진리 한가운데 이르러 자리 잡은 마음의 뿌리가 수많은 마귀의 힘으로도 움직이 지 못한다.

3. 其三은 道의 本體를 確認하여 神秘的 天啓文은 何人格을 由하여
   기삼 도   본체   확인   신비적 천계문   하인격   유
   得하며 神寵神惠는 何人格을 從하여 施하는 眞素를 頓覺하여 此로
   득   신총신혜   하인격   종   시   진소   돈각   차
   內面的精神을 含蓄하며 外面的契機를 啓示하여 天然的異色이
   내면적정신 함축   외면적계기   계시   천연적이색
   自著하면 是는 宗德이라 天啓文도 其人의 口를 由하여 發하며 神
   자저   시 종덕   천계문   기인 구   유   발   신
   寵神惠도 其人의 手를 由하여 施한 故로 曰天人合德이라
   총신혜   기인 수   유   시 고   왈천인합덕

   그 셋째 단계는 도의 본체를 확실히 인식하여, 신비한 한울의 계시
   문은 어떤 사람이 어떻게 얻은 것이며, 신의 사랑과 신의 은혜는 어

---

35 자기 생각조차 없이 남의 생각을 따라 시키는 대로 사는 사람들이 얼마나 많은가? 그러
    므로 시작은 자기를 먼저 아는 것에서 시작한다.
36 큰 나를 위하는 것이 곧 나를 위하는 것임을 알게 되면, 그러한 세상의 진리(종교와 정치)
    를 깨닫고자 하는 마음이 생기니 마음공부(도)에 입문하는 것이다.

떤 인격을 좇아 베풀어지는가 하는 참된 근본을 문득 깨닫는다. 이 깨달음으로 내면의 정신을 품고 쌓으며 외면으로 나타나는 계기를 깨우쳐 보여주면, 천연적인 이상한 빛이 스스로 나타나 함이 없이 이루어지니 이것이 한울의 높은 덕이다. 그리되면 한울님의 계시 문도 그 사람의 입에 의하여 나타나며, 신의 사랑과 신의 은혜도 그 사람 손에 의하여 베풀어지므로 한울과 사람이 덕을 합한 것이라 말한다.

4. 前二段은 迷요 後一段은 覺이니 迷與覺이 在我하니라
　　전 이 단　　미　　후 일 단　　각　　　미 여 각　　재 아

먼저 두 계단은 아득한 것이요, 뒤에 한 계단은 깨달은 것이니, 아 득함과 깨달음이 모두 내게 있는 것이다.

(十一) 道 研究圖도 연구도(도를 자세히 보는 그림)[37]

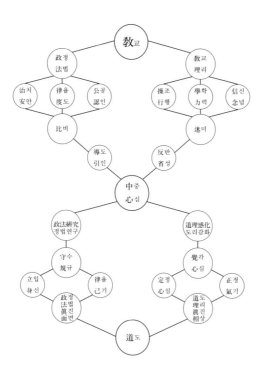

37 앞의 도 전체도를 자세히 설명한 도표이다.

38 도가 세상에 실현되기 위해선 우측의 마음을 깨우치고 다스리는 공부도 필요하지만 좌측의 현실을 규제하고 다스리는 정치와 법률도 필요하다. 정치와 법률은 개인적인 이익과 개인적 사견만으로 해선 안 되므로 공공의 이익을 위한 것인지 확인하고 인증하는 절차가 필요하다. 오늘날 국회에서 법률을 제안하고 심사하는 절차를 거쳐 시행되는 것과 같다. 그렇게 법과 정치가 공인되면 모두가 지킬 수 있도록 알리고 제도화하니 이것이 제도와 법도(율도)가 된다. 또한 이를 어기는 경우 공익에 해가 되므로, 잘 지킬 수 있도록 인도하여야 한다. 秕는 쭉정이, 나쁜 쌀이란 뜻으로 정치와 법률이 잘 지켜지지 않거나, 세상이 변하여 실정에 안 맞을 경우를 뜻한다. 이 경우 다시 좋은 쪽으로 법을 개정하거나 잘 지켜

(十二) 圖 研究圖說(도 연구도설, 도 연구도를 설명함)

1. 道에 源하여 教에 及한 三階思想과 三階形式이 有하니 上智는 道
   도   원   교 급   삼 계 사 상   삼 계 형 식   유   상 지   도

   의 大原에 直接하여 頓覺性을 自得한 故로 曰 覺想(天의日)이요
      대 원   직 접   돈 각 성   자 득   고   왈 각 상 천 일

   其次는 覺想人의 紹介를 因하여 記憶心이 其眞相을 追感한 故로
   기 차 각 상 인   소 개   인   기 억 심   기 진 상   추 감   고

   曰 感想(夜의日)이요 又其次는 光線燒存餘點에 吹得하는 冥想이
   왈 감 상 야 일   우 기 차   광 선 소 존 여 점   취 득   명 상

   空境에 徘徊한 故로 曰 空想(晴日의電)이니 此三階思想은 直觀
   공 경   배 회   고   왈 공 상 청 일 전   차 삼 계 사 상   직 관

   映觀의 性度部分이요
   영 관   성 도 부 분

한울의 도에 근원하여 종교에 이른 세 단계의 사상과 세 단계의 형

식이 있다.[39] 제일 슬기로운 사람은 도의 큰 근원에 곧 접하여 문

득 성품 깨달음을 스스로 얻으므로 각상(깨달은 생각: 하늘의 해)이라

지도록 인도하여야 한다. 마음을 가르치는 것은 올바른 진리에 대한 믿음과, 진리를 배우고 익히는 것과 그를 힘써 실천하는 것으로 이루어진다. 간혹 공부가 혼란에 빠지고 어려울 때는 처음 진리를 구할 때의 초심으로 돌아가 그간의 습관된 마음과 행을 반성하여 바로잡아야 한다. 이렇게 마음을 다스리고 정치와 법률을 시행해 그것이 삶의 중심이 되도록 한다. 마음을 잘 다스리고 공부해 깨달음을 얻으면 기가 바르게 되어 몸이 건강해질 것이고, 마음이 굳건해져 사소한 욕념에 휘둘리지 않게 된다. 그로서 도와 이치의 진면목과 정치와 법률의 진면목을 드러내니 참된 도의 실현이 된다. 또한 계율과 규칙을 지킴으로써 스스로를 다스리고 제어할 수 있고, 헛된 망상에 흔들리지 않으니 자신의 분야에서 일가를 이루게 된다. 자기 일을 하며 한울의 이치에 합하여 입신할 뿐 아니라 그로써 세상의 정법과 도의 이치를 그대로 드러내게 된다. 이 모두가 참된 도의 실현이다.

39 도는 한울의 가르침이고 교는 한울의 가르침을 사람들에게 펴기 위한 방편이다. 한울의 도에는 차별이 없으나 방편에는 규칙과 단계가 있다.

말한다.[40] 그 다음은 깨달은 사람의 소개로 가르침을 받아 기억하는 마음이 그 진리의 모습을 좇아 느끼므로 감상(느낀 생각: 밤의 달)이라 한다.[41] 또 그 다음은 (진리의) 빛줄기가 타고 남은 불꽃을 보며 얻는 잠간의 반짝이는 생각이 빈 곳에서 머뭇거림으로 공상(헛된 생각: 맑은 날의 번개)이라 한다.[42] 이 세 단계의 사상은 진리를 바로 보는 것과 비치어 보는 것 사이에서 사람들 성품이 깨달은 것이 차이가 나타난 부분이다.[43]

2. 神의 準的과 政의 活機를 空想中에 抽得하여 各種神像과 萬盤
　　신　준적　　정　활기　공상중　　추득　　　각종신상　　만반
人則을 描出하니 是는 精靈觀世界觀이요 感想中 活動力이 發
인칙　묘출　　시　　정령관세계관　　　감상중　활동력　발
達하여 神의 啓示와 政의 正的이라 稱하는 起色이 人族界에 著明
달　　신　계시　정　정적　　칭　　　기색　인족계　저명
하니 是는 人神觀이요 直覺力이 性理上에 透明하여 超神的思想
　　시　인신관　　직각력　성리상　투명　　초신적사상
을 發表하니 其言에 曰「神은 敎의 主體라 人의 心想上抽來한 形
발표　　기언　왈　신　교　주체　인　심상상추래　형

40 성인은 한울의 진리를 직각하여(각상) 그 삶이 한울의 덕에 합한다. 하늘의 해라 함은 모든 어둠을 차별 없이 밝히기 때문이다.

41 선각자나 선지식은 성인의 가르침을 배우고 거기에 느낀 바 있어(감상) 그 삶을 따라 행하려 노력하는 사람이다. 세상의 어두움과 무명을 밝히려 노력하므로 성인처럼 밝게 비치진 못해도 사람들과 사회를 이끌 수 있다. 밤의 해란 어두움 가운데 그나마 일부라도(진리를 찾는 이들에게 제한적으로) 진면목을 드러내게 해준다는 뜻이다.

42 맑은 날의 번개는 잠깐 비추고 없어진다. 깨달음이 오래 지속되지 못하고 대부분의 삶은 어두운 미혹 속에 있어 습관된 욕념이나 감각에서 벗어나지 못했음이다.(공상)

43 직관은 직접 한울님을 체험하고 깨닫는 경지고, 영관은 깨달은 스승들의 가르침에 비추어 간접적으로 배우고 깨달아 가는 것이다.

容辭曰 神이니 神의 啓示는 人의 心想上 含蓄한 影響이요 政은
용 사 왈 신   신 계 시   인   심 상 상 함 축   영 향   정
教의 配體라 等族上 便宜方法曰 政이니 政의 正的은 等族上 自
교   배 체   등 족 상 편 의 방 법 왈 정   정 의 정 적   등 족 상 자
由權限을 裁定한 者라」하니 是는 道觀이요 道는 極大한 者라 天의
유 권 한   재 정 자   시 도 관   도   극 대 자   천
蒼蒼한 者 又極大한 故로 道曰「天道」라 하여 人의 信仰的 表準
창 창 자 우 극 대 고   도 왈 천 도   인   신 앙 적 표 준
을 天에 依屬하니라
천   의 속

신의 표준과 정치의 활발한 기틀을 공상 속에서 추상적으로 얻어
각종 신의 모습을 만들고, 사람들이 따라야 할 여러 규칙을 만들면,
이는 모든 것에 정령이 깃들어 있다고 하는 세계관이 된다.[44] 다음
으로 선각자의 가르침을 받아 감상 가운데서 활동하는 힘이 발달
하여 신의 계시와 정치의 바른 표준이라고 말하는 세력이 일어나
인류 세계에 드러나니, 이것이 인격신의 시대이다.[45]

마지막으로 직접 깨달은 힘이 성품과 이치 위에 투명하여 신에 얽
매인 관념을 극복한 사상이 발표되었다. 그 말에 이르기를 "신은
종교의 주체이다. 그러나 신은 사람이 마음으로 생각하여 뽑아낸

---

44 사람이 두려워하는 모든 것에 정령이 있는 것으로 여기니 곧 원시종교요 다신교 문화가
    된 것이다.
45 깨달은 사람이 신의 계시를 받아 사람을 가르치고 사람과 사회를 바르게 이끌고자 하는
    것이 바른 정치가 되었다. 이때의 신은 사람의 생각과 삶을 인도하는 인격신으로 여겨졌
    고 일신교의 문화가 이에 속한다. 그러나 아직 사람과 신의 차별이 있고 사람은 신에게 직
    접 기원하지 못하고 중보자를 통해서만 기원이 가능했다. 이것이 권력(신권)이 되었다.

형용사를 말한다.[46] 그러므로 신의 계시는 사람의 생각이 함축된 영향이다.[47] 정치는 종교의 짝이므로, 같은 겨레가 마땅하고 편안한 삶을 살도록 하는 것을 정치라고 말한다. 그러므로 정치의 바른 목적은 같은 겨레의 자유 권한을 옳고 그름을 따져 결정하는 것이다."[48] 하니 이는 도를 보는 것이다. 도는 지극히 큰 것이라. 한울의 창창한 것이 또한 지극히 크므로, 도는 「천도」라고 말하여 사람의 신앙하는 표준을 한울님께 의지하여 속하게 한 것이다.[49]

3. 道의 思想은 覺想에 起하여 空想人에 轉及하고 形式은 空想에 始하여 覺想人에 遡及하니 思想三階는 人格聖凡의 證이요 形式三階는 世級文野의 證이니라

---

46 일신교에서 사람의 모습을 하고 사람의 감정과 오류를 그대로 가지고 있던 신의 개념이 이제 확연이 혁파되었다.

47 한울의 무한한 진리는 사람의 인식과 지식으로 다 알 수 없다. 그것을 인정하는 것이 신앙의 시작이다. 그러나 한울님은 무선무악 하시므로 사람이 생각하고 원하는대로 가르침을 주신다. "마음이 흰 것을 구하고자 하면 흰 것으로 보이고."(무체법경, 신통고)

48 정은 사물분별 참조.

49 한울님은 사람 형상을 한 인격신인가? 인격신은 사람의 감정과 같이 자신을 믿지 않는 사람들을 벌하고 멸하게 하는가? 한울님은 온 우주에 가득하여 간섭하지 않음이 없으나 형상하기 어려운 혼원한 기운이라 하였다.(동경대전, 논학문) 사람이란 우주에서 보면 먼지보다 못한 존재이거늘 어찌 신이 사람의 형상을 하고 사람의 생각과 감정을 지녔으랴! 사람의 좁은 생각에 신을 가둬둔 것을 우리 스승님께서 혁파하셨으니 그러므로 '개벽 후 오만 년에 노이무공하다가' 처음인 사건인 것이다. 유일신의 종교는 신과 사람의 차별이 있으나 무극대도에서는 그러한 차별과 분별이 없어진다.

도의 사상은 각상(깨달은 사람)에서 일어나 공상(헛된 생각)을 하는 사람에게 전하여 파급되고, 형식은 공상에서 시작하여 각상한 사람에게 거슬러 올라간다.[50] 사상의 세 단계는 인격에서 성인과 범인을 드러내고, 형식의 세 단계는 세상 사회의 등급에서 문명과 야만을 드러낸다.[51]

---

50 성인은 마음을 깨달았을 뿐, 제도와 형식에 구애받지 않는다. 성인이 깨달은 것을 제도와 형식으로 똑같이 따라갈 수는 없다. 어리석은 사람들이 수행을 하고 성인을 따르기 위해 틀을 만들었지만, 궁극적으론 스스로의 마음을 바꾸고 깨달아야한다.
51 도는 깨달은 사람(성인)에게서 범인에게 전해지지만, 그 형식은 역사적으로 다신-일신-무신-무극대도로 발전했으며 그 과정은 그대로 인류 역사가 짐승과 다를 바 없는 야만의 역사에서 문명으로 나아간 과정이다.

(十三) 個人資格圖(개인자격도, 개인의 자질과 격은 어떻게 이루어지나)[52]

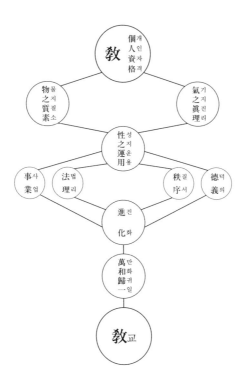

52 개인의 삶과 신앙은 어떠해야 하는가를 설명한 도표. 물건을 대할 때 물건의 본질을 파악하고, 물건의 기질과 사용하는 사람의 기질을 맞추어 사용한다. 시간이 여유 있으면 천천히 밥을 해 먹지만, 급할 땐 컵라면으로 때워야 한다. 일할 때 사용하는 연장이나 연주자의 악기도 개인의 성격에 따라 잘 맞는 것이 있다. 안 맞는 것을 사용하면 작업도 더디고 사고도 나기 쉽다. 성품의 운용이라 함은 물건을 사용할 때 개인적 욕념으로 쓰는 것이 아닌 한울 본성의 가르침에 따라 모든 한울을 위해 사용함을 말한다. 그 구체적 사용을 사업에 적용하고, 법과 이치에 맞으며 질서 있고 덕과 의를 따르면 기존 가치보다 한 단계 진화하며 한울의 덕을 드러내게 된다. 모두가 한울의 덕으로 하나 되면 이것이 교의 목적이 된다.

(十四) 個人資格圖說(개인자격도설, 개인자격도를 설명함)

1. 教에 歸命한 信仰的思潮가 着着前進하여 其心髓를 道의 根本
的眞境에 投合하면 世界觀 總體中 何物은 絶對로 認定하고 何
物은 相對로 否定하는 感覺이 透하며 此地頭에 立하여 更回頭하면
道를 高人의 單守物로 認하여 其餘瀝을 求하던 前日迷念이 自釋
하고 宇宙萬理가 人性內 固有한 原料로 信하여 此高點에 安立하
면 是는 個人道團이니라

종교에 귀의하면 개인의 사명을 찾는 신앙적 생각의 흐름이 차근
차근 전진하게 된다. 그 마음의 중심에 도의 근본인 참된 경지가 자
리 잡으면,[53] 세계를 바라보는 종합적 주관이 서게 된다. 그 속에 어
떤 물건은 절대로 인정하고 어떤 물건은 상대로 부정하는 감각이
투철해진다.[54] 이 참된 경지에 서서 다시 지난날을 돌아보면, 도를
단지 높은 사람만 홀로 지키는 물건인 줄 알아 자신은 그 아래에서
나머지나 구하던 지난날의 아득한 생각이 자연히 풀어진다.[55] 그리

---

53 投合은 마음이 서로 잘 맞는다는 관용어.
54 이렇게 공부해 나가면 만물이 또한 한울의 기화 아님이 없으므로 사물과 일이 한울의 자
연한 이치인지 아닌지, 옳은 일인지 그른 일인지 분별할 수 있고 알 수 있게 된다.
55 도는 일상에 있다. 고고한 권위와 관계없다. 도가 깊을수록 겸허해지고 일상의 소중함을
안다. 성인만 깨달을 수 있고, 보통 사람들은 그저 가르침을 따를 뿐이라는게 선천의 관습

되면 우주의 모든 이치가 사람의 성품 속에 본래 있는 원료로 믿어 이 진리의 높은 자리 속에 편안히 서게 되니, 이는 개인이 도를 이룬 것이다.

(十五) 敎 批評說(교 비평설, 세상의 종교를 비평함)

1. 道의 性質은 一團(一原)이요 思想은 萬團(敎의 分門)이요 影響은
도 성질 일단 일원 사상 만단 교 분문 영향

小分一團(敎의 各見)이니 敎는 思想에 基하여 影響을 引出하는 者
소분일단 교 각견 교 사상 기 영향 인출 자

라 思想을 過去에 求하면 太古朴素를 呈出하고 未來에 求하면 進
사상 과거 구 태고박소 정출 미래 구 진

化一途를 得하나니 敎는 人族世界를 運搬하는 一大機具니라
화일도 득 교 인족세계 운반 일대기구

도의 본성은 한 근원이나, 사상은 수많은 가지(교의 문호)가 있고, 그 영향은 나뉜 가지만큼(교의 각 견해)이다. 종교는 사상에 기초하여 그 영향을 드러낸다.[56] 사상을 과거에서 구하면 옛적의 소박한 것을 드러내고, 미래에서 구하면 진화하는 한 길을 얻으니, 종교는 인류 세계를 소박한 곳으로 또는 진화하는 곳으로 운반할 수 있는 큰

이었다. 하지만 후천에선 누구나 한울을 모신 신령한 존재로 도를 닦아 운명을 바꾸고 성인이 될 수 있다. 여력은 남이 먹고 남은 찌꺼기란 뜻.
56 세상의 진리는 하나이다. 그러나 그 진리를 풀어내고 설명하는 방식은 사는 곳의 생활이 다르고 생각이 다른 것처럼 다양할 수밖에 없다.

기구이다.[57]

2. 吾道中 諸哲은 下段에 列한 古今比較的景況을 恭究하여 思想
   오 도 중 제 철   하 단 열   고 금 비 교 적 경 황   공 구   사 상
   을 進化一途에 騁할지어다
      진 화 일 도   빙

   우리 도 가운데 모든 현인과 철인은 아래에 열거한 예와 지금을 비
   교한 경황을 공경히 연구하여 사상을 진화하는 한 길로 달리게 할
   지어다.[58]

3. 古昔 自然界에 在하여 精靈이 人心을 交通케 하는 魔力은 不可
   고 석 자 연 계 재   정 령   인 심   교 통   마 력   불 가
   思議로다
   사 의

   옛날 자연계에 있어서 정령이 사람의 마음과 서로 통하는 마력은

---

57 인류의 삶은 큰 변화를 겪어왔고 앞으로 더 큰 변화가 예상된다. 사막과 초원에서의 소박
    한 삶을 지도하던 가르침과 복잡한 도시문명에서의 삶을 지도하는 가르침은 다를 수밖에
    없다. 근본은 하나의 진리에서 나왔으되 그 가르침의 방편은 사람들 삶의 변화를 반영하
    는 것이다.
58 동학의 진리가 오만년 무극대도라면 다른 나라의, 다른 환경에서도 유용한 가르침으로
    전해질 수 있어야 한다. 그러기 위해선 그 나라를 움직여 온 생활 관습과 가르침들을 이해
    하는 것이 중요하다. 그래야 사람들의 삶을 보다 깊이 이해하고 도와 줄 수 있다. 자신이
    아는 단편만을 고집하고 다른 종교의 가르침이나 다른 문화를 이해하려 하지 않고 편견을
    가지는 것처럼 경계해야 할 것은 없다.

상식으로 이해하기 어려운 면이 있다.[59]

4. 人은 道理中 一撮影이라 形影이 隱隱相照하는 兩際에 自然的
인　도리중　일촬영　　　형영　은　은은상조　　양제　　자연적

一耿光이 心理上 小分的覺痕을 成하여 思想의 運力이 草昧一
일경광　심리상　소분적각흔　성　　　사상　운력　초매일

氣를 未撥한 狀態가 有한 故로 木石을 聖神으로 認하고 此에 慶幸
기　미발　상태　유　고　목석　성신　　인　차　경행

을 邀하며 太陽은 善神이요 夜의 暗黑은 惡神이니 太陽이 火矢를
요　태양　선신　야　암흑　악신　태양　화시

試하여 世界光明을 克服하리라 企하여 此에 拜하다가 一層進化하여
시　세계광명　극복　기　차　배　일층진화

倫理的 光彩下에 返하니 中古人視時代라 曰「儒」曰「老子」
윤리적　광채하　반　중고인시시대　왈　유　왈　노자

曰「佛」曰「婆羅門」曰「耶蘇」曰「馬合黙」이 敎門의 重要
왈　불　왈　바라문　왈　야소　왈　마합묵　교문　중요

한 位置를 占하니라
위치　점

사람은 도의 이치가 그림자처럼 반영된 한 생명이다.[60] 형상(육신)

과 그림자(이치)가 은은히 서로 비추는 두 사이에 자연히 한 반짝이

는 빛이 마음속에서 작은 깨달음을 이룬다. 그렇게 깨달은 사상의

운용하는 힘이 아직 거칠고 어두운 기운을 벗어나지 못한 상태였

59　자연 속에 사는 사람은 자연과 교감하고 대화할 수 있다. 유목민이 말과 대화하는 것이
나, 사육사가 동물과 의사소통하고 농부가 작물의 상태를 몸으로 느끼는 것이 그것이다.
자연 속에 사는 원시부족은 이런 교감 능력을 유지하므로 인도네시아 쓰나미 같은 자연재
해를 피할 수 있었다. 그러나 문명화와 도시화가 진행되며 현대인들은 이런 교감 기능을
상실하게 되었다.

60　무형의 원리, 원소가 형상화 된 것이 사람(만물). 원리, 원소의 작용에 따라 천차만별의 생
명이 형상화되니 형상은 이치의 그림자라 할 수 있다.

으므로, 나무나 돌을 성스러운 신으로 알고 여기에 기쁜 일과 행복을 구하며, 태양은 착한 귀신이요 밤의 어두운 것은 악한 귀신으로 여겼다.[61]

그렇게 태양이 불화살을 던져 세계의 밝은 빛을 극복하리라 바라면서 이에 절하다가 한층 진화하여 윤리적 광채 아래 돌아오니, 중세기의 사람을 보는 시대다. 유라 이르고, 노자라 이르고, 부처라 이르고, 바라문이라 이르고, 예수라 이르고, 마호메트라 이르는 것이 교문의 중요한 위치를 점하였다.[62]

5. 儒는 人格上政見이니 實際方向에 自身規則을 踐行하는 心迹으로 人界上風敎를 演布하는 特性이 有하며 天과 精靈과 祖靈을 崇拜하는 神敎面目이 有하니라

유교는 그 사람의 인격을 따라 사람들 사이의 이해와 갈등을 조정하는 정치를 보는 것이다. 실제 삶에 자신의 규칙을 실천궁행하는 마음의 자취로서 사람들 사회에 풍속과 교화를 펴는 특성이 있으

---

61 정령신앙의 시대.
62 자연과 교감할 수는 있으되 그 이치를 알지 못하므로 두려워하며 진리에 반하는 일이 많았다. 그러다 차츰 깨인 사람들이 이치를 밝히고 사람들을 가르치며 교문을 만드니 그것이 지금 전해지는 종교가 되었다.

며, 한울과 정령과 조상을 숭배하는 신교의 면목이 있다.

6. 老子는 天地萬有의 一體貫通한 哲理를 論明하며 自然的天則
   노자   천지만유   일체관통   철리   논명   자연적천칙
   으로 始中終 穩健을 自持하여 禮樂刑政에 拘泥하는 塵想이 無한
       시중종 온건   자지   예악형정   구니   진상 무
   超人格眞髓니 仙이 此의 餘業이니라
   초인격진수   선 차   여업

노자는 천지만유의 일체에 관통한 철학과 이치를 논하여 밝히며,

자연한 한울의 법칙을 따라 앞서거나 뒤처짐에 상관없이 스스로

편안하고 건전한 것을 지킨다. 그러므로 세상의 예절과 음악과 형

벌과 정치에 얽매인 속된 생각이 없는 초인격적 진수니, 신선 사상

이 여기에서 나온 가지이다.

7. 佛은 無神觀 無我觀이니 其眞覺은 無有 有無 無無의 三藏中
   불   무신관 무아관   기진각   무유 유무 무무   삼장중
   大精神頂點에 達한 者요 法文 所謂 苦諦·集諦·滅諦·道諦
   대정신정점   달   자   법문 소위 고제 집제 멸제 도제
   와, 正見·正思·正語·正業·正命·正進·正念·正定 等
      정견 정사 정어 정업 정명 정진 정념 정정 등
   三生因果에 關한 一種特色은 敎團中 初轉輪이니라
   삼생인과   관   일종특색   교단중 초전륜

부처는 신도 없다 보고, 나도 없다고 보는 것이다. 그 참된 깨달음

은 없는 것도 있고, 있는 것도 없고, 없는 것도 없다는 세 가지 속

에 큰 정신의 정점에 이른 것이다. 법문의 이른바 고제·집제·멸

제 · 도제의 사성제와 정견 · 정사 · 정어 · 정업 · 정명 · 정진 · 정
념 · 정정의 팔정도와 삼생 인과에 관한 일종의 특색은 교단 가운
데서 처음의 전륜이다.[63]

8. 婆羅門은 曰 梵天이니 大精神을 宇宙 生滅變化하는 外에 立하여
   바 라 문 왈 범 천   대 정 신   우 주 생 멸 변 화   외   입
   禁慾主義로 一教를 組成하니라
   금 욕 주 의   일 교   조 성

바라문은 범천이라 말하는 것이니, 큰 정신을 우주의 생멸 변화하
는 밖에 서서, 금욕주의로 한 교를 조성한 것이다.[64]

9. 耶蘇는 耶蘇를 神仰하는 三教團이 有하니 曰 基督教 曰 希臘教
   야 소 야 소   신 앙   삼 교 단 유   왈 기 독 교 왈 희 랍 교
   曰 羅馬教니라
   왈 라 마 교

예수는 예수를 믿는 세 교단이 있으니, 기독교 · 희랍교 · 로마교라
이른다.

63　전륜은 수레바퀴를 돌린다는 뜻으로, 수레바퀴(차크라)는 왕권을 상징하는 전차의 수레바
　　퀴부터, 태양이나 만다라등 다양한 상징을 뜻한다. 불교에선 불법(다르마)의 바퀴를 상징.
64　고대 인도의 브라만족의 경전인 베다를 중심으로 성립된 종교. 후에 인도의 민간신앙과
　　결합하며 힌두교가 된다.

10. 基督敎는 人神諦合的思想이니 世界迷羊을 招하여 天父의 懷
    기독교   인신체합적사상   세계미양 초   천부   회
抱中에 歸宿케 하는 仲保로 心靈界 道德界의 兩截關係를 自擔
포 중   귀 숙   중보   심령계 도덕계   양절관계   자담
한 天職이라 云하며
   천 직   운

기독교는 사람과 신을 자세히 살펴 만나게 하는 사상이다. 세계의

길 잃은 양을 불러 하나님 아버지 품안에 돌아가게 하는 중간 역할

로, 심령계와 도덕계 양편의 끊어진 관계를 스스로 담당하는 천직

이라 말한다.[65]

11. 希臘敎는 猶太 預言者의 唱導한 眞理를 愛求하여 個人의 道義
    희랍교   유태 예언자   창도   진리   애구   개인   도의
를 敎하며 倫理를 硏鑽하여 基督敎의 先驅를 作하며
   교   윤리   연찬   기독교   선구   작

희랍교(동방정교)는 유태 예언자의 창도한 진리를 사랑하고 구하여

개인의 도의를 가르치며, 윤리를 깊이 연구하여 기독교의 선구를

만들었다.[66]

65 기독교와 이슬람교는 유대인의 구약을 공통 배경으로 한다. 구약의 세계는 야훼와 그가
    창조한 세상, 그리고 야훼를 방해하는 사탄으로 구성된다. 야훼에 의해 창조된 사람은 사
    탄의 유혹으로 원죄를 지어 야훼의 세계에서 쫓겨났고, 이 원죄를 회개하고 속죄해야 다
    시 야훼의 품인 천국으로 들어갈 수 있으며 회개하지 않으면 지옥으로 가게 된다. 사탄은
    습관심과 욕념을 상징한다. 이를 끊임없이 반성하고 경계하며 신의 사랑을 회복하는 것을
    신앙의 목표로 한다.
66 그리스 정교(희랍교)는 로마 가톨릭에 비해 개인의 수행과 신앙체험 등을 중시한다. 그러

12. 羅馬教는 他教에 對하여 寬容한 態度를 持한 故로 思想이 發達
라마교   타교 대 관용 태도 지 고 사상 발달
한 點을 得하니 希臘教의 感化를 受한 者니라
점 득   희랍교 감화 수 자

로마교(카톨릭교)는 다른 교에 대하여 너그럽게 용납하는 태도를

가지므로 사상이 발달한 점을 얻으니, 희랍교에 감화를 받은 것이

다.[67]

13. 回回教는 基督의 一體反影이라 其形式上 異色은 劍과 火로 他
회회교 기독 일체반영   기형식상 이색 검 화 타
人을 服從케하는 絕對的 義務를 負하고 世界舞臺上 表現迹이
인 복종   절대적 의무 부   세계무대상 표현적
有하니라
유

회회교(이슬람교)는 기독교의 일체 반영이라. 그 형식상 다른 것은

칼과 불로 다른 사람을 복종케 하는 절대적 의무를 지고 세계무대

위에 나타난 자취가 있다.

므로 신앙의 깊이와 다양한 이적들이 신비적 요소가 있는 것으로 보이게 한다.
67 로마 가톨릭은 사제의 지도와 그에 따르는 교회법이 발달하였고 신앙의 규모일치를 중
시한다. 다만 교회법과 사제가 용인하는 범위 안에서 각 지역과 개인의 다양한 풍속을 허
용하여 유연함을 보이나 이것이 개신교의 성서주의에 공격받는 빌미가 되기도 한다.

八. 大宗正義(대종정의: 대도의 바른 뜻)[1]

(一) 宗教의 發展(종교의 발전)

1. 敎는 天의 大精神이니 人은 此精神範圍內에 生成하는 者니라
   교   천   대정신   인   차정신범위내   생성   자

   종교는 한울의 큰 정신이니 사람은 이 정신 범위 안에서 나고 이루
   어지는 것이다.

2. 人은 大朴中出來한 者라 其思想이 能히 宗敎界에 交通하기는 不
   인   대박중출래   자 기사상   능   종교계   교통   불
   可思議로다 其思想이 宗敎界에 徘徊하다가 各히 思想의 耿光으로
   가사의   기사상   종교계   배회   각   사상   경광
   天地內無情物을 邀하여 敎門準的地에 位하니 日月水火木石이
   천지내무정물 요   교문준적지 위   일월수화목석
   其大槪라 此에 衆心歸着點을 作하여 仍히 小分一團을 成하니 是
   기대개 차   중심귀착점 작   잉히 소분일단 성   시
   는 多神時代의 最古面目이니라(耿빛날 경)
   다신시대   최고면목

---

1 포덕47년(1906) 1월 일본에서 귀국한 의암 선생이 2월에 인쇄소 박문사를 설치하고 4월
   에 중앙총부 명의로 대종정의를 비롯한 각종 교서를 간행하여 교인들에게 보급하였다.

원시의 사람은 크게 소박한 상태였으므로,[2] 그 생각이 능히 종교계에 통한 것은 불가사의한 일이다. 생각이 세상의 이치를 궁리하여 종교계에 머뭇거리다가 각기 생각의 반짝이는 착상으로 교를 시작하였다. 천지 속에 있는 정 없는 물건을 교문의 기준으로 삼으니 해·달·물·불·나무·돌 등이 그 대개이다. 여기에 사람들이 마음을 의지할 귀착점을 만들어 작은 무리를 이루었으니 이것이 다신 시대의 가장 오래된 모습이다.[3]

3. 後天大氣 轉輪以來로 思想이 一層進明하여 一神을 崇拜하는敎
　　후천대기　전륜이래　　사상　　일층진명　　　일신　숭배　　교

門을 立하니 天은 其抽象的大範圍라 是로 由하여 舊時斑斑的小
문　입　　천　기추상적대범위　　시　유　　　구시반반적소

部分이 總히 其下風에 趣하니라
부분　총히　기하풍　취

새 세상의 큰 기운이 돌아와 생각이 한층 진보되고 밝아져서, 하나의 신을 숭배하는 교문을 세우니 한울이 그 추상적인 큰 범위다. 이로 말미암아 옛적에 반짝이던 정령신앙과 다신교의 풍습이 다 그

2　大朴. 크게 소박하다. 朴은 가공하기 전의 통나무를 뜻한다. 즉 대박은 아주 거칠고 다듬어지지 않은 상태. 원시상태를 의미.
3　사람의 의식이 발달하기 전에는 사람 힘으로 어쩔 수 없는 자연의 대상을 두려워하고 숭배하였다. 해와 달, 물, 불, 나무, 돌 등 모두에 신이 있다고 생각하니 이를 정령신앙이라 하고 이로부터 다신교가 시작된다.

아래로 돌아갔다.[4]

4. 大神師는 吾敎의 元祖라 其思想이 博으로 從하여 約에 至하니 其
　　대신사　　오교　　원조　　기사상　　박　　　종　　　　약　　지　　　기
要旨는 人乃天이라 人乃天으로 敎의 客體를 成하고 人乃天을 認하
요지　　인내천　　　인내천　　　교　　객체　　성　　　인내천　　인
는 心이 其主體의 位를 占하여 自心自拜하는 敎體로 天의 眞素的
　　심　　기주체　　위　　점하여　자심자배　　　교체　　천　　진소적
極岸에 立하나니 此는 人界의 初創한 大宗正義라 謂함이 足하도다
극안　　입　　　차　　인계　　초창　　대종정의　　위　　　족

　대신사는 우리 교의 원조라. 그 사상이 넓은 데로부터 간략한데 이
르렀으니[5] 그 요지는 인내천이다. 인내천으로 교의 객체를 이루고,
인내천을 인정하는 마음이 그 주체의 자리를 점하여 자기 마음을
자기가 절하는 가르침을 본체로 하여, 한울 진리의 지극한 경지에
우뚝 섰다. 이것은 인간계에서 처음으로 창명된 대도의 바른 뜻이
라 말함이 족하다.[6]

4 사람들이 이치를 깨우치며 각각의 현상들이 따로 있는 귀신의 작용이 아닌 서로 연관된
　것임을 알게 되니, 하나의 작용하는 큰 기운, 즉 일신을 숭앙하는 일신교가 되었다. 그러나
　일신교도 악마와 마귀를 상정해 세상을 선과 악의 대립으로 보는 이신교일 뿐, 선과 악이
　따로 있지 않고 귀신도 한울임을 수운선생이 밝힘으로서 진정한 진리가 밝혀진 것이다.
　"천지는 알아도 귀신은 모르니 귀신이라는 것도 나니라"(동경대전, 논학문)
5 "우리 도는 넓고도 간략하니…"(동경대전, 좌잠)
6 일신교도 아직 신과 사람을 분리해서, 사람은 높고 멀리 있는 신에게 기도하고 바랄 뿐, 주
　체적으로 자신의 삶과 세상을 바꾸지 못하는 종교일 뿐이었다. 그러나 수운 선생이 누구
　나 한울의 영기를 모시고 있음을 밝히시므로 스스로의 신앙과 의지로 자신과 세상을 변화
　시킬 수 있는 주체적 신앙이 시작되니 이것이 무극대도다.

(二) 吾敎의 神人時代(오교의 신인시대, 우리 교의 신인시대)[7]

1. 大神師는 神의 機能이 哲學으로 推究키 不得할 靈迹이 有한지라
   대신사   신   기능   철학   추구 부득   영적 유
   深水와 急雨에 徒行하되 衣巾이 不濕하며 手摩 心念하여 人의 病
   심수   급우   도행   의건   불습   수마 심념   인 병
   을 愈케하니라
      유

대신사는 신의 기능이 철학[8]으로서 미루어 알 수 없는 영적이 있

었다.[9] 깊은 물과 소나기 속에 그냥 가시어도 의복과 두건이 젖지

않았으며,[10] 손으로 만지고 마음으로 생각하시어 사람의 병을 고

7 신인은 성심신 삼단을 모두 통하여 한울님과 하나된 인내천 되신 분. 성심신 셋중 하나라
   도 통하면 성인.(무체법경, 신통고) 그러므로 신인시대는 세분 스승님의 직접지도하에 도
   가 시작되고 개벽의 가르침이 시작되는 시대를 뜻한다.
8 'phylosophy'는 고대 그리스어 필레인(사랑하다)과 소피아(지혜)의 합성어. 19세기 말 일
   본의 니시 아마네가 철학으로 번역. 한국에서는 이인재가 1912년 '철학고변'에서 처음 사
   용하였다(위키백과)고 함. 그러나 포덕48년(1907) 인쇄된 대종정의가 더 앞선다. 그러므로
   일본에서 신문물을 접한 의암선생이 우리나라에 철학을 처음 소개하고 도입했다고 볼 수
   있겠다.
9 철학이란 사람의 이성이 이해할 수 있는 부분이다. 그러나 인간 이성은 아직 사람 몸도 완
   전히 이해하지 못했을 뿐더러 땅의 일부, 바다의 대부분, 우주는 거의 전부가 밝혀지지 않
   은 영역이다. 이 무한한 세계가 한울님의 영역이고 '지기금지 원위대강'은 그 무한한 기와
   교통하는 것이다. 그로써 물약자효하고 이심치심하며 그 밖의 영적이 있음은 스승님들의
   예 뿐 아니라 지금 주위에서도 마음을 열고 보면 흔히 접할 수 있다. 이러한 영적은 사람의
   역할이 아닌 신의 역할로 여겨져왔으므로 신의 기능을 하셨다고 한 것.
10 경신년(1850) 10월에 수운선생이 기도중 親山에 성묘하라는 한울님의 가르침이 있어 성
   묘를 가실 때 마침 큰 비가 내려 나아갈 수가 없었다. 이에 주저하고 있다가 한울님의 명을
   어길수 없어 조카의 집에서 사람과 말을 빌려 길을 나섰다. 조카의 만류에도 우중 50리 길
   을 왕복하였으나 선생과 하인까지 조금도 젖지 않고 돌아왔다.(윤석산 역주, 도원기서)

치셨다.[11]

2. 究靈迹은 人의 慧能으로 抽出키 難한 者라 天의 代表로 天의 能
   구 영 적   인   혜 능   추 출   난   자   천   대 표   천   능
   力을 行하는 自然的活機니 此靈迹의 由來한 根本的神機는 言
   력   행   자 연 적 활 기   차 영 적   유 래   근 본 적 신 기   언
   語와 文章으로 表象키 不能한 者라 人이 此를 叩하면 但히 泯黙에
   어   문 장   표 상   불 능   자   인   차   고   단   민 묵
   付하며 反省하여도 其推想力이 能히 其發迹地에 未及하나니 是는
   부   반 성   기 추 상 력   능   기 발 적 지   미 급   시
   意識界에 根因한 者라 謂키 不可할지요 天의 靈迹과 靈迹을 受한
   의 식 계   근 인   자   위   불 가   천   영 적   영 적   수
   者의 兩間紹介者라 謂함이 可하도다 (揭 높이 들 게. 泯 망할 민)
   자   양 간 소 개 자   위   가

그러한 영적을 생각해보면 사람의 지혜와 능력으로 나오기 어려운

것이므로, 한울님의 대표로 한울님의 능력을 행하는 자연스러운

생명의 틀이라 해야 할 것이다. 이 영적이 나오게 된 근본적 신령한

기틀은 말과 글로 표현할 수 없는 것이므로, 사람이 이것을 캐어물

으면 다만 잠잠할 수밖에 없다. 돌이켜 살펴보아도 사람의 추리와

생각으론 능히 그 영적이 나타난 곳에 미치기 어렵다. 그러므로 영

---

11 대신사는 최중희라는 제자 한 명만 데리고 남원으로 향했다. 의령에 이르러 김공서의 집
    에서 묵게 되었는데 그의 외아들이 중병에 걸려 목숨이 경각에 달려 있었다. 대신사는 환
    자를 손으로 어루만지며 들여다보았다. 그러자 환자 몸에서 냉기가 없어지고 혈맥이 통하
    면서 병이 완치되었다. 김공서가 놀라자 '세상의 큰 병을 고치면 작은 병은 자연히 없어지
    는 것이니 그대는 세상의 큰 병을 고치는 도를 하라'고 말하고 주문을 써 주었다."(천도교
    약사, 32쪽)

적은 사람의 의식으로 행하거나 이해할 수 있는 것이 아니다. 다만 한울님의 영적을 받은 사람이 그 영적으로서 한울님과 그 진리를 깨우치고 믿을 수 있도록 인도해줄 뿐이다.[12]

3. 天이 人界에 俯하야 能히 天人兩間의 紹介할 資格이 有한 者를
   천 인 계 부 능 천 인 양 간 소 개 자 격 유 자
   選하니 其心想上大堅固大智慧로 原初天賦한 眞素를 十分自
   선 기 심 상 상 대 견 고 대 지 혜 원 초 천 부 진 소 십 분 자
   全하야 情慾의 半分駁雜이 無한 水雲大神師의 純然한 天格이
   전 정 욕 반 분 박 잡 무 수 운 대 신 사 순 연 천 격
   卽其人이요, 海月神師는 其武를 承한 者라 天이 此를 命하야 宗
   즉 기 인 해 월 신 사 기 무 승 자 천 차 명 종
   敎의 大宗主位置를 占하니라[13](俯 구부릴 부. 駁雜 어긋나고 뒤섞임.)
   교 대 종 주 위 치 점

한울님이 인간의 세상을 살펴보고 능히 한울님과 인간 사이를 소개할 자격이 있는 자를 고르니. 그 마음속 생각이 크게 굳건하고 지혜로워, 처음 한울님으로부터 부여받은 참된 바탕을 온전히 간직하여, 정욕에 반 푼이라도 흐려짐이 없는 수운대신사의 순연한 천격이 곧 그 사람이었다. 해월신사는 그 굳건함을 계승한 분이라. 한울님이 이를 명하여 종교의 큰 스승 위치를 지키게 하였다.

12 앞 절에 소개된 대신사의 영적을 부연한 설명. 사람의 힘으로 이룰 수 없는 일을 행하면 그를 영적이라 하며 경외했지만, 영적이 도의 목적은 아니다. 다만 필요할 때 사람들의 마음을 이끄는 방편은 될 수 있을 것이다. 즉 한울님의 존재를 모르거나 의심하는 사람들을 깨우쳐 신의 존재를 알려주는 소개자인 것이다.
13 이 구절은 현 경전에 누락된 부분.

4. 天의 靈迹은 無極에 界하고 人의 智는 有限에 域한 故로 有限으로
   천 영적 무극 계 인 지 유한 역 고 유한
無極을 對照함에 眼光이 常히 未及하여 疑를 生하며 謗을 起하나니라
무극 대조 안광 상 미급 의 생 방 기

한울님의 영적은 무한하고 끝이 없는 것이요, 사람의 지혜는 유한
한 것이다. 유한으로써 무한을 비교하고 바라보니 눈빛이 늘 미치
지 못하여 의심을 낳고 비방을 일으켜 왔다.

5. 天과 師는 一體二位로 但히 有形無形의 區別이 有한 者라 雨水
   천 사 일체이위 단 유형무형 구별 유 자 우수
와 病은 無形天의 能力이요 雨水中徒行不濕과 病의 勿藥自效는
병 무형천 능력 우수중도행불습 병 물약자효
有形天의 能力이니 先能後能이 總히 一機中에 織出하는 者니라
유형천 능력 선능후능 총 일기중 직출 자

한울님과 스승님은 하나이나 다른 모습으로 나타난 것으로 다만
형상이 있고 없는 구별이 있을 뿐이다. 비가 내리고 병이 생기는 것
은 무형한 한울님의 능력이요, 빗속에 그냥 가도 젖지 않는 것과 병
에 약을 쓰지 않고 낫게 하는 것은 유형한 한울님의 능력이다. 먼저
의 능력과 뒤의 능력이 전부 한 기틀 속에서 만들어 내는 것이다.

6. 大神師는 人의 德性과 才智의 本源을 無形에 供할 뿐이요 世界修
   대신사 인 덕성 재지 본원 무형 공 세계수
節에 關한 面目과 制度는 人의 自手執行에 任하나니라
식 관 면목 제도 인 자수집행 임

대신사는 사람의 덕성과 재주의 본 바탕을 무형한 한울에 둘 뿐이요, 세계를 꾸미는 데 관한 면목과 제도는 사람들이 스스로 집행하는 데 맡기었다.

7. 大神師는 天職을 體行하신 年限이 四個年에 止하여 敎의 基礎가
   대신사   천직   체행   연한   사개년   지   교   기초
   天意에 未洽한 故로 海月神師를 繼降하여 敎體의 未完을 補케 하
   천의   미흡   고   해월신사   계강   교체   미완   보
   시니 海月神師의 終年에 曁하여 萬撓不拔하는 敎의 大基礎가 始
      해월신사   종년   기   만요불발   교   대기초   시
   奠하니라 (曁 이르다, 다다를 기)
   전

대신사는 한울님의 직책을 체행하신 연한이 사년에 그쳐 교의 기초가 한울님의 뜻에 흡족치 못하였다. 그러므로 해월신사를 이어 내리시어 교체의 완전치 못한 것을 보충케 하시니, 해월신사의 말년에 이르러서는 만 번 흔들어도 빼어지지 않는 교의 큰 기초가 처음 정하여졌다.[14]

---

14 동학의 역사는 조선말에서 일제로 넘어가는 질곡을 최전선에서 감당해 온 역사이다. 수운 선생 사후 가계도 끊기고 제자들도 흩어져 동학은 역사의 희미한 흔적만 남을 뻔하였다. 해월 선생의 역정이 아니었다면 경전 간행과, 수많은 포덕과, 그 과정에서 보여준 지도력과 도의 감화, 그리고 법설 등이 어찌 오늘 전해지랴!

(三) 吾敎의 顯明時代(오교의 현명시대, 우리 교가 세상에 드러난 시대)[15]

1. 人이 天으로 從하여 世界에 至한 然後에 但히 赤體로 居하여 宮室
   인 천   종   세 계 지 연 후   단 적 체   거   궁 실
   衣服飮食의 滋養과 禮樂刑政의 保護가 無하면 人의 名이 有하나
   의 복 음 식   자 양   예 악 형 정   보 호   무   인   명   유
   人의 位置를 保키 難한 故로 天이 聖을 降하사 人界의 制度와 面
   인   위 치   보   난 고   천   성   강   인 계   제 도   면
   目을 顯明하느니라.
   목   현 명

사람이 한울 이치에 따라 세상에 나온 뒤에 다만 벌거벗은 몸으로

살 뿐이었다. 집과 옷과 음식의 도움을 받고, 예절과 풍류 그리고

법률과 정치의 보호가 없으면, 사람이란 이름이 있으나 사람의 위

치를 보존할 수 있었겠는가. 그러므로 한울님이 성인을 나게 하시

어 세상의 제도와 면목을 나타내어 밝혀온 것이다.[16]

---

15 동학이 창도되어 관의 탄압속에 숨어서 포덕하고 수행하던 시기를 은도시대라 하고, 포
    덕46년(1905) 천도교로 세상에 드러낸 이후를 현도시대라 한다. 현도의 목적은 당시의 극
    심한 동학 탄압하에서 공식적인 종교조직으로 변신하여 탄압을 피하고자 하였고, 교단조
    직을 근대화하기 위해 대헌을 발표하고 교구를 설치하였다. 그리하여 인위적 교단 운영에
    서 체계적운영으로, 점조직이고 사적인 포덕 교화 방식에서 공식적이고 집단적인 포덕 교
    화 방식으로 전환하였고, 개인적 수행위주에서 현대철학까지 아우르며 보다 적극적으로
    사회변혁에 참여하게 된다.
16 야생에서 인간만큼 나약한 동물도 없다. 바람 막을 털도 없고 빠른 발도 없으며 강한 이
    빨이나 발톱도 없다. 그런 벌거벗은 몸으론 거친 야생에서 생존이 불가능한 존재이나 오
    히려 그런 약점을 극복하기 위해 지능을 발달시켜 왔는지 모른다. 살아남기 위한 자연법
    칙의 이해와 그를 이용한 도구의 사용 등이 오늘의 인간을 있게 하였다. 사람들 중 이러한
    법칙을 밝히고 다른 사람들에게 가르친 사람들이 있어 이들이 스승, 성인으로 추앙 받게

2. 神師의 大原이 無하면 聖人의 法岸이 空境에 立하기 難하며 聖人
   신사   대원 무   성인   법안   공경   입   난   성인
   의 善果가 無하면 神師의 佳樹가 荒地에 歸하기 易한 故로 花卉의
      선과 무   신사   가수   황지   귀   이 고   화훼
   紅綠은 春의 原素요 花卉를 養하여 紅綠의 美譽를 成하기는 人의
   홍록   춘   원소   화훼   양   홍록   미예   성   인
   功이니라.[17](卉 초목 훼. 譽 기릴 예)
   공

우리 스승(수운대신사, 해월신사)의 큰 바탕이 없었다면 원시시대에
사람을 가르친 앞선 성인의 법을 이어받아 무극의 경지에 자리 잡
기 어려웠을 것이다. 또한 앞선 성인의 좋은 성과가 없었다면 우리
스승의 아름다운 나무(동학의 가르침)라도 황무지에 돌아가기 쉬웠을
것이다. 마치 화초의 붉고 푸른 것은 봄이 본래 기초한 것이지만, 화
초를 길러 붉고 푸른 아름다움을 이루는 것은 사람의 공이듯이.

3. 義庵先生은 海月神師의 宗嫡으로 吾敎大幢을 世界에 建하니 其
   의암선생   해월신사   종적   오교대당   세계 건   기
   智이 天明이요 其仁이 天德이요 其勇이 天剛이니라[18]
   지   천명   기인   천덕   기용   천강

의암선생은 해월신사의 근본을 이어 받으신 분으로 우리 교의 큰
깃발을 세계에 세우시니, 그 지혜는 한울의 밝음과 같고 그 어짊은

되었다.
17 이 구절은 현 경전에 누락.
18 이 구절은 현 경전에 누락

한울의 덕과 같고 그 용맹은 한울의 굳셈과 같다.

4. 吾教의 信仰과 哲學과 制度를 三區에 分하여 人心傾向의 準的地
오교   신앙   철학   제도   삼구   분   인심경향   준적지
를 定하니 信仰은 人이 天에 粘着하여 其身의 自有를 忘하며 哲學
정   신앙   인 천   점착   기신   자유   망   철학
은 性의 本來天과 身의 衆生相을 兩段分定하여 性身久暫의 別로
성 본래천   신   중생상   양단분정   성신구잠   별
性界榮譽는 三光同壽를 期하고 身界利益은 百年一夢을 認하는
성계영예   삼광동수   기   신계이익   백년일몽   인
大旨義를 揚名하며 制度는 天人合一的要點을 抽出하여 性靈人
대지의   양명   제도   천인합일적요점   추출   성령인
의 正的과 肉身人의 正軌를 定하니 新鮮한 面目이 一大素天國을
정적   육신인   정궤   정   신선   면목   일대소천국
構成한 者니라. 白日이 天心을 當하여 其光이 萬國이러라
구성   자   백일   천심   당   기광   만국

우리 교의 신앙과 철학과 제도를 셋으로 나누어 사람들 마음이 향
해야 할 표준을 정하였다. 신앙은 사람이 한울님을 잊지 않고 늘 생
각하여 그 몸이 자기만 생각하는 것을 잊게 한다.[19] 철학은 어떤가?
성품은 본래 한울에서 비롯된 것이지만 몸은 현실 속에 살아가는
존재일 수밖에 없다. 이 모습을 둘로 나누어 정하여 성품은 영원한
것이나 몸은 잠깐 있는 것으로 구별한다. 그리하여 성품 세계의 영
예는 해와 달과 별과 함께 영원함을 기약하고, 신변 세계의 이익은

---

19 신앙이란 자신의 습관심을 깨우치고 한울의 본래심을 회복하는 과정이다. 신앙이 자랄
수록 육신의 각자위심은 줄고(잊고) 한울로서 큰 나로 성장하니 以身換性이다.

한갓 꿈에 불과함을 인정하는 큰 취지의 뜻을 높여 밝힌다.[20] 제도는 한울님과 사람이 합일하는 요점을 뽑아 성령을 따르는 사람의 바른 목적과 육신을 따르는 사람의 바른 궤도를 정하는 것이다. 한울의 진리를 따른 제도는 그 신선한 면목이 마치 하나의 큰 천국을 현실에 구성한 것과 같다. 밝은 진리의 해가 깨우친 사람의 천심을 만나면 그 빛이 만국에 비치리라.[21]

(四) 吾敎의 新思想時代(오교의 신사상시대, 우리 교의 새로운 사상 시대)[22]

1. 人은 幼年壯年의 別이 有하니 敎의 今日은 人의 壯年이니라. 其體는
   인   유년장년의 별이 유   교 금일은 인의 장년이니라   기체는
   天大요 其光은 日出이어늘 其思想이 古朴을 持하면 烏乎其可리오
   천대   기광은 일출이어늘 기사상이 고박을 지하면 오호기가리오

사람은 유년 장년의 구별이 있으니 우리 교의 오늘은 사람으로 치면 장년시대다. 그 몸은 한울님같이 크고, 그 빛은 해와 같이 솟았

---

20 삼광이란 해, 달, 별을 뜻하므로 영원한 진리의 빛을 말한다.
21 모든 사람이 도통하면 가장 좋겠지만 현실은 그렇지 못하다. 그러므로 한울님 진리에 합당한 삶의 표준을 제시하여, 뒤떨어지는 사람들을 함께 이끌 수 있도록 하는 것이 제도이다. 밝은 해(진리)가 아무리 밝아도 구름에 가려지면 어둡다. 천심으로 구름을 걷어내면 모든 만물이 빛을 누릴수 있다. 이것이 제도(종교조직)의 역할.
22 우리 교의 신사상은 무엇인가? 세분 스승님에 의해 진리는 밝혀졌으되, 그것이 삶에 실천되고 세상에 펴는 것은 후학들의 몫이다. 그러기 위해선 스승님들의 가르침이 지금 사는 현재의 언어로 부단히 재해석되고 새로운 삶의 전형을 제시하며 사회를 이끌어야 한다. 지금 우리 사회의 가장 큰 당면 과제는 무엇이며, 천도교가 그리는 세상은 어떤 모습인가?

거늘 그 사상이 옛 것을 그대로 가지면 어찌 옳다고 하겠는가.

2. 吾敎의 本素는 充然果然하여 半分增益을 不要하나 此를 發表하
   오 교   본 소   충 연 과 연   반 분 증 익   불 요   차   발 표
   기는 思想文明으로 現代文明의 前駕를 作할지니라
        사 상 문 명   현 대 문 명   전 가   작

우리 교의 본 바탕은 진리를 온전히 밝혔으므로 반 푼이라도 더할
것을 요구치 않는다. 그러나 이것을 사람들에게 가르치고 세상에 발
표하는 것은 사상과 문명으로 현대문명의 앞장을 서야 할 것이다.

3. 靈識이 儒의 至誠과 仙의 高標와 佛의 正覺을 兼有하나 思想이
   영 식   유   지 성   선   고 표   불   정 각   겸 유   사 상
   先天에 徘徊하면 面目이 麤率하여 大界公認을 不得하느니라[23]
   선 천   배 회   면 목   추 솔   대 계 공 인   부 득

영의 의식이 선비의 지극한 정성과 신선의 고고한 경지와 불가의
바른 깨달음을 함께 가졌어도 사람을 가르치고 삶을 이끌 사상이
옛 세상에서 벗어나지 못하면 드러나는 됨됨이가 거칠 수밖에 없
다. 그러면 넓은 세상에서 사람들이 어떻게 알아볼 수 있겠는가.[24]

---

23 이 구절은 현 경전에 누락. 高標 큰 나무의 가지, 높이 뛰어남. 麤 거칠 소략할 추
24 실제 깨달음이 깊어도 겉모습으로 판단하는 세상 사람들을 이끌고 설득하려면 어느 정
    도 포장도 필요하고 사람들이 알아들을 수 있는 생활 속 설명이 필요하기도 한 법이다.

4. 或이 云하되 頭如何脚如何는 未免太拘니 但히 內心眞實을 務하
   혹 운 두여하각여하 미면태구 단 내심진실 무
   여 天의 黙喜를 得함이 可하다 하나니 此는 不諒이 甚하도다 小頭一
   천 묵희 득 가 차 불량 심 소두일
   燭이 暗室中에 在하여 窓壁이 皆黑이면 昏衢彷徨人을 何以接引
   촉 암실중 재 창벽 개흑 혼구방황인 하이접인
   고 大德布施는 吾敎의 先着이니라[25]
   대덕포시 오교 선착

어떤 사람이 머리는 어떻고, 다리는 어떻고 하는 것은 지엽에 얽매
여 아직 큰 장애를 면치 못하는 것이니, 다만 마음 속 진실에 힘써
서 한울의 조용한 기쁨을 얻는 것이 옳다고 말 하지만, 이는 알지
못함이 심하도다.[26] 작은 한 촛불이 암실 중에 있어 그 창 벽이 모두
검으면 어두운 거리에서 방황하는 사람을 어떻게 가까이 인도할
까. 그러므로 우리 교가 먼저 착수할 것은 세상에 큰 덕을 펴고 베
푸는 것이다.[27]

5. 士農工賈는 人生의 根器요 揮讓進退는 人事의 義趣니 萬法了
   사농공고 인생 근기 휘양진퇴 인사 의취 만법료
   悟는 是所謂新思想이니라[28]
   오 시소위신사상

25 48년판에는 小頭대신 小豆.
26 諒 믿다, 참, 진실 량. 한울 성품을 깨닫고 진리를 알면 사소한 시비에 연연하지 않게 된
    다. 그러나 진리란 책이나 머릿속에 있지 않다. 삶의 현장에 구현되지 않는 진리는 탁상공
    론일 뿐이다.
27 도를 깨닫고 진리를 알아도 혼자만 알면 암실 안의 촛불과 같다. 촛불은 자신을 태우며
    주위를 밝힌다.
28 48년판; 揖讓進退 揖讓 예를 다해 사양함. 揖 읍하다, 사양할 읍.

학문하고, 농사짓고, 공업과 상업에 종사함은 사람들 삶의 근본 그 릇이요,[29] 앞장설 때와 양보할 때, 나아갈 때와 물러설 때를 바로 하는 것은 세상일을 올바르게 이루는 것이다. 이러한 삶의 모든 법을 깨닫는 것이 이른바 신사상이다.

6. 究 心學研究는 天의 智慧를 資하며 形學發達은 人의 機宜를 酌
   구 심 학 연 구   천   지 혜   자   형 학 발 달   인   기 의   작
   함이니 萬條竝暢하며 萬目畢張이 吾教의 大德이니라
          만 조 병 창   만 목 필 장   오 교   대 덕

생각건대 마음공부를 연구하는 것은 한울님의 지혜로부터 도움 받는 것이며,[30] 현실학문[31]의 발달은 사람의 시기와 형편에 맞추어야한다. 그렇게 여러 분야가 서로 통하고 많은 사람에게 다 베풀 수있는 것이 우리 교의 큰 덕이라 할 수 있다.[32]

---

29 賈 장사, 상업, 상인 고. 사람들은 직업을 통해 먹는 것을 해결하고 자신의 꿈을 실현한다. 요즘은 직업이 다양하지만 과거엔 사농공상(士農工商)이 직업의 대표였다. 도를 실천하기 위해선 현실 삶을 잘 이해하고 거기에 맞춰해야 한다.
30 資 재물, 밑천, 도움, 바탕의 의미. 즉 마음공부는 내가 보고 듣고 배워서 안 습관심, 육신 관념을 벗어나 한울님 지혜를 받는 것이다.
31 심학에 대비한 형학은, 현상과 현실을 연구하는 모든 학문, 즉 자연과학, 응용학문 등으로 대비해 볼 수 있을 듯.
32 마음공부에 있어선 모든 가르침을 포용하는 열린 마음을 수양하지만 그것이 현실에 적용되는 모습은 때와 곳에 따라 다양한 모습으로 변화할 수 있어야 한다. 천도교는 근본을 밝혔으므로 어느 곳 어느 문화에도 적용 가능하고 베풀 수 있다.

(五) 吾敎의 要旨(오교의 요지, 우리 교의 요지)[33]

1. 信仰으로 以하여 其始는 人이 天에 交通하는 路를 得하며 其次는 天
   신 앙   이   기시 인 천   교통   로 득   기차   천
   의 歡喜하는 心을 邀하며 其終은 天人合一的 眞境에 入하나니라[34]
   환희   심을 요하며 기종   천인합일적 진경   입

   신앙을 하면 그 처음은 사람이 한울님과 서로 통하는 길을 얻고, 다
   음은 한울님의 기뻐하는 마음과 만나며, 나중은 한울님과 하나로
   합하는 참된 경지에 들게 된다.[35]

2. 眞境에 入하여 天의 別榻相待하던 其榻에 坐하면 天이 其人을 自
   진경   입   천   별탑상대   기탑   좌하면 천 기인   자
   己의 一體로 認하여 自己範圍內에 固有한 靈府를 總히 其人에게
   기   일체 인하여 자기범위내 고유 영부   총   기인
   委任하리니 其委任을 受한 後에는 靈府에 儲藏한 造化와 福祿을
   위임   기위임 수   후   영부   저장   조화 복록
   其人이 自意施用할지라 風噓雨潤도 其人의 自意下에 出하며 民
   기인   자의시용   풍허우윤   기인 자의하   출하며 민
   安國泰도 其人의 自意下에 由하나니라[36]
   안국태   기인 자의하   유

33 현 경전에는 이 부분이 누락되어 있다. 앞부분이 종교와 천도교의 발전과정을 요약했다
   면, 천도교의 내용을 본격적으로 소개하는 이 장이 '대종정의'의 결론에 해당된다. * 현 경
   전에 누락된 원문자료와 번역은 윤암 양윤석 선생의 연구에 도움 받았다.(신인간, 포덕
   158년 12월~2월호)
34 邀 맞을 요.
35 신앙의 안내가 없으면 한울님께 어떻게 기원할까? 그저 두려워만 하던 원시에는 무당이
   나 임금에게 맡겼지만, 진리의 안내를 받으면 스스로 기원하며 삶을 바꿀 수 있다.
36 榻 임금이 정사를 보는 길고 좁은 평상 탑. 儲 쌓을 저 藏 감출, 저장할 장. 噓 불 허 潤 젖
   을 윤.

참된 경지에 들어가 한울님이 사람을 맞이하는 그 자리에 이르면[37], 한울님이 그 사람을 자기와 하나로 인정하고 한울님만이 가지고 있는 영의 곳간을 모두 그 사람에게 맡길 것이다. 그 위임을 받은 후에는 영의 곳간에 저장된 조화와 복록을 그 사람이 마음대로 베풀어 쓸 것이라. 바람이 불게하고 비가 오게 하는 것도 그 사람의 뜻대로 할 수 있고, 백성의 평안함과 나라의 태평함도 그 사람의 뜻에 따라 이루어질 것이다.[38]

3. 信仰心은 客體의 神益을 資하여 主體의 充健을 得하는 一點에 在하니 庭前綠楊을 試看할 지어다 綠楊이 始生할 時에 黃苗一寸에 不過하다가 太陽의 溫度와 春風의 養氣를 積하여 其幹이 百尺을 聳하며 其葉이 全庭을 覆하나니 但히 高幹百尺과 滿庭綠陰을 見하고 元來 是 綠楊의 主體가 如是한 줄로 認한 者는 綠楊을 不知한 者요 黃苗一寸의 主體로 太陽春風의 神益을 資하여 如是 充

---

37 한울님이 진실한 마음으로 찾아오길 기다리시나(待 기다릴 대) 바른 이치를 깨달아 한울과 만나는 사람이 적을 뿐이다.

38 한울의 모든 조화를 쓸 수 있지만 그것이 수행의 목적은 아니다. 한울을 돕기 위한 수단일 뿐이다. 이를 목적으로 하거나 여기에 빠지면 신앙이 변질되고 삿된 길로 가기 쉽다. "내가 독실히 공부할 때에 억수같이 내리는 비 가운데서도 옷과 두건이 젖지 아니하였으며, 능히 구십 리 밖에 있는 사람을 보았으며 또 능히 바르지 못한 기운을 그치었으며 조화를 썼으나 지금은 조금도 돌아보지 않고 끊었노라. 원래 이것들은 다 작은 일이요 결코 대도의 바른 도리가 아니니라"(해월신사법설, 기타)

健을 得한 줄로 認한 者라야 綠楊을 知한 者니라[39]
건 득 인 자 녹양 지 자

신앙심은 객체의 도움을 바탕으로 해서 내 주체가 충실하고 건강해질 수 있음을 터득하는데 그 요점이 있다. 뜰 앞의 푸른 버드나무를 한 번 보자. 버드나무가 처음 생길 때에는 어린 싹에 불과했지만 따스한 햇볕과 봄바람의 기운을 받으면 줄기가 크게 자라고 잎이 온 뜰을 뒤덮는다. 단지 줄기가 크고 푸른 잎이 뜰을 덮은 것을 보고 본래 그 버드나무의 주체가 이런 줄 아는 사람은 버드나무를 알지 못하는 사람이다. 어리고 작은 싹인 주체가 햇볕과 봄바람의 도움을 바탕으로 하여 이렇게 충건하게 자란 것을 아는 사람이라야 푸른 버드나무를 바로 아는 사람이다.[40]

4. 或이 小魚를 見하고 愀然 感歎曰 "何魚는 成龍하여 運行雨施에
혹 소어 견 초연 감탄왈 하어 성룡 운행우시
變化如神인데 何魚는 細雨橫灘에 游泳上下하여 小魚를 未免인
변화여신 하어 세우횡탄 유영상하 소어 미면
고 天賦不均이 蓋如是도다 吾儕는 小人이라 品質이 庸孩하고 智
천부불균 개여시 오제 소인 품질 용해 지
識이 淺短한 자니 雖百年 信敎라도 彼岸에 難登하리니 信敎心을
식 천단 수백년 신교 피안 난등 신교심

---

39 裨 도울 비, 보탤 비. 聳 솟을 용, 삼갈 용. 覆 뒤집힐 복.
40 어리고 작은 싹인 주체에 있는 생명이 내유신령이라면, 그를 키우는 햇볕과 바람 같은 객체는 외유기화. 내유신령과 외유기화가 서로 잘 소통하고 도와야 생명이 건강하고, 이를 깨닫는 것(각지불이)이 모심. 나의 오늘이 있기까지 내유신령과 외유기화 작용을 돌아볼 일이다.

謝絕하고 肉身情慾을 從하야 世間 娛樂을 盡함이 一得策이라"하
여 或 流蕩에 歸하며 或 邪神을 交通하나니 甚히 歎惜하도다[41]

어떤 사람이 작은 물고기를 보고 쓸쓸히 탄식하여 말하기를, "어떤 물고기는 용이 되어 비를 내리게 하는 변화가 신과 같은데, 어떤 물고기는 좁은 물웅덩이에서 헤엄치며 작은 물고기 신세를 벗어나지 못하는가. 한울님이 고르지 못함이 대체로 이와 같도다. 우리들은 소인이라 성품이나 바탕이 변변하지 못하고 지혜와 견식도 얇고 부족하니 비록 평생토록 교를 믿더라도 저 경지에 오르기 어려울 것이다. 그러니 아예 교를 믿는 마음을 사절하고 육신의 정욕을 따라 세상의 그릇된 즐거움이나 다하며 사는 것이 제일가는 방책이라" 하여 혹은 세간의 방탕에 휩쓸리고, 혹은 사교에 빠지니 심히 애석하도다.

5. 魚는 一冥頑小物이라 能히 客體의 效力을 邀得할 思想力이 無한 故로 但히 其生이 年永하면 龍을 成하고 年短하면 小魚에 止하거니와 人則甚不然하여 心이 天을 篤信하면 心이 靈橋를 作하여 天에

---

41 愀 정색할 초. 儕 동배, 무리 제. 庸 쓸 용. 孩 어린아이 해. 惧 그릇할 게으를 속일 기만할 오. 娛樂의 오자?. 蕩 쓸어버릴 흐리게할 탕. 遊蕩으로 하면 만판 노는 뜻. 流蕩으로 하면 유행에 휩쓸림?

亘하나니 天府_{천부}에 充滿_{충만}한 智慧聰明_{지혜총명}과 壽福榮寵_{수복영총}이 靈橋_{영교}로 從_종하여 人_인에게 運送_{운송}함이 江河_{강하}의 潧_진함과 如_여하리니 人_인이 自身上大裨益_{자신상대비익}을 取_취 覓_멱할진데 先_선히 客體邪正_{객체사정}을 區別_{구별}할 지어다[42]

물고기는 하나의 작고 어리석은 생물이라. 능히 객체의 효력을[43] 터득할 생각이 없으므로, 단지 생명이 영원하다면 용이 될 것이고 짧다면 작은 물고기로 마치겠지만, 사람은 전혀 그렇지 않다. 마음으로 한울님을 독실하게 믿으면 마음이 영의 다리[44]를 만들어 한울에 걸쳐 놓으니, 한울 곳간에 가득한 지혜와 총명과 수명의 복과 영광과 은총이 이 영의 다리를 따라 사람에게 이르게 됨이 마치 강물의 흐름과 같을 것이다. 그러므로 사람이 큰 이익을 취하려 한다면 먼저 나에게 도움을 주는 객체가 옳은 것인가 그른 것인가 구별해야 할 것이다.

---

42 冥 어두울 명, 頑 완고할, 둔할 완. 亘 걸칠, 펼 긍. 寵 은혜 총, 潧 많을 진. 裨 도울 비, 覓 찾을 멱.
43 객체의 효력은 주체가 원하는대로 성장할 수 있도록 감응해 주시는 한울님 간섭.
44 한울과 사람은 본시 하나지만, 물정심이 천심을 가려 한울의 간섭에서 멀어지고 단절되었다. 이를 다시 연결하는 것이 영의 다리. 한울의 성령과 연결되는 영의 다리는 천심을 회복하는 수행의 성과다.

6. 信仰心이 欲定未定할 時에 情慾이 肉身界로 從하여 百般惡魔로 心을 沮戲하는데 淫聲亂色과 奇金異璧으로 先히 耳目을 牽하여 欲界에 入하면 心이 반드시 其後를 踵하여 耳目의 住着地에 來하나니 情慾이 此를 歡迎하여 自界에 止舍하며 更히 奇麗玩好를 供하여 心의 歡喜를 結하면 心이 此에 溺愛하여 自位의 曠久自虛함을 不省한지라 情慾이 心의 優游不返한 時를 乘하여 心의 本位에 入據하나니 其 入據後에는 人의 動靜周旋이 總히 情慾의 命令下에 在한지라 夫情慾은 天의 仇敵이니 仇敵을 服從하는 人에게 對하여 天의 恩愛心이 豈有하리오 故로 人의 信仰心을 初定할 時에 情慾의 誘引을 不受함이 自位自守하는 大基礎니라[45]

신앙의 마음이 아직 단단히 정해지지 못했을 때에는 정욕이 육신의 세계를 따라와 온갖 유혹으로 마음을 방해한다. 음란한 소리와 여색과 진귀한 황금이나 옥구슬로 먼저 이목을 끌어 욕망의 세계로 들어가면, 마음은 반드시 그 뒤를 좇아 눈과 귀가 머무는 곳에 가게 된다. 정욕이 이를 환영하여 마음이 자신의 세계에 머무르게 하며 또한 기이하고 화려하고 아름다운 물건을 제공하여 마음을

---

45 璧 둥근 옥 벽, 아름다운 옥 벽. 牽 끌 견. 踵 발꿈치, 쫓을 종. 溺 빠질 익, 曠 밝을 광, 들판, 공허할, 빌 광. 優游不返= 優柔不斷. 據 의거할 거

기쁘게 한다. 마음이 이에 깊이 빠지면 자기 입지가 스스로 헛되이 세월만 보내고 있음을 돌아보지 못하게 된다.[46] 그러면 정욕이 마음의 우유부단한 때를 타서 그 본자리를 차지하게 되니, 그렇게 되면 사람이 움직이고 머무는 것과 마음 씀씀이가 모두 정욕의 명령 아래 있게 된다. 대체로 정욕은 한울님의 원수이니, 원수에게 복종하는 사람에게 한울님의 은혜와 사랑하는 마음이 어찌 있겠는가. 그러므로 사람이 신앙심을 처음 정할 때에는 정욕의 유혹을 물리치는 것이 자신의 자리를 스스로 지키는 큰 기초가 된다.

7. 天을 崇拜하는[47] 心이 雖確然貞固라도 身界上 百般事宜를 東蒼西素하며 上崗下淵하는 供裁料가 無하면 身格이 蔑如하다 謂할지오 性分上一團天格이 充則江河然하며 和則春風然하며 明則日星然하며 潔則氷玉然하여 萬塵이 此를 不汙하며 萬風이 此를 不撓한 然後에 性의 極度라 謂하나니 人은 性身影響下에 進退하는 者니라[48]

한울님을 숭배하는 마음이 비록 확실하며 바르고 굳건하더라도,

46 曠久(광구): 광일미구(曠日彌久)의 준말. 헛되이 세월만 오랫동안 보냄.
47 활자본에는 '宗拜'이나 오자인 듯.
48 裁 마름질 할 재. 汙 더러울 오.

현실의 여러 가지 일을 처리할 때 동서와 상하를 분별하는 판단력이 없으면 세상에서 업신여김을 받기 쉽다. 믿음이 지극해도 이치를 분별하지 못하면 잘못된 믿음에 빠지거나 이용당하기 쉽다.[49] 그러나 그 성품에 한울의 진리가 굳건히 자리 잡아[50] 그 충만함이 강물과 같고 온화함이 봄바람 같으며 밝기가 해나 별 같으며 깨끗함이 얼음과 같아서,[51] 어떠한 세상의 티끌에도 더러워지지 않고 모든 유혹과 욕망의 바람에도 흔들리지 않게 되면 성품이 지극한 경지에 이르렀다고 할 수 있다. 사람은 이러한 성품수련과 육신학문의 정도에 따라 세상에 나아가 진리를 실현하거나 물러나 수련하거나 하는 것이다.[52]

8. 敎의 名地에[53] 入하여 但히 世化文明에 役하면 其人은 人成人이니
   교 명지 입   단 세화문명 역   기인 인성인
   是는 僞詐一途가 心界에 微伏한 者오 性의 原初自復할 心力이
   시 위사일도 심계 미복 자오 성 원초자복 심력

---

49 東蒼西素는 동쪽에 가면 푸르다 하고, 서쪽에 가면 희다고 하는, 동서를 분간하지 못하는 상태의 뜻. 上岡下淵도 위는 언덕이고 아래는 연못. 즉 동서나 위아래 상관없이 분간하지 못함.
50 몸이 업신여김을 받지 않으려면 세상의 이치를 파악할 수 있어야 한다. 세상의 모든 일은 한울 이치로 이루어지고, 이 근본을 깨닫는 공부가 성품공부다.
51 한울은 만물에 베풀 때는 충만하고 온화하며 밝고 깨끗하다.
52 한울성령을 따르면 공부가 나아가고 삶이 개벽되지만, 정욕과 물욕에 흔들리면 공든 탑이 무너진다.
53 교회라는 좋은 곳. 진리를 몰라 생로병사의 온갖 고해속에 사는 세상사람이, 그를 벗어나 한울님 감응 속, 천국 속에 살 수 있는 곳으로 들었으니 얼마나 좋은 곳인가!

萬丈塵埃를 披하여 天의 大原에 靈通하되 間斷이 無하며 此에 性
의 位置를 定하여 品質이 固하며 範圍가 成하면 圓圓充充한[54] 性
天이 天의 大本位에 半分差異가[55] 無하며 性의 自然的 光彩로 身
의 進退折旋이 自心自警을 不待하나니 是는 天成人이라 此로 由
하여 人文人則이 世界模範을 作하나니라[56]

교회라는 진리를 배우는 좋은 곳에 들어와 단지 세상을 문명하는 일에만 종사하면 그 사람은 사람으로서는 이룬 사람이지만, 이는 한 가닥 속이고 거짓된 마음이 숨겨져 있는 것이다.[57] 어떻게 한 단계 더 나아갈 것인가? 내 성품이 근원한 처음의 한울과 같은 상태를 회복하려는 마음으로 수 없이 쌓인 티끌과 장애를 걷어내고 한울의 근본 바탕에 영이 통하여 끊어짐이 없게 해야 한다. 여기에 성품의 위치를 정하여 품성과 자질을 굳건히 하면 내 성품의 범위가 이루어진다. 그러면 둥글고 둥글어 가득 차고 가득 찬 내 성품한울이 한울의 큰 본래 자리와 반 푼의 차이도 없어져, 한울성품의 자연

---

54 활자본에는 '圓圓克克'이나 오자인 듯. "마음은 기운이니 심기는 원원충충하여 넓고 넓어 흘러 물결치며 움직이고 고요하고 변하고 화하는 것이 때에 맞지 아니함이 없는 것이니라"(무체법경, 성심신삼단).
55 활자본에는 '半分差池'이나 오자인 듯.
56 途 길 도. 披 개척할, 쪼갤 피.
57 무엇이 숨겨 있는가? 내가 도를 이루었으니 따르라는 자만심, 세상과 사람들을 위해 큰 일을 했다는 명예심 같은 것들이 아니겠는가?

한 광채로 몸이 나아가고 물러나고, 구부러지고 돌아가는 모든 것이 저절로 이루어지니,[58] 이것이 한울사람이 된 것이다.[59] 이 한울사람이 인류의 문화와 규범에 있어 세계의 모범을 만든다.

9. 淸水는 心力을 此에 注하여 天路에 入하는 初頭門庭이오 呪文은
   청수 심력 차 주   천로   입   초두문정   주문은
   天門外에 立하여 我來 我來 하는 剌通音이니 此를 不以하고 天의
   천문외 입   아래 아래   랄통음   차 불이   천
   自招自納을 待하다가 塵中萬魔의 左右牽迫을 被하여 烟火坑中
   자초자납 대   진중만마   좌우견박 피   연화갱중
   에 墜하면 吾族이 獸이니 慈悲眼을 具한 者 어찌 恬然坐視하리오[60]
      추   오족   수   자비안 구   자   염연좌시

청수[61]는 마음을 다하여 정성을 모아 한울 길로 향하는 첫 출입문이요, 주문은 한울 문 밖에 서서 내가 왔다고 기운차게 알리는 소리이다. 이를 하지 않고 한울님이 알아서 부르고 거두어주겠지 기다리다가 티끌 가득한 세상 속 수 많은 유혹에 좌우로 끌려 다니면 불구덩이 속에 떨어질 것이다.[62] 이렇게 되면 모두 짐승처럼 될 것이니, 자비의 안목을 갖춘 사람이라면 어찌 편히 보고만 있겠는가.

---

58 自心自警을 不待하나니: 스스로의 마음을 스스로 경계할 때를 억지로 기다리지 않아도 된다. 자연스럽게 스스로 경계하게 된다.
59 인성인과 천성인이 대비가 되고 있다.
60 剌 사물의 소리 랄. 恬 편안할, 조용할 념.
61 청수를 모시고 기도하는 수행을 뜻한다. 청수는 한울님께 바치는 정성의 대표.
62 불구덩이는 살면서 겪을 수 있는 모든 악질, 나쁜 일.

10. 大聲疾呼曰 來來어다 來來어다 爾身은 誰使苗이며 爾性은 誰
　　대 성 질 호 왈　내 래　　내 래　　이 신　 수 사 줄　　　이 성　 수

使靈고 爾心을 方寸에 反하여 着着然悠悠然히 見處를 見하면 其
사 영　 이 심　 방 촌　 반　　착 착 연 유 유 연　 견 처　 견　　　 기

始는 一斑天을 見하며 其終은 一面天을 見하리니 試思어다 吾天이
시　 일 반 천　 견　　 기 종　 일 면 천　 견　　　　시 사　　　오 천

則爾天이나 爾在하면 爾天이 自在하니라[63]
즉 이 천　　　 이 재　　 이 천　 자 재

큰 소리로 힘껏 불러 말하노니, 오라. 다시 돌아오라. 너의 몸은 누가 태어나게 한 것이며, 너의 성품은 누가 신령하게 하는가? 너의 마음을 좁은 몸에 가두지 말고 열면,[64] 차근차근 크고 멀리 봐야할 곳을 보게 될 것이다. 그러면 처음엔 한 조각의 한울을 보게 되고, 나중에는 한울의 전체 모습을 보게 될 것이니 생각해 볼지어다. 나의 한울이 곧 너의 한울이니, 네가 있으면 너의 한울이 스스로 있는 것이니라.[65]

11. 信仰은 天이 天을 遇한 者요 哲學은 人이 天을 見한 者요 制度
　　신 앙　 천　 천　 우　 자 요　 철 학　 인　 천　 견　 자 요　 제 도

는 人이 人을 見한 者니 三者에 一이 缺하면 是는 美木不材라 木의
　 인　 인　 견　 자 니　 삼 자　 일　 결　　　시　 미 목 부 재　 목

63　大聲疾呼 큰소리로 있는 힘을 다해 부르다. 苗 풀이 처음 나는 모양 줄. 悠 멀, 생각할 유. 斑 얼룩 반.

64　方寸에 反하여: 좁은 마음에서 벗어나. 方寸: 마음이 한 치 四方의 心臟에 깃들인다는 뜻으로, '가슴 속', 곧 '마음'을 뜻함.

65　한울은 일체가 하나의 성령이므로 나의 한울이 곧 너의 한울이다. 그러나 자신이 한울임을 자각해야 같은 한울이지, 자각하지 못하고 각자위심하고 있으면 자신의 한울도 전체 한울도 볼 수 없다.

材不材는 木의 本性에 無碍하나 天을 見하고 人을 不見하면 天이
재 부 재   목   본 성   무 애   천   견   인   불 견   천

寡하고 人이 衆하여 人界로 天界를 占領하기 易하나라
과   인   중   인 계   천 계   점 령   이

신앙은 한울사람으로 한울을 만나는 것이고, 철학은 사람으로 한
울을 보는 것이요, 제도는 사람으로 사람을 보는 것이다.[66]

셋 중 하나라도 없으면 이는 아름다운 나무가 있어도 재목으로는
쓸 수 없음과 같다. 나무가 재목이 되고 못되고는 나무의 본성과 상
관없지만, 한울의 입장에서 생명자체의 귀함만 보고 사람의 입장
에서 재목으로 쓸 것을 보지 못하고 키우기만 하면 나무는 오히려
재목이라는 한울로써 쓰임이 적어지고, 재목으로 키우는 사람의
입장만 많아진다. 그리되면 사람들의 규범이 한울 진리가 있을 자
리를 차지하기 쉬워진다.[67]

66 사람은 보는 관점에 따라 판단도 생각도 달라진다. 한울님의 눈과 생각으로 보면 물물천
    사사천일 것이나. 사람의 눈으로 한울을 보면 세상은 건조한 이치요 활용할 사물일 뿐이
    요, 사람의 눈으로 다른 사람을 보면 경쟁하고 규제해야 할 대상이 된다. 한울의 눈도 필요
    하지만 세상을 경영하려면 성심신 삼단의 시야가 모두 필요하다.
67 나무는 자체로 생명을 가진 한울. 그러나 사람들이 사용할 때는 집의 기둥으로, 나무 조
    각으로, 땔감으로 다양하게 사용된다. 나무의 다양한 쓰임을 알지 못하고 키우기만 하는
    (한울만 보는) 사람은 나무를 다양하게 활용하는(사람도 보는) 사람에게 주도권을 빼앗길
    수 밖에 없다. 진리를 깨달은 사람이라도 세상에 알리고 덕을 펴지 않고 혼자만 기도한다
    면, 세상 사람들이 진리를 어찌 알고 따르겠는가? 기도만 할뿐 세상물정을 몰라 쉽게 나쁜
    속임에 넘어가는 사람과 같다.(7절 참조)

12. 儒는 人界에 向하여 趨步를 試하는데 右路는 天의 公認이요 左路
유 인계 향 추보 시 우로 천 공인 좌로
는 天의 否認이라 稱하는 制限을 自定한 者요 仙은 天이 人을 顧하
천 부인 칭 제한 자정 자 선 천 인 고
다가 金彩玉容이 左拘右束함을 驚하여 其首를 天位에 反한 者요
금 채 옥 용 좌 구 우 속 경 기 수 천 위 반 자
佛은 空寂을 叩하여 天을 得한 者니 三家의 高度曰天이요 天은 吾
불 공 적 고 천 득 자 삼 가 고 도 왈 천 천 오
性分內要素니라[68]
성 분 내 요 소

유교는 인간 세상이 나아갈 방향을 살피는데, 오른쪽은 한울님이
인정하는 길이고, 왼쪽은 한울님이 부정하는 길이라 하여, 해야 할
일과 하지 말아야 할 일을 스스로 정하도록 한다.[69] 선교는 한울님
이 사람을 돌아보다가 세상의 온갖 유혹이 좌우에서 삶을 속박하
는 것에 놀라, 그 마음머리를 한울자리로 돌이키게 하는 것이다.[70]
불교는 비고 고요한 경지를 추구하여 한울을 터득한 것이다. 이 세
종교에서 도달하려는 높은 경지를 한울이라 하는 것이요, 한울은
곧 우리 성품 안에 모시고 있는 것이다.[71]

68 趨 달릴 추. 金彩玉容 화려하게 치장한 미녀.
69 이것이 윤리와 도덕이 되었다.
70 사람의 욕심과 인위가 아닌 한울이 부여한 자연 그대로를 드러내게 한다.
71 모든 종교가 추구하는 이상과 신은 모두 일맥상통한다. 그 신을 멀리 하늘이나 밖에서 구
    하는 것이 아닌 내 안에 모셔져 있음을 깨닫는 것이 후천의 시작이다.

13. 天人兩間에 立하여 天에게 酬酌할 時에 天格을 作하며 人에게 酬酌할 時에 人格을 作하면 是는 聖明이요. 天에게 酬酌하다가 人을 忘하며 人에게 酬酌하다가 天을 忘하면 是는 半天人半人人이니 半天人은 敎의 本原을 守하고 半人人은 敎의 面目을 成하나니라

한울님과 사람 사이에서, 한울을 대할 때에는 한울의 격에 맞게 하며 사람을 대할 때에는 사람의 격에 맞게 하면 이는 성인의 밝음이다. 한울을 대할 때 사람을 잊고, 사람을 대할 때 한울을 잊으면 이는 반 한울사람, 반 사람다운 사람이다. 한울의 일을 주로 생각하는 사람(반천인)은 교의 바탕을 지키는 교역자가 되고 사람의 일을 주로 하는 사람(반인인)은 교의 모습을 드러내 사회적 활동을 하려 한다.[72]

14. 敎의 大眞으로 以하여 心이 旣飽且洽하며 身이 斐文을 成하면 其言이 憲이요 其身이 律이니 別人이 此를 倣行하면 曰制度라 人이 敎의 太上眞元에 入하여 此에 光宅을 成하는 勇振力이 無하고 但

---

72 성심신 삼단을 온전히 갖춰야 참된 한울(사람)이다. 한울님과 통하여 진리를 깨달아도 사람들에게 베풀지 않으면 반만 아는 것이다.(반천인) 이런 사람은 세상의 시비에 얽매이기 싫어 진리와 교의 근원을 지키는 교역자가 맞다. 반면 사람들 사이의 갈등을 조정하고 세상의 일에 주로 관심이 많은 이는 그 모두가 빈 허상임을 잊기 쉽고, 이 또한 온쪽이 아닌 반쪽 사람이다.(반인인) 이런 사람은 진리자체의 관심보다 겉으로 드러난 현상에 관심이 더 많으니 교의 제도나 사회적 실천에 활동함이 좋다. 진리에도, 사람에도 관심없는 이는 논외.

히 色相的文飾으로 制度를 泥守하면 是는 人의 餘瀝下에 徘徊하
는 者니라 哲學은 人이 天을 空談한 者요 制度는 敎의 表相에 止
한 者라 하여 其心을 信仰에 宅한 者가 此를 不務하나 念果의 形容
이 不著하면 塵境徘徊人을 何門에 堤入하며 寫像的法相이 無하
면 人의 羹墻念을 何方에 寓하리오 故로 巨燭을 具하여 人의 對照
를 資하며 大筏을 造하여 人의 安涉을 待하나니라[73]

교의 큰 진리로 마음이 이미 꽉 차고 흡족하며 육신으로는 학문을

이루면, 그 사람의 말이 곧 법이요 그 몸의 행이 규칙이 될 것이다.

다른 사람이 이를 본받아 행하면 이를 제도라 한다. 사람이 교의 가

장 높은 진리의 경지에 들었다 해도, 세상에 이를 밝게 펴 성취하

려 용감히 나아가지 못하고, 다만 겉모습을 꾸미려는 제도만 억지

로 고수하면, 이는 남의 음식찌꺼기나 얻어먹으려 배회하는 것과

같다.[74] 철학은 사람이 한울에 대해 그저 공허한 말이나 하는 것이

고, 제도는 교의 겉모습일 뿐이라 하여 그 마음을 신앙에 두는 사람

이 철학과 제도에 힘쓰지 않는 경우가 많다. 그러나 생각의 결과가

---

73 斐 오락가락할 비. 斐文 화려하게 이룬 학문. 倣 본뜰 방. 餘 남을 여. 瀝 밭치다, 거를 력.
寓 머무를 우. 筏 뗏목 벌. 涉 건널 섭. 羹 국 갱. 갱장이란 '요임금이 세상을 떠나자 순임금
은 요를 그리워하여 밥을 먹으면 국에서, 자리 앉으면 담장에서 요를 보듯이 했다'(후한서,
李固傳)에서 유래. 갱장념은 이렇듯 우러러 사모하는 마음.
74 餘瀝; 먹고 남은 음식찌꺼기.

모습을 나타내지 않으면, 티끌 속에서 배회하는 사람을 어느 문으로 끌어들일 것이며, 보이지 않는 진리의 모습이라도 표현하고 설명하지 않으면 한울을 우러르고 사모하는 마음을 어디에 머무르게 할 수 있겠는가. 그러므로 신앙과 철학과 제도를 함께 닦는 사람은 큰 촛불을 구하여 사람들이 비추어 볼 수 있도록 돕고, 큰 뗏목을 만들어 편안히 건너기를 기다리느니라.[75]

15. 定으로 由하여 靜에 入하며 靜으로 由하여 慧에 入하면 五蘊中神光이 自發하여 天을 無相에 觀하며 有相에 觀하나니 觀하는 其境이 主翁의 宅이라 喜怒得失이 翁의 宅外요 老死生長이 翁의 境外이니라[76]

마음이 믿음에 흔들리지 않으면 고요함에 들 수 있고, 고요함으로 지혜에 들면 내면에서 한울의 빛이 스스로 올라와 형상 없는 한울을 보며[77] 형상 있는 한울도 보게 된다.[78] 보게 되는 그 경지가 한울

---

75 큰 초와 뗏목은 사람들을 가르칠 철학과 제도. 이의 재료는 한울의 진리임은 물론이다. 초가 비출 것은 사람들의 삶이고, 뗏목으로 건너야 할 것은 삶의 수많은 골짜기.

76 觀 볼 도.

77 무형한 한울이 한울의 진면목이다. * 五蘊은 불교에서 물질과 정신을 구성하는 다섯가지를 뜻하며, 생멸변화하는 모든 것을 상징한다. 色온(육체, 물질) · 受온(지각, 느낌) · 想온 (표상, 생각) · 行온(욕구, 의지) · 識온(마음, 의식). 사람이 이들 다섯가지 요소의 집합으로 형성되고 지탱되고 있다는 견해.

78 유형천은 우리가 보는 현상계의 본 모습. 단 인간이 부여한 거짓 가치가 아닌.

님의 집이라, 기쁘고 슬프고 얻고 잃는 것은 그 집 밖의 일이요, 늙고 죽고 나고 자라는 것은 그 집 경계 밖의 일이 된다.[79]

16. 天의 理會曰性이요 氣積曰身이니 理氣에 由因한 智能과 機發은
천 이회왈성 기적왈신 이기 유인 지능 기발
天의 直接이요 智能과 機發에 由因한 發明과 潤色은 天의 間接이
천 직접 지능 기발 유인 발명 윤색 천 간접
니 人의 一動一靜과 物의 林林總總을 並 天이라 謂함이 可하도다
인 일동일정 물 임림총총 병 천 위 가
然한즉 天人을 何以識別고 甲이 乙에게 對하여 慈悲가 有하면 是는
연 천인 하이식별 갑 을 대 자비 유 시
善이니 天이요 障碍가 有하면 是는 惡이니 人이라 故로 天을 待한 者
선 천 장애 유 시 악 인 고 천 대 자
이 自心自善에 不過하니라
자심자선 불과

한울의 이치가 모인 것을 성품이라 하고, 기운이 모여 이룬 것이 몸이다. 한울의 이치와 기운에서 비롯한 지혜와 능력과 기능발달은 한울님의 직접 작용이고, 거기에서 기인한 발명과 꾸밈은 한울님의 간접작용이니, 사람이 움직이고 머무는 모든 것과 모든 물건들을 다같이 한울이라 이르는 것이 맞다. 그러면 한울과 사람을 어떻게 식별할 것인가? 갑이 을에 대하여 자비가 있으면 이는 선이니 한울이요, 장애가 있으면 이는 악이니 사람이라, 그러므로 한울과 선은 한울을 대하는 사람이 자신의 마음으로 스스로 착하게 한 것

79 한울은 희노애락과 생노병사를 초월한 성령이므로.

에 다름 아니다.[80]

17. 人은 小分天이니 小分은 大分中出來者라 大分은 人天의 天이니
    인   소분천   소분   대분중출래자   대분   인천   천
    天이 自天의 天을 侍호되 誠으로 其心을 得하며 敬으로 其位를 瞻하
    천   자천 천   시   성   기심   득   경   기위   첨
    며 信으로 其感을 孚하며 法으로 其相을 成하여 一言이 天이요 一默
      신   기감   부   법   기상   성   일언   천   일묵
    이 天이면 天이 喜하여 其喜를 志하나니 喜의 迹이 靈이라 靈은 造化
      천   천   희   기희   지   희   적   영   영   조화
    의 根이니 根이 性에 着하여 性의 所使로 活潑潑動機를 身에 著出
      근   근   성   착   성   소사   활발발동기   신   저출
    하나니라[81]

사람은 작은 한울이니 작은 것은 큰 전체에서 나온 것이고, 큰 전체
는 한울과 사람 모두의 한울이다. 사람한울이 자기 한울을 모시되
정성으로 그 마음을 얻으며, 공경으로 그 위치를 우러러 보며, 믿음
으로 그 느낌을 참되게 하며, 법으로 그 모습을 이루면, 한 마디 말
을 해도 한울이요 침묵해도 한울이니, 한울님이 기뻐하여 그 기쁨
으로 뜻을 삼는다. 그 기쁨의 자취가 영이라 영은 조화의 뿌리이니,
그 근본이 성품에 붙어서 성품이 시키는 대로 활발하고 샘솟는 동

---

80 같은 한울의 마음과 기운이지만 쓰는 사람이 사사로운 욕심을 위해 쓰면 각자위심이고
    악이 되지만, 한울을 위해 쓰면 덕이 된다. 결국 내가 내 마음을 어떻게 쓰는가에 따라 한
    울이 되기도 사람이 되기도, 선이 되기도 악이 되기도 한다.
81 瞻 우러러볼 첨. 孚 미쁠 부, 참되고 믿음성이 있다. 潑 뿌릴 발, 물이 솟을 발

기를 몸에 나타나게 한다.[82]

18. 葡萄萬顆의 其初는 一莖이니 其莖이 斷이면 其實이 乾이라 故로
人의 天을 侍함이 自愛에 由한 者니라

포도의 모든 낱알들도 그 처음은 한 줄기에서 시작되니 줄기가 끊기면 그 열매가 마를 것이다. 그러므로 사람이 줄기가 끊기지 않도록 한울님을 모시는 것은 스스로를 아끼는 까닭이다.

19. 天은 無上無下無邊無央한 者라 人이 此間에 生하되 此를 冥然不知하나니 是는 魚의 江湖에 在하여 江湖를 忘함과 何異하리오 噫라

한울님은 위도 아래도 없고, 가장자리도 가운데도 없는, 경계와 한계가 없는 분이다. 사람이 그 사이에서 살면서도 어리석어 알지 못하니, 이는 고기가 강과 호수 속에 살며 강과 호수를 잊는 것과 무엇이 다를까. 안타깝다.

82 내게 모신 한울을 잊고 사는 사람이 보통 사람. 모신한울을 깨달으면 큰 한울의 이치(성품, 한울 성령)가 시키는 대로 모든 일을 무위이화할 수 있다. 그것이 조화정.

九. 授受明實錄(수수명실록: 주고 받음을 밝힌다)[1]

1. 天은 化生萬物하고 意屬形體하여 任意用之者也요 人而生子生
   천   화생만물   의속형체   임의용지자야   인이생자생
   女 愛而養之라가 及其終時에는 意予子孫하고 傳家萬年矣니라
   녀 애이양지   급기종시   의여자손   전가만년의

   한울은 만물을 화해 낳고, 세상에 나온 뜻을 그 모습에 담아 활용한
   다.[2] 사람은 아들딸을 낳아서 사랑하여 기르다가 나중에는 뜻을 자
   손에게 주고 집을 길이 전한다.

2. 夫聖賢은 統率天性하여 敬而誠之라가 及其至也에는 傳授後學하
   부성현   통솔천성   경이성지   급기지야   전수후학
   여 人人成道하며 不忘守心故로 不死不滅하여 德與上天也夫인저
   인인성도   불망수심고   불사불멸   덕여상천야부

---

1 포덕40년 12월 저술. 각세진경과 같은 해에 저술된 의암 선생 초기 가르침이다. 나와 세상
   의 무명과 어둠을 밝히기 위해 무엇을 해야 하는가, 또 어떤 것을 자손과 후학에게 전해줄
   것인가?
2 만물은 그 형상에 특징들이 담겨 있다. 물은 아래로 흐르며 모든 것을 적시고, 불은 위로
   올라가며 태운다. 나무는 위로 올라가며 자라다 옆으로 휘어지며 가지를 뻗고, 쇠는 곧고
   단단하다. 흙은 모든 것을 받아들이고 키우며 치우치지 않는 성질을 가졌다. 이를 만물의
   오행이라 한다. 물로 단단한 것을 지탱하려 하거나 나무로 뜨거운 것을 막으려 하면 안 된
   다. 만물은 그 성질에 맞게 사용해야 성과를 얻을 수 있다.

무릇 성현은 한울 성품을 거느려 공경하고 정성하다가 그 지극함에 이르면 후학에게 전해 주어 사람마다 도를 이루게 한다. 그렇게 도를 전해 마음 지키는 것을 잊지 않게 하므로, 성현은 죽지도 멸하지도 아니하여 덕이 한울의 가장 높은 경지에 닿는 것이다.

3. 天以意屬形體하여 任意用之明兮여 侍字豈無信兮며 豈無敬
   천 이 의 속 형 체   임 의 용 지 명 혜   시 자 기 무 신 혜   기 무 경
   兮리오
   혜

한울이 그 뜻을 모습에 담아서 뜻대로 활용하는 것이 명백하므로, 한울의 뜻을 몸에 담은 우리는 모실 시 자에 어찌 믿음이 없으며 공경이 없겠는가.

4. 故로 生靈之前에 敬以致誠者는 與人罷惑於 物各有侍天主之
   고   생 령 지 전   경 이 치 성 자   여 인 파 혹 어 물 각 유 시 천 주 지
   根本하고 能得 天地無窮變化之的實하며 速達萬事知하여 奉天
   근 본   능 득 천 지 무 궁 변 화 지 적 실   속 달 만 사 지   봉 천
   合德之實常者也라 根本的實은 依壁可乎아 向我可乎아
   합 덕 지 실 상 자 야 근 본 적 실   의 벽 가 호   향 아 가 호

그러므로 모든 살아있는 영 앞에 공경히 정성 드리는 사람은, 사람과 만물에게 모두 시천주의 근본이 있음을 깨달아 의심을 깨뜨린다. 그러면 능히 천지가 무궁히 변화하는 정확하고 확실한 이치를 깨닫게 되니, 빠르게 모든 것에 지혜가 열리는 경지에 달하여 한울님을

받들고 한울님 덕에 합하게 된다. 그렇게 사람이 한울을 모시고 있으므로 근본적이고 정확한 이치는 제사 지낼 때 벽에 의하여 위를 설하는 것이 옳겠는가, 나를 향하여 위를 설하는 것이 옳겠는가.[3]

5. 人之生子하여 意予傳家는 目前之恍然이요 死後奉祀는 未惑之餘誠이라 然이나 傳來風俗이 死後奉祀를 倍加生尊하니 何者오

사람이 자식을 낳아 뜻을 주고 집을 전하는 것은 어느 날 눈앞에 문득 닥치지만,[4] 죽은 뒤에 제사를 받드는 것은 아직 깨이지 못한 나머지 정성이다. 그러나 전해 오는 풍속이 죽은 뒤에 제사 지내는 것을 살아 있을 때보다 갑절이나 존경함을 더하니, 어찌된 것인가.

6. 生子傳家는 在於目前이나 如是沒覺이 反是取末하니 又況 死後推心이 在於渺然이라 何敢分釋고 論其實常컨대 生子傳家에 死後推心이니 使汝推心乎아 與壁推心乎아[5]

3 시천주 이므로 벽에 귀신이 오는 것이 아닌 내 몸에 모신 것이다. 그러므로 향아설위가 되는 것이다.(해월신사법설, 향아설위 편 참조) 향아설위는 신위를 벽에 두고 제사지내던 것을 내게 모셔져 있으므로 내가 밥먹듯 나를 향해 제상을 차리고 제사를 지내는 것.
4 恍 멍할 황. 부모가 연로해도 언제까지나 살아계실 듯 여긴다. 어느날 갑자기 하늘이 무너지는 슬픔을 당하면, 얼마나 황당할까? 살아계실때 못해드린 것들이 후회가 될 뿐. 그 후회를 제사에 쏟지만, 살아계실 때 효도하고 뜻을 받드는 것만 할까?
5 渺 아득할 묘.

자식을 낳고 집을 전하는 것은 눈앞에 있는 것이다. 그러나 이와 같이 깨닫지 못한 사람이 도리어 이에 끝을 취해 살아생전 못한 효도 한다며 제사에 쏟는다. 하지만 죽은 뒤에 마음으로 생각한다는 것은 아득한 것이라, 어찌 감히 그 실상을 분석하겠는가. 그 실상을 논하건대 산 자식에겐 집을 전하고, 죽은 뒤엔 마음으로 생각하는 것이다. 그러므로 마음으로 추모하고 마음에 절하는 것이 옳겠는가, 벽에 귀신이 온다며 벽에 절하고 감사하는 것이 옳겠는가.[6]

7. 夫聖賢之德은 化被草木하여 無不干涉이요 德如蒼天하여 賴及
   부성현지덕   화피초목   무불간섭   덕여창천   뇌급
   萬方也니라 故로 千秋萬代에 奉如皇天하며 與人授心하고 人人
   만방야   고   천추만대   봉여황천   여인수심   인인
   成道하나니 授與受者 明若觀火니라 聖訓聖德을 念念不忘則
   성도   수여수자   명약관화   성훈성덕   염념불망즉
   聖心神明이 我心燭矣리니 論其授受에 依壁授乎아 依人授乎아
   성심신명   아심촉의   논기수수   의벽수호   의인수호
   與人授受 恍然無疑니라 以此觀之면 向我設位 豈不可乎아
   여인수수   황연무의   이차관지   향아설위   기불가호

무릇 성현의 덕은 화하는 것이 초목에까지 미쳐서 간섭치 않음이 없고, 푸른 하늘과 같아서 모든 곳이 다 같이 의지한다. 그러므로 만대에 이르도록 오래도록 성현의 덕을 한울같이 받들며, 사람들

6 제사의 본 뜻이 무엇인지 묻는 글. 그 모든 이치가 내 마음에 있으니, 내게 비추어 보고 내 마음에 절할 것인가, 벽에 귀신이 온다며 벽에 절할 것인가?

에게 그 마음을 주고 사람마다 도를 이루게 한다. 그러므로 성현에서 사람으로 덕을 주고받는 것이 불 본 듯이 밝은 것이다. 이렇게 성인의 가르침과 덕을 늘 생각하여 잊지 않으면, 성인의 마음과 신의 밝음이 내 마음을 비치니, 그 주고받는 것을 말할 적에 벽에 의지하여 주는 것인가, 사람에게 의지하여 주는 것인가. 사람과 더불어 주고받는 것이 확실히 의심이 없는 것이다. 이로써 보면 향아설위가 어찌 옳지 않겠는가.[7]

8. 論其念字하면 人之相思니 思則置矣요 不思則無矣也라 以此
   논 기 염 자   인 지 상 사   사 즉 치 의   불 사 즉 무 의 야   이 차
   推之컨데 天德師恩도 思則存矣요 忘則亡矣니 天德師恩을 念
   추 지   천 덕 사 은   사 즉 존 의   망 즉 망 의   천 덕 사 은   염
   念不忘하면 至化至氣 至於至聖矣니라
   념 불 망   지 화 지 기   지 어 지 성 의

생각 염 자로 말하면 사람이 서로 생각하는 것이니 생각하면 있는 것이요, 생각하지 않으면 없는 것이다. 이로써 추구하면 한울님 덕과 스승님 은혜도 생각하면 있는 것이요, 잊으면 없는 것이니, 한울님 덕과 스승님 은혜를 생각하고 생각하여 잊지 아니하면 한울님

---

7 진리는 성인에 의해 밝혀졌고 그것을 또 제자들이 배워 전하니 이것이 연원이 된다. 물 흐르듯 하고 비 오듯이 하는 것이다. 모신 한울님을 위하고 모신 한울님께 의지하는 것이지 벽 저편에 있는 귀신에 의한 것이 아니다.

의 지극한 기운과 지극히 화하여 지극한 성인에 이르는 것이다.[8]

9. 聖訓에 曰「人是天人也요 道是大先生主 無極大道也」者는 何
   성훈 왈 인시천인야 도시대선생주 무극대도야 자 하

   者오 人是天人也者는 天以化生萬物에 意屬形體하여 任意用
   자 인시천인야자 천이화생만물 의속형체 임의용

   之者也요 道是大先生主 無極大道也云者는 以侍定知三字로
   지자야 도시대선생주 무극대도야운자 이시정지삼자

   以明天地無窮之根本하여 布于天下하고 人人合德成道하여 永
   이명천지무궁지근본 포우천하 인인합덕성도 영

   世不忘者也니 以此論之면 其分釋이 難矣니 以愚昧之心으로
   세불망자야 이차논지 기분석 난의 이우매지심

   量之則 初學入德은 以侍天主三字로 合德하고 更受先生布德
   양지즉 초학입덕 이시천주삼자 합덕 갱수선생포덕

   하여 以萬事知三字로 大道見性이 若何若何오
   이만사지삼자 대도견성 약하약하

성인께서 가르쳐 말씀하시기를 「사람은 바로 한울사람이요, 도는
바로 대 선생님의 무극대도라」[9]한 것은 무엇인가. 「사람은 바로 한
울사람」이란 것은 한울이 만물을 화해 낳을 때 한울의 뜻을 그 모
습에 담아 세상에 그 뜻을 실현한다는 것이다. 「도는 바로 대 선생
님의 무극대도라」한 것은 대 선생님이 가르쳐주신 시·정·지 세
글자의 가르침이야말로 천지의 무궁한 근본을 밝혀 덕을 천하에
펴고, 사람마다 덕에 합하고 도를 이루어 한평생 잊지 않게 한다는

8 여기서 생각은 욕념이나 잡념이 아닌 진리와 한울을 생각하는 것이다.
9 해월신사법설, 개벽운수.

것이다.[10] 이렇게 말하면 그 분석이 어려우나 어리석은 마음이라도 헤아려보면, [11] 처음 배워 덕에 들어가려는 사람은 시천주 석 자로써 한울의 덕에 합하고, 다시 선생의 가르침을 따라 만사지 석 자로써 대도견성하는 것이 어떠하고 어떠하리오.[12]

10. 畫工이 欲圖에 萬思量度하여 投筆成圖하니 量心照形者 比如
　　화공　욕도　만사양탁　　투필성도　　양심조형자　비여
依壁設位者也니라
의 벽 설 위 자 야

그림 그리는 사람이 그림을 그리려 할 적에 만 번 생각하고 헤아려서 붓을 들어 그림을 그리니, 마음을 헤아려서 그림 속 형상이 나타나게 하는 것이 비유하면 벽을 의지하고 귀신이 오기를 바라며 위를 설치하는 것과 같다.[13]

10 　누구나 한울의 영기를 받아 태어나지만 이를 잊고 각자위심하게 되니 악질이 생긴다. 이를 깨우쳐 한울 마음을 다시 회복하고 천지부모와의 소통을 하도록 한 게 성인의 가르침. 성인의 가르침은, 한울(진리)을 모시고(시) 그를 잊지 않고(정) 만사를 한울의 뜻과 같이 행하는(지) 것이다.
11 　의암선생이 해월스승의 말씀을 해석하면서 하시는 겸양.
12 　도에 처음 들면 그간의 습관된 마음을 버리고 한울 마음을 회복하여 거듭나야 한다. 이것이 한울 사람이 되는 것이고 강령(시천주)의 공부다. 한울 사람이 된 다음은 그 마음을 잊지 않고 삶에 실천하는 공부가 따르니 이것이 수심정기요, 영세불망하여 만사지하는 공부다. 그러므로 사람은 한울사람(시천주)이 되야 참된 삶을 살 수 있음이요 그러한 도를 온전히 밝힌 것은 대선생님의 무극대도이다.
13 　마음은 한울이요 형상은 현실이다. 현실의 모든 것은 한울의 반영이니, 화가의 마음(한울)이 그림(현실)에 반영되고, 벽(바탕)이 있으므로 거기에 의지해 위를 설하는 것(현실)과

11. 爲人成道者는 每念聖訓하여 體用德行하며 傳心受心이면 豈有
    위 인 성 도 자   매 념 성 훈   체 용 덕 행   전 심 수 심   기 유

間矣哉리오 間或 齊心黙然正坐하여 敬念授受之際則 以神明
간 의 재   간 혹 제 심 묵 연 정 좌   경 념 수 수 지 제 즉 이 신 명

聖道怳然降身하여 至化至氣 無時不明하고 無時不敎也니 合
성 도 황 연 강 신   지 화 지 기 무 시 불 명   무 시 불 교 야   합

用明知를 自量也夫인저
용 명 지   자 량 야 부

사람이 도를 이루려고 하면 언제나 스승님의 가르침을 생각하여,

가르침으로 몸통을 삼고 덕을 행하여 실천해야 한다. 그러면 스승

님과 마음을 주고받는데 어찌 사이가 있을까. 시간 날 때 마다 마음

을 가다듬고 조용히 바로 앉아 마음을 주고받는 때를 공경히 생각

하라. 그러면 한울의 신령과 성인의 도가 문득 몸에 내리어 지기와

지극히 화하여 때로 밝지 아니함이 없고 때로 가르치지 아니함이

없다.[14] 그렇게 한울의 신령과 성인의 도를 합하여 쓰고 밝게 앎을

스스로 헤아려보라.

같다.

14 현실은 복잡하다. 삶 속에서 행하다 보면 어느 것이 한울님 뜻에 맞는 것인지 분간하기
어려울 때가 종종 있다. 이때는 조용히 욕념을 가라앉히고 한울님 성품과 마음에 묻고 답
을 들어보아야 한다.

十. 明理傳(명리전: 이치를 밝혀 전함)[1]

(一) 創世原因章(창세원인장, 세상이 시작된 근본 인연)[2]

1. 天開地闢에 乾坤이 定矣요 物理自然에 五行이 相生하여 氣凝
천 지 개 벽　　건 곤　　정 의　　물 리 자 연　　오 행　　상 생　　기 응
而熾盛에 萬物이 生焉이니라 物之其中에 曰有最靈萬物之首하
이 치 성　　만 물　　생 언　　　　물 지 기 중　　왈 유 최 령 만 물 지 수
니 書契始造之初에 名之曰人也라 書契以前則 與物同軸하여
　　서 계 시 조 지 초　　명 지 왈 인 야　　서 계 이 전 즉　　여 물 동 축
無能名焉이라 食木實而生焉하며 構木巢而居焉하며 取驪皮而
무 능 명 언　　　　식 목 실 이 생 언　　　구 목 소 이 거 언　　　취 려 피 이
衣焉하니 有何人理乎아
의 언　　　유 하 인 리 호

하늘과 땅이 열리며 건곤이 정해졌고, 만물은 자연의 이치에 따라

오행이 서로 돕고, 기운이 엉기어 불길같이 융성하며 생겨나왔다.

1　포덕44년(1903) 저술. 일본에서 국제정세를 예의주시하시며 동학과 조선의 미래를 모색
하던 때의 말씀으로 우주가 처음 시작된 이치부터 인간 문명이 이루어온 바를 개괄하고,
앞으로의 정치 경제가 지향할 바를 정리하였다. 당시의 조선 민중은 물론이요, 오늘을 사
는 우리에게도 삶과 정치의 본질을 되새겨보고, 파편화 되고 부속처럼 살아가는 현대인의
운명에서 역사 주체로서 살아갈 수 있는 안목을 제시한다. 그해 저술된 삼전론과 함께 동
학의 사회과학적 관점과 해석을 보여주는 법설로 여겨진다. 이러한 법설들로 교인들을 가
르치고 포덕45년(1904) 갑진개화운동을 전국적으로 전개하는데 이는 동학과 의암 선생의
교정일치 사상을 보여주는 사건이다.
2　세상과 생명이 처음 생긴 이치부터 문명이 열리고 사회가 형성되는 것을 개괄한 장.

만물 가운데 가장 신령한 만물의 우두머리가 있으니 문자를 만든 처음에 이름하여 사람이라 일렀다. 문자가 있기 이전에는 물건이나 동물들과 구별 없이 돌아갔으므로 이름이 없었다. 나무 열매를 먹고 살았으며, 나무를 얽어 집을 만들고 살았으며, 짐승의 가죽으로 옷을 만들어 입었으니, 어찌 사람의 도리가 있었겠는가.

2. 都緣無他라 物生之初에 風氣未闢하고 人智未達하여 知有天賦
   도 연 무 타   물 생 지 초   풍 기 미 벽   인 지 미 달   지 유 천 부
   之物하고 未覺人造之理也니라
   지 물   미 각 인 조 지 리 야

이는 다름이 아니라 만물이 난 처음에는 풍속이 전해옴이 없고 사람의 지혜가 발달하지 못하여, 한울님이 주신 만물이 있는 것만 알고 사람이 만드는 이치는 깨닫지 못하였기 때문이다.

3. 自是로 食物은 次次艱乏하고 人種은 漸漸有殖하니 强弱撲奪之
   자 시   식 물   차 차 간 핍   인 종   점 점 유 식   강 약 박 탈 지
   弊 比比興焉이라 天命所在에 亦不無矯救之方 故로 群生之中
   폐 비 비 흥 언   천 명 소 재   역 불 무 교 구 지 방 고   군 생 지 중
   에 意見이 初發하여 衆目中 拔萃之人을 擇立爲長하고 民間庶
      의 견   초 발   중 목 중 발 췌 지 인   택 립 위 장   민 간 서
   事를 使之管轄하며 鳩聚衆力하여 奉餉食物하니 是爲常祿也니라
   사   사 지 관 할   구 취 중 력   봉 향 식 물   시 위 상 록 야

이로부터 먹을 것은 차차 모자라고 인종은 점점 불어나, 강한 자가 약한 자를 치고 빼앗는 폐단이 자주 일어났다. 천명이 있는 곳에 또

한 바로잡을 방책이 없지 않으므로, 여러 사람 가운데 의견이 생겨 여럿이 보는 가운데 가장 뛰어난 사람을 어른으로 추대하고 백성의 모든 일을 관할케 하였다. 그리고 여러 사람의 힘을 모아 먹을 것을 받들어주니, 이것이 정상적인 녹이 된 것이다.[3]

4. 如此之後에 一動一靜을 一從其人之指揮而行之하니 是爲治
   여 차 지 후   일 동 일 정   일 종 기 인 지 지 휘 이 행 지   시 위 치
   人之君長也요 衆人之事를 一人이 圖之에 亦不無未洽之歎故
   인 지 군 장 야   중 인 지 사   일 인   도 지   역 불 무 미 흡 지 탄 고
   로 除給當我之祿而 視其可者하여 分擔其事하니 是爲朝廷也요
   제 급 당 아 지 녹 이   시 기 가 자   분 담 기 사   시 위 조 정 야
   群生之中에 或有稟性이 悖頑하여 沮害生靈則懲罰防弊하나니
   군 생 지 중   혹 유 품 성   패 완   저 해 생 영 즉 징 벌 방 폐
   是爲政治法律也니라
   시 위 정 치 법 률 야

이같이 한 뒤에 모든 움직이고 머무는 것을 한결같이 그 사람의 지휘에 복종하여 행하도록 하니 이것이 사람을 다스리는 임금이 된 것이다. 여러 사람의 일을 한 사람이 도모함에 또한 흡족하지 못하므로 각자 주어진 몫에서 덜어내 일을 볼 수 있는 사람에게 분담시키니 이것이 정부가 되었다. 여러 사람 가운데 혹 품성이 사나워 생령

---

3 권력이란 사람들의 권한을 위임 받은 것이 본질이다. 그러나 이런 권력은 규모가 커지고 복잡해지면서 사람들에게 군림하고 억압하는 것으로 변질되곤 했다. 전제왕조와 독재정권 하에서 권력에 의한 인권 유린의 역사는 참혹한 것이었다. 그러한 사람들의 권한을 온전히 다시 찾기 위한 과정이 인류 문명의 발달사였다. 그 정점에 시천주-인내천의 가르침이 있다. * 녹은 현재의 월급처럼 관원에게 곡물등으로 지급하던 급여.

을 해치면 징벌로 그 폐단을 막으니 이것이 정치와 법률이 되었다.

5. 於是에 君長이 憂其民生之艱食하고 透得春種秋實之理하니 由
   어시   군장   우기민생지간식   투득춘종추실지리   유
   是而食料則雖快나 夏之日 冬之夜에 寒熱之苦가 亦以悶然故
   시이식료즉수쾌   하지일 동지야   한열지고   역이민연고
   로 試其水火金木土之爲理하고 鑽而磨之하며 煉而成器하며 斲
   시기수화금목토지위리   찬이마지   연이성기   착
   木而作舍하고 織葛而衣焉하고 鑿井而飮하고 耕田而食하니 人
   목이작사   직갈이의언   반정이음   경전이식   인
   之便利 自此而始矣니라 乃造曆象하여 仰觀天時而敬授人事
   지편리 자차이시의   내조역상   앙관천시이경수인사
   故로 春夏秋冬에 各得歲功하여 寒署炎凉이 迭代不違하니 理陰
   고   춘하추동   각득세공   한서염량   질대불위   이음
   陽順四時也니라
   양순사시야

임금이 그 백성들 먹을 것의 어려움을 근심하여, 봄에 심으면 가을
에 열매를 거둘 수 있는 이치를 통하여 얻으니,[4] 이로부터 먹을 것
은 넉넉하였다. 그러나 여름날 덥고 겨울밤에 추운 괴로움이 또한
걱정스러워, 물·불·쇠·나무·흙(오행)의 이치 됨을 시험하고,
돌을 다듬고 갈아서 그릇을 만들고, 나무를 깎아 집을 짓고, 칡을
짜서 옷을 만들고, 우물을 파서 물을 마시고, 밭을 갈아 곡식을 먹
으니, 사람의 편리함이 이로부터 시작되었다. 또한 역서(달력)와 관

4 중국 전설에서 사람들에게 처음 농사를 가르쳤다고 전하는 임금이 신농. 여러 가지 풀을
   먹어보아, 약이 되고, 독이 되는 것들을 분류하고 병을 치료하는데도 사용하여 한의학의
   시조도도 불린다. 수렵채집생활에서 정착 농경생활로 넘어간 것.

상대를 만들어 하늘의 때를 우러러 살펴보고 공경히 사람이 할 일을 가르쳐주므로, 춘하추동에 각기 절기의 공을 얻어서 춥고 덥고 찌는 듯하고 서늘한 것이 갈마들어 어김이 없으니, 이는 음양을 다스리고 사계절에 순응한 것이다.[5]

6. 嘗五味而製造醫藥하여 濟人疾苦하니 此謂衛生也요 作舟車하
   상 오 미 이 제 조 의 약   제 인 질 고   차 위 위 생 야   작 주 거
   여 以濟不通而貿遷有無하니 遐邇一體也라 愛育黎首하니 心悅
     이 제 불 통 이 무 천 유 무   하 이 일 체 야   애 육 여 수   심 열
   誠服이라 於斯之際에 尊敬之心이 油然自萌하여 咸戴君功하니
   성 복   어 사 지 제   존 경 지 심   유 연 자 맹   함 대 군 공
   此謂君臣有義也니라
   차 위 군 신 유 의 야

다섯 가지 맛을 보아 약을 만들어 사람의 병을 고치니 이것을 위생이라 이른다. 배와 수레를 만들어 통하지 못할 곳을 건너, 있고 없는 것을 무역하니 멀고 가까운 곳이 한 몸 같았다. 사랑스럽게 백성을 기르니 마음으로 기뻐하며 정성스럽게 복종하였다. 이러할 즈음에 높여 공경할 마음이 기름 번지듯이 스스로 싹터서 다 임금의 공을 추대하니 이를 임금과 신하가 의리가 있다고 하는 것이다.[6]

---

5 지혜 있는 사람이 할 일이 이런 것이다. 하늘의 운행을 살피고 사람들 삶에 도움이 되도록 한울과 사람의 소통을 돕는 것. 그 첫 번째가 역법이었다. 계절에 따라 농사일을 정하고 추위와 더위를 대비하는 것은 농경사회에서 사람들 삶의 가장 중요한 부분이었다. 그것을 밝히기 위해 수학과 천문학, 역법이 발전하였고 문명이 시작되었다.
6 정치란 인간관계의 연장이다. 인간관계 기본은 사랑과 공경이다. 사랑은 어짊(仁)이고 위

7. 造書契하여 制其文教人하고 開其心導善하여 仁義禮智가 自此
　　조 서 계　　　제 기 문 교 인　　개 기 심 도 선　　　인 의 예 지　　자 차
而生焉이라 明其善惡之別하여 定其禍福之理하니 此謂道德也
이 생 언　　　명 기 선 악 지 별　　　정 기 화 복 지 리　　　차 위 도 덕 야
라 道德之化日新月盛하여 風氣大闢하고 世道隆盛하여 人事賁
　　도 덕 지 화 일 신 월 성　　　풍 기 대 벽　　　세 도 융 성　　　　인 사 분
新하고 物品賦興하니 此謂文明之聖代也니라
신　　　물 품 부 흥　　　차 위 문 명 지 성 대 야

문서를 만들어 글을 지어 사람을 가르치고 그 마음을 열어 선으로

인도하니 인의예지가 이로부터 생겼다. 그 선과 악이 다름을 밝히

고 그로인한 화와 복의 이치를 정하니 이것을 도덕이라 하였다. 도

덕의 풍화가 날마다 새롭고 달마다 성하여 풍속과 기운이 크게 열

리고, 세상의 도가 높이 성하여 사람들 삶이 크게 새로워지고, 물품

을 받아 흥성하니 이를 문명 성대라 일컬었다.

8. 然則 先聖之積功이 果安在哉아 斯言也 載在歷史하니 雖三尺
　　연 즉　선 성 지 적 공　　과 안 재 재　　　사 언 야　재 재 역 사　　　수 삼 척
童子라도 能言能讀者也나 其實理難透也니라 此乃因古今推測
동 자　　　능 언 능 독 자 야　　기 실 이 난 투 야　　　차 내 인 고 금 추 측
事物하여 格物致知之 大經大法也니 是豈易言哉아
사 물　　　격 물 치 지 지　대 경 대 법 야　　시 기 이 언 재

그러면 옛 성인의 쌓은 공이 과연 어디에 있는가. 성인의 공덕은 역

사에 실려 있으니 비록 삼척동자라도 능히 읽고 말할 수 있으나, 그

하는 마음이요, 공경은 믿고 따름이니, 이 모두가 시천주의 실천이다.

실제 이치는 누구나 통해 얻기는 어렵다.[7] 이것이 예와 이제를 살펴 사물을 추측하고,[8] 사물의 이치를 연구하여 앎에 이르는 근본 지름 길이요 큰 도리이니 이것을 어찌 쉽다고 하겠는가.[9]

9. 推此而觀之則 雖萬歲라도 可以運籌預度也니 興亡盛衰無乃
   추 차 이 난 지 즉 수 만 세   가 이 운 주 예 탁 야   흥 망 성 쇠 무 내
   人事之所關係者哉아
   인 사 지 소 관 계 자 재

이것으로 미루어보면 비록 몇 만 년이라도 가려 헤아릴 수 있으니 흥하고 망하고, 성하고 쇠하는 것이 결국 사람이 하는 일에서 비롯된 것이 아닌가.

10. 盖先天之運則始判之數也라 乃以純陰之氣로 粹然成物故로
    개 선 천 지 운 즉 시 판 지 수 야   내 이 순 음 지 기   수 연 성 물 고
    人氣也淳厚誠心也니라 所以로 其時 聖人이 生於東洋하사 觀
    인 기 야 순 후 성 심 야   소 이   기 시 성 인   생 어 동 양   관
    其時宜而治法規模를 成出文卷하여 以定金石之典故로 人人이
    기 시 의 이 치 법 규 모   성 출 문 권   이 정 금 석 지 전 고   인 인
    各知其法之當然하여 毫無差錯故로 粵昔文明之風이 鳴於東
    각 지 기 법 지 당 연   호 무 차 착 고   월 석 문 명 지 풍   명 어 동

7 성인의 가르침이 살아있어 도덕이 흥하고 그를 기반으로 살림이 흥하면 모두가 성인의 덕을 감사하나, 차츰 가르침이 잊혀지고 도덕이 어지러워지면 그 가르침이 책에 실려 있다 해도 실제 체험하지 못한 것은 잘 이해하기 어려워진다.
8 역사를 공부하면 지금 삶을 보다 깊게 이해할 수 있다. 한 사람의 삶도, 사회나 국가의 역사도 늘 반복되며 무왕불복하므로.
9 격물치지는 사물을 관찰하여 그 이치를 깨닫는 방법으로 유가의 전통적인 공부법이다. 그러나 현재도 사물을 주의 깊게 관찰하는 것은 모든 학문의 기본방법이다.

洋也러니 斯世之運則 爆陽之氣가 剏明於天下하여 大一變大
양 야   사 세 지 운 즉   폭 양 지 기   창 명 어 천 하   대 일 변 대
一闢之數也니라
일 벽 지 수 야

대개 옛 세상의 운은 처음으로 열린 수라. 이것은 순전한 음기로 순

연히 만물을 이룬 것이므로 사람의 기운도 순박하고 후하며 정성

된 마음이었다. 이러므로 그때 성인이 동양에 나시어 그 때에 맞는,

다스리는 법과 규모를 문서로 만들어 변할 수 없는 법을 정하였다.

사람마다 각각 그 법이 당연한 줄로 알아서 털끝만치라도 어김이

없었으므로 옛날 문명의 풍화가 동양에서 울렸더니, 지금 세상 운

수는 곧 양의 기운이 폭발하듯 천하에 처음으로 밝아 크게 한번 변

하고, 크게 한 번 열리는 수이다.[10]

11. 是故로 人氣壯大하고 智慧聰明이 倍勝於前人也나 教化凌弛
    시 고   인 기 장 대   지 혜 총 명   배 승 어 전 인 야   교 화 능 이
하여 不能從時運時機之變易하고 古今定法之外에 更不研究하
     불 능 종 시 운 시 기 지 변 역   고 금 정 법 지 외   갱 불 연 구
니 不究不思之地에 物理意見이 從何而出乎아
   불 구 불 사 지 지   물 리 의 견   종 하 이 출 호

이러므로 지금은 사람의 기질이 장대하고 지혜와 총명이 옛 사람

---

10 陰인 동양에서 문명이 시작되었으나 성하였다 쇠하였고, 陽인 서양에서 또 다른 문명이
    열려 성하고 있다. 그러나 성한 것은 쇠하기 마련이다. 그 대안 문명은 다시 동양에서 열릴
    것인가?

의 갑절이나 뛰어나지만, 교화가 무너지고 해이하여 능히 시대의 운수와 시기가 바뀌고 변함을 따르지 못하고 예부터 지금까지 정해진 법 밖에 다시 연구치 않는다. 그러나 연구하지 않고 생각하지 않는 곳에 사물의 이치와 의견이 어디서 나오겠는가.

12. 昨日之事와 今日之事도 不同相異커든 況幾千古之規法이 相當於 幾千古之後乎아 如彼壯大之人이 未免孩提之愚昧하여 不能容於天下하니 實乃有志者之所羞也니라 西洋之人은 乘勢於斯世之運하고 確透於人各有活動之氣故로 研究之中에 才藝必達하여 機械便利하고 事事成業하고 政法必明하여 君民之分을 相守不失故로 共和之政과 立憲之治가 文明於世界하고 聞名於當世하니 此無乃東西洋翻覆之理耶아

어제 일과 오늘 일도 같지 않고 서로 다르거늘, 하물며 몇 천 년 전 옛날 규칙과 법이 몇 천 년 뒤에 서로 맞겠는가. 저렇듯이 크고 훌륭한 사람이 어린아이의 어리석음을 면치 못하여 세상에 받아들여지지 못하니, 실로 뜻있는 사람이 부끄러워하는 바이다. 반면에 서양 사람은 지금 세상의 운을 타고 확실히 동양 사람보다 투철하여 각각 활동하는 기운이 있다. 그러므로 연구하는 가운데 재주가 늘어 기계가 편리하니 일마다 사업에 성공하고, 정치가 밝아 임금과

신하가 서로 분수를 지켜 잃지 않으므로 군주의 독재가 아닌 공화의 정치와 입헌의 정치가[11] 세계에 문명을 하였다. 그렇게 지금 세상에 이름을 드러내니, 이것이 동양과 서양이 뒤집히는 이치가 아닌가.[12]

13. 噫라 稽古而及今하고 統論地球而觀之라도 君長은 創自人民
    희   계 고 이 급 금   통 론 지 구 이 관 지   군 장   창 자 인 민
中所立之名也요 人民은 初非君長之所育也니라 然則 民惟邦
중 소 입 지 명 야 인 민   초 비 군 장 지 소 육 야   연 즉 민 유 방
本者明若觀火로다 今我東洋則 不然하여 君視民을 如奴隸하고
본 자 명 약 관 화   금 아 동 양 즉 불 연   군 시 민   여 노 예
民視君을 如虎威하니 此則苛政之壓制也라 今若一變其政하여
민 시 군   여 호 위   차 즉 가 정 지 압 제 야   금 약 일 변 기 정
敬天命而 順民心하며 養人材而達其技하여 郁郁乎文風이 燦
경 천 명 이 순 민 심   양 인 재 이 달 기 기   욱 욱 호 문 풍   찬
然復明於世則 無往不復之理를 可得而致矣리니 惟我東球中
연 복 명 어 세 즉 무 왕 불 복 지 리   가 득 이 치 의   유 아 동 구 중
有志君子는 念哉念哉어다
유 지 군 자   염 재 염 재

11 인류의 역사는 왕정에서 공화정으로, 전제 독재에서 입헌 법치로 발전해 왔다.
12 기원전 한나라 때 시작된 과거제에 비해 유럽에서 왕족과 귀족이 독점하던 공직을 시험으로 공채하기 시작한 것은 19세기 초였다. 그 외 16-17세기까지만 해도 중국을 위시한 동양문명이 종이, 화약, 인쇄술 등의 과학기술뿐 아니라 관료제를 통한 신분상승 기회, 민본주의 같은 인본사상, 자유로운 상행위 등 모든 면에서 서양문명을 압도하였다. 그러나 동양이 더 이상의 변화를 받아들이지 않고 안주하는 사이, 서양에선 수차례의 십자군 전쟁 과정에서 이슬람과의 교류를 통해 앞선 과학 문명을 받아들이고, 그리스 로마의 인본주의 전통을 다시 찾는 르네상스, 이슬람 세력을 우회해 동양과의 무역로를 개척하기 위한 대항해시대의 시작과 무역을 통한 부의 축적 등으로 산업사회와 시민사회 전단계로 진입하는 혁명적 변화를 맞이하였다. 특히 상업으로 부를 쌓은 시민층이 성장하며, 작위적인 통치가 아닌 법에 의한 예측 가능한 정치를 요구하여 근대국가가 시작된다.

아! 예부터 지금까지 온 세상을 전부 돌아보아 말한다 해도, 임금은 처음에 사람들 가운데 세운 명칭이요, 백성은 처음부터 임금이 기른 것이 아니다. 그러므로 백성이 오직 나라의 근본인 것은 더 말할 것도 없이 명확하다. 지금 우리 동양은 그렇지 못하여 임금이 백성 보기를 노예같이 하고 백성이 임금 보기를 호랑이같이 무서워하니, 이것은 곧 가혹한 정치가 권력으로 억누른 탓이다. 이제 그 정치를 크게 바꿔 천명을 공경하고 민심을 따르게 해야 한다. 또한 인재를 길러 그 기예를 발달시켜 빛나고 빛나는 문화의 기풍이 찬연히 다시 세상에 밝아지게 하면, 가고 돌아오지 아니함이 없는 이치를 가히 이룰 것이다. 오직 우리 동양의 뜻있는 군자는 생각하고 생각할지어다.[13]

(二) 斥言虛誣章(척언허무장, 헛되고 속이는 말을 배척함)[14]

1. 天의 聰明은 卽我民聰明이라 人爲動物之靈而 能盡其聰明叡
   천   총명   즉아민총명   인위동물지령이   능진기총명예
   智之性者니 天與人이 言語相聽에 意思唯一이라 萬事能通也니
   지지성자   천여인   언어상청   의사유일   만사능통야

---

13 본래 권력은 사람들의 권한을 위임한 것이다. 그러나 아직도 공직에 있는 사람들은 전제권력시대의 벼슬로 여기고 군림하려는 경우가 많다. 군림이 아닌 봉사가 공직의 본질이다.
14 사람들이 한울의 신령한 기운을 받아 태어나고 살아감에도 고해 속에 사는 이유가, 진리를 모르고 거짓에 혹하여 바른 길을 가지 못하기 때문인 이치를 설명하신 장.

라 大知心淡을 如新磨之鏡이면 照物之處에 硏媸分晳하고 臨事
　　대지심담　　여신마지경　　　조물지처　　연치분석　　　임사
之地에 經緯分明하여 達事理而敏於行也니라 是故로 於古及今
지지　　경위분명　　　달사리이민어행야　　　시고　　어고급금
에 大人智士가 繼繼承承하여 各使其國으로 立其主敎하니 此는
　　대인지사　　계계승승　　　각사기국　　　입기주교　　　차
化民成俗之政策也니라
화민성속지정책야

　　한울의 총명은 곧 우리 백성의 총명이다. 사람은 동물의 영장이 되
어 능히 그 총명하고 슬기로운 성품을 다할 수 있다. 그러므로 한
울과 사람이 말을 서로 들을 수 있게 되면 뜻과 생각이 하나가 되므
로, 만사를 능히 통할 수 있는 것이다. 크게 깨달아 마음을 맑게 하
기를 새로 만든 거울같이 하면, 물건이 비치는 곳에 곱고 미운 것
이 분명하고 일에 임하는 곳에 경위가 분명하여 사리에 통달하고
행함에 빠를 것이다.[15] 이러므로 예로부터 지금까지 큰 인물과 지
혜로운 선비가 이어 나서 각각 그 나라에 주된 교를 세우니, 이것이
백성을 화하고 풍속을 이루는 정책이 된다.[16]

2. 大抵 立敎는 如草上之風이니 使其生靈으로 主心信義而 咸惟
　　대저　입교　　여초상지풍　　　사기생령　　　주심신의이　함유
一德之信德也니라 事若不然則 民自各心하여 禮義雖美나 施
일덕지신덕야　　　사약불연즉　　　민자각심　　　예의수미　　시

15　마음 거울을 맑게 닦으면 진실을 볼 수 있는 지혜가 열린다.
16　각 나라의 풍토와 관습에 맞는 가르침이 있을 것이다. 그것이 보편적 진리로 인정되면 다
　　른 나라에도 전해지는데 이때 그 나라 실정에 맞게 변형되며 전해진다.

用於何處乎아 然則 前聖後聖이 歷年不同이요 間世相違나 君
용 어 하 처 호   연 즉   전 성 후 성   역 년 부 동   간 세 상 위   군

無傳位之君而 法綱을 何受며 師無受訓之師而 禮義를 安效
무 전 위 지 군 이 법 강 을 하 수   사 무 수 훈 지 사 이 예 의 를 안 효

오 不知也不知也케라 生以知之而然耶아 無爲化也而然耶아
부 지 야 부 지 야   생 이 지 지 이 연 야   무 위 화 야 이 연 야

무릇 교를 세우는 것은 바람에 따라 풀이 쏠리는 것처럼 사람들이
가르침을 따라오도록 하는데 있다.[17] 누구나 마음속 살아있는 영
을 깨우고 마음이 주인이 되어 신의를 지키면 이 모두가 한울의 유
일한 덕을 믿는 것이요 이것이 덕이 된다. 만약 한울의 덕을 따르
지 않으면 사람들이 각각 자기 마음대로 하여 예의가 비록 아름다
워도 어느 곳에 베풀고 사용하겠는가. 그리하여 먼저 성인과 뒤 성
인이 지낸 해가 같지 않고 세대가 서로 다르지만, 임금이 자리를 전
해준 임금이 없었어도 법강을 이어 받았듯이, 스승은 가르침을 준
스승이 없었어도 예의를 본받았다. 알지 못하고 알지 못할 일이다.
나면서부터 알아서 그러함인가, 절로 되어서 그러함인가.

17 草上之風은 동경대전 논학문에 나오는 구절. 도를 배반하고 돌아가는 사람의 마음은 어
   떤 것이냐는 질문에 "바람 앞의 풀과 같은 것이니라."고 답하셨다. 아무리 진리를 가르치
   고 들어도 눈앞의 이익과 습관된 욕심에 왔다 갔다 하는 것이 범인들의 마음이다. 그러므
   로 그러한 각자위심의 바람을 따르지 않고 한울님의 의와 덕의 바람을 따르도록 가르치는
   것이 교의 역할이다.

3. 魚目이 聰明이나 精不穿海外之陸하고 聖道가 貫天이나 意不過
   어목 총명   정불천해외지륙   성도 관천   의불과
   天高地厚之間이라 何者오 人是天人이요 道是天道니 能守天道
   천고지후지간   하자 인시천인   도시천도   능수천도
   之性者면 時異道殊나 智謀相照하고 意思若同이니 合爲一理也
   지성자 시이도수   지모상조   의사약동   합위일리야
   니라 其大同小異者는 觀其時宜而節中變用이니 故로 盖自肇判
        기대동소이자   관기시의이절중변용   고   개자조판
   以來로 其所以敎人之法이 無非所以明斯心之妙也니 何待敎
   이래   기소이교인지법   무비소이명사심지묘야   하대교
   而覺之며 亦待學而知之리오
   이각지   역대학이지지

물고기 눈이 아무리 밝아도 바다 밖의 육지를 꿰뚫어보지 못하고,

성인의 도가 한울까지 사무쳤다 해도 그 뜻이 모든 시대와 모든 세

상에 다 펴지지는 못한다.[18] 어찌하면 되는가. 사람은 바로 한울 사

람이요 도는 바로 천도니, 능히 천도의 본성을 지키는 사람이면

때가 다르고 도가 다르다 해도 지혜와 계책이 서로 비치고 의사가

같을 것이니 합하면 한 이치가 된다. 그 대체는 같으나 조금 다르다

는 것은 그 시대에 마땅한가를 보아 사리나 형편에 알맞게 변용하

는 것이다. 그러므로 천지가 시작된 이래로 사람을 가르치는 모든

법이 이러한 마음을 밝히는 오묘한 것 아님이 없다. 어찌 가르치기

를 기다려 깨달으며 또한 배우기를 기다려 알 것인가.[19]

---

18 성인이 진리를 깨달았다 해도 그 행은 자신의 육신의 삶 범위를 벗어나지 못한다. 모든
    나라 수많은 다양한 삶을 혼자 일일이 살펴줄 수는 없는 것이다.
19 성인이 모든 것을 다 가르치진 못해도, 모든 일이 한울 이치로 이루어지므로 근본을 깨우

4. 於斯可見은 古人之志도 亦得其 物爲物理爲理之大業也니라 是
   어 사 가 견   고 인 지 지   역 득 기 물 위 물 이 위 리 지 대 업 야   시
故로 道法無限하고 敎導雖煥이라도 根底自露하고 首尾旣執하나니
고   도 법 무 한   교 도 수 환   근 저 자 로   수 미 기 집
其話頭焉諱注心透理가 怳然無疑也니라 然而其中에 有可斥可
기 화 두 언 위 주 심 투 리   황 연 무 의 야   연 이 기 중   유 가 척 가
祛者하고 有可學可敎者하니 確得其取可退否之大理矣고저[20]
거 자   유 가 학 가 교 자   확 득 기 취 가 퇴 부 지 대 리 의

이로써 알 수 있는 것은 옛 사람의 뜻도 또한 그 만물이 만물되고
이치가 이치 된 큰 업을 얻으려는 것이다. 이러므로 도와 법이 한이
없다 해도 가르쳐 이끌어 주면[21] 그 이치의 기초가 자연히 드러나
고 전체 윤곽이 잡힌다. 그러므로 오직 염두에 둘 것은 마음을 다해
이치를 통할 것이라는 것에 의심이 없어야 한다. 그러나 그 중에는
배척하고 버릴 것도 있고, 배우고 가르칠 것도 있으니, 확실히 그
옳은 것은 취하고 그른 것은 버려 큰 이치를 얻어야 한다.

5. 論而言之하면 有虛誣不可究者三焉이니 蒙昧餘生이 空費心
   논 이 언 지   유 허 무 불 가 구 자 삼 언   몽 매 여 생   공 비 심
力於此하여 不知老之將至하고 終不覺事物之爲理하니 可勝言
력 어 차   부 지 노 지 장 지   종 불 각 사 물 지 위 이   가 승 언
哉아 惜哉라 我亦以無始有一物也니 我生之前은 初無一物이라
재   석 재   아 역 이 무 시 유 일 물 야   아 생 지 전   초 무 일 물

치면 때와 장소에 따라 변용과 적용이 될 수 있다. 그러므로 가까이에 성인과 스승이 없다
해도 한울님께 기원하고 그 덕에 합하는 행을 하면 된다.
20 祛 떨어 없앨 거.
21 敎導; 가르치고 이끌어 줌. 만물이 만물되고 이치가 이치 된 큰 업은 한울님 이치와 작용.
그 진리를 깨닫기 원하는 것은 옛 사람이나 지금 사람이나 마찬가지.

無物之前에 有何其理哉아 如彼沒覺이 陷於舊習하여 生靈未
무 물 지 전　유 하 기 리 재　여 피 몰 각　함 어 구 습　생 령 미

有之前事를 窮究爲事하니 卽何以異於緣木求魚也리오 是誠寒
유 지 전 사　궁 구 위 사　즉 하 이 이 어 연 목 구 어 야　시 성 한

心處也니라 第一虛誣者 此也오
심 처 야　제 일 허 무 자 차 야

논하여 말하면 허무하여 가히 생각하지 말아야 할 것이 셋 있다. 어
리석은 인간이 여기에 공연히 마음과 힘을 허비하여 늙음이 닥치
는 줄을 알지 못하고 마침내 사물의 이치를 깨닫지 못하니, 어찌 가
히 말을 다할까. 애석하다. 나 또한 처음은 없는 데로부터 생긴 한
물건일 뿐이니, 내가 태어나기 이전은 처음의 한 물건도 없었다. 만
물이 없는 이전에 어찌 그 이치가 있었을까. 저렇듯이 깨닫지 못한
것들이 옛 습관에 빠져 생령이 있기 이전의 일을 깊이 연구한다고
하니, 나무에 올라가 고기를 구하는 것과 무엇이 다르겠는가. 이것
이 진실로 한심한 것이라, 첫째로 헛되이 속이는 것이 이것이다.[22]

6. 我亦稟氣而生하고 寄寓斯世하여 言語動靜과 用心處事 莫非
아 역 품 기 이 생　기 우 사 세　언 어 동 정　용 심 처 사 막 비

一氣之所使也니 然則吉凶禍福이 都在於行爲得失而 人之不
일 기 지 소 사 야　연 즉 길 흉 화 복　도 재 어 행 위 득 실 이 인 지 불

22　사람들은 자신의 처지가 고달프고 힘들면 자신의 노력과 정성이 부족한지 돌아보진 못
하고 다른 사람이나 환경을 탓하곤 한다. 남 탓의 절정이 조상 탓이요 전생 탓이다. 사람은
어느 정도는 주어진 환경의 제약을 받지만 얼마든지 그것을 극복할 수 있다. 그러나 이렇
듯 전생과 조상의 탓을 하며 체념하면 절대 그 상황을 벗어날 수 없다.

敏으로 俱迷惑於術數書狀하여 誣論來頭之八字하며 能言來事
민   구 미 혹 어 술 수 서 장   무 론 내 두 지 팔 자   능 언 내 사
之吉凶하니 是豈成說乎아
지 길 흉   시 기 성 설 호

나 또한 한울 기운을 타고 태어나 이 세상에 살고 있으니, 말하고

움직이는 것과 마음을 써 일을 처리하는 모든 것이 한울 기운이 시

키는바 아님이 없다. 그러므로 길하고 흉한 것과 화와 복이 전부 자

기 행하는 것에 따라 얻고 잃는 것이다. 그러나 사람이 총명하지 못

한 탓으로 술수와 서책에 홀려서, 오는 팔자를 속여서 말하며 미래

의 길흉을 말하니, 이 어찌 말이 되는가.[23]

7. 此爲惑世誣民之成習하여 認以堂堂有理之學文하고 全廢事業
   차 위 혹 세 무 민 지 성 습   인 이 당 당 유 이 지 학 문   전 폐 사 업
   而 仍作終身之工夫하니 及其末也에 有何靈驗이리오 卽不過自
   이 잉 작 종 신 지 공 부   급 기 말 야   유 하 영 험   즉 불 과 자
   暴自棄之紹介也니라
   포 자 기 지 소 개 야

이것이 세상을 의혹케 하고 백성을 속여 풍습을 이루었다. 어리석

은 사람들이 오히려 당당히 이치가 있는 학문인 줄 알고 생업조차

---

23 사주팔자는 출생한 연주(年柱)·월주(月柱)·일주(日柱)·시주(時柱)를 합쳐서 하는 말이
    며, 간지(干支)가 각각 두 자씩이므로 사주팔자(四柱八字)라고 한다. 태어난 때의 기운을
    따라 운명이 정해진다는 운명 결정론이라기보다는 각자 다른 삶의 조건들을 이야기한다
    고 보면 될 것이다. 그러나 그 조건이 삶의 한 요소는 될지언정 필요충분한 것은 아니다.
    같은 악조건하에서도 자신이 원하는 바를 이룬 사람은 얼마든지 있다.

돌보지 않으며, 여기에 죽을 때까지 공부하기를 일삼으니, 그 끝에

이르러 무슨 영험이 있을 것인가. 자기가 자기를 버린 것에 지나지

않는다.

8. 詳論其由하면 當場有經驗者는 若人日數雖好나 待人接物之
   상론기유   당장유경험자   약인일수수호   대인접물지

   際에 行悖而言不順則 卽地受辱은 目前之怳然이라 夫如是則
   제   행패이언불순즉 즉지수욕은 목전지황연   부여시즉

   吉凶禍福은 無乃自在其身者乎아
   길흉화복   무내자재기신자호

자세하게 그 이유를 말하면 당장 이런 경험이 있을 것이다. 만일 어

떤 사람이 그날 운수가 아무리 좋아도 사람을 대하고 물건을 접할

때에 행패부리며 말이 순하지 않으면 곧 그 자리에서 욕을 볼 것은

눈 앞에 환한 것이다. 이와 같이 길흉화복은 어김없이 그 몸에 스스

로 있는 것이 아닌가.

9. 是故로 詩에 曰「永言配命自求多福」云者 此之謂也니라 所以
   시고   시   왈 영언배명자구다복 운자 차지위야   소이

   로 窮究未來之禍福者 第二個虛誣之事也요
      궁구미래지화복자 제이개허무지사야

이러므로 시경에 이르기를 「길이 천명에 맞게 하는 것은 스스로 많

은 복을 부른다」²⁴고 한 것은 이를 말한 것이라. 이러므로 미래의
화복을 생각하고 연구하는 것이 둘째로 헛되이 속이는 일이다.²⁵

10. 一生而逝去者는 物理之自然也라 以有歸無를 有何可考리오
　　일 생 이 서 거 자　　물 리 지 자 연 야　　이 유 귀 무　　유 하 가 고
興比於目睹하면 伐木燒燼則所生者卽 一煙氣也니 輕彼靑煙은
흥 비 어 목 도　　벌 목 소 신 즉 소 생 자 즉　　일 연 기 야　　경 피 청 연
與空氣合飛而 但所餘者는 風前灰燼也라 取其無根之灰燼하여
여 공 기 합 비 이　단 소 여 자　　풍 전 회 신 야　　취 기 무 근 지 회 신
斲而刻之而 欲爲成器則 豈可得乎아 做作多事而已也니라
착 이 각 지 이　 욕 위 성 기 즉　기 가 득 호　　주 작 다 사 이 이 야

사람이 한 번 태어났다가 죽는 것은 물리의 자연한 법칙이다. 있는
데서 없는 데로 돌아가는 것을 무엇으로 가히 밝힐 것인가. 눈에 보
이는 것으로 비유하면, 나무를 찍어 불태우면 나는 것은 한 연기니,
가벼운 저 푸른 연기는 공기와 같이 날아가고 다만 남는 것은 바람
앞에 타고 남은 재 뿐이다. 그 근본도 없는 재를 가지고 깎고 새겨
서 그릇을 만들고자 하면 어떻게 얻을 수 있겠는가. 불필요한 많은
일을 만들 따름이다.²⁶

24　詩經 大雅편 文王이라는 시의 한 구절. 주나라를 세운 문왕의 덕을 칭송하는 시. 자신의
　　사사로운 욕심이 아닌 천명을 따르는 행을 하면(위위심) 복은 절로 따라오니 이 또한 무위
　　이화다.
25　자신의 미래를 위해 땀 흘려야 될 시간에 운명이 어떨지 쫓아다니는 어리석음!
26　사후 세계를 두려워하여 수많은 가설과 노력들이 사후를 위해 생전의 노력을 기울였다.
　　이집트 미라, 사후 천당과 지옥의 심판, 윤회에 이르기까지. 그러나 모든 생명은 한울님 성
　　품에서 비롯되어 다시 한울님 성품으로 돌아갈 뿐이다.

11. 況乎 今生之人은 不務生前之福祿하고 窮究身後之事하니 可
    황호 금생지인   불무생전지복록   궁구신후지사   가
當乎아 此乃第三虛誣者也니라
당호   차내제삼허무자야

하물며 지금 살아 있는 사람이 생전의 복록은 힘쓰지 않고 죽은 뒤
의 일만 깊이 연구하니 가당한 것이냐.[27] 이것이 셋째로 헛되이 속
이는 것이다.

12. 此三件理由를 明論於一端一事하면 過去 現在 未來 三事也
    차삼건이유   명론어일단일사   과거 현재 미래 삼사야
니 過去는 已往이라 論之無益이요 未來는 未有之前也니 付之不
   과거   이왕   논지무익   미래   미유지전야   부지부
知하고 現在는 目前之事라 宜易揣度而 未能於目前之就事하고
지   현재   목전지사   의이취탁이 미능어목전지취사
誤入苦海하여 未免伐柯之事하니 噫라 甚可哀也로다
오입고해   미면벌가지사   희   심가애야

이상의 세 가지 이유를 하나씩 밝혀 말하면 과거·현재·미래의
세 가지 일이다. 과거는 이미 지나간 것이라, 말한다 하여도 이익
될 것이 없고, 미래는 있기 전이니 알지 못하는 데 부친다. 현재는
눈앞에 있는 일이라 마땅히 쉽게 헤아릴 수 있으나, 눈앞의 일에 나

---

27 두려움은 무지에서 비롯된다. 이치를 깨닫지 못해 죽음의 두려움에서 벗어나지 못한 것
    이 인류 역사였다.

아가지 못하고 고난 속에 빠져[28] 도끼자루 찍는 일을 면치 못하니,[29] 아! 심히 슬프도다.

13. 孟子曰「仁은 人之安宅也요 義는 人之正路也라」하니 遵正路
맹자왈 인 인지안택야 의 인지정로야 준정로
而行하고 陞安宅而處焉則 此非中立而不倚者乎아 此雖易言
이행 승안택이처언즉 차비중립이불의자호 차수이언
이나 非智謀之士면 不能也니라 所以로 教人有道하니 守其天然
비지모지사 불능야 소이 교인유도 수기천연
之心하고 正其天稟之氣하여 博學知識而 施於行道에 行之不
지심 정기천품지기 박학지식이 시어행도 행지부
失經緯則 斯可謂人爲人事之有經緯니 如人之有經絡이라 若
실경위즉 사가위인위인사지유경위 여인지유경락 약
人足反居上하고 臂居背上則 屈伸動靜을 任意自如乎아 所以
인족반거상 비거배상즉 굴신동정 임의자여호 소이
로 守心正氣는 道法之第一宗旨也니라
수심정기 도법지제일종지야

맹자 말씀에 「어진 것은 사람의 편안한 집이요, 의로운 것은 사람의 바른 길이라.」[30] 하였으니 바른 길을 따라 행하고 편안한 집에 사는 듯이 차분히 처신하면 이것이 중립이요, 치우치지 않는 것이 아닌가. 이것이 비록 말은 쉬우나 지혜와 꾀가 있는 선비가 아니

---

28 정해진 운명을 벗어날 수도 없고, 앞날의 희망이 없으며, 사후의 두려움을 떨치지 못하니 현재의 삶이 무슨 즐거움이 있겠는가? 즐거움과 희망이 없는 삶은 곧 고해다.

29 "도끼자루를 보며 도끼자루 만들 나무를 베니 그 이치가 멀지 않구나"(용담유사, 흥비가) 한울의 이치가 모두 내 몸에 있으니 내 마음과 몸으로 행하고 그 결과에 따를 뿐이다. 가까운데 답을 두고 밖에서 헤맨다는 비유.

30 맹자 이루장 상편에 나오는 글. 어진 것은 위하는 마음이다. 한울을 위하는 마음을 잃지 않으면 어디서도 편안할 수 있다.

면 능히 할 수 없는 것이다. 이러므로 사람을 가르치는 데 도가 있으니, 한울의 본연한 마음을 지키고 한울로부터 받은 기운을 바르게 하여[31] 넓게 지식을 배워 도를 행하고 베풂에 경위를 잃지 않아야 한다. 이것이 사람이 사람 된 인사의 경위를 잃지 않는 것이다. 이는 곧 사람에게 신경과 혈관이 있는 것과 같다. 만약 사람의 발이 도리어 위에 있고 팔이 등에 있다면 구부리고 펴고 움직이고 머무는 것을 마음대로 할 수 있겠는가. 이러므로 마음을 지키고 기운을 바르게 하는 수심정기는 도법의 제일 종지이다.

(三) 明言天法章(명언천법장, 한울 법을 밝혀 말함)[32]

1. 何者오 夫 人은 順天命而存天理也니라 故로 應天法而造成人
   하 자 부 인 순천명이존천리야 고 응천법이조성인
   事者也니 惟大智는 稟賦完全故로 確知其任我之命하여 能守天
   사 자 야 유 대 지 품 부 완 전 고 확 지 기 임 아 지 명 능 수 천
   法也요 其次는 學而知之也니 雖有先後覺之別이나 及其至也에
   법 야 기 차 학 이 지 지 야 수 유 선 후 각 지 별 급 기 지 야
   는 可得其旨意也요 其他는 雖或困而得之라도 學而習之하며 勉
   가 득 기 지 의 야 기 타 수 혹 곤 이 득 지 학 이 습 지 면
   强而行之則 至於率性之境이니 人人各知天法之不違也니라
   강 이 행 지 즉 지 어 솔 성 지 경 인 인 각 지 천 법 지 불 위 야

31 수심정기. "우리도는 무위이화라. 그 마음을 지키고 그 기운을 바르게 하고 한울님 성품을 거느리고 한울님의 가르침을 받으면, 자연한 가운데 화해나는 것이요"(동경대전, 논학문)
32 법은 사람의 삶이 서로 조화되도록 최소한의 규제를 하는 것이다. 그러므로 한울 이치를 따르는 자연법이 최상이요, 사회가 복잡해지면서 법이 많아지는 추세이나 그 취지와 지향점은 최대한 한울 이치를 어기지 않고 최대 다수의 행복을 위하는 것이어야 할 것이다.

모든 사람은 한울의 명을 따르고 한울 이치를 지켜야 한다.[33] 그러므로 사람들이 하는 모든 일은 한울의 이치에 따라 만들어지는 것이다.[34] 오직 큰 지혜를 가진 사람이 한울이 부여한 것을 완전히 하여 확실히 내게 맡겨진 명을 알아 능히 한울 법을 지킨다. 그다음은 배워서 아는 것이니 비록 먼저 깨닫고 뒤에 깨닫는 차별은 있다 할지라도 한울의 명을 아는데 이르면 가히 한울의 뜻을 통하여 얻을 것이다. 그다음은 비록 고심하여 얻는다 할지라도 배우고 익히며 힘써 행하면 성품을 거느리는 경지에 이를 수 있으니, 사람마다 각기 한울 법을 어기지 말아야 함을 알 것이다.

2. 故로 君子仕於朝에 御衆以道하며 教化而諷之하여 和悅民心하
　　고　군자사어조　　어중이도　　교화이풍지　　　화열민심
며 各勸其業하여 國富民安則 此可謂極樂世界也니라
　각권기업　　　국부민안즉　차가위극락세계야

그러므로 군자가 나라에 벼슬할 때, 뭇 사람 부리는 것을 도로써 하며 교화하는 것은 비유로써 한다.[35] 그렇게 백성의 마음을 화하고

---

33 한울 명을 따르는 것은 자신의 기질과 적성에 맞는, 참으로 평생에 해야 할 일을 하는 것이다. 한울 이치를 보존함은 한울이 부여한 생명의 본질, 천심을 지키는 것이다.
34 모든 일은 순리에 맞게 한울 이치에 따라야 한다. 현실의 삶에서도 법보다 숭고한 것이 도덕이고 양심이다.
35 군자는 한울의 도를 따르는 사람. 군자가 공적인 일을 할 때 사람들을 지휘한다. 이를 권력이라 하는데 이는 자신의 것이 아닌 사람들과 한울에게 위임 받은 것이므로 사적인 이익을 위해 행사해선 안 된다. 오직 한울 이치에 따르는 공적인 이익을 위해 봉사해야 한다.

즐겁게 하며, 각기 그 직업을 권하여 나라가 부하고 백성이 편안하면, 이것이 극락세계가 아니겠는가.[36]

3. 雖然이나 林林叢叢人數之中에 或有稟性乖戾하여 不入於敎化
수연   임림총총인수지중   혹유품성괴려   불입어교화
則 國有政法하여 法令刑戮으로 以懲其不法하나니 此則 應天法
즉 국유정법   법령형륙   이징기불법   차즉 응천법
而造成人事者也니라
이 조 성 인 사 자 야

비록 그렇지만 많고 많은 사람들 가운데 혹 타고난 성품이 사리에 어그러짐이 있어 교화에 들지 않으면, 나라에 정치와 법이 있어 법령과 형벌로써 그 불법을 징계한다. 이것은 한울법에 응하여 사람이 할 일을 만든 것이다.[37]

.

또한 한울 이치를 모르는 사람들이 이치를 거스르고 잘못을 저지르기도 할 텐데 이를 다스리는 것도 힘으로 억압하는 것이 아닌 비유로써 교화하라 하였다. 잘못을 직접 지적하면 누구나 아픈 법이다.

36 극락이란 죽은 뒤나 멀리 있는 것이 아니다. 마음이 즐겁고 자신이 할 수 있는 일이 있으며 먹고 사는 것에 근심이 없으면 더 무엇을 바라겠는가?

37 가르쳐도 교화 되지 않으면 무한히 교화되길 기다릴 것인가? 기다리는 동안 주변 사람들에게 해악을 무수히 끼친다면 대를 위해 소를 버릴 수 있어야 한다. 법이란 현실 규제다. 한울의 무형천에는 법이 필요 없지만 마음의 변화가 있는 유정천에는 마음 길을 가르치는 도덕이 필요하고, 현실의 습관천에는 법의 규제가 필요하다. 물론 그 법은 한울 이치를 목표로 하고, 가능한 한 도덕을 우선하며 최소한으로 규제해야 할 것이다.

4. 然則 法令刑戮이 豈可害人者哉아 人之不良은 自違天法하여
   연 즉 법령형륙 기 가 해 인 자 재 인 지 불 량 자 위 천 법
陷於政律이니 究其實相則 自暴其身也니라
함 어 정 률 구 기 실 상 즉 자 포 기 신 야

그러면 법령과 형벌[38]이 어찌 사람을 해하는 것일까. 사람이 어질

지 못한 것은 스스로 한울법을 어기어 정치·법률에 걸려드는 것

이니, 그 실상을 생각하면 자기가 자기의 몸을 버리는 것이다.

㈣ 應天産而 發達人造章(응천산이 발달인조장, 한울이 주는 생산물에 응하여 사

람이 만드는 것을 발달시킨다)[39]

1. 大抵 天高地厚之間에 金木水火土 相生相克하여 物物形形 各
   대 저 천 고 지 후 지 간 금 목 수 화 토 상 생 상 극 물 물 형 형 각
遂其性하니 人是動靈致物之主將이라 此天賦之物性이니 硏究
수 기 성 인 시 동 령 치 물 지 주 장 차 천 부 지 물 성 연 구
天然之物理則 五行相成에 無物不成이라
천 연 지 물 리 즉 오 행 상 성 무 물 불 성

무릇 하늘 높고 땅 두터운 사이에 금목수화토가 서로 돕고 혹은 맞

서며 물건 모양마다 각기 그 개성을 이루니, 그렇게 생긴 물건 중

---

38 원문의 刑戮은 형벌로써 죽인다는 뜻이므로 형벌과 사형의 뜻.

39 사람들 삶은 이치를 알고 교류할수록 풍족해진다. 현대 자본주의 사회는 한울과 자연의
    이치를 활용하여 물질적 부가 유례없이 풍족해진 시기이다. 그러나 그 부의 편중과 환경
    파괴의 과제를 어떻게 해결하는가가 시급한 과제가 되었다.

사람은 동물의 영장이요 만물의 주장이다. 이것은 한울이 주신 물건의 성품이니, 그 천연한 물리를 연구하면 오행이 서로 작용하여 물건을 이루지 못할 것이 없다.[40]

2. 方今 西洋之人이 國富業廣하여 橫行於天下者는 無他라 先透
   방금 서양지인 국부업광   횡행어천하자   무타   선투
此理하여 得力於人造發達也니라
차리   득력어인조발달야

지금 서양 사람이 나라가 부하고 사업이 넓어서 천하에 거리낌 없이 마음대로 행하는 것은 다름이 아니다. 먼저 이 이치를 통하여 얻어 사람이 만드는 모든 것이 발달하는 힘을 얻은 것이다.[41]

---

40 주어진 환경과 조건에 따라 원소들의 조합이 달라지고 각각 성질과 형상이 다른 물질과 동물이 생긴다. 사람 또한 나고 자란 곳의 기후와 환경에 따라 그 성격과 기질이 모두 다르다. 이 모두 한울 이치 아님이 없다.
41 서세동점의 시대. 서양에서 산업혁명과 시민사회혁명은 경제적 부와 정치적 발전을 가져왔고 그것의 바탕에는 다양한 학문의 발달이 변화를 이끄는 동력을 제공하였다. 그러나 동양에서는 16-17세기 이전까지 서양과 대등하거나 앞서 있던 학문이 더 이상 발전하지 못하고 폐쇄적 이데올로기로 전락해 사람들의 삶을 억압하였고 그것은 전반적 사회 활력 저하로 이어지는 악순환이 계속되었다

(五) 活動章(활동장, 활발히 움직임)[42]

1. 噫噫悲哉라 今我東洋之人은 迷惑於三件之虛誣하여 全失惺
   희희비재   금아동양지인   미혹어삼건지허무   전실성
   惺之氣하고 妄覺昏昏之夢하니 身無氣化之神하고 工無歸眞之
   성지기   망각혼혼지몽   신무기화지신   공무귀진지
   路하여 壅遏活動之氣하니 豈可曰稟靈之動物乎아 徒備人形而
   로   옹알활동지기   기가왈품령지동물호   도비인형이
   已也니라 具體而無靈은 屍也니 生而爲屍는 可謂虛生於世界
   이야   구체이무령   시야   생이위시   가위허생어세계
   也니라
   야

아! 슬프다. 지금 우리 동양 사람은 세 가지 허무한 데 홀려서 전연

깨어날 기운을 못 차리고 아득한 꿈을 깨지 못하는구나.[43] 몸에는

한울과 소통하는 신명이 없고[44] 공부는 참에 돌아가는 길이 없어

활동할 수 있는 기운을 막았으니,[45] 어찌 가히 영기를 받은 동물이

---

42 생명의 특징은 변화다. 움직이고 변화하는 것을 이치에 맞게 하면 건강과 복을 누리겠지
    만 그렇지 못하면 질병과 화가 따를 것이다. 이치에 맞는 활동은 한울-자연의 변화를 본받
    는 것이 기준이 된다. 한울의 기운은 크고 정미롭고 활발하지만 원형이정의 규칙이 있고,
    사람의 행은 지인용략으로써 그를 본받을 수 있다.

43 세 가지 허무한 것은 척언허무장 참조.

44 동경대전, 논학문 9절 서학을 비판하신 구절. 사람들이 한울님의 기화를 받지 못하고 각
    자위심하는 것을 비판한 것. 한울님의 기화는 무엇인가? 다른 사람들과 소통하지 못하고,
    한울님이 가르쳐 주시는(어떤 경로를 통하든) 바른 진리를 알아듣지 못하면 그것이 곧 기
    화가 단절된 것이 아닌가!

45 모든 시작은 한울님의 진리에서 비롯된다. 그러므로 한울의 진리를 깨닫고 세상일을 파
    악하고 행하면 순리대로 이루어질 것이나, 진리를 모르고 습관심으로 자신만을 위해 점이
    나 보고 사욕을 채우려 하니 사람과 한울이 단절되고, 사람과 사람이 단절되고 사람과 만

라고 말하겠는가. 다만 사람의 형상을 갖추었을 뿐이다. 몸을 갖추고 영이 없는 것은 주검이니, 살아 있지만 죽은 것과 다름없다. 그러면 세상을 헛살았다고 말할 수 있을 것이다.[46]

2. 大抵 活動之氣는 活活潑潑하여 如水之方湧이요 若火之炤然
   대저 활동지기   활활발발   여수지방용   약화지소연
   也니 其爲氣也 至大至精하며 能强能柔하며 發乎中情而 達乎
   야 기위기야 지대지정   능강능유   발호중정이 달호
   聰明則 無物不遺요 無事不成也니라
   총명즉 무물불유   무사불성야

무릇 한울이 활동하는 기운은 활발하고 활발하여 물이 방금 솟는 듯하고 불이 활활 붙는 듯하다. 그 기운은 지극히 커서 어느 곳 어느 때나 간섭하며, 자세하여 아무리 작고 보이지 않는 곳이라도 미친다.[47] 능히 강하여 어떤 일도 이루지만, 부드러워 연약한 새 생명도 부드럽게 감싼다.[48] 사람의 활동하는 기운도 마찬가지다. 참된 기운이 몸의 중심 단전에서 시작되어 총명에 달하면 만물에 끼치

물이 단절된다. 이때의 동양학문은 형이상학에 치우쳐 현실의 삶과 괴리되고 실생활의 도움이 되지 못하였다.
46 자신의 진면목이 무엇인지 아는가, 자신이 진정 원하는 삶을 사는가? 자신의 성령을 깨닫지 못하고 무슨 행을 하는지도 모르고 산다면, 짐승이나 죽은 것과 무엇이 다른가?
47 한울 기운은 온 우주에 가득하여 크기가 한량없으나, 그 간섭은 몸 안 작은 세포 하나하나까지 미치지 않음이 없다.
48 천지가 생명을 품는 것은 어떤 태풍에도 흔들림 없이 강하나 연약한 어린 생명이 쉴 수 있는 보드라운 보금자리를 제공한다. "굳세게 하여 빼앗기지 아니하며, 정하여 움직이지 아니하며, 부드러우나 약하지 아니하며..."(의암성사법설, 후경2)

지 아니함이 없고 일에 이루지 못함이 없다.

3. 故로 元亨利貞은 天道之活動也요 動作威儀는 人事之活動也니라
　 고　　원 형 이 정　　천 도 지 활 동 야　　동 작 위 의　　인 사 지 활 동 야

그러므로 나고 키우고 거두고 저장하는 순환은 천도의 활동이요,

움직임에 위엄이 있고 예법에 맞는 것은 사람의 활동이다.[49]

4. 天有至誠不息之道故로 春夏秋冬에 四時成功이요 人有進進
　 천 유 지 성 불 식 지 도 고　　춘 하 추 동　　사 시 성 공　　인 유 진 진
無已之心故로 智仁勇略을 隨事而發也니 夫人能養 活動之氣
무 이 지 심 고　　지 인 용 략　　수 사 이 발 야　　부 인 능 양　활 동 지 기
則 才藝也 雄略也 生業也 千態萬狀之理가 都出於其中이니라
즉　재 예 야　웅 략 야　생 업 야　천 태 만 상 지 리　　도 출 어 기 중
然則 天地萬物之理 孰大於是乎아
연 즉　천 지 만 물 지 이　숙 대 어 시 호

한울은 지극한 정성으로 쉬지 않는 도가 있으므로 춘하추동 사시

의 공을 이루고, 사람은 나아가고 나아가는 것을 마지않는 마음이

있으므로 일에 따라 슬기롭고 어질고 용감하며 간략히 함을 자유

로 한다.[50] 그러므로 사람이 능히 활동하는 기운을 기르면, 재능과

49　"원형이정은 천도의 떳떳한 것이요, 오직 한결같이 중도를 잡는 것은 인사의 살핌이니
　　라."(동경대전, 수덕문) 원형이정은 한울 이치의 운행을 뜻한다. 한울 이치는 계절 변화와
　　같이 늘 변함없이 그러나 드러나지 않게 이루어진다. 반면에 사람의 활동은 몸동작으로
　　나타나며, 한울의 활동과 사람의 활동은 서로 돕는 기틀이 된다.
50　智 슬기로울 지, 仁 어질 인, 勇 기운이 있고 동작이 빠름, 의지가 강하고 과단성이 있음

기에 그리고 웅대한 책략과 생업의 이치뿐 아니라 온갖 만물의 이치가 전부 그 속에서 나온다. 그러면 천지만물의 이치가 어느 것이 이보다 크겠는가.

5. 今我東球中生靈은 長夜醉夢을 惺惺無期라 世界各國이 以屍
   금 아 동 구 중 생 령   장 야 취 몽   성 성 무 기   세 계 각 국   이 시
   體待之하니 此非痛歎者乎아 今我東球中 生靈之中에 必不無
   체 대 지   차 비 통 탄 자 호   금 아 동 구 중 생 령 지 중   필 불 무
   有志君子리니 大夢誰先覺고 終未見夢覺者하니 甚可畏也로다
   유 지 군 자   대 몽 수 선 각   종 미 견 몽 각 자   심 가 외 야
   如有先覺者면 用盡惺惺之精力하여 覺破億萬生之昏夢을 是
   여 유 선 각 자   용 진 성 성 지 정 력   각 파 억 만 생 지 혼 몽   시
   所顒望也로다
   소 옹 망 야

지금 우리 동양 사람들은 긴 밤에 취한 꿈을 언제 깰는지 기약이 없어서, 세계 각국이 죽은 송장으로 대하니 이것이 통탄할 일이 아닌가. 지금 우리 동양사람 가운데도 반드시 뜻있는 훌륭한 사람이 없지 않을 것이니, 큰 꿈을 누가 먼저 깰 것인가. 아직 꿈 깬 이를 보지 못하니 심히 두렵도다. 만일 먼저 깬 사람이 있으면 깨어난 정력을 다 써서 억만 생령의 아득한 꿈을 깨쳐 주기를 이에 바라는 바로다.

용. 略 방침을 세워 다스림 략. 사람이 잊지 않을 것은 성경신이요, 구체적 일에 임해서는 지혜롭고 어질게 그러나 과감하고 계획적으로 해야 할 것이다. 간략히 함은 계획을 세워 일목요연하게, 복잡하지 않게 함이지, 해야 할 일을 생각하는 것은 아니다.

(六) 治國平天下之政策章(치국평천하지정책장, 나라를 다스리고 천하를 평안히

할 정책)[51]

1. 詩에 曰「天生蒸民하니 有物有則이로다 民之秉彝하니 好是懿德
   시 왈 천생증민 유물유즉 민지병이 호시의덕
   이로다」하고 孟子 曰「無恒産者는 無恒心이라」하니 是故로 民無
   맹자 왈 무항산자 무항심 시고 민무
   秉彝之心이면 災眚必臻이요 民無恒産이면 饑饉荐至니 然則 禍
   병이지심 재생필진 민무항산 기근천지 연즉 화
   福妖祥은 無乃生靈之所自致者乎아
   복요상 무내생령지소자치자호

시경에 말하기를 「한울이 뭇 백성을 내시니 만물이 있고 법이 있도

다. 백성이 한울이 준 타고난 천성을 지키니 아름다운 덕을 좋아하

는구나」[52]하였고, 맹자 말씀하시기를 「일정한 생업이 없는 사람은

변치 않는 마음이 없다」 하였다. 이러므로 백성이 타고난 천성을

지키는 마음이 없으면 재앙이 반드시 이르고, 일정한 생업이 없으

면 배고픈 것이 겹쳐 이른다. 그러므로 재난과 복록, 요사스러운 것

과 상서로운 것은 결국 사람 자기가 스스로 만든 것이 아니겠는가.

---

51 사람들은 이미 혼자 살거나 씨족과 부족의 단위를 넘어 대규모의 사회를 이루어 살아간
    다. 사람들의 삶의 단위가 되는 대표적인 현대 사회구조가 국가이다. 영토와 민족, 역사 같
    은 여러 개념들을 포함하는 국가의 미래는 앞으로도 계속 변화될 것이나 사람들 삶의 실
    현단위로서 그를 어떻게 관리하는가 하는 것은 중요한 과제가 아닐 수 없다.
52 시경 대아편 백성들(烝民).

2. 所以로 邦有道에 家給人足하고 物物皆昌이요 邦無道에 民窮財
   소 이   방 유 도   가 급 인 족   물 물 개 창   방 무 도   민 궁 재
   盡하고 田野荒蕪하나니 由此觀之에 民無恒産而無恒心則 國將
   진   전 야 황 무   유 차 관 지   민 무 항 산 이 무 항 심 즉   국 장
   難保는 燎然指掌也니라
   난 보   요 연 지 장 야

이러므로 나라에 도가 있으면 집과 사람이 충족되고 물건이 다 넉

넉하나, 나라에 도가 없으면 백성이 가난하고 재물이 다하여 밭과

들이 거칠어진다. 이것을 미루어 생각해 보건대 백성이 일정한 생

업이 없고 변치 않는 마음이 없으면 나라를 장차 안보하기 어려울

것은 손바닥을 보는 듯하다.[53]

3. 何者오 國者는 養人土地之總名也요 君者는 治民敎化之大人
   하 자   국 자   양 인 토 지 지 총 명 야   군 자   치 민 교 화 지 대 인
   也니 仁君在上에 以敎化政令으로 御衆則 民自富强하여 其國이
   야   인 군 재 상   이 교 화 정 령 으로 어 중 즉 민 자 부 강 하여   기 국
   安全이나 苛政所及에 民自衰殘하여 彊土危焉이니라
   안 전   가 정 소 급   민 자 쇠 잔 하여   강 토 위 언

---

53 애착이 있고 지킬 것이 많으면 스스로 안보에 나설 것이나, 애착도 지킬 것도 없다면 오
    히려 망하길 바랄 것이다. 혼자 무소유의 삶을 산다면, 또는 다툼을 싫어하는 작은 부족이
    가볍게 떠돌면서 유목생활을 한다면 적극적인 안보가 필요하지 않을 수도 있다. 시비가
    있을 때 양보하고 피하면 되니까. 그러나 대규모 정착생활을 하는 국가의 단위에선 그 안
    에 사는 사람들의 기본적인 삶을 보장하고 지켜줄 현실적 힘이 반드시 필요하다. 그게 없
    을 경우 그 속에서 사는 사람들의 삶이 어떻게 참혹하게 파괴되는지 우리 역사가 너무 생
    생하다. 임란 때 조선백성의 코와 귀를 베어 가져다 쌓아 놓은 일본의 이총, 일제 때의 위
    안부, 한국전쟁의 이산가족… 때문에 백성들의 삶을 지키기 위해 무소유의 스님조차 국난
    엔 칼을 들고 일어섰던 것이다.

왜 그런가. 나라는 양육하는 백성과 토지를 총칭한 이름이요,[54] 임
금은 백성을 다스리고 교화하는 어른이다. 어진 임금이 위에 계시
어 교화와 법령으로써 뭇 백성을 거느리면 백성이 자연히 부강하
여 그 나라가 편안할 것이나, 가혹한 정치가 미치는 곳엔 백성이 자
연히 쇠잔하여 강토가 위태로운 것이다.[55]

4. 今我東洋은 方在傷害之運이라 朝野沸鼎하고 民生魚喊하니 強
   금 아 동 양   방 재 상 해 지 운   조 야 비 정   민 생 어 함   강
   敵侵逼이라도 朝無防禦之策이요 貧寒到骨에 民無擠挺之力하니
   적 침 핍   조 무 방 어 지 책   빈 한 도 골   민 무 제 정 지 력
   實是痛哭處也로다 都緣無他라 此時之運也니 此將奈何오
   실 시 통 곡 처 야   도 연 무 타   차 시 지 운 야   차 장 내 하

지금 우리 동양은 막 상처 나고 해를 입는 운에 처하였다. 때문에
정부와 민간이 솥에 물 끓듯 혼란하고 민생은 물이 마른 연못에 고
기가 날뛰는 것 처럼 어렵다. 만일 강적이 침략하여 온다 해도 정부
에서는 막을 만한 계책이 없고, 가난과 추위가 뼈에 사무친 백성은

54 영토 인구 주권, 이 세 가지가 나라를 구성하는 요소.
55 넓은 땅에, 사는 사람이 몇 명 없는 초원 같은 곳에서는 자신이 할 도리만 해도 될 것이
   다. 사람 사이의 갈등을 조정할 정부가 크게 필요 없으므로, 무정부주의나 정부가 있어도
   최소한의 간섭만이 필요할 것이다. 그러나 좁은 땅에서 많은 사람이 서로 얽혀 살아가면
   서로 조정해야 할 일들이 많아진다. 그러므로 사회가 복잡해질수록 정부 역할과 기능이
   커지고 그에 따라 그 권한도 비대해진다. 비대해진 정부 권한이 개인의 권리를 지나치게
   제한하게 되면 전체를 위해 개인의 희생을 강요하는 전체주의가 되기 쉽다. 현대 민주정
   치는 무정부주의와 전체주의 사이의 역사적 교훈으로 만들어진 것으로, 개인 행복과 다수
   이익은 항상 균형이 요구된다.

적을 물리칠 힘이 없으니 실로 통곡할 일이다.[56] 전혀 다른 까닭이

아니라, 이것이 시대의 운수니 이를 장차 어찌할 것인가.

5. 雖然이나 惟我同胞生靈이 若失其保國安民之策이면 東土大勢
   수연   유아동포생령   약실기보국안민지책   동토대세
   를 必將難保리니 豈不痛嘆者乎아
     필장난보   기불통탄자호

그러나 오직 우리 동포가 만약 나라를 지키고 백성을 편안케 할 계

책을 잃으면 동양 대세를 반드시 안보하기 어려울 것이니 어찌 통

탄하지 아니하랴.

6. 然則 其政其策이 固將安在오 惟我生靈은 明其慷慨之義하여
   연즉 기정기책   고장안재   유아생령   명기강개지의
   決守金石之心하고 合衆一貫則 智仁勇三端이 化出於其中이리
   결수금석지심   합중일관즉   지인용삼단   화출어기중
   니 其眞實施計將安在오
     기진실시계장안재

그러면 그 정책이 진실로 어디 있는가. 오직 우리 깨어있는 생명은

그 의기가 북받쳐 분개하는 의리를 밝혀서[57] 결연히 금석 같은 마

음을 지키고 모두의 힘을 합하여 하나로 꿰면, 슬기롭고 어질고 용

---

56 실제 이 글을 쓰신 뒤(1903년) 2년 만에 을사조약으로 대한제국은 실질적 명을 다하게 된다.
57 慷 강개할, 의기가 북받칠 강. 慨분개할 개탄할 탄식할 개.

감한 세 가지 실마리가 그 속에서 화해 나올 것이다. 그것을 참으로
실시할 계책이 장차 어디 있는가.[58]

7. 盖 修身齊家治國平天下는 先聖之所敎也라 僉君者는 庶幾乎
   개 수신제가치국평천하   선성지소교야   첨군자   서기호
   聞之而 人人이 各盡其自己之職分하고 使其一室之人이라도 勞
   문지이 인인   각진기자기지직분   사기일실지인   노
   苦勤勉하여 各知生靈之理而食之則 必將無遊衣遊食之民矣리
   고근면   각지생령지리이식지즉   필장무유의유식지민의
   니 然則 不幾之年에 家家富産이요 人人安樂은 不見可圖也니라
   연즉 불기지년   가가부산   인인안락   불견가도야

무릇 스스로 삼가하고 집안을 바로 세우며 그러한 원칙으로 나라
를 다스리면 천하가 평안해진다는 것은 옛 성인이 가르친 것이
다.[59] 모든 군자는 여러 위태로운 조짐을 들어[60] 사람 사람이 각기
자기 직분을 다하도록 하고, 한집에 사는 사람일지라도 모두 수고

---

58 의암성사법설, 활동장 4절 참조.
59 유교 경전인 대학의 가르침. "예로부터 밝은 덕을 천하에 밝히고자 했던 사람은 먼저 그
    나라를 다스렸다. 그 나라를 다스리고자 했던 사람은 먼저 그 집을 가지런히 하였다. 그 집
    을 가지런히 하고자 했던 사람은 먼저 그 몸을 닦았다. 그 몸을 닦고자 했던 사람은 먼저
    그 마음을 바르게 하였다. 그 마음을 바르게 하고자 했던 사람은 먼저 그 뜻을 성실하게 하
    였다. 그 뜻을 성실하게 하고자 했던 사람은 먼저 그 앎을 이루려 하였다. 앎을 이룬다 하
    는 것은 곧 사물을 바르게 인식하는 데서 이루어진다.(대학. 3장)" 수신을 위해 正心, 誠意,
    致知, 格物의 수행이 제시된다.
60 僉 다 첨. 庶 여러 서. 幾 기미, 조짐, 거의기. 군자는 선구자, 지도자다. 지도자는 마음이
    열려 있고 귀가 열려 있어야 한다.

롭고 괴롭고 부지런하고 힘쓰도록 한다.[61] 그렇게 각각 생명의 신령한 이치를 알고 먹게 하면, 장차 반드시 놀면서 입고 먹는 백성이 없을 것이다. 그러면 몇 해 안 되어 집집이 부자가 되고 사람마다 편안하고 즐거울 것은 보지 않아도 알 만하지 않는가.

8. 如是則 國之政治도 怳然無疑라 夫 以修身齊家로 立爲富國之
   여시 즉 국지정치   황연무의   부 이수신제가   입위부국지
者 不無其端하니 淸心豫算으로 明其實理하면 我國三千里區域
자 불무기단   청심예산으로   명기실이   아국삼천리구역
中에 二千萬同胞가 每日三飯은 人所當爲而 三食之飯에 除取
중   이천만동포가   매일삼반   인소당위이   삼식지반   제취
三匙之米라도 其人之不飢는 勢所固然也요 剩利則 自如每一
삼시지미라도   기인지불기   세소고연야   잉리즉   자여매일
人之每一日銅一葉은 雖某事業이라도 擧皆有餘리니 日取一葉
인지매일일동일엽   수모사업   거개유여   일취일엽
하여 殖之無損則 積小成大를 可見可圖也니라
   식지무손즉 적소성대   가견가도야

이와 같으면 나라의 정치도 문득 의심이 없을 것이다.[62] 개인을 수련하고 집안을 바로 세우는 것으로 나라가 부해지는 것은 그 까닭이 없지 않으니, 맑은 마음으로 미리 계산하여 그 실지의 이치를 밝혀보자. 우리나라 삼천리 강토 내에 이천만 동포가 매일 세 끼씩은

---

61 이 네 가지는 한울과 생명의 본연의 모습이다. 생명은 움직임이고 움직이지 않는 것은 죽음이다. 움직임은 이렇듯 노고근면하는 것이다.
62 정치는 근본적으로 사람들 사이의 이익과 갈등 조정이다. 신뢰가 바탕이 되면 쉽고 신뢰가 없으면 한없이 비효율적이고 비생산적일 수밖에 없다.

밥을 먹을 것이니, 세 번 먹는 밥에서 세 술 쌀을 덜더라도 그 사람이 주리지는 않을 것이다. 일에 이익이 남는 것은 한 사람이 하루 동전 한 닢 정도는 비록 아무 사업을 해서라도 남을 것이니, 날마다 한 닢씩 따로 모아 손해가 없으면 적은 것을 모아 큰 것을 이룰 수 있다. 이는 가히 볼 수 있고 꾀할 수도 있을 것이다.[63]

9. 分而見之면 三飯三匙는 無爲中節用者也요 一日一銅은 勤勉
   분 이 견 지   삼 반 삼 시   무 위 중 절 용 자 야   일 일 일 동   근 면
   中殖産이니 此雖細些나 使我二千萬同胞 計算於一年則 乃至
   중 식 산   차 수 세 사   사 아 이 천 만 동 포   계 산 어 일 년 즉   내 지
   幾億萬圓也니라
   기 억 만 원 야

분석해 보면 세 끼에 세 술은 자연한 가운데 아낀 것이요, 하루에 동전 한 닢은 부지런히 힘쓰는 가운데서 불어난 것이다. 이것이 아무리 적은 것이라도 우리 이천만 동포로 하여금 한 해를 계산하면 이에 몇 억만 원이 될 것이다.

10. 大略觀之則 事旣如此하니 誠力所到에 何事不成이며 國富何
    대 략 관 지 즉   사 기 여 차   성 력 소 도   하 사 불 성   국 부 하
    難이리오
    난

---

63 무슨 일이든 혼자 하는 것보다 여러 사람이 힘을 합하면 각각의 합보다 더 큰 성과를 이룰 수 있다. 이를 상승효과(synergy)라 한다. 자본도 마찬가지다. 또한 여기 소개된 내용이 천도교의 독특한 성미제도의 기원이 되었다.

대강 보면 일이 이와 같으니 힘써 정성 드리는 곳에 무슨 일인들 이루지 못하며, 나라를 부하게 하는 것이 무엇이 어렵겠는가.

11. 且富國强兵之道 亦不在他요 民富國富하여 財幣旺盛이면 用
    차 부 국 강 병 지 도 역 부 재 타 민 부 국 부 재 폐 왕 성 용
    之不竭이요 食之無損이라 或有敵國之戰이라도 軍糧軍器를 連
    지 불 갈 식 지 무 손 혹 유 적 국 지 전 군 량 군 기 연
    連不絶하여 有進無退則 彼敵의 自擇自退는 勢所確然이라 强
    련 부 절 유 진 무 퇴 즉 피 적 자 택 자 퇴 세 소 확 연 강
    兵之計도 無乃富國中所在者乎아
    병 지 계 무 내 부 국 중 소 재 자 호

또한 나라가 부해지고 병력이 강해지는 도도 다른 데 있는 것이 아니다. 백성이 부하고 나라가 부하여 재물이 넉넉하면 써도 다함이 없을 것이요, 먹어도 축나는 것이 없을 것이다. 혹 적국과 전쟁이 있다 할지라도 군량과 병기를 계속하여 끊기지 아니하며 나아갈지언정 물러가지 아니하면, 적병이 스스로 물러갈 것은 형세가 확연한 바다. 그러므로 병력을 강하게 하는 계책도 나라가 부한 가운데 있는 것이 아닌가.[64]

---

64 세계 최강으로 평가받는 군대는 공통된 특징이 있다. 싸울 때는 물론이고 전투 후나 제대후 후생까지 고려하는 안정된 병참 지원, 부하들과 동고동락하는 리더십, 현장 지휘관에게 전술적 결정권을 위임하되 최고 지휘관에서 말단 병사에 이르기까지 공통의 전략목표를 공유하는 것 등이다. 어쨌거나 배고파서 민가를 약탈하는 군대는 군율도, 여론의 지원도 기대할 수 없다. 어찌 전쟁뿐이랴, 모든 사업이 이와 같이 한다면 성공을 보장할 수 있을 것이다.

12. 若 其國小而兵稀則 費此陳陳之錢穀하여 買彼强隣之兵이라
약 기국소이병희즉 비차진진지전곡 매피강린지병

도 百戰百勝은 亦所當然이니 此乃財産保護中 實效也요 又有
백전백승 역소당연 차내재산보호중 실효야 우유

殖産之方針이나 我國人民은 設或富人이 積金藏穀이라도 貨殖
식산지방침 아국인민 설혹부인 적금장곡 화식

之道에 全然蒙昧하니 此是未開之一欠也니라
지도 전연몽매 차시미개지일흠야

만약 그 나라가 작고 병력이 적으면 이에 묵어가는 돈과 곡식을 써
서 저 강한 이웃 나라의 병력을 사서라도 백 번 싸워 백 번 이기기
는 또한 당연한 것이니,[65] 이것이 재산을 보호하는 실지 효력이다.
또한 재산을 불리는 방침이 있어도 우리나라 백성은 설혹 부한 사
람이 돈과 곡식을 저장하였다 할지라도 재산을 불리는 도에 전연
어두우니 이것이 미개한 결점이다.

13. 方今世界는 有銀行之規則하여 雖曰便利나 此則 倉卒間 私
방금세계 유은행지규칙 수왈편리 차즉 창졸간 사

自難設者也라 自國都而 至於各道各郡各鄕에 設置殖産會社
자난설자야 자국도이 지어각도각군각향 설치식산회사

하고 擇其可堪人하여 任其名目하고 貧富人間에 隨其事力하여
택기가감인 임기명목 빈부인간 수기사력

富人則 立其資本하고 貧人則 無論某事業間에 勤力食道之餘
부인즉 입기자본 빈인즉 무론모사업간 근력식도지여

에 幾錢幾分式 日投會社中이면
기전기분식 일투회사중

65 용병은 고대부터 현재까지 흔히 볼 수 있다.

十. 明理傳명리전
233

방금 세계는 은행 규칙이 있어 비록 편리하다고 말하나, 이것은 갑작스럽게 개인이 스스로 설립하기 어려운 것이다. 나라 수도로부터 각 도·각 군·각 마을에까지 회사[66]를 설치하고, 감당할 만한 사람을 택하여 그 명목을 맡긴다. 가난한 사람과 부유한 사람 사이에서 일의 종류와 능력에 따라, 부한 사람이면 그 자본을 세우게 하고 가난한 사람이면 무슨 사업이든 부지런히 힘쓰게 하여, 먹고 사는 나머지 몇 푼씩 매일 회사에 저금케 한다.

14. 窮究殖利之術이 農商工業間에 如有便利之端이니 出入其錢
   궁 구 식 리 지 술   농 상 공 업 간   여 유 편 리 지 단   출 입 기 전
으로 生殖興販而 至于十年則 無爲中元富는 至於有名之富하
   생 식 흥 판 이 지 우 십 년 즉 무 위 중 원 부   지 어 유 명 지 부
고 貧民則 至於可活之富矣니라 如是之後에 統計人民則一般
   빈 민 즉 지 어 가 활 지 부 의   여 시 지 후   통 계 인 민 즉 일 반
生民이 平均是富리니 國富民安之術이 亦在於他乎아 苟如是
   생 민   평 균 시 부   국 부 민 안 지 술   역 재 어 타 호   구 여 시
而已則 民有快活而已니 豈不曰平天下之經綸乎아
   이 이 즉 민 유 쾌 활 이 이   기 불 왈 평 천 하 지 경 륜 호

마지막에는 이익을 불리게 하는 기술을 깊게 연구하면 농업 상업 공업 어떤 일을 하건 간에 이같이 편리한 것이 없을 것이다. 나고 드는 그 돈으로 생산도 하고 판매도 하여 십 년이 되면 자연히 원래 부자는 더 큰 유명한 부자가 되고, 가난하던 백성은 살아갈 만한 부자

66 식산이란 재를 불리는 것을 말한다. 그러므로 식산회사란 지금의 종합상사쯤 될 것이다.

가 될 것이다. 이같이 한 후에 백성을 통계하면 일반 백성들도 평균 부자가 될 것이니, 나라가 부하고 백성이 편안한 술책이 또한 다른 데 있으랴. 진실로 이 같이만 하면 백성이 쾌활하게 살아갈 수 있을 것이니, 어찌 천하를 평안하게 할 경륜이라고 말하지 않겠는가.

15. 大抵 書生之遊學은 農商工業發達之基礎也니 學彼先覺之學
   대저 서생지유학   농상공업발달지기초야   학피선각지학
文하여 試用於未開之土地則 山野川澤과 規矩準繩과 輸出輸入
문   시용어미개지토지즉 산야천택   규구준승   수출수입
이 自在方針矣리니 夫如是而才藝兼人之能行儀 至於君子之境
   자재방침의   부여시이재예겸인지능행의 지어군자지경
而 加彼勞苦勤勉之道則 甘受和白受采를 於斯可見矣니라
   가피노고근면지도즉 감수화백수채   어사가견의

무릇 공부하는 사람이 집을 떠나 유학[67]하는 것은 농상공업 발달의 기초가 된다. 저 먼저 깨달은 학문을 배워 미개척된 땅에 시험하고 사용하면 산과 들, 냇물과 연못 어디서나 모든 일의 표준[68]과 수출 수입에 스스로 방침이 생길 것이다. 이렇듯이 재능과 기예를 겸비한 사람의 능숙한 행동과 예의가 군자의 경지에 이르러 수고롭고 괴롭고 부지런하고 힘쓰는 도를 더하면, 단 것에 꿀을 타고, 흰 것

---

67 遊學 고향을 떠나 공부하는 것.
68 규구준승은 목수가 쓰는 그림쇠, 자, 수준기, 먹줄을 통틀어 이르는 말. 또는 일상생활에서 지켜야 할 법도.

에 채색하듯 상승효과를 볼 수 있을 것이다.[69]

16. 於是乎 民富國泰則 道德文明이 廣國於天下也리니 天下에
   어 시 호   민 부 국 태 즉   도 덕 문 명   광 국 어 천 하 야   천 하
孰能當之리오 居天下之一等하여 行天下之一權則 此謂修身
숙 능 당 지   거 천 하 지 일 등   행 천 하 지 일 권 즉   차 위 수 신
齊家治國平天下之策也니라 積小成大는 物理之自然이니 勿以
제 가 치 국 평 천 하 지 책 야   적 소 성 대   물 리 지 자 연   물 이
物小而棄之하고 勿以德小而賤之하라 事之形便과 隨時用道를
물 소 이 기 지   물 이 덕 소 이 천 지   사 지 형 편   수 시 용 도
略陳於此하니 念哉勉哉어다 潛心玩味하여 能透於此則 庶幾乎
약 진 어 차   염 재 면 재   잠 심 완 미   능 투 어 차 즉   서 기 호
近道矣리라
근 도 의

이에 백성이 부해지고 나라가 태평하면 도덕 문명이 천하에 넓게
빛날 것이니, 천하에 누가 능히 당하겠는가. 천하에 일등으로 살면
서 천하의 일등 권리를 행하면, 이것을 「수신제가 치국평천하」의
방책이라 말한다.[70] 적은 것을 쌓아 큰 것을 이룸은 물리의 자연이
니, 물건이 작다고 버리지 말고 덕이 작다고 천히 여기지 말라. 일
의 형편과 때를 따라 도를 쓰는 것을 대강 말하였으니, 생각하고 힘
쓸지어다. 마음을 고요히 하고 맛을 보아 능히 이를 통하여 얻으면
거의 도에 가까울 것이다.

69 감수화 백수채는 더 할 나위 없이 좋은 것을 뜻한다.
70 무력으로 굴복시키는 것은 오래 가지 못한다. 사람들을 이끄는 것은 문화의 힘이다.

十一. 三戰論(삼전론: 세가지 싸움을 논함)[1]

(一) 序論(서론, 들어가며)

1. 而千古之歷史兮어 講之以可明이요 記之以可鑑이로다
이 천 고 지 역 사 혜   강 지 이 가 명   기 지 이 가 감

오래전 옛적의 역사는 어떻게 전해지는가? 외워서 전해 밝힐 수도
있고, 기록하여 거울로 삼을 수도 있으리라.[2]

2. 太古兮 萬物也어 其胡然豈可然가 贅理而度之則 茫茫乎其遠
태 고 혜 만 물 야   기 호 연 기 가 연   췌 리 이 탁 지 즉   망 망 호 기 원
하고 感物而致之則 渾渾然無疑로다 是故로 於古及今에 先聖
감 물 이 치 지 즉   혼 혼 연 무 의   시 고   어 고 급 금   선 성
後聖이 連絡繼出하고 帝法王法이 同軌一輪하니 何者오 治異道
후 성   연 락 계 출   제 법 왕 법   동 궤 일 륜   하 자   치 이 도
同이요 時異規同이라 略擧其由하면 道本乎天하여 洋洋乎宇宙
동   시 이 규 동   약 거 기 유   도 본 호 천   양 양 호 우 주
者 莫非一氣之所幹也니라
자 막 비 일 기 지 소 간 야

---

1 포덕44년(1903) 저술.
2 講 외울 강. 문자가 생기기 전은 모든 역사가 외워서 구전되었다.

아주 오랜 옛날, 만물은 어떻게 그리 되었고 어떻게 그리 생겼는가. 번거롭게 이치를 따져 헤아리면 아득하고 아득하게 멀지만, 직접 물건을 느끼고 알아보면 모든 물이 하나로 합쳐지듯 의심이 없다.[3] 이러므로 예로부터 지금까지 앞 성인·뒤 성인이 이어 나시고 제왕의 법이 같은 궤도에 하나로 돌아가니 어찌된 일인가.[4] 다스리는 방법은 다르지만 그 근본 도는 같은 것이요, 때는 다르나 규범은 같기 때문이다. 대략 그 이유를 살펴보면 도가 한울에 근본하여 우주에 흘러넘치는 것은 한 기운이 간섭하는 것 아님이 없기 때문이다.[5]

3. 雖然이나 人爲動物之靈이요 靈之其中에 亶有聰明하여 作之君
   수 연   인 위 동 물 지 령   영 지 기 중   단 유 총 명   작 지 군
   作之師하니 玆曷故焉가 唯天은 無偏하사 率性者惟親也라 侍天
   작 지 사   자 갈 고 언   유 천   무 편   솔 성 자 유 친 야   시 천
   行天故로 是曰體天이요 推己及人故로 此曰道德也니라
   행 천 고   시 왈 체 천   추 기 급 인 고   차 왈 도 덕 야

그러나 사람이 동물의 영장이 되고, 영장인 그 가운데 특별히 총명함이 있어서 임금을 만들고 스승을 만드니 이는 어떤 이유인가.

---

3 세상 만물의 이치는 크고도 넓다. 그 무한한 이치 앞에선 아득하게만 느껴지겠지만 하나씩 이치를 헤아리고 알아 온 것이 인류 문명의 시작이었다.
4 성인이란 한울 이치를 깨우쳐 사람들에게 가르치고 일깨운 사람이며, 그 이치에 따라 사람들의 삶을 조정하고 안내하는 사람이 임금이었다. 그러므로 모든 성인의 법과 임금의 법은 한울 이치에 따라 사람들의 삶을 돕는 것이 기본이다.
5 사는 곳의 기후와 풍습에 따라 가르침이 다르고 다스림의 방법이 다를 수 있다. 그러나 기본적인 사람의 삶, 생명의 본질은 변할 수 없다. 모든 것이 한 한울의 기운작용이기 때문이다.

한울님은 편벽됨이 없으시어 천성을 거느리는 사람과 오직 친하심이라. 한울을 모시고 한울대로 행하므로 이를 「체천」이라 말하고 체천을 행하는 이가 임금이 되고 스승이 되며, 나를 바르게 하여 사람에게 미치므로 이를 「도덕」이라 말한다.[6]

4. 光被四表하니 中散萬事요 因時取宜하니 大抵時中이요 變於時
   광 피 사 표   중 산 만 사   인 시 취 의   대 저 시 중   변 어 시

   用하니 不失執中이요 有初克終하니 合爲一理로다 由是觀之면
   용   부 실 집 중   유 초 극 종   합 위 일 리   유 시 관 지

   天之於道에 豈有間矣며 道之於人에 豈可遠哉아 須臾不可離
   천 지 어 도   기 유 간 의   도 지 어 인   기 가 원 재   수 유 불 가 리

   者 此之謂也니라
   자 차 지 위 야

도덕의 빛이 사방에 덮이니 만사에 알맞게 고루 미친다. 때에 맞춰 마땅한 것을 취하니 이를 딱 맞는다고 한다. 때를 따라 변화를 잘 따르되 중도를 잡아 잃지 않아야 한다.[7] 처음이 있으면 마지막이 있으니 선후가 합하여 한 이치다. 이로 좇아보면 한울과 도에 어찌 사이가 있으며 도와 사람이 어찌 멀다고 하겠는가. 잠시도 떠나지 못

---

6 한울 뜻을 알고 실천하는 것을 체천이라 한다. 한울 이치가 도라면 그 이치가 사람들에게 베풀어져 드러나는 것을 덕이라 한다. 推 옳을, 추천할 추. 도덕은 옳은 것을 스스로 실천하며 사람들이 자연히 따르도록 하는 것. 자신은 지키지 않으면서 남에게 강제하는 것은 도도 아니고 덕도 아니다.
7 좋은 약과 도구도 오래 쓰면 효력이 떨어지게 마련이다. 그때를 놓치지 말고 새롭게 진화하지 못하면 도태된다. 그러나 그렇게 변화하되 근본이 되는 정신은 잃지 말아야 할 것이다.

할 것이라는 것은 이를 말한 것이다.

5. 太古之無爲兮여 其氣也未發이요 三皇之基礎兮여 道本乎心이
   태 고 지 무 위 혜   기 기 야 미 발   삼 황 지 기 초 혜   도 본 호 심

요 五帝之孩提兮여 施措於治法이라 人氣也淳厚하니 民皆爲堯
   오 제 지 해 제 혜   시 조 어 치 법   인 기 야 순 후   민 개 위 요

舜이요 敎導以聖道하니 世莫非堯舜이라 人道之將泰兮여 人各
순   교 도 이 성 도   세 막 비 요 순   인 도 지 장 태 혜   인 각

有人心이라 惟彼軒轅時之蚩尤와 虞舜世之有苗가 背化而作
유 인 심   유 피 헌 원 시 지 치 우   우 순 세 지 유 묘   배 화 이 작

亂하니 豈可無善惡之別乎아
란   기 가 무 선 악 지 별 호

먼 옛적 자연 그대로의 「함이 없는(무위)」 시대는 한울 기운이 아직
발달하지 않은 때였다. 세 임금이 세상의 기초를 세우니, 그 도는
한울 마음에 근본 한 것이었다. 다섯 황제가 어린아이를 이끌 듯 사
람들을 인도하니, 베풀기도 하고 그냥 두기도 하는 것으로 다스리
고 법을 삼았다.[8] 사람이 순후하니 백성이 다 요임금 순임금 같은
성인이요, 성인의 도로써 가르치니 세상이 다 요순 아님이 없었다.
그러나 사람의 지혜가 커지면서 제각각 마음이 있는지라, 「헌원
씨」 시대에는 「치우」가 난을 일으키고, 「우순씨」 세상에는 「유묘」

---

8 삼황오제는 동양 문명을 처음으로 열었다는 전설 속의 임금. 孩提는 어린아이를 이끄는
   것. 施베풀, 행할 시. 措 둘, 섞일 조. 아이를 기를 때도 혼자 잘하는 아이는 간섭하지 않고
   지켜보고, 아주 잘 못하는 것만 고쳐주는 것이, 매사를 일일이 간섭하고 가르치는 것보다
   올바르게 성장한다.

가 교화를 배반하고 난을 일으키니,[9] 이런 일을 본다 해도 어찌 선

악의 구별이 없다고 하겠는가.

6. 夫 聖人之道는 無物不成이라 能治亂之藥石이니 干戈刑戮이
    부 성인지도   무물불성   능치란지약석   간과형륙

   是也니라 是故로 及周之盛에 其氣也壯大하니 治隆於上이요 敎
   시야   시고   급주지성   기기야장대   치륭어상   교

   美於下라 郁郁乎文物이 於斯爲盛하니 豈不欽嘆處乎아
   미어하   욱욱호문물   어사위성   기불흠탄처호

무릇 성인의 도도 유형한 세상에 실천되지 않으면 이루지 못한다.

도를 실현하기 위해 병장기와 형벌로써 세상의 난을 다스리는 도

구[10]로 삼았다. 그렇게 하여 주나라가 번성함에 이르렀고, 그 기운

이 장대하여 다스림이 위에서 융성하고, 교화가 아래까지 아름다

웠다. 빛나고 빛나는 문물이 이때 성하니, 어찌 부럽고 본받을 만한

---

9 황제 헌원은 화하족의 족장, 치우는 하족과 중원 패권을 다투던 동이족 장이었다. 치우와
   황제가 크게 싸운 탁록(지금의 북경 부근)대전이 유명하다. 치우의 용맹과 용병은 신출귀
   몰해서 지금도 중국인들이 치우를 군신으로 섬기거나 악신으로 두려워한다. 요순시대 양
   자강 이남의 동정호와 팽려호 일대에는 구려의 후손인 유묘 혹은 삼묘라 불리는 부족이
   있었는데 요임금의 아들 단주와 사이가 가까웠다. 요임금이 순(성이 우)에게 제위를 넘겨
   주려 하자 이를 승복하지 않던 삼묘의 족장이, 단주와 세력을 연합하여 요와 순에게 반기
   를 들었다. 그러나 요의 군대는 단주와 삼묘의 연합군을 궤멸시켰고, 이 싸움에서 삼묘 족
   장과 단주도 전사했다. 이것이 묘족이 남쪽으로 옮겨가게 된 배경이라고 한다. 조선말에
   는 이미 사대적 사관이 뿌리내린 시기였다. 그러므로 중국 화하족에 대항한 부족이나 나
   라는 모두 역적이요 세상을 어지럽힌 무리로 묘사되었다.
10 藥石; 약과 침이라는 뜻으로 여러 가지 약을 이르는 말.

것이 아니겠는가.[11]

7. 噫라 物久則弊하고 道遠則疎는 理之自然이라 明若觀火로다 自
   희   물구즉폐   도원즉소   이지자연   명약관화   자
   是以後로 歷代列國이 各修覇業하여 興廢勝敗를 怳若棋局之勝
   시이후   역대열국   각수패업   흥폐승패   황약기국지승
   負하니 此豈非寒心處乎아 雖然이나 亦是運亦是命이니 有何怨
   부   차기비한심처호   수연   역시운역시명   유하원
   尤아 如斯之忖度兮여 理之翻覆과 運之循環이 瞭如指掌也로다
   우   여사지촌탁혜   이지번복   운지순환   요여지장야

아! 물건이 오래되면 낡아지고 도가 멀어지면 소홀해지는 것은 이
치가 그런 것이 명확하다. 이로부터 역대 여러 나라들이 권력 잡기
만 숭상하여, 흥하고 망하고 이기고 지는 것을 장기바둑 승부같이
하였으니, 이 어찌 한심하지 않은가.[12] 하지만 이 역시 운수요, 천명
이니 누구를 원망할까. 이렇듯이 헤아리니 이치의 번복과 운수의
순환이 손바닥을 보는 듯하다.

---

11 중국 고대 역사는 삼황오제-요순-우(하나라)-은나라-주나라-춘추전국시대-진으로 이어
    진다. 중국에선 은보다 후대 왕조에 이어진 여러 가지 문물과 제도의 시원이 된 주나라를
    숭상하는 풍조가 있었다. 특히 공자의 경우 주나라 문물이 희미해져 각 제후국 간의 세력
    다툼이 치열했던 춘추시대에 살며 주나라 문물을 복구하고 회복하려 노력했던 것으로 전
    해진다.
12 권력이란 사람들이 서로의 복잡한 일들을 조정하기 위해 위임한 것이나 나중엔 권력이
    오히려 사람들을 억압하고 개인적 이익을 위한 도구로 변질된다. 그렇기 때문에 권력을
    잡기 위한 싸움이 끊이지 않았으니 한 나라가 세워지고 망하고, 각 나라 간에 패권을 다투
    는 것이 모두 권력의 욕망 때문이었지 사람들의 민의를 대변한 것은 아니었다. 그런 헛된
    욕망과 싸움 때문에 희생된 사람이 동서고금에 얼마나 많은가!

8. 夫如是則 鑑昔稽古하여 指今視今에 豈有間於多端哉아 是故
   부여시즉 감석계고   지금시금   기유간어다단재   시고
   로 古今之不同兮여 吾必曰 運之變也로다
   고금지부동혜   오필왈 운지변야

이렇게 하면 옛적을 거울삼고 돌아보아, 오늘을 가리키고 살펴보
는 것이 조금도 어렵지 않을 것이다. 이렇게 살펴보아 예와 이제가
같지 않은 것을 나는 반드시 「운이 변한 것이라」고 한다.

9. 方今 天下之大勢 與運偕同하여 人氣也 强莫强焉이요 巧莫巧
   방금 천하지대세 여운해동   인기야 강막강언   교막교
   焉하여 技藝之發達과 動作之練習이 極盡於此也라 雖然이나 强
   언   기예지발달   동작지연습이 극진어차야   수연   강
   非勁兵之强力이라 就義無屈之謂也요 巧非姦細之巧態라 達
   비경병지강력이라 취의무굴지위야요 교비간세지교태라 달
   事乘銳之稱也라 以若利器堅甲으로 兵刃이 相接則 强弱相分
   사승예지칭야라 이약이기견갑으로 병인이 상접즉 강약상분
   하여 人道絶矣리니 是豈天理哉아
        인도절의   시기천리재

방금 천하대세가 운과 함께 나아가므로 사람의 기운은 매우 강하
고, 한층 교묘하여 기예의 발달과 동작의 연습이 극진하기에 이르
렀다.[13] 그러나 진정으로 강한 것은 병력이 강한 것이 아니라, 의에
나아가 굴하지 않음을 말하는 것이요, 계교는 교활한 교태가 아니

---

13 19세기는 과학과 산업 발달로 수천 년간 변화 없이 이어지던 농경 위주의 사회구조가 격
    변하기 시작한 시기였다.

라, 일을 통달하여 예리하게 처리하는 것을 말한다.[14] 만약 예리한 무기와 군센 무장을 한 병력이 서로 접전하면 강한 쪽과 약한 쪽이 서로 나누어져 사람의 도리가 끊어질 것이다.[15] 이 어찌 한울의 이치겠는가.[16]

10. 以余不敏으로 俯仰宇宙之勢하니 擧世竝强하여 雖欲接兵이나
    이 여 불 민   부 앙 우 주 지 세   거 세 병 강   수 욕 접 병
同手相敵하여 戰功無益이리니 此所謂五獸不動也니라 然則 兵
동 수 상 적   전 공 무 익   차 소 위 오 수 부 동 야   연 즉 병
戰一款은 自歸無奈요 畏尤甚於兵戰者 有三焉하니 一曰道戰
전 일 관   자 귀 무 내   외 우 심 어 병 전 자 유 삼 언   일 왈 도 전
이요 二曰財戰이요 三曰言戰이라 此三者를 能知然後에 可進於
    이 왈 재 전   삼 왈 언 전   차 삼 자   능 지 연 후   가 진 어
文明之步而 保國安民平天下之策을 可得而 致矣라 是故로 請
문 명 지 보 이 보 국 안 민 평 천 하 지 책   가 득 이 치 의   시 고   청
言申之하여 聊以戰論하노라
언 신 지   요 이 전 론

총명치 못한 나로서도 세계 대세를 살펴보니 온 세상이 모두 강해져서 비록 싸운다 할지라도, 비슷한 힘의 적수가 서로 대적하여 싸

---

14 힘으로 굴복시키는 것은 하수이다. 진정으로 강한 것은 마음으로 감복하고 따를 수 있도록 하는 것이다.
15 강한 사람은 살육을 저지르게 되고, 약한 사람은 천명을 다하지 못하고 죽거나 크게 상하게 된다. 어느 쪽이나 도리가 끊어진 것은 마찬가지.
16 싸움은 항상 최후의 수단이 돼야 하고 사용하지 않을 때 더 가치가 있다(有能不用, 후경 2). 현대 국제사회 관계도 무력에 의한 하드파워로는 자기 목적을 달성하기 어렵고 부작용만 낳을 뿐이고, 도덕과 문화의 소프트 파워가 오히려 효과적임을 잘 보여준다.

운 공이 없으리니, 이것을 「다섯 짐승의 대치」라 말한다.[17] 그러면 무기로만 싸운다는 것은 자연히 쓸데없이 되는 것이요, 무기보다 더 무서운 것 세 가지가 있으니 첫째 도전이요, 둘째 재전이요, 셋째 언전이다. 이 세 가지를 능히 안 뒤에라야 가히 문명에 나아가 나라를 보전하고 백성을 편안케 하며 천하를 평안하게 하는 계책을 가히 얻어 이루리라. 이러므로 말을 거듭 청하여 삼전론을 말한다.[18]

(二) 道戰(도전, 도의 싸움)

1. 道戰者는 何也오 日「天時不如地利요 地利不如人和라」하니
   도 전 자   하 야   왈   천 시 불 여 지 리   지 리 불 여 인 화
   人和之策은 非道不能이요 日「以道和民則 無爲而可治也」어
   인 화 지 책   비 도 불 능   왈   이 도 화 민 즉   무 위 이 가 치 야
   니와 歸之於戰則 不可日不然이니라
   귀 지 어 전 즉   불 가 왈 불 연

---

17 다섯 마리의 맹수가 서로 노려보는 상태를 오수부동이라 한다. 어느 한 마리가 먼저 움직이거나 허점을 보이면 집중 공격을 받을 수 있으므로 서로 꼼짝하지 못한다. 마치 핵보유국들이 서로 사용하지도 못할 핵무기로 위협만 하는 상황과 같다.

18 소프트파워는 군사력이나 경제제재 등의 물리적 힘으로 표현되는 '하드파워(hard power)'에 대응하는 개념으로, 강제력보다는 매력을 통해, 명령이 아닌 자발적 동의에 의해 얻어지는 능력을 뜻한다. 하버드대학교 케네디 스쿨의 조지프 나이(Joseph S. Nye)가 처음 사용한 용어이다. 소프트파워는 군사력 등으로 행사되는 하드파워와 달리 가치와 삶의 질 그리고 자유 시장경제의 흡인력으로 원하는 것을 얻을 수 있는 능력을 의미한다. 양차 세계대전과 최근 이라크전까지 치르면서 그 반성으로 정립된 개념인데 이미 의암 선생은 이때 소프트파워 개념의 삼전론을 제시하신 것이다. 당시는 물론이요, 오늘에 더욱 소중한 지침이 아닐 수 없다.

도전이란 무엇인가. 옛사람이 말하기를 「하늘의 때를 얻는 것이 지형적 이점을 얻는 것만 못하고 지형적 이점은 사람들이 화합하는 것 만 못하다」[19] 하였다. 사람들의 화합은 도가 아니면 할 수 없고, 또 말하기를 「도로써 백성을 화하면 다스리지 않아도 절로 다스려진다」[20] 하였거니와 싸움에 있어서도 역시 사람들의 단합이 가장 중요한 것이다.[21]

2. 君子之德은 風也요 小人之德은 草也니 道之所存과 德之所行
   군 자 지 덕   풍 야   소 인 지 덕   초 야   도 지 소 존   덕 지 소 행
에 望風而不偃者 未之有也니라 夫大德은 化被草木이요 賴及
   망 풍 이 불 언 자 미 지 유 야   부 대 덕   화 피 초 목   뇌 급
萬方也니라
만 방 야

군자의 덕은 바람 같고 소인의 덕은 풀 같아서, 도가 있는 곳과 덕을 행하는 곳에 바람을 좇아 쓰러지지 않는 것이 없듯이 군자의 덕

---

19 맹자가 그의 왕도론(王道論)을 전개할 때 한 말로, 〈맹자〉 '공손추(公孫丑)' 하(下)의 첫 문장이다.

20 이 문장의 출전은 분명치 않다. 다만 논어에 다음과 같은 글이 있다. 子曰 無爲而治者 其舜也與 夫何爲哉 恭己正而南面而已矣 공자께서 말씀하셨다. "함이 없이 무위로써 잘 다스린 분은 순임금이라 할 것이다. 어찌 하였겠나? 자신을 공손히 하고 바르게 남쪽을 향해 앉아 계셨을 따름이었다." 논어, 위령공 4장.

21 고대부터 무기와 병력에서 열세이면서 전쟁에 승리한 예는 수없이 많다. 그러한 승리의 원인들은 여러 가지가 있겠지만 가장 중요한 것은 역시 전쟁에 참여하는 병사들의 도덕적 우위와 그로써 생기는 자발적 참여와 동기가 상대방의 그것을 압도했다는 것이다.

을 따르기 마련이다.[22] 큰 덕은 차별 없이 베풀어지므로 화함이 초목에까지 미치고, 모든 곳이 힘을 입는다.[23]

3. 現今 天運이 泰通하고 風氣大闢하여 遐邇一體하고 率濱同歸하
현금 천운   태통   풍기대벽   하이일체   솔빈동귀
니 玆曷故焉가
자갈고언

지금 세상은 천운이 크게 통하고 풍속의 기운이 크게 열리어, 멀고 가까운 것이 한 몸 같고 온 천하가 하나로 돌아간다. 어떻게 하여 이리 되었는가.

4. 國各有國敎하여 一款主掌者는 開明文化也니라 盖以先開之道로
국각유국교   일관주장자   개명문화야   개이선개지도
加被未開之國하여 行其德化其民則 民心所歸 沛然如水하나니
가피미개지국   행기덕화기민즉   민심소귀 패연여수
盍曰「民惟邦本乎」라 其本不全而 其邦獨全者 未之有也니라
합왈   민유방본호   기본부전이 기방독전자 미지유야

---

22 눈 앞의 것만 보는 사람은 전체를 보는 안목을 이길 수 없다. 진리를 깨닫지 못한 사람(소인)이 깨달은 사람(군자)을 따를 수밖에 없는 것도 마찬가지. 도를 닦는 사람 간에는 도력이 높은 사람이 선생이 되는 법이다.
23 "성인의 덕행은 춘풍태화의 원기가 초목군생에 퍼짐과 같으니라."(해월신사법설, 성인지덕화) 성인의 덕은 사람과 어려움을 가리지 않는다. 바람이 어느 곳이나 불어 신선한 공기를 전하듯이. 그러나 소인은 세상의 시류에 따라 마음이 이리저리 흔들려 중심을 유지하지 못한다. 그러므로 바람 앞의 풀과 같다고 하셨다.(동경대전, 논학문)

나라마다 국교가[24] 있어 첫째 주장은 밝게 개방하는 문화이다. 대개 먼저 개명한 도로써 폐쇄적인 미개한 나라에 베풀어 한울의 덕을 행하고 그 백성을 화하면 민심 돌아가는 것이 물이 아래로 흐르듯 자연스럽게 화하니, 어찌 「백성이 나라의 근본이라」[25]고 말하지 아니하겠는가. 근본인 백성이 온전치 못하고 그 나라가 홀로 온전한 것은 있을 수 없는 것이다.[26]

5. 是故로 世界各國이 各守文明之道하여 保其民敎其職하여 使其
   시고   세계각국   각수문명지도   보기민교기직   사기
   國으로 至於泰山之安하니 此無奈道前無敵者乎아 征伐所到에
   국   지어태산지안   차무내도전무적자호   정벌소도
   雖有億萬之衆이나 各有億萬心이요 道德所及에 雖有十室之忠
   수유억만지중   각유억만심   도덕소급   수유십실지충
   이나 同心同德이라 保國之策이 有何難矣哉아 然則 天時 地利
        동심동덕   보국지책   유하난의재   연즉 천시 지리

---

24 서양의 國敎는 왕정시대 왕실이 믿는 종교를 민간에도 강요하며 생겼다. 상대의 종교를 인정하지 않고 개종을 강요하여 생긴 싸움은 십자군전쟁이래 신교와 구교간 전쟁까지 참혹한 것이었다. 하지만 동양에서의 敎는 종교보다는 '성인의 가르침'으로, 나라에서는 '국가의 지도이념'의 뜻이었다. 오늘날엔 특정종교 보다는 그 나라에서 지향하는 주된 가르침, 이념 정도로 해석하는 것이 맞을 듯.
25 "民惟邦本 本固邦寧" 백성이 나라의 근본이니, 근본이 공고해야 나라가 편안하다. 서경 **夏書**.
26 자공이 공자에게 나라를 다스리는 방법에 대해서 물었다. "양식을 늘리고, 군비를 확충하며, 백성들로부터 신임을 얻어야 한다. 이 세 가지가 가장 중요하다." "그렇다면 만일 부득이해서 세 가지 중에 하나를 버려야 한다면 어느 것을 버려야 합니까?" "군비를 버려야 한다." "두 개 중에서 또 다시 하나를 버려야 한다면." "양식을 버려야 한다. 양식이 없다고 해서 모두가 죽는 건 아니다. 그러나 만일 백성의 신임을 얻지 못한다면 그것은 양식과 군비는 물론이고 나라마저 지탱할 수가 없기 때문이다."(논어, 안연편)

無益於施措者乎아 曰「至治之時는 田野闢하고 風雨順하여 山
무 익 어 시 조 자 호 왈 지 치 지 시 전 야 벽   풍 우 순   산

川草木이 皆有精彩」하니 天時地利 無奈人和中 可致者乎아
천 초 목 개 유 정 채   천 시 지 리 무 내 인 화 중 가 치 자 호

所以로 吾必曰 可戰者는 道戰也로다
소 이 오 필 왈 가 전 자 도 전 야

이러므로 세계 각국이 각각 문명의 도를 지켜 백성을 보호하고, 직
업을 가르쳐서 그 나라로 하여금 태산같이 안전하게 하니, 이것은
개명한 도 앞에는 대적할 자 없기 때문이다. 싸워 정벌하는 곳에는
억만 대중이 있어도 힘에 굴복할 뿐 그 마음은 각각이지만, 도덕이
미치는 곳에는 비록 열 집의 충성만 있다 할지라도 같은 마음 같은
덕이니,[27] 나라를 지키는 계책이 무엇이 어려울 것인가. 군사만 많
다고 강대국은 아니다. 군사력이 아니면 경제가 강대국의 지표인
가? 부는 잘살기 위한 조건 중의 하나일 뿐. 개개인의 삶이 조화롭
고 보람 있는 삶을 산다면 그것이 행복한 삶이고, 행복한 사람들이
사는 나라를 누가 업신여기겠는가? 그러면 하늘의 때와 지형적 이
점이 쓸 곳이 없지 않은가. 옛사람이 말하기를 「지극히 잘 다스려

---

27 "同力커든 度德하고 同德커든 度義하나니 受有臣億萬이나 惟億萬心이어니와 予有臣
三千이나 惟一心이니라"(書經, 周書 泰誓 上) "힘이 같으면 덕을 헤아리고, 덕이 같으면 의
로움을 헤아리니, 수(상나라 마지막 임금 紂의 이름)는 신하 억만(고대에는 십만을 억이라
했다)이 있으나 억만의 마음이 있고, 나에게는 신하 3천이 있으나 오직 한마음뿐이다." 주
무왕이 은주왕을 치러 가면서 전쟁의 정당성을 설명하기 위해 행한 연설.(이기동, 서경강
설, 348-349)

지는 시대에는 논밭이 넉넉하고, 비와 바람이 순하여 산천초목이 다 생기가 넘쳐 활발함이 있다」하니, 하늘의 때와 지형적 이점도 다름 아니라 사람의 화합 중에서 되는 것이다. 이러므로 나는 반드시 말하기를 「싸울 만한 것은 도전이라」한다.[28]

(三) 財戰(재전, 재물의 싸움; 경제전)[29]

1. 財戰者는 何也오 曰 財也者는 天寶之物貨也니 生靈之利用이
   재 전 자   하 야   왈 재 야 자   천 보 지 물 화 야   생 령 지 이 용
   요 元氣之膏澤이라 其類幾何오 動物植物鑛物이 是也니라
   원 기 지 고 택   기 류 기 하   동 물 식 물 광 물   시 야

---

28 여기서 도는 종교적인 의미는 물론이고 문화 예술을 포함한 포괄적인 개념으로 봐야 할 것이다. 미국의 가장 강력한 무기는 핵무기가 아니라 헐리우드 영화와 디즈니 만화, 그리고 햄버거와 콜라라고 하지 않던가. 이들을 즐기면서 자연스럽게 그들의 생각과 가치에 동조하고 동화되는 것이야말로 가장 무서운 道戰일 것이다.
29 천도교의 경제관은 어떠한가? 성(진리, 이상), 심(개인적 재능), 신(현실적 삶) 삼단을 모두 아우르며 중시하는 세계관이 그 답의 단초요, "물건마다 한울이요 일마다 한울이라 하였나니, …한울 전체로 본다면 한울이 한울 전체를 키우기 위하여 같은 바탕이 된 자는 서로 도와줌으로써 서로 기운이 화함을 이루게 하고, 다른 바탕이 된 자는 한울로써 한울을 먹는 것으로써 서로 기운이 화함을 통하게 하는 것이니"(해월신사법설, 이천식천)라고 하신 말씀이 또 다른 답이 될 수 있을 것이다. 다시 말해 경제란 사람들 서로를 돕는 것으로서 그 참 뜻이 있고, 다른 사람을 손해 보게 하거나 해하면서 이익을 얻는 것은 아닌 것이다. 한 걸음 더 나아가 사람뿐 아니라 모든 생명에 도움이 되는 방향으로 움직여야 참된 살림의 경제라 할 것이다. 또한 그렇게 생명을 살리는 사업을 자유롭게 할 수 있도록 제도가 도와주면 좋을 것이다. 그런 자유로운 마음을 기를 수 있는 교육, 자유를 억압하는 모든 인습을 제거하는 것이 정치의 역할이 될 것이다.

재전이란 무엇인가. 재물이라 하는 것은 한울이 준 보배로운 물품과 재화니 생령이 이롭게 쓰는 것이요, 한울 원기가 모인 연못이다.[30] 그 종류가 무엇인가. 동물 · 식물 · 광물이 이것이다.[31]

2. 人爲治物之主니 其利惟何오 農商工三業이 是也니라 發達農
　　인 위 치 물 지 주　 기 리 유 하　 농 상 공 삼 업　시 야　　 발 달 농
器하여 不違農時則 穀不可勝食也라 食者惟時하여 用之以節
기　　 불 위 농 시 즉　 곡 불 가 승 식 야　 식 자 유 시　　 용 지 이 절
中則 可備兇荒之患難矣리니 此所謂農業也요 貿遷有無하며
중 즉　 가 비 흉 황 지 환 난 의　　 차 소 위 농 업 야　 무 천 유 무
殖利致富하고 量入虞出하여 勞以食力則 此乃保産之策也니
식 리 치 부　　 양 입 우 출　　 노 이 식 력 즉　 차 내 보 산 지 책 야
此所謂商業也요 製造機械하여 便於器用하여 盡耳目之巧하고
차 소 위 상 업 야　 제 조 기 계　　 편 어 기 용　　 진 이 목 지 교
正規矩之藝則 有物俱足이니 此所謂工業也니라
정 규 구 지 예 즉　 유 물 구 족　　 차 소 위 공 업 야

사람은 만물을 다스리는 주인이 되니[32] 그 이익은 무엇인가. 농상공 삼업이 이것이다. 농기구를 발달시켜 농사할 때를 어기지 않으면 그 곡식을 다 먹을 수 없을 것이다. 먹는 것을 때맞춰 하고 절약하여 알맞으면 가히 흉년과 환란을 방비할 것이니 이것을 「농업」

---

30 元氣는 만물이 살아가고 성장하는 근본 정기.
31 "신은 광물 속에서는 잠자고, 식물 속에서는 깨고, 동물 속에서는 움직이고, 인간 속에서는 사유한다."(우파니샤드) 일체가 한울이다.
32 만물이 모두 한울의 기운작용으로 생겼으므로 물물천 사사천이다. 그러나 사람은 한울 이치를 깨닫고 그를 실천할 수 있는 최령자이므로 만물을 다스리는 주인이라 한 것이다. 여기서 다스린다 함은 만물이 본성대로 자리하고 살도록 한울 이치를 실천하는 것을 뜻하며, 사람의 습관된 욕심으로 착취하고 파괴하는 것이 아니다.

이라 한다. 있는 것과 없는 것을 사고팔고 옮기고, 이익을 불려 부를 이루고, 수입을 보아 쓸 데 쓰고, 힘껏 벌어서 먹고 쓰면 이것이 재산을 보호하는 계책이니 이것을 「상업」이라 한다. 기계를 만들어 쓰기에도 편리하며 보기에도 좋고, 규격을 맞춰 재주와 기예를 바로 하면 물건이 모두 넉넉할 것이니 이것을 「공업」이라 한다.[33]

3. 此三業者는 自古及今之美法良規也라 挽今世界則 人氣莫熾
   차 삼 업 자   자 고 급 금 지 미 법 양 규 야   만 금 세 계 즉   인 기 막 치
   하여 博覽經緯하고 格物推理하여 製造飾用과 玩好珍寶를 不可
      박 람 경 위   격 물 추 리   제 조 식 용   완 호 진 보   불 가
   勝用者多矣라 以若出類之物로 嘗試於各國하여 遷彼所産之
   승 용 자 다 의   이 약 출 류 지 물   상 시 어 각 국   천 피 소 산 지
   物하니 夫如是則 或有未開之國이 莫知利害之分析則 不幾之
   물   부 여 시 즉   혹 유 미 개 지 국   막 지 이 해 지 분 석 즉   불 기 지
   年에 其國之凋殘을 可立而待也니 以此觀之면 丁寧是唆澤之
   년   기 국 지 조 잔   가 립 이 대 야   이 차 관 지   정 녕 시 사 택 지
   紹介也니라
   소 개 야

이 세 가지 업은 예로부터 지금까지 아름다운 법이요, 좋은 규칙이다. 근래 세계는 사람들의 기운이 왕성하여 일의 과정을 폭넓게 보

33 이러한 기본적인 산업 분류는 현대에도 크게 틀리지 않는다. 과거에 비해 무역(상업)의 비중이 커지긴 했지만 제조업의 기반이 있지 않으면 상업만으로는 한계가 있고, 또한 상공업이 아무리 발전해도 기본적인 식생활이 해결되지 않으면 안 된다. 최근 국제 농산물 가격이 오르며 식량안보 개념이 새삼 중요해지는 것은 이를 잘 보여준다. 또한 산업간 경계가 모호해지고 IT, BT 등 신소재산업이 발달하였지만 IT는 크게 보아 재료는 공업에, 전자상거래는 상업에 분류할 수 있고, BT는 농업으로 분류할 수 있을 것이다.

고, 물건을 대하면 이치를 생각하여, 만들고 꾸며 쓰는 것과 진귀한 각종 물건이 미처 쓰지 못할 정도로 많다. 만약 특출한 물건을 다른 나라에 상품으로 시험하여 그 나라에서 나는 산물로 바꾸면 혹 미개한 나라가 이해분석을 할 줄 모를 경우 몇 해 안 되어 그 나라의 쇠잔함을 면치 못할 것이다. 이렇게 되면 정녕 이것은 미개한 나라의 기름을 빨아먹는 앞잡이가 아니겠는가.[34]

4. 是以로 智謀之士는 意思同然也라 上以國子로 至於凡民之俊
   시 이   지 모 지 사   의 사 동 연 야   상 이 국 자   지 어 범 민 지 준
   秀히 養其才達其技하여 一以資外禦之策하고 一以致富國之術
   수   양 기 재 달 기 기   일 이 자 외 어 지 책   일 이 치 부 국 지 술
   하니 此豈非可戰者乎아 所以로 吾必曰 可戰者는 財戰也로다
        차 기 비 가 전 자 호   소 이   오 필 왈   가 전 자   재 전 야

이러므로 지모 있는 선비는 생각이 같아서, 위에서는 왕가의 자제로부터 아래로 민간의 수재에 이르기까지 그 재주를 기르고 그 기술을 발달시켜 한편으로는 외국 자본을 막아내고 한편으로는 나라가 부해지는 술책을 쓰는 것이다. 이것이 어찌 싸움이 아니라고 하랴. 이러므로 나는 반드시 말하기를 「싸울 만한 것은 재전이라」 한다.[35]

---

34 제국주의 시대 가공무역이 이와 같았다. 조선과 인도 등지의 원재료(면화, 목화, 고무, 광석 등)를 싼값에 사들여 일본과 영국에서 옷과 최종 산물이 되면 원산지에서는 수십 배의 가격으로 이를 다시 구입해야만 했다. 嗾 부추길, 꼬드길 사. 澤 못, 늪 택. 늪에 빠지게 만들었다는 뜻.
35 제국주의 시대 일제의 착취에서 벗어나 산업화에 성공한 우리나라는 새로운 산업 조류

(四) 言戰(언전, 말의 싸움; 언론전)

1. 言戰者는 何也오 曰 言也者는 發蘊之標信이요 敍事之基本也
    언 전 자   하 야   왈 언 야 자   발 온 지 표 신   서 사 지 기 본 야
라 發乎中情하여 施乎事物이라 其爲發也 無形而有聲이요 其爲
    발 호 중 정   시 호 사 물   기 위 발 야 무 형 이 유 성   기 위
用也 無時而不然하니 經緯也에 毫分厘析하고 條理也에 至精
    용 야 무 시 이 불 연   경 위 야   호 분 이 석   조 리 야   지 정
且微 生存興戎이 總係乎此니 可不信也 哉아 是故로 先儒所云
    차 미 생 존 흥 융   총 계 호 차   가 불 신 야 재   시 고   선 유 소 운
「時然後出言」者 此之謂也니라
    시 연 후 출 언   자 차 지 위 야

언전이란 무엇인가. 말이란 것은 속에 있는 생각을 드러내는 표신

이요, 사실 있는 그대로를 알게 하는 기본이다. 또한 속에 있는 생

각을 나타내어 사물에 베푸는 것이다.[36] 그 나오는 것이 형상은 없

으나 소리가 있고, 그 쓰는 것이 언제나 뜻하는 대로 하니, 일의 과

정에는 아주 작은 것까지[37] 분석하고, 말의 조리는 지극히 정밀하고

에 적응하지 못하고 크게 당하는데 그것이 1997년 IMF 구제금융 사태였다. 자본과 금융
산업의 낙후로 국제 투기자본에 넘어간 국부가 헤아릴 수 없이 많았다. 이 모두가 財戰이
아니고 무엇이랴!
36 "도가 또한 세상에 있으니, 만약 말을 쓰지 않으면 도가 끊어지고 세상이 거칠어질 것이
니라."(의암성사법설, 극락설) 지행합일과 언행일치는 옛사람들의 일관된 지침이었다. 기
실 실천되지 않는 지식이나 말은 아무 쓸모가 없기 때문이다. 그러나 말이 중요한 것은 한
사람의 행에서 그치지 않고 많은 사람들의 마음을 움직여, 한 사람이 할 수 없는 큰 일을
하게 만든다는 데 있다. 그것이 언론의 힘이다. 그러므로 예부터 언관을 중시했고 현대에
는 언론을 입법, 사법, 행정부에 이은 제4의 권부라고까지 일컫는다.
37 毫釐 자나 저울 눈의 호와 리. 몹시 적은 양.

자세해야 한다. 그리되면 생존하는 것과 전쟁을 일으키는 것이 모두 이에 관계되니 믿지 않을 수 있겠는가. 이러므로 옛 선비가 말하기를 「때가 된 뒤에 말을 하라」[38]한 것은 이것을 말한 것이다.

2. 大抵 方言은 隨其山川之風氣하여 各殊其調節하니 故로 萬國
   대저 방언 수기산천지풍기 각수기조절 고 만국
   生靈이 稟質則 雖是一體나 相未通情者는 無他라 言語之矛盾
   생령 품질즉 수시일체 상미통정자 무타 언어지모순
   故也니 況此 於今世界 荒羅之間에 人氣通環하고 物貨相交하
   고야 황차 어금세계 황라지간 인기통환 물화상교
   며 國政旁然하여 自西徂東과 自南之北이 無不交隣하니 若非言
   국정방연 자서조동 자남지북 무불교린 약비언
   語之通涉이면 安可得交際之方策乎아
   어지통섭 안가득교제지방책호

사투리는 그 지방 산천 풍속과 기운을 따라 각각 그 표현이 달라지는 것이다. 그러므로 각 나라 사람들이 타고난 성품은 비록 같으나 서로 뜻을 통하지 못하는 것은 다름이 아니라, 말이 서로 다르기 때문이다. 하물며 지금 세계가 복잡한 사이에서 사람이 오고 가고 물품과 재화가 서로 교류하며, 나라 간 정치가 두루 넓어서 서에서 동에까지 남에서 북에까지 이웃과 다름이 없으니, 만약 말이 통하지

---

38 "마음이 안정된 사람은 말이 적다. 그러므로 마음을 안정하는 것은 말이 적은데서부터 비롯하느니라. 말할 만한 때가 된 다음에 말을 한다면 그 말이 간략하지 않을 수 없느니라"(율곡 이이, 自警文) 핵심을 정확히 아는 사람은 요점만 쉽게 얘기한다. 잘 모르는 사람은 말이 길고 장황하지만 이해하기 어렵다. 상대가 알아들을 수 있을 때를 기다려 정곡을 찔러 주고 스스로 깨달을 수 있게 하는 것이 잘 가르치는 스승.

못하면 어떻게 교제하겠는가.[39]

3. 出言有道하니 智謀竝行然後에 言可有章矣리니 是故로 一言可
   출언유도   지모병행연후   언가유장의   시고   일언가
   以興邦이라 하니 先聖之心法이 見於書하니 斷無異於畵工之妙
   이흥방   선성지심법이 견어서   단무이어화공지묘
   著於物也니라
   저어물야

말을 하는 데도 도가 있으니 지혜와 계책이 병행한 뒤에라야 말도

빛이 나는 것이다. 이러므로 한마디 말이 가히 나라를 흥하게 한다

하였다.[40] 옛 성인의 심법이 이 글에 나타났으니 단연코 그림 그리

는 사람이 물건을 보고 묘하게 그리는 것과 다름이 없다.[41]

4. 交際之地에 又有談判之法하니 兩敵이 相待하여 及其未決之時
   교제지지   우유담판지법   양적   상대   급기미결지시
   則 遠近團合하여 先覈事緖之曲直하고 閱覽經緯之可否하여 得
   즉 원근단합   선핵사서지곡직   열람경위지가부   득

---

39 진시황이 폭군이었지만 전국시대 당시 제각각이던 언어와 문자, 도량형 등을 하나로 통
    일하여 통일 왕조의 기틀을 만들었다. 지금도 세계는 표준화 전쟁을 하고 있다. 도량형은
    KSM(무게는 kg, 시간은 sec, 길이는 meter)으로, 언어는 영어, 화폐는 달러와 유로 등이
    통용된다.
40 로마가 한니발의 군대 앞에 속수무책으로 풍전등화의 위기에 있을 때 스키피오의 피끓
    는 연설이 로마를 위기에서 구했고, 거란 30만 대군을 물리친 것은 서희의 세 치 혀였다.
41 시인이 꽃을 묘사하는 것과 화가가 그리는 것은 본질은 같다. 대상을 얼마나 잘 파악하고
    이해 했는지와 그것을 얼마나 잘 전달할 수 있는지에 따라 그 가치가 달라질 것이다. 따라
    서 이름난 음악가들이 그림을 배우고, 물리학자들이 음악을 배우는 것은 사물을 이해하는
    훈련에 그만큼 도움이 되기 때문이다.

其事理之當話然後에 萬端이 歸一하여 確定勝負之目的하고 竟
기 사 리 지 당 화 연 후   만 단   귀 일   확 정 승 부 지 목 적   경

致歸化之規正이니 當其時也하여 若其一半分經緯라도 不合於
치 귀 화 지 규 정 이 니   당 기 시 야   약 기 일 반 분 경 위   불 합 어

智謀則安可得世界上 特立之威勢乎아
지 모 즉 안 가 득 세 계 상   특 립 지 위 세 호

교제할 때 또한 담판법이 있다. 두 적이 서로 대하여 판결하기 어

려울 때 가깝고 먼 주변의 여럿이 모두 모여 먼저 옳고 그름을 가리

고, 일의 전말을 열람하여 가부를 정하고, 사리에 마땅한 것을 정한

다. 그런 연후에야, 모든 일이 하나에 돌아가 승부의 목적을 확정하

고 마침내 잘못을 바로잡고 함께 돌아가기에 이른다. 이때를 당하

여 만일 그 반 푼 경위라도 지혜와 계책에 맞지 않으면, 어찌 가히

세계무대 위에 권위를 세울 것인가.[42]

5. 興敗利鈍이 亦在於談判이니 以此量之則 智謀之士는 發言而
   홍 패 이 둔   역 재 어 담 판   이 차 양 지 즉   지 모 지 사   발 언 이

無不中也니라 夫如是言之則 施於事物에 其功이 豈不重大哉
무 불 중 야   부 여 시 언 지 즉   시 어 사 물   기 공   기 불 중 대 재

아 是故로 吾亦曰 可戰者는 言戰也로다
   시 고   오 역 왈   가 전 자   언 전 야

42 전쟁 폐해를 두려워할수록 협상이 중요해진다. 요즘같이 개인들도 무한경쟁에 노출되어
    있는 시대에는 처세술과 협상술 등이 더욱 각광을 받는다. 마치 춘추전국 시대의 백가쟁
    명 같다. 그러나 얕은꾀로 당장을 모면하려 한다면 더 큰 어려움을 맞게 될 것이고, 원칙을
    지켜 서로에게 도움이 되는 방향으로 협상한다면 이루지 못할 것은 없을 것이다. 그 원칙
    은 우선 지피지기해야 할 것이고, 논리적 도덕적이어야 할 것이다. 그러나 그 이면에 힘이
    뒷받침되지 않는다면 바른 논리를 편다 해도 협상에 불리한 것이 국제사회의 현실이다.

나라가 흥하고 패하는 것과, 날카롭고 무딘 것이 담판하는 데 달렸다. 이로써 생각하면 슬기로운 계책이 있는 선비는 말을 하되 확실하고 정확한 말만 한다. 무릇 이같이 말하면 사물에 베풀어질 때 그 영향이 어찌 무겁지 않겠는가. 이러므로 내 또한 말하기를 「싸울 만한 것은 언전이라」 한다.[43]

(五) 總論(총론, 마무리)

1. 觀今世界之形便하니 道之前程이 尤極怳然이로다 經에 曰「無
   관 금 세 계 지 형 편   도 지 전 정   우 극 황 연   경 왈 무

   兵之亂」云者 豈不昭然哉아 第念僉君子는 如坐井中하여 相
   병 지 란   운 자 기 불 소 연 재   제 념 첨 군 자   여 좌 정 중   상

   必昏暗於外勢之形便故로 玆成三戰論一篇하여 忘陋輪示하니
   필 혼 암 어 외 세 지 형 편 고   자 성 삼 전 론 일 편   망 루 윤 시

   幸須極盡心志하여 分釋其大同小異之理則 得力於此하여 煥
   행 수 극 진 심 지   분 석 기 대 동 소 이 지 리 즉   득 력 어 차   환

   乎其章이 甘受和 白受采矣리니 潛心玩味하여 無至面墻之嘆이
   호 기 장   감 수 화 백 수 채 의   잠 심 완 미   무 지 면 장 지 탄

   如何如何오
   여 하 여 하

43 언전이 나라간의 협상에만 있는가? 사회의 미래를 예측하고 바른 방향으로 이끄는 사람들을 리더라 한다. 이러한 오피니언 리더들이 바른 생각을 견지하고 바른 방향으로 세상이 변화할 수 있도록 모두의 생각과 행동을 이끌고 나가는 데 언론 역할만큼 중요한 것이 있을까? 현대는 신문, 방송, 인터넷 등 다양한 매체가 사용되며 매체의 홍수, 커뮤니케이션 시대라 할 정도로 정보가 넘쳐난다. 이 수많은 정보들 중에 꼭 필요하고 바른 정보를 사람들에게 전하고 이끄는 것은 이 시대 또 다른 언전이 될 것이다.

지금 세계 형편을 보니 우리 도의 앞길이 더욱 갑갑하도다. 경에 말씀하시기를 「전쟁 없는 난리」라고 하는 것이 어찌 맞는 것이 아닌가.[44] 내가 생각하기에 여러분은 우물 안에 앉은 것 같아서 외세 형편에 어두우므로 이에 「삼전론」 한 편을 만들어 나의 견문이 좁은 것을 무릅쓰고 돌려 보인다.[45] 다행히 마음을 극진히 하여 큰 틀에선 같지만 세세한 일상에선 조금 차이가 있는 그 이치를 분석하면, 힘을 이 책에서 얻어 그 글 밝기가 단 것에 꿀을 더하고 흰 것이 채색을 받음과 같을 것이다. 마음을 가라앉혀 깊은 뜻을 음미하여 무식한 탄식을 하는 일이 없도록 하는 것이 어떠하고 어떠할꼬.[46]

2. 方今世界文明은 實是天地一大變 始刱之運也라 先覺之地에
   방금세계문명   실시천지일대변 시창지운야   선각지지

   必有唯親之氣應이리니 念哉勿違乎天地感動之精神也夫인저
   필유유친지기응   염재물위호천지감동지정신야부

   夫孝悌忠信과 三綱五倫은 世界上欽稱也故로 仁義禮智는 先
   부효제충신   삼강오륜   세계상흠칭야고   인의예지   선

   聖之所敎也라 吾道之宗旨와 三戰之理를 合用則 豈非天下之
   성지소교야   오도지종지   삼전지리   합용즉 기비천하지

   第一乎아 夫如是則錦上添花也니 以此銘念을 顒祝顒祝하노라
   제일호   부여시즉금상첨화야   이차명념   옹축옹축

---

44 당시 정세는 조선과 조선에 살고 있는 모든 사람들에게 절체절명의 위기였으되 이를 헤어날 길은 보이지 않는 암울한 시기였다. 무병지란은 안심가 8절에 나오는 말씀.
45 의암 선생이 일본에 체류 중 저술하여 국내 교인들에게 반포하셨다.
46 도는 한울의 덕을 세상에 드러내기 위함이 목적이다. 그러기 위해선 현실 상황을 잘 알고 거기에 맞게 가르침을 줄 수 있어야 한다. 삼전론은 구한말 위기를 대상으로 하신 가르침이지만 오늘을 사는 우리에게도 꼭 필요한 말씀이 아닐 수 없다.

방금 세계 문명은 실로 천지가 한 번 크게 변하는 첫 운수다. 먼저 깨닫는 그곳에는 반드시 한울님이 돌보시는 기운이 응하리니, 부디 생각하여 천지가 감동하는 그 정신을 어기지 말라. 무릇 효제충신과 삼강오륜은 세계에서 칭송하는 것이고, 인의예지는 옛 성인의 가르치신 바이다. 거기에 더해 우리 도의 종지와 삼전의 이치를 합하여 쓰면 어찌 천하제일이 아니겠는가.[47] 이같이 하면 금상첨화이니, 명심하기를 바라고 또 바라노라.[48]

47 세상이 빠르게 변하고 위기가 와도, 변하지 않아야 하는 가치들이 있다. 그런 가치들로 마음에 중심이 확고하다면 새로운 것을 받아들여도 본질을 잃고 헤매진 않을 것이다. 오늘 우리 사회가 혼란한 것은 우리 고유 가치를 너무 많이 잃고 외래 것을 받아들이기에 급급한 나머지 스스로의 정체성을 잃은 탓이 크다. 오히려 지금 세계는 자본주의와 개인주의 물신주의 등의 한계로 나타나는 여러 가지 부작용과 한계를 동양 고유의 가치들에서 해법을 찾아가지 않는가. 그러므로 우리 도의 종지는 진리의 體요, 삼전의 이치는 진리를 펴는 방편으로서 用이 될 것이다. 실로 진리를 공부한다하여 세상과 등져서도 안 되지만 세상을 사는 데 있어 흔들리지 않는 마음의 심주를 굳건히 하는 것 또한 중요하다.
48 오랜 옛 가르침을 지키는 것을 보수라한다면, 변화하는 삶을 반영하고 바른 변화를 이끄는 것이 진보라 할 수 있다. 보수도 바른 변화를 받아들이며 고유한 가치를 재해석해야 하고, 진보도 옛 것을 부정할 것이 아니라 계승하고 발전시켜야 바른 발전이 올 것이다. 그것이 비단위에 꽃무늬를 더한 것.

十二. 以身換性說(一)(이신환성설(1): 몸을 성령으로 바꾸라)[1]

1. 以身換性은 大神師의 本旨니라
이 신 환 성　　　대 신 사　　　본 지

몸의 감각만을 좇는 삶을 한울의 진리를 따르는 성령의 삶으로 바
꾸라는 것이 대신사 가르침의 본뜻이다.[2]

2. 身은 百年間一物이요 性은 天地未判前에도 固有한 것이라 其體
신　　백 년 간 일 물　　성　　천 지 미 판 전　　　　고 유　　　　　　기 체

됨이 圓圓充充하여 不生不滅하며 無加無減이니라 性은 即人의 永
원 원 충 충　　　불 생 불 멸　　　무 가 무 감　　　성　　즉 인　　영

年主體요 身은 即人의 一時客體니라 若主體로 主張하면 永遠히
년 주 체　　신　　즉 인　　일 시 객 체　　　약 주 체　　주 장　　　영 원

福祿을 享할 것이요 客體로 主張하면 每每災禍에 近하리라
복 록　　향　　　　객 체　　주 장　　　매 매 재 화　　근

1　포덕54년(1913) 11월 1일부터 봉황각에서 5차 연성기도를 49일간 실시하였다. 전국의 두
목 105인이 참여한 수련을 지도하며 의암 선생이 이신환성에 대해 말씀하셨다. 포덕57년
(1916) 8월 14일 지일기념(해월 선생이 수운 선생으로부터 도통을 전수받은 날)식을 봉행
한 후에도 이신환성을 주제로 말씀하셨고, 9월에 총인원의 의사원 일동이 봉황각에 계신
의암 선생을 찾아가 인사를 드리는 자리에서도 이신환성 설법을 말씀하시었다.(조기주,
『동학의 원류』, 313-332쪽)
2　몸은 습관된 육신의 욕심을 뜻하니 각자위심이고, 성령은 한울님 마음이니 천심이요 천
명이다. 욕념을 버리고 천심을 회복하는 것은 곧 시천주이니 이신환성은 시천주의 또 다
른 설명이다.

육신은 백 년 사는 한 물체일 뿐이나, 성령은 천지가 처음 시작되기 전에도 본래부터 있는 것이다. 성령의 본체는 온 우주에 둥글고 가득 차서, 새로 나지도 않고 없어지지도 않으며, 더할 것도 없고 덜할 것도 없는 온전한 것이다. 그러므로 생명의 근원인 성령은 사람의 영원한 주체이지만, 육신은 사람이 형상을 가지고 있는 동안 성령이 깃들어 사용하는 한때 손님일 뿐이다. 만약 주체로써 주장을 삼으면 영원히 한울의 복록을 받을 수 있겠지만, 손님으로써 주장을 삼으면 욕념에 끌려 다니며 모든 일이 재앙과 화에 가까울 것이다.

3. 그런데 **主體**가 **永生**코자 할진대 **客體卽肉體**는 **險苦多多**하고 **客體**
   　　주체　　영생　　　　　객체즉육체　　험고다다　　　객체
   가 **安樂**코자 하려면 **主體卽性靈**의 **前路泛泛**하리니 **諸君**은 **何**를 **取**
   　안락　　　　　주체즉성령　전로범범　　　제군　하　취
   하겠는고 **故**로 **全敎人**을 **對**하여 **險苦**를 **多言**하고 **安樂**을 **不言**하노라
   　　　고　전교인　대　　　험고　다언　　안락　불언

그런데 영생하는 주체에 삶의 기준을 맞추면 손님이 할 일이 많아 육체가 힘하고 괴로움이 많고, 손님이 안락하고자 하여 해야 할 일을 등한히 하면 주체 즉 성령의 앞길이 안정되지 않을 것이다. 그대들은 무엇을 취하겠는가. 그러므로 모든 교인에게 힘하고 괴로움을 많이 말하고, 편하고 즐기는 것을 말하지 아니 하였다.

4. **凡安樂**의 **言**은 **聞**키 비록 **好**하나 **實**은 **安樂**이 아니라 **反**히 **險苦**하고
   　범안락　언　문　　　　호　　실　안락　　　　반　험고

險苦의 言은 聞키 비록 惡하나 實은 險苦가 아니라 卽安樂이니 吾敎
大神師는 性靈으로 主體를 삼으신지라 故로 修煉이 極致에 至한 人
이라야 險苦로써 安樂하사 肉身의 安樂은 忽然히 忘却하는지라 深
水를 渡涉하시며 雨中徒行하신 것을 看할지라도 怳然치 않느뇨 故로
肉身을 性靈으로 換하는 者 先히 苦를 樂으로 知하여야 可하니라

대개 들기 편하고 즐거운 말은 듣기에는 좋으나 실은 안락이 아니라 도리어 험하고 괴로움으로 가는 길이다. 반면 험난하고 괴로운 것을 권하는 말은 듣기는 비록 싫으나 실은 험하고 괴로운 것이 아니라 그것이 곧 성령과 마음이 안락해지는 길이다. 우리 교의 대신사는 성령으로 주체를 삼으셨다. 수련이 극치에 이른 사람이라야 험고로써 안락하여 육신의 한계를 홀연히 잊고 성령의 능력에 합할 수 있다. 대신사가 깊은 물을 건너시며 빗속에 그냥 보행하신 것을 보면 알 수 있지 않은가.[3] 그러므로 육신을 성령으로 바꾸는 사람은 먼저 괴로움을 낙으로 알아야 옳다.

3 수운 선생께서 경신년 득도 후 어느 날 한울님께서 성묘를 가라고 하시므로 준비하여 가는데 마침 큰비가 내려 나아갈 수 없는 상황이었다. 비를 무릅쓰고 가는데 우의도 없었지만 젖은 곳이 하나도 없었다. 조카의 집에서 인마를 빌려 50리를 다녀오는데 하인까지도 조금도 젖지 않아 조카가 놀라니 '이는 한울님의 조화이다.'라고 하였다. 포덕3년(1862) 7월, 강원보의 집으로 가 머물다가 박대여의 집으로 가는 도중 밤중에 큰비가 내렸다. 물이 불어 사람들이 더 머물도록 만류했지만 말을 타고 한 장이 넘는 깊은 물을 스스로 고삐를 잡고 건넜다.(윤석산 역주, 『도원기서』, 27-36쪽)

十三. 以身換性說(二)(이신환성설(2))

1. 修煉의 極致에 至한 人이라야 비로소 大神師의 性靈出世를 알 수 있
   수련 극치 지 인 대신사 성령출세
   나니라 사람은 누구나 各自本來의 性品(本體性)을 깨달으면 血覺性
   각자본래 성품 본체성 혈각성
   의 善惡强柔에 있어서 千萬年前人이나 千萬年後人이나 現代人이
   선악강유 천만년전인 천만년후인 현대인
   同一한 것을 知할지니 此를 覺한 者 大神師요 此를 不覺한 者 凡
   동일 지 차 각 자 대신사 차 불각 자 범
   人이니라 大神師의 法力은 圓圓充充하여 長生不滅하나니 水中
   인 대신사 법력 원원충충 장생불멸 수중
   徒行과 雨中不濕은 大神師의 生前法力이요 盛夏에 淸水氷結과
   도행 우중불습 대신사 생전법력 성하 청수빙결
   誠米그릇에 誠米增滋는 大神師의 死後法力이니 大神師의 法力
   성미 성미증자 대신사 사후법력 대신사 법력
   은 生前死後가 同一하나라.
   생 전 사 후 동 일

수련의 극치에 이른 사람이라야 비로소 대신사가 한울성령과 하나
되어 세상에 다시 나오신 것을 알 수 있다.[1] 사람은 누구나 각자 본
래 성품인 본체성을 깨달으면, 혈각성의 선과 악 또는 굳세고 부드
러움에 있어서도 능히 천만년 전 사람이나 천만년 후 사람이나 현

---

1 수운 선생의 성령출세는 그 육신이 다시 태어남인가? 설사 수운 선생 육신이 그대로 다시
세상에 나오신다 해도 그를 알아볼 안목이 없으면 길가다 지나치는 사람처럼 대할 것이
니, 필요한 것은 수운 선생이 아니라 나의 마음과 귀가 열리고 눈이 뜨이는 것이다.

대 사람이 같은 것을 알 것이다.[2] 이것을 깨달은 사람은 대신사요, 깨닫지 못한 사람은 범인이다.[3] 대신사의 법력은 한울과 하나 되어 우주에 둥글고 가득 차서 길이 살아 계시어 없어지지 않는다. 깊은 물을 빠지지 않고 그냥 가는 것과 빗속에서도 젖지 않는 것은 대신사 생전법력이요,[4] 한여름에 청수에 얼음이 얼고 성미 그릇에 성미가 붙어나는 것은 대신사 사후 법력이니,[5] 대신사의 법력은 생전 사후가 같은 것이다.

2. 大海가 翻覆하면 魚族이 俱沒하듯이 大氣가 翻覆하면 人類가 어떻
   대해   번복   어족   구몰   대기   번복   인류
게 生을 圖할 것이냐 日後에 반드시 이러한 時期를 한번 지나고서야 우리
   생   도   일후   시기
의 目的을 達成할 것이니 以身換性은 이러한 時期에 生을 圖하는 唯
   목적   달성   이신환성   시기   생   도   유

---

2 혈각성은 선악과 강유가 분별되는 현실의 인과(삼성과 참조)지만, 영원한 한울의 본래 성품을 깨달으면 그 분별 넘어 변하지 않는 것을 알게 된다.

3 한울의 이치를 깨달은 사람이 성인이요 수운 선생이다. 한울의 진리를 깨치면 현실의 인과에 얽매이지 않고 자유로워진다.

4 한울 성품을 깨달으면 세상과 분별이 없어진다. 모두가 한울이니 어디에 젖고 물들고 하겠는가?

5 포덕59년(1918)경 교세가 비약적으로 발전하여 각지에서 시일기도 시에 성미 쌀이 수북이 올라오고 청수에 얼음이 얼고 소나무와 대나무가 나는 등의 영적과 이적이 있다는 보고가 많았다. 이에 의암 선생은 지일 기념식 후에 '인여물개벽설'을 말씀하시고 "영적이라고 하는 것은 정성이 지극한 사람을 통하여 한울님의 조화가 나타난 것인데 그렇다고 도통을 하는 것은 아니다. 여기에 만족감이나 우월감을 갖게 되면 도리어 수도에 방해가 된다. 개인 도통도 필요하지만 앞으로는 기관 도통이 돼야 한다. 이후에는 개인 영적이 없어지고 기관 영적이 날 것이다."라고 하셨다.(조기주, 『동학의 원류』, 340-341쪽)

一^한 大方法_{대 방 법}_일이니라.

큰 바다가 뒤집히면 물고기가 다 죽듯이, 대기가 뒤집히면 인류가 어떻게 살기를 도모하겠는가. 훗날에 반드시 이러한 대기가 뒤집힐 만큼 큰 변화의 시기를 한번 지나고서야 우리의 목적을 달성할 것이니, 삶의 기준을 육신이 아닌 성령으로 바꾸는 것이 이러한 시기에 살기를 도모하는 오직 하나의 큰 방법이다.

3. 誠心修煉_{성 심 수 련}으로 本來_{본 래}의 性_성을 바꾸라 後天開闢_{후 천 개 벽}의 時期_{시 기}에 處_처한 우리는 먼저 各自_{각 자}의 性身_{성 신}부터 開闢_{개 벽}해야 하나니라 만일 自己_{자 기}의 性身_{성 신}을 自己_{자 기}가 開闢_{개 벽}치 못하면 布德廣濟_{포 덕 광 제}의 目的_{목 적}을 어떻게 達成_{달 성}할 것이냐 大神師_{대 신 사}이르시되「한울님께 福祿定_{복 록 정}해 壽命_{수 명}을랑 내게 비네」하셨으니 이것은 以身換性_{이 신 환 성}을 말씀하신 것이니라 한울이 있음으로써 物件_{물 건}을 보고 한울이 있음으로써 飮食_{음 식}을 먹고 한울이 있음으로써 길을 간다는 理致_{이 치}를 透徹_{투 철}히 알라.

정성된 마음으로 수련하여 육신의 감각과 세속적 가치에 물든 습관된 마음을 본래의 한울 성품으로 바꾸라. 후천개벽의 시기에 처한 우리는 먼저 각자의 성령과 육신부터 개벽해야 한다. 만일 자기의 성령 육신을 스스로가 개벽하지 못하면 다른 사람을 포덕하여 널리 구제하는 목적을 어떻게 달성하겠는가. 대신사 말씀하시기를

「한울님께는 복록을 정하고 수명은 내게 비네」⁶ 하셨으니 이것은 삶의 기준을 몸이 아닌 한울 성령으로 바꾸어야 한다는 말씀이다. 내 몸과 마음을 간섭하시는 한울이 있음으로써 물건을 보고, 음식을 먹고, 길을 간다는 이치를 투철하게 알라.

---

6   용담유사 안심가 8절. 태어날 때 복록은 한울님이 정하신 운명이지만 태어난 후 삶은 자신의 선택에 의해 달라진다. 수운 선생의 진리를 따르고 참된 성품을 회복하면 몸과 마음이 올바르게, 건강하고 장생할 것이다.

十四. 性靈出世說(성령출세설: 성령이 세상에 나타남을 설명)[1]

1. 宇宙는 元來 靈之表顯者也니라
우 주　　원 래　영 지 표 현 자 야

우주의 모든 만물은 원래 영(한울성령)이 드러나 나타난 것이다.[2]

2. 靈之積極的表顯은 是有形也요 靈之消極的攝理는 是無形也
영 지 적 극 적 표 현　시 유 형 야　영 지 소 극 적 섭 리　시 무 형 야
니 故로 無形有形也는 卽靈之現勢力 潛勢力之兩轉輪也니라
고　무 형 유 형 야　즉 영 지 현 세 력 잠 세 력 지 양 전 륜 야

영이 적극적으로 표현된 것이 형상 있는 것이고, 영이 소극적 섭리

1　"포덕50년(1909) 12월 20일 양산 통도사 내원암에서 의암 선생은 최준모, 임명수, 조기
간, 김상규, 윤구영, 박명선 등 6인을 대동하고 49일 특별기도를 행하셨다. 내원암은 수운
선생이 49일 기도를 2회 하신 성지다. 기도 마치고 적멸굴에 올랐는데 굴 앞에서 문득 정
신이 황홀하여 자신의 존재를 잊고 마음이 삼계를 통하는 듯하더니 '昔時此地見 今日又看
看'의 강화를 말씀하시고 성령출세설, 강시를 저술하셨다."(조기주, 『동학의 원류』, 284-
285쪽) * 무형한 한울님의 성령이 형체를 갖춰 나타난 것이 세상의 모든 만물이다. 물건이
명을 다해 형체를 잃으면 죽었다고 하고 무형한 성령으로 되돌아간 것이다. 그런데 오랜
기간 성령의 의식이 아닌 자의식을 형성하고 살던 사람은 죽어서도 성령으로 환원하지 못
하고 자의식 형태로 남기도 하고, 성령으로 환원하기도 하니 이를 설명하는 것이 성령출
세설이요, 천도교 사후관이다.
2　우주는 눈에 보이는 현상계요 습관천이고, 영은 무형의 한울님이고 무형천이다.

로만 작용하는 것은 형상 없는 것이다. 그러므로 형상이 있고 없는 것은 영의 나타난 세력과 잠겨 있는 세력이 바퀴가 도는 것 같이 순환하는 것이다.

3. 玆有一物從之而 忽有靈性之活動이니 是以靈之結晶으로 生
   자유일물종지이 홀유영성지활동   시이영지결정   생
   物之組織也요 以物之組織으로 又生靈之表顯也니라
   물지조직야 이물지조직   우생영지표현야

여기 한 물건이 있어 문득 영성의 활동이 시작되었다면, 이것은 영의 결정이 만물의 조직이 된 것이다. 즉, 만물의 조직으로써 영이 표현되어 형상을 이룬 것이다.

4. 故로 靈與世는 不過同一理之 兩側面而已니라
   고   영여세   불과동일리지 양측면이이

그러므로 영과 세상은 같은 이치의 두 측면일 따름이다.[3]

5. 大神師 嘗 呪文之意 解釋曰「侍者 內有神靈 外有氣化 一世
   대신사 상 주문지의 해석왈   시자 내유신령 외유기화 일세
   之人 各知不移者也」하시니 是는 指稱以靈之有機的表顯이요
   지인 각지불이자야   시   지칭이영지유기적표현

---

3 무형과 유형, 삶과 죽음, 한울과 세상, 불연과 기연, 너와 나, 이 모두가 하나의 한울일 뿐이다. 이를 깨달으면 일체의 분별심이 사라지게 된다. 이것이 同歸一體다.

道破人乃天之定義也니라
도 파 인 내 천 지 정 의 야

대신사 일찍이 주문의 뜻을 풀어 말씀하시기를「모신 것이란 안에
신령이 있고 밖에 기화가 있어 온 세상 사람이 각각 알아서 옮기지
않는 것이라」[4] 하셨다. 이는 영이 형상 있는 내 몸과 형상 없는 기
운으로 아울러 작용하는 유기적 표현을 가리킴이요, 사람이 곧 한
울인 정의를 딱 잘라 말씀한 것이다.[5]

6. 故로 性靈은 根本出世的矣니라 靈移而別無物이요 物移而別無
   고   성 령   근 본 출 세 적 의   영 이 이 별 무 물   물 이 이 별 무
   靈이요 更無世니 究竟 靈而需世요 世而得靈이니라 物物이 各遂
   영   갱 무 세   구 경 영 이 수 세   세 이 득 령   물 물   각 수
   其性은 是神妙之性靈活動이 應於萬機萬相이요 與器數로 應
   기 성   시 신 묘 지 성 령 활 동   응 어 만 기 만 상   여 기 수   응
   於出世調攝이니 譬如同一雨露에 桃結桃實하고 杏結杏子하니
   어 출 세 조 섭   비 여 동 일 우 로   도 결 도 실   행 결 행 자
   是從千差萬別之植物하여 結千差萬別之果實이니라
   시 종 천 차 만 별 지 식 물   결 천 차 만 별 지 과 실

4 동경대전, 논학문.
5 형상이 있는 나(내유신령)와 형상이 없는 공기(외유기화)는 서로 떨어질 수 없다. 내 몸도
   언젠가는 공기가 되고, 공기는 또한 먼지와 물이 되는 등 형체를 갖고 표현되며 순환한다.
   이 또한 순환지리이다.

그러므로 성령은 근본이 세상에 나타난 것이다. 영을 떠나 따로 물건이 있는 것이 아니고 물건을 떠나 별도로 영과 세상이 있는 것이 아니다. 마침내 영은 세상을 마련하고 세상은 영을 얻은 것이다. 물건마다 각각 그 특성을 이룬 것은 이 신묘한 성령의 활동이 각각의 틀과 바탕에 응한 것이요, 그 그릇대로 세상에 나 어울리는 데 응한 것이다. 비유하면 같은 비와 이슬에 복숭아는 복숭아 열매를 맺고, 살구는 살구 열매를 맺으니, 이것은 각각이 차이 나고 구별되는 식물에 따라 각각의 열매를 맺음과 같다.

7. 同一性靈 無量大德之妙法이 順化大天大地之各個差別하여
   동 일 성 령 무 량 대 덕 지 묘 법   순 화 대 천 대 지 지 각 개 차 별
   鳶飛於天이오 魚躍於淵이니라
   연 비 어 천   어 약 어 연

같은 성령이지만, 헤아릴 수 없는 큰 덕의 묘한 법이 큰 하늘과 넓은 땅의 모든 환경의 차이를 따라서, 하늘에는 솔개가 날고 못에는 고기가 뛰는 것으로 나타난 것이다.[6]

---

6 넓은 세상에 수없이 많은 생명들이 처한 곳의 상황에 따라 천차만별로 적응해 나가는 것을 과학에선 '진화'라 한다. 같은 유전자를 가진 동물이라도 처한 환경에 따라 달리 진화해 가는 것은 감동적이다. 그야말로 한울님 조화다.

8. 然而人是萬物中 最靈者로 萬機萬相之理를 總俱體者也니 人
   연 이 인 시 만 물 중   최 령 자   만 기 만 상 지 리   총 구 체 자 야   인
   之性靈은 是大宇宙靈性을 純然稟賦同時에 萬古億兆之靈性
   지 성 령   시 대 우 주 영 성   순 연 품 부 동 시   만 고 억 조 지 영 성
   은 以唯一系統으로 爲此世之社會的精神也니라
   이 유 일 계 통   위 차 세 지 사 회 적 정 신 야

그러나 사람은 만물 가운데 가장 신령한 자로 모든 틀과 바탕의 이

치를 모두 한 몸에 갖추었다. 그러므로 사람의 성령은 이 대우주의

영성을 순연히 타고난 것이고, 동시에 아주 먼 옛적부터 억조의 영

성은 오직 하나의 계통으로서 이 세상의 사회적 정신이 된 것이다.[7]

9. 神師 受人乃天之心法하시고 定向我設位之祭法하시니 是는 表
   신 사   수 인 내 천 지 심 법   정 향 아 설 위 지 제 법   시   표
   明宇宙之精神이 卽億兆之精神也와 共히 更明定億兆之精神
   명 우 주 지 정 신   즉 억 조 지 정 신 야   공   갱 명 정 억 조 지 정 신
   이 卽我一個體之精神也니라
   즉 아 일 개 체 지 정 신 야

신사께서 사람이 곧 한울인 심법을 받으시고 향아설위의 제법을

정하시니 이것은 우주의 정신이 곧 억조의 정신인 것을 표명하신

것이다. 아울러, 다시 억조의 정신이 곧 내 한 개체의 정신인 것을

---

7 생명은 한울의 지기로부터 비롯된다. 그러므로 한울을 모시는 시천주가 되는 것이며 나
   와 네가 하나가 되는 것이다. 한울을 모시고 있음은 우주 한울이 시작된 수십억 년의 영성
   이 내 몸에 모셔져 있음을 뜻하며, 내 몸에 모신 한울의 영성을 깨달음은 곧 천지 우주의
   진리를 깨닫는 것이 된다. 그러므로 시천주에서 향아설위가 되고 향아설위에서 성령출세
   로 확장되는 것이다.

밝게 정하신 것이다.[8]

10. 此以一層狹義而言之면 前代億兆之精靈은 爲後代億兆之精
    차 이 일 층 협 의 이 언 지   전 대 억 조 지 정 령   위 후 대 억 조 지 정

靈之點에서 祖先之精靈은 與子孫之精靈으로 融合表顯되고 先
령 지 점   조 선 지 정 령   여 자 손 지 정 령   융 합 표 현   선

師之精靈은 與後學之精靈으로 融合하여 永遠出世的活動이 有
사 지 정 령   여 후 학 지 정 령   융 합   영 원 출 세 적 활 동   유

之也니라
지 야

이를 한층 뜻을 좁혀 말하면 전대 억조의 정령은 후대 억조의 정령

이 된다. 그러므로, 조상의 정령은 자손의 정령과 같이 융합하여 표

현되고, 앞선 스승의 정령은 후학의 정령과 같이 융합하여 영원히

세상에 나타나서 활동하는 것이다.[9]

---

8 향아설위는 귀신과 나의 분별을 걷어낸 일대 사건이요 전환이다. '귀신이란 것도 나니라'
   하셨으니 귀신이 곧 한울이요, 한울이 곧 나요, 나와 귀신이 또한 하나가 아닌가! 그러므로
   조상의 영 또한 내 몸에 모셔진 한울 영기에서 찾고 모셔야지 다른 곳에서 찾을 일이 아닌
   것이다. 해월신사법설 향아설위 참조.
9 전대의 정령이 후대의 정령이 됨을 좁게 생각하면 DNA가 전달되는 것으로 생각할 수도
   있다. 그러나 우리 몸을 구성하는 원소들은 핵산만 있는 것이 아니다. 내 몸을 구성하는
   철분 일부는 어떤 차나 탱크의 일부였을 수도 있고, 수분 일부는 누군가의 배설물이었을
   수도 있다. 어쩌겠는가. 우주가 거대한 순환계로서 하나인 것을. 이렇게 한울의 성품과 기
   운이 무한히 반복됨을 무왕불복한다고 하셨고, 불가에선 이를 윤회라 하였다. 깨닫지 못
   한 사람의 영은 개인적 인연이 있는 자손이나 후학에게만 영향이 있을 뿐이나, 깨달은 성
   인은 한울 성령과 하나 되어 무한한 영향이 시공간을 초월해 나타나고 간섭된다.

11. 又況 大人之德은 與天地共活用靈性이라 故로 天與吾神師는
우 황 대 인 지 덕   여 천 지 공 활 용 영 성   고   천 여 오 신 사
但有有形無形之別이요 觀其靈性的契機則 全爲同一範圍 同
단 유 유 형 무 형 지 별   관 기 영 성 적 계 기 즉   전 위 동 일 범 위   동
一活動 同一表顯也니 是는 天卽人 人卽天之所由來니라 天地
일 활 동 동 일 표 현 야   시   천 즉 인   인 즉 천 지 소 유 래   천 지
萬物은 共順應하여 時代億兆와 同進化故로 其心法은 決非超
만 물 공 순 응 하여   시 대 억 조 와   동 진 화 고 로   기 심 법 은   결 비 초
人間的이요 全然 合世間的 出世間的이니라
인 간 적   전 연 합 세 간 적 출 세 간 적

또 하물며 대인의 덕은 천지와 더불어 같은 성령이 활용하는 것이
므로 한울과 우리 신사는 다만 형상이 있고 형상이 없는 구별이 있
을 뿐이다.[10] 그 영성의 계기로 보면 전혀 같은 범위에서 같은 활동
이 같이 표현되는 것이니, 이것은 한울이 곧 사람이요, 사람이 곧 한
울이기 때문이다. 천지 만물은 한 가지로 함께 순응하여 같은 시대
억조의 생령과 같이 진화하므로, 그 심법은 결코 인간을 떠난 것이
아니요, 전부 세상 속으로 하나된 것이요, 세상 속에 나타난 것이다.

12. 余嘗 梁山修煉之時에 豁然得「昔時此地見 今日又看看」之
여 상 양 산 수 련 지 시   활 연 득   석 시 차 지 견   금 일 우 간 간   지
詩句하니 是는 大神師之昔時와 余之今日이 性靈上同一心法을
시 구 하니   시   대 신 사 지 석 시 와   여 지 금 일   성 령 상 동 일 심 법 을
立言함이니라
입 언

10 "한울님은 마음이 있으나 말이 없고, 성인은 마음도 있고 말도 있으니, 오직 성인은 마음
도 있고 말도 있는 한울님이니라."(해월신사법설, 성인지덕화)

내가 일찍이 양산 통도사에서 수련할 때 환히 깨달으며 「옛적에 이
곳을 보았더니 오늘 또 보는구나」 하는 시 한 구를 얻었으니, 이것은
대신사의 옛적과 나의 오늘이 성령 상 같은 심법임을 말한 것이다.[11]

13. 大神師는 旣爲性靈出世矣시니 一切物物心心이 皆不無此
　　　대 신 사　기 위 성 령 출 세 의　　일 체 물 물 심 심　　개 불 무 차
性靈之出世的表顯也니라
성 령 지 출 세 적 표 현 야

대신사는 이미 성령으로 세상에 나오셨으니 모든 물건마다 마음마
다 다 이 성령이 세상에 드러난 표현 아님이 없는 것이다.[12]

14. 然而 吾人이 以此覺得 未覺得之所以는 全關係 性靈之修煉
　　　연 이 오 인　이 차 각 득　미 각 득 지 소 이　　전 관 계　성 령 지 수 련
不修煉이니 若以吾人이 各受大神師之心法而 性靈修煉之結
불 수 련　　약 이 오 인　각 수 대 신 사 지 심 법 이　성 령 수 련 지 결
果 一朝豁然境에 到之則 玆覺大神師之心法이 一切宇宙之心
과 일 조 활 연 경　도 지 즉　자 각 대 신 사 지 심 법　일 체 우 주 지 심
法而 從以覺自己之性靈이 卽大神師之性靈이니 不生不滅 無
법 이　종 이 각 자 기 지 성 령　즉 대 신 사 지 성 령　　불 생 불 멸　무
漏無增은 是大性靈之根本的出世也니라
루 무 증　시 대 성 령 지 근 본 적 출 세 야

11　의학용어로 이런 현상을 데자뷰라 한다. 처음 보는 곳을 이전에 경험한 것 같은 현상은
　　누구나 한 번쯤 경험한 것이고 또한 의학용어가 될 만큼 흔하고 오래된 것이기도 하다. 내
　　몸이 세상에 행함에 수운 선생의 뜻과 한 뜻으로 행하면 그것이 곧 수운 선생의 행이요,
　　수운 선생의 성령출세이다.
12　수운 선생은 한울의 본성을 깨닫고 그 행과 삶이 한울과 하나가 되신 분이다. 이 세상 만
　　물이 한울의 표현 아님이 없으므로 또한 수운 선생의 표현이기도 한 것이다.

그러나 우리 사람이 이를 깨닫고 깨닫지 못하는 바는 오직 성령을 수련하고 수련치 않는 데 달려 있다. 만약 우리가 대신사의 심법을 받아 성령 수련한 결과 하루아침에 환한 경지에 이르면, 이에 대신사의 심법이 일체 우주의 심법임을 깨닫고 따라서 자기의 성령이 곧 대신사의 성령임을 깨달을 것이다. 그렇게 나지도 죽지도 않고 뺄 것도 더할 것도 없는 이것이야말로 큰 성령이 근본적으로 세상에 나온 것이다.[13]

---

13 '포덕54년(1913) 봉황각에서 3회째 연성을 하였는데 49명의 두목을 모아 49일간 시행하였다. 이때 지동섭이란 두목이 의암선생께 대신사께서 다시 출세하신다 하니 그것이 언제며 누구나 뵐 수 있겠는지를 질문하였다. 이에 성사께서 답하시길 "…육신으로 다시 출세하는 것은 천하에 없는 일이니 육신 출세야 바랄 수 있겠느냐마는 설사 육신으로 출세할지라도 그대의 수련이 부족하면 대신사를 뵐 수 없을 것이다. 그러니까 대신사의 출세 여부는 그대들의 수련 독실 여부에 달려 있는 것이니라." 하셨다.(조기주, 『동학의 원류』, 311-312쪽) 질문한 두목은 수운 선생의 성령출세를 눈 앞에 보면서도(의암 선생) 알아보지 못한 것이다. 어찌 그 두목뿐이랴. 지금 수운 선생이 온다고 해도 알아볼 수 있는 사람이 몇이나 될까? 현세의 난국을 구원할 구원자(메시아, 정도령)를 기다리는 신앙은 전 세계에 널리 퍼져있는 공통의 신앙현상이다. 그러나 그 구원자가 자신의 성령에 이미 와 있음을 깨닫는 사람이 얼마 없다는 것이 오늘의 비극이다.

十五. 法文(법문: 진리의 글)[1]

1. 汝必天爲天者니 豈無靈性哉아 靈必靈爲靈者니 天在何方이며
   여 필 천 위 천 자   기 무 영 성 재   영 필 영 위 영 자   천 재 하 방

   汝在何方고 求則此也요 思則此也니 常存不二乎인저
   여 재 하 방   구 즉 차 야   사 즉 차 야   상 존 불 이 호

   布德 五十五年 四月 二日(포덕 오십 오년 사월 이일)

너는 반드시 한울이 한울 된 것이니, 어찌 영성이 없겠느냐. 영은

반드시 영이 영 된 것이니, 한울은 어디 있으며 너는 어디 있는가.[2]

구하면 이것이요 생각하면 이것이니, 항상 있어 둘이 아니니라.[3]

---

1 포덕55년(1914) 4월 2일 오후에 의암선생께서 직접 두목 74인을 가회동 자택으로 모이게 하신 후 말씀하시기를 "대신사께서 처음으로 출세하시었다. 그대들은 다 대신사가 되었으니 대신사는 다른 데 있는 것이 아니라 그대들의 성령 속에 출세하시었다." 하시고 청수를 봉전한 후에 법문을 이인숙, 오지영으로 하여금 정서케 하여 모두에게 일일이 수여하셨다. 한울님 성령을 깨달으면 그가 곧 수운 선생이요 한울 사람이다. 천도교인이 아니라도, 외국인이라도 이 이치를 깨달으면 그가 곧 한울 사람이다. 이것이 법문의 정신이다.
2 "마음은 어느 곳에 있는가 한울에 있고, 한울은 어느 곳에 있는가 마음에 있느니라. 그러므로 마음이 곧 한울이요 한울이 곧 마음이니, 마음 밖에 한울이 없고 한울 밖에 마음이 없느니라."(해월신사법설, 천지인귀신음양)
3 깨달으면 나와 세상, 내유신령과 외유기화, 이쪽과 저쪽, 옳고 그름, 나와 한울, 나와 스승님이 둘이 아닌 하나가 된다. 불연이요 기연이다. 일상생활에서도 이러한 나와 대상의 경계가 사라지는 것을 종종 체험할 수 있다. 해월 선생은 어린이의 나막신 소리에 땅이 울리니 당신의 가슴이 아프다고 하셨다.(해월신사법설, 성경신) 땅과 선생이 이미 경계가 없는 하나의 경지였던 것이다.

十六. 無何說(무하설: 어찌함이 없음을 말함)[1]

1. 粤昔丁戊間不記之日에 成漆園之事하니 忽然 太陽이 零落하
   월 석 정 무 간 불 기 지 일   성 칠 원 지 사   홀 연 태 양   영 락

   어 天地昏暗이 怳若泳於泥水而望見陸地也러라 是時覆載間에
      천 지 혼 암   황 약 영 어 이 수 이 망 견 육 지 야   시 시 부 재 간

   無限生靈이 魚喁而嗷嗷하니 可憐情景을 目不忍見也러라 哀此
   무 한 생 령   어 우 이 오 오   가 련 정 경   목 불 인 견 야   애 차

   群生을 愛而奈何오 歎之而已로다
   군 생   애 이 내 하   탄 지 이 이

   옛적 정유년과 무술년 사이[2] 기억이 아득한 날에 세상이 온통 깜깜

   한 동산이 된 것 같은 일이 있었다. 홀연히 태양이 떨어져 천지가

   아득한 것이 마치 흙물에서 헤엄을 치며 육지를 바라보는 것 같았

   다. 이때 천지간 무한한 생령이 고기떼처럼 울부짖으니 가련한 그

   정경은 눈으로 차마 볼 수가 없었다. 슬픈 이 군생을 사랑한들 어찌

   할 것인가. 탄식할 뿐이다.[3]

---

1 천도는 무위다. 인위로 어쩔수 없다. 그러므로 무하, 어찌함이 없음이다.
2 1897년(포덕38)은 丁酉年으로 12월 24일에 해월 선생이 의암 선생에게 도통을 전수하셨
   고, 이듬해 1898년(포덕39)은 戊戌年으로 6월 2일 해월 선생은 육군법원 형장(현 종로3가
   단성사터) 자리에서 교수형을 당하여 순도하셨다. 정무 사이는 정무년과 무술년 사이.
3 태양이 떨어진 것은 우리 도의 성인이신 해월 선생이 순도하신 것이고, 고기떼처럼 울부
   짖는 생령들은 거룩한 인도자를 잃고 헤매는 사람들을 표현하셨다. 실로 이 시기는 조선

2. 雖然이나 人命이 至重하니 天何不眷가 乃謂衆生曰「此是自天
   수연   인명   지중   천하불권   내위중생왈   차시자천
所使니 天外無禱」라 하고 極盡心祝而已라 自天으로 纖纖有影
소사   천외무도   극진심축이이   자천   섬섬유영
하여 如太陽之照鏡이러니 淸光이 合一하여 更成太陽하고 天地明
     여태양지조경   청광   합일   갱성태양   천지명
朗하니 便是新世界也니라
랑   편시신세계야

비록 그러나 사람의 목숨이 지극히 중하니 한울이 어찌 돌보지 않

겠는가. 이에 여러 사람에게 말하기를 "이것은 한울로부터 시킨 것

이니 한울밖에 빌 곳이 없다" 하고 극진한 마음으로 빌 따름이었

다. 그랬더니 한울로부터 가늘고 가는 빛[4]이 있어 태양이 거울에 비

친 것 같아 맑은 빛이 하나로 모여 다시 태양을 이루고 천지가 밝아

지니, 바로 이것이 새 세계였다.[5]

이 마지막 개혁 기회를 잃고 망국의 나락으로 떨어지기 직전이었고, 무극대도도 동학혁명
이후 무수한 살육과 탄압으로 그 존립이 위태로울 때였다.
4 원문에는 影 그림자 영. 그림자의 뜻도 있지만, 빛의 뜻도 있다.
5 해월 선생의 뒤를 이어 대도를 중흥시키고 천도교의 틀을 마련한 것은 의암 선생의 공이
   다. 그러나 그 시작은 한울의 진리를 깨닫는 데서 비롯된다. 습관된 욕념과 부조리를 버려
   야 진리(맑은 빛)를 볼 수 있을 것이다.누구나 사는 동안 세상이 무너지는 듯한 절망을 경
   험할 수 있다. 그것을 극복하고 한 단계 성숙하여 새로운 삶의 세계로 나아가는 것은 생명
   의 근원인 한울의 진리를 다시 찾는 것에서 그 열쇠를 찾고 힘을 얻을 수 있다. 이후의 내
   용은 개인의, 가족의, 사회의 위기에 대입해 읽을 수 있다.

3. 一日은 洪水滔天하여 充滿無際라 率濱生靈이 擧皆垂死之中에
   일일   홍수도천   충만무제   솔빈생령   거개수사지중

我則 依於丘原上 森林之間이러니 又況霹靂之火가 轉轉於臨
아즉 의어구원상 삼림지간   우황벽력지화   전전어임

死之民叢하여 命在立地에 心甚怪訝하여 膽氣發動이라 乃急起
사지민총   명재입지   심심괴아   담기발동   내급기

心力하여 亹亹思之則 天生萬民하고 生生爲德이어늘 如是降災
심력   미미사지즉 천생만민   생생위덕   여시강재

하니 寧有是理아 乃急呼霹靂 曰「汝欲打殺生民인대 急急打我
     영유시리   내급호벽력 왈 여욕타살생민   급급타아

하여 以贖衆生하라」하며 以手打霹靂之塊하니 霹靂은 從手而散
     이속중생   이수타벽력지괴   벽력   종수이산

하여 只一煙塵而已러라
     지일연진이이

하루는 큰물이 한울에 넘쳐 가득히 차 끝이 없었다.[6] 온 천하의 생
령이 거의 다 죽게 된 가운데 나는 언덕 위 숲 사이에 의지하고 있
었다.[7] 그때 벼락불이 거의 죽게 된 백성들이 모여 있는데 떨어져서
목숨이 경각에 달렸다.[8] 이 모습을 보니 마음에 심히 괴이하고 의
심스러워 담기[9]가 발동하였다. 이에 급히 마음에 힘을 일으켜 곰곰
이 생각해 보니, 한울이 만백성을 내고 살게 하는 것이 덕이 되거늘

6 큰 물이란 세상을 뒤덮는 새로운 조류를 뜻한다. 당시 세계는 봉건세계에서 근대로 나가
   는 전환기였다. 선진 제국간의 식민지 쟁탈, 신진 세력과 구세력의 다툼이 끊이지 않던 격
   변기였다.
7 목숨을 구할 수 있었던 언덕 위 숲은 난을 피할 수 있는 곳이니 십승지지요 궁궁촌이다.
   이는 어디 있는가? 내 마음 속 한울의 진리가 곧 그곳이 아닌가!
8 백성들의 목숨을 위협하는 벼락불은 당시 민중의 삶을 핍박했던 봉건 잔재와 일제 같은
   외세를 말한다.
9 膽氣: 담력, 용기.

이같이 재앙을 내리니, 어찌 이런 이치가 있겠는가.[10] 이에 급히 벽력을 불러 말하기를 "네가 백성을 때려죽이고자 할진대 급급히 나를 때려 뭇 백성은 속죄하라." 하고 손으로 벽력의 덩어리를 때리니, 벽력은 손으로부터 흩어져서 다만 한 줄기 연기와 티끌뿐이었더라.[11]

4. 是時에 幾盡民生이 雲集而急號曰 「以欲如天之威勇으로 救
   시시 기진민생   운집이급호왈   이욕여천지위용   구
我垂死之蒼生하소서」하고 擔我於轎子하고 上于高山尖峰하여
아 수 사 지 창 생   담 아 어 교 자   상 우 고 산 첨 봉
以至誠昭告于天하고 書十餘字而付于衆生하여 使之誦讀이러니
이 지 성 소 고 우 천   서 십 여 자 이 부 우 중 생   사 지 송 독
少焉에 百川이 順流하고 平野成陸하여 黎民이 安接也러라
소 언   백 천   순 류   평 야 성 륙   여 민   안 서 야

이 모습을 보고 거의 죽게 된 민생들이 구름같이 모여 급히 울부짖으며 말하기를 "이렇듯 한울 같은 위엄과 용맹으로 우리 죽게 된 창생을 구원하소서." 하고, 나를 가마에 메고 높은 산 뾰족한 봉우리에 올랐다.[12] 지극한 정성으로 한울님께 밝게 고하고 글 십여 자를

---

10 개인이건 민족이건 시련을 겪으며 성숙하고 한층 강해진다. 물론 그 시련을 이기지 못하고 역사 속으로 사라지기도 한다.
11 적은 밖에 있으되 그를 물리칠 힘과 방법은 안에 있음이다. 결국 지도자가 솔선하고 민중 내부 역량이 강해지면 위협은 한낱 연기와 같이 사라진다.
12 높은 산 뾰족한 봉우리는 주변 낮은 곳을 다 볼 수 있는 곳이니, 세상의 모든 어려움과 삶을 살피는 진리의 봉우리고, 거기 올랐음은 이 모두를 깨달은 해탈 견성을 하신 것.

써서 중생에게 주어 외우게 하였더니, 조금 만에 모든 물이 순히 흘러 내를 이루고 육지에는 평야가 이루어져 뭇 백성이 편안히 살게 되었다.[13]

13 결국 모든 생명을 구하는 것은 한울 진리요, 그 진리가 응축된 것이 십삼자 주문이다. 한울의 진리는 사람을 살릴 뿐 아니라 개울과 육지 평야 같은 만물이 순연하게 운행되게 하는 것이니 만물이 모두 편안해지는 것이다. 이제 그 진리로써 세상을 바르게 하는 것은 오로지 진리를 실천하는 사람들의 몫이다.

十七. 人與物開說(인여물개벽설: 사람과 물건이 함께 개벽됨)[1]

1. 開闢이라 함은 天墜地陷하여 混沌一塊로 合하였다가 子丑의 兩段
   으로 分함을 意味함인가 아니다 開闢이란 腐敗한 者를 淸新케 複雜
   한 者를 簡潔케 함을 謂함이니 天地萬物의 開闢은 空氣로써 하고 人
   生萬事의 開闢은 精神으로써 하나니 汝의 精神이 곧 天地의 空氣니
   라 今에 君等은 不可能의 事를 思치 말고 先히 各者 固有의 精神
   을 開闢하면 萬事의 開闢은 次第의 事니라.

개벽이란 하늘이 떨어지고 땅이 꺼져서 혼돈의 한 덩어리로 모였
다가 자·축 두 조각으로 나뉨을 의미하는가. 아니다. 개벽이란 부
패한 것을 맑고 새롭게, 복잡한 것을 간단하고 깨끗하게 함을 말함
이다. 천지 만물의 개벽은 공기로써 하고 인생 만사의 개벽은 정신
으로써 하니, 너의 정신이 곧 천지의 공기이다. 지금 그대들은 가히

1　포덕59년(1918) 8월 14일에 지일기념을 마치고 두목 장응곤 외 13인에게 도호를 주면서
　각 지방 두목과 교구장들을 가회동에 있는 의암 선생의 자택으로 초대한 자리에서 선생은
　'인여물개벽'이란 설법을 말씀하셨다. 인여물개벽이란 사람과 물건의 개벽을 뜻하니, 정신
　문명과 물질문명이 함께 개벽되어야 함을 말한다.

하지 못 할 일을 생각지 말고 먼저 각자가 본래 있는 정신을 개벽하면, 만사의 개벽은 그다음 차례로 되는 일이다.[2]

2. 그러나 精神_{정신}을 開闢_{개벽}코자 하면 먼저 自尊心_{자존심}을 侍字_{시자}로 開闢_{개벽}하고 自尊心_{자존심}을 開闢_{개벽}코자 하면 먼저 疑懼心_{의구심}을 定字_{정자}로 開闢_{개벽}하고 疑懼心_{의구심}을 開闢_{개벽}코자 하면 迷妄念_{미망념}을 知字_{지자}로 開闢_{개벽}하고 迷妄念_{미망념}을 開闢_{개벽}코자 하면 먼저 肉身觀念_{육신관념}을 性靈_{성령}으로 開闢_{개벽}하라.

그러나 정신을 개벽하려 하면 먼저 스스로 높은 체하는 마음을 모시는 마음으로 개벽하고,[3] 스스로 높은 체하는 마음을 개벽하려 하면 의심스럽고 두려운 마음을 확고한 믿음으로 개벽하라.[4] 의심스럽고 두려운 마음을 개벽하려 하면 아득하고 망령된 생각을 진실을 아는 것으로 개벽하고,[5] 아득하고 망령된 생각을 개벽하려 하면 먼

---

2 개벽을 명쾌하게 정의해 주셨다. 한 사람의 마음이 변하여 삶에 중대한 변화가 오면 한 사람의 개벽이고, 한 나라의 변화가 이전의 역사와 질적 양적으로 큰 차이가 있으면 한 나라의 개벽이요, 세상 모든 것이 이전과 크게 달라질 경우 세상의 개벽이 된다.

3 자존심과 습관심으로 가득 차 있으면 진실이 보이지 않는다. 나를 비우고 겸손해져야 상대방의 진심을 알 수 있고 진심이 통해야 모실 수 있다. 일체가 한울을 모시고 있는데 어찌나 혼자 잘난체 할 수 있겠는가? "도를 깨달으면 일마다 사업이요, 귀먹은 것을 깨치면 소리마다 한울 소리요···."(의암성사법설, 우음)

4 자존심과 아집은 스스로 자신이 없을 때 더 심해진다. 모든 일을 명확히 파악하고 확신하면 오히려 여유가 생기고 너그러워진다. 정할 정 자는 확고한 믿음이요 수심정기함이다.

5 의심과 두려움은 무지에서 비롯된다. 믿기 전에 정확하게 알라고 하지 않으셨나! "사람의

저 육신의 욕심을 따르는 마음을 성령을 따르는 것으로 개벽하라.[6]

3. 「天下萬念總一身 前波纔息後波起」 此念이 何時에 없어질 것이
천 하 만 념 총 일 신　전 파 재 식 후 파 기　차 념　하 시
냐 이것을 끊으려고 不可能의 心力을 徒費치 말고 但「我中에 何我가
불 가 능　심 력　도 비　　단　아 중　하 아
有하여 屈伸動靜을 指使하는가」를 事事思之하여 오래도록 習性을
유　굴 신 동 정　지 사　　　사 사 사 지　　　　　습 성
지니면 性身兩者에 誰主誰客 誰輕誰重을 自覺케 될 것이니 是覺
성 신 양 자　수 주 수 객　수 경 수 중　자 각　　　　시 각
이 곧 肉身開闢의 地니라.
육 신 개 벽　지

'세상의 모든 생각이 모두 이 한 몸에 있어서, 생각의 물결이 앞이

겨우 쉬면 뒤가 일어난다'고 하니 이런 생각이 언제 없어지겠는가.

이 불가능한 것을 끊으려고 마음을 공연히 허비치 말라.[7] 다만 '내

말 가운데는 옳고 그름이 있는 것을, 그 중에서 옳은 말은 취하고 그른 말은 버리어 거듭
생각하여 마음을 정하라."(동경대전, 수덕문)
6   "심령이 생각하는 것이요, 육관(눈 · 귀 · 코 · 혀 · 몸 · 뜻)으로 생각하는 것이 아니니라."
(해월신사법설, 수심정기) 개인적 욕심보다 전체 이익을 먼저 생각하고, 몸이 편하기보다
마음이 편한 쪽으로 행해야 한다. 이것이 수행의 순서다. 일마다 마음에 고하고 내 마음을
관찰하여 습관된 마음이 아닌 적자지심의 한울마음으로 행하면(마음공부), 망령된 습관심
이 차츰 줄어들 것이다. 기존관념이 아닌 진리의 눈으로 보면 지혜가 열려 의심과 두려움
이 없어진다. 의심이 없어지면 믿음이 굳게 정해지니, 시천주의 믿음이 굳건하면 일체를
공경하며 덕을 실천할수 있을 것이다. 무조건 믿는 것이 아니라 마음공부가 나아가면 자
연히 생기는게 믿음이다.
7   수련하면서 흔히 겪는 일이다. 마음을 통일하고 내 진면목을 봐야 하는데 쓸데없는 잡념
만이 가득하거나 그나마 잡념이 뜸하면 졸음이 엄습해 온다. 그러나 잡념도 한울님 작용
이다. 끊으려 애쓰면 그 또한 집착이 된다. 가만히 보면서 놓아 보내고 나에게 어떤 생각들
이 있었는지 觀하는 것도 좋은 공부가 된다. 현재의 나를 알려면 내 과거와 현재, 그 속의

속에 어떤 내가 있어 구부리고 펴고 움직이고 머무는 것을 가르치고 시키는가? 하는 생각을 일마다 생각하여 오래도록 습성이 되도록 하라.[8] 그러면 가르치는 성령과 시키는 대로 하는 몸 두 가지에 어느 것이 주인이요 어느 것이 손님인 것과 어느 것이 중하고 어느 것이 경한 것인지 스스로 깨닫게 될 것이다. 이 깨달음이 곧 육신을 개벽하는 것이다.[9]

4. 此念을 一闢하면 於是乎 皚皚氷雪의 介潔 天晴日朗의 光明 山高水流의 方正 落落雲鶴의 高尙한 그 者가 卽眞個의 精神我이니 是我는 天傾地坼이라도 長如是요 海枯石爛이라도 亦如是라 顧此蚩蚩的世界를 開闢함에 何難이 有하리오 我大神師를 見하라 此人이 아니신가.[10]

이 생각을 한번 개벽하면, 이제야 흰 얼음과 눈의 깨끗함과, 하늘

생각들을 알아야 한다. 나도 모르던 내 모습들을 발견하면서 공부가 한 걸음씩 나아간다. 그러다 보면 모든 잡념이 끊기며 빈 곳에서 빛이 나는 경지를 체험하게 된다.(해월신사법설 허와실, 의암성사법설 삼심관)
8 일마다 심고하면서 자신의 욕념이 행하는지 성령이 행하는지 구분해 볼 일이다. 몸이 편한 것은 습관심이요 마음이 편한 것은 성령이 행하는 것이다. 내안의 성령을 자각하는 게 모심이고 이를 잊지 않는 게 수심정기다.
9 심고하고 기도할 때 자신의 욕심을 위해 기도하는 것이 아니라 한울, 성령, 다른 이를 위한 기도를 해야 한다. 이것이 이신환성이고 육신을 개벽하는 것이다.
10 蚩 어리석을, 벌레이름 치.

이 개고 날이 밝은 광명과, 산이 높고 물이 방정하게 흐르는 것과, 뜻이 크고 뛰어난 구름 속 학의 고상한 그 모든 것이 곧 참된 정신의 나임을 알게 된다.[11] 개벽된 성령의 나는 하늘이 기울어지고 땅이 터지더라도 길이 변함없이 이와 같을 것이요, 바다가 마르고 돌이 녹아도 또한 이와 같을 것이다.[12] 그런 개벽된 참된 정신으로 이 어리석고 미련한 세계를 돌아보고 개벽함에 무슨 어려움이 있으리오. 우리 대신사를 보라. 이러한 사람이 아니신가.[13]

5. 天地의 氣數로 觀하면 今日은 四時之秋요 一日之夕인 世界라 物質의 複雜과 空氣의 腐敗가 其極에 達하였으니 此間에 立한 吾人이 何能獨存이리오 大機一轉의 時日이 眼前에 迫到하였도다.

천지가 처한 기의 운수로 보면 지금은 일 년의 가을이요, 하루의 저녁때와 같은 세계다. 물질의 복잡한 것과 공기의 부패한 것이 그 극

11 마음이 바뀌면 이전에 보던 사물이 모두가 새로워진다. 더러움이 가신 깨끗함, 무지와 불분명함이 가신 명확함, 어떤 상황에도 흔들림 없는 확고함, 어떤 일을 하더라도 한울을 위하는 숭고한 뜻, 이 모두가 한울과 나의 참된 본 모습이다.
12 "나의 기점은 성천의 기인한 바요, 성천의 근본은 천지가 갈리기 전에 시작하여 이때에 억억만년이 나로부터 시작되었고, 나로부터 천지가 없어질 때까지 이때에 억억만년이 또한 나에게 이르러 끝나는 것이니라."(의암성사법설, 성심변)
13 수운 선생의 성령은 한울과 합하여 영원히 세상에 나타나며 작용한다. 이신환성하여 성령출세하신 것이다. 수운선생의 삶 자체가 자신과 가족의 어려움을 개의치 않고 모든 생명이 제자리를 찾을 수 있도록 진리의 문을 여신 것이었다.

도에 이르렀으니, 이 사이에 있는 우리 사람인들 어찌 홀로 편안히 살 수 있겠는가. 세상의 큰 틀이 한번 바뀔 때가 눈앞에 닥쳤다.[14]

6. 蕭殺의 金風이 蕭蕭然 瑟瑟然 自西伊東하니 鬱蔚葱靑의 草木
　　숙살　금풍　소소연　슬슬연　자서이동　　울울총청　초목
이 雖卽現在顔色을 姑保하나 一夜를 經하면 滿山黃落의 可憐한
　수 즉 현재 안색　고보　일야　경　만산황락　가련
霜葉뿐일지니 今此有形의 開闢을 當하여 精神上 無形의 開闢을
상엽　　금차유형　개벽　당　정신상 무형　개벽
하지 아니하면 天下로 衣하고 宇宙로 家하고 四海로 田하는 其人이라
　　　　　　천하　의　우주　가　사해　전 기인
도 「一落枝頭便寂寞의 霜葉」일지니 此是人與物開闢의 時니라.
　　일락지두편적막　상엽　　차 시 인 여 물 개 벽　시

나무나 풀을 말려 죽이는 가을바람[15]이 쌀쌀하고 쓸쓸하게 서쪽에서 동쪽으로 불어오니, 우거졌던 푸른 초목이 아무리 현재의 모양을 아직 보존하고 있지만 하룻밤 지나면 산에 가득 차 누렇게 떨어지는 가련한 서리 맞은 잎이 될 것이다.[16] 이제 이 유형의 개벽을 당하여 정신상으로 무형의 개벽을 하지 않으면,[17] 천하로 옷을 입고

14　가을과 저녁은 다음 날과 다음 해를 위해 거두고 정리하는 시기다. 혼란스럽고 쇠약해졌지만 아직 살아 있다. 겨울과 밤은 마침내 죽음의 시기가 되는 것이나 그 안에선 새 생명과 새 기운이 나올 준비를 하는 시기이다. 낡은 사고와 습관이 죽어야 새로운 삶이 나온다.

15　가을에는 서풍이 불고, 이는 생명을 거두는 바람이다. 오행에서 서쪽은 금이 상징이다.

16　누구나 삶의 전환기가 있다. 그때 낡은 삶을 바꾸지 않으면 어느새 누렇게 떨어지는 서리 맞은 잎의 신세가 될 것이다.

17　조선시대 이전까지 오천 년 간 우리 민족의 생활양식은 거의 변화 없이 살아왔다. 그러나 일제를 거치면서 오늘 우리의 삶은 불과 100여 년 전과는 단절되다시피 할 정도로 변했다(유형의 개벽). 이렇게 겉모습의 삶은 서양 사람들 것을 다 배웠지만 그들의 삶을 지켜온

우주로 집을 삼고 사해로 밭을 가는 큰 능력의 사람이라도 문득 가지에서 떨어져 적막한 서리 맞은 잎과 같이 될 것이다. 이것이 사람과 물건이 개벽하는 때이다.[18]

정신은 배우지 못하고 우리 고유 정신도 상실한 게 오늘 우리 모습이다. 모습이 새로워졌으면 그 정신도 새로워져야 제대로 된 삶을 살 수 있는 것은 당연한 이치! 오늘 무형의 개벽이 필요한 까닭이다.

18 아무리 큰 뜻이 있어도 세상 변화에 맞춰 행하지 못하면 소용없다. 천하로 옷을 입고…하는 사람은 유형의 개벽에 적응한 사람. 오늘날 세계를 무대로 활동하는 개명한 정치-경제인을 생각하면 될 것이다. 그런 세속적인 성공을 한 사람도 마음의 만족을 못하고 정신의 개벽을 하지 못하면 그 삶과 목숨이 덧없이 스러질 수 있음이다.

十八. 入眞境(입진경: 진리의 경지에 들어감)[1]

1. 有人緣하여 何心으로 入於此境耶아 玩景而入耶아 得仙而入耶
   유인연   하심   입어차경야   완경이입야   득선이입야
   아 於斯之間 發程之初에 必有主觀的也리라
   어 사 지 간 발 정 지 초   필 유 주 관 적 야

   사람이 어떤 인연이 있어[2] 무슨 마음으로 이런 경지에 들어왔을까.
   경치를 구경하러 온 것인가, 신선을 만나러 온 것인가.[3] 길을 떠나
   는 처음에는 반드시 주관이 있었을 것이리라.[4]

2. 昔聞「眞境에 有仙翁이라」하여 欲見眞仙之心에 不憚千辛萬苦
   석문   진경   유선옹   욕견진선지심   불탄천신만고
   하고 步步進進하여 不息至誠하고 日費心加하여 到于此境하니 果
        보보진진   불식지성   일비심가   도우차경   과
   如 昔聞仙翁이 待我而來러라
   여 석 문 선 옹   대 아 이 래

---

1 수행하는 사람의 마음 변화를 빗대 설명하신 글.
2 아무리 좋은 진리라도 인연 없는 사람에게는 소음일 뿐이다.
3 도와 진리를 배우면 세상이 새로워진다. 세상 이치를 알아가며 그것을 즐기는 것이 경치
   를 감상하는 것이요, 신선을 만나는 것은 진리의 핵심을 깨닫는 것이다. 또한 경치를 감상
   함은 도를 현실에 실현하는 것이요, 신선을 만남은 도 자체를 궁구하는 것이다.
4 진리 자체에 관심이 많은 이는 수행을 깊이 하여 교직자의 길을 걷는 것이 좋고, 현실에
   관심이 있는 사람은 도의 가치를 실천할 부문 단체 운동에 헌신함이 좋을 것이다. 천도교
   의 부문 단체 활동이 활발할 때에는 여성회, 청년회, 소년회뿐 아니라 조선농민사, 개벽지,
   노동운동 등 사회운동에 적극 참여한 역사가 있다.

전에 들으니 "참된 경지에 노 신선이 계시다" 하여 참 신선을 보고 싶은 마음에 온갖 어려움을 꺼리지 않고 걸음걸음 나아가고 나아가, 지극한 정성으로 쉬지 않고 나날이 마음을 더하여 이 경지에 이르니, 과연 전에 듣던 것과 같이 선옹께서 나를 기다리며 오시더라.[5]

3. 欣喜進拜하고 酬酌之際에 翁이 問曰「我待爾者 久矣라 爾何
   흔 희 진 배   수 작 지 제   옹   문 왈   아 대 이 자 구 의   이 하
   得聞 如是到達耶아 而閑談次第說明하라」
   득 문 여 시 도 달 야   이 한 담 차 제 설 명

기뻐서 나아가 절하고 서로 말을 주고받을 즈음에 옹께서 묻기를 "내가 너를 기다린 지 오래다. 네가 어떻게 내가 여기 있다는 소문을 듣고 이같이 왔느냐. 천천히 차례로 설명하라."[6]

4. 前日門前發程之初心은 一日에 欲得目的地이나 此行이 初行이
   전 일 문 전 발 정 지 초 심   일 일   욕 득 목 적 지   차 행   초 행
   라 發程幾日에 岐路多有하여 或恐橫馳之慮요 抑亦有支離之心
      발 정 기 일   기 로 다 유   혹 공 횡 치 지 려   억 역 유 지 리 지 심
   하여 徘徊路上이라가 反而思之則 此行이 初路라 對誰而問耶아
        배 회 노 상   반 이 사 지 즉   차 행   초 로   대 수 이 문 야

---

5 수련을 하다보면 몸과 마음의 변화를 포함한 여러 가지 난관을 겪는다. 거기에 멎어 나아가지 못하면 공부의 진행이 없지만 난관을 이겨내고 정성을 다하면 나의 진면목을 깨닫고 한울을 만나며 선약을 체험할 수 있게 된다.
6 한울님 모심을 체험한 강령 이후엔 한울 진리를 본격적으로 공부하게 되는데 이때 한울 진리가 들려오는 것을 강화라 한다. 밖에서 들리기도 하고 내면에서 울려 나오기도 한다. 한울님께선 이 질문처럼 늘 사람들이 진리를 찾아오길 기다리신다.

전날 문 앞을 나서던 첫 마음은 하루에 목적지까지 도달하려는 의욕이 있었습니다. 하지만 이번 걸음이 처음 가는 길이라, 길을 떠난 지 몇 날 만에 갈림길이 많더군요. 혹 옆으로 잘못 갈 염려도 무섭고, 또한 지루한 마음도 있었습니다. 이렇게 길 위에서 머뭇거리다가 돌이켜 생각해 보니, 이번 가는 것이 첫길이라, 누구에게 물어야 할까요.[7]

5. 心畓悶鬱하여 彷徨超規이러니 忽聞何聲曰「路上徘徊者 誰耶아」
   심 답 민 울   방 황 초 규   홀 문 하 성 왈 노 상 배 회 자 수 야

마음이 답답하고 민망하여 머뭇거리며 바른길을 벗어나려 할 적에 [8] 홀연히 무슨 소리가 들리며 말하기를 "길 위에서 배회하는 사람은 누구냐?" 하였습니다.

6. 欣然回顧하니 有聲無人이러라 或有疑端이나 定心之定信은 訪
   흔 연 회 고   유 성 무 인   혹 유 의 단   정 심 지 정 신   방
   仙이 目的也라 信之益 固之致하니 過年風聞은 無疑 仙招之音
   선   목 적 야 신 지 익 고 지 치   과 년 풍 문   무 의 선 초 지 음

---

7   도를 배우기 시작할 때의 초심은 누구나 같을 것이다. 깨달을 때까지 한눈 팔지 않고 정진하리라 다짐하지만 깨달음이란 개인적 체험이라 이렇게 하는 것이 옳은지 다른 사람 방법을 따르는 게 맞는지 판단하기 어렵다. 길을 잘 안내할 좋은 스승과 도반이 함께한다면 실수와 고생을 덜 하고 목적을 달성할 수 있을 것이다. 支離하다; 지루하다의 옛 표기.

8   공부나 일이 진척이 없으면 해오던 방식이 잘못되었는지 의심하고 다른 길을 기웃거리거나 되돌아 가기도 한다. 그럴 때는 처음 발심할 때를 돌아보고 더디더라도 정도를 가야 한다.

이라 反有內固하여 不憚前程之遠하고 盡心竭力하여 不畏豺狼
　　　　반유내고　　　　불탄전정지원　　　진심갈력　　　불외시랑
之劫하고 瞻彼五色雲處하니 必是仙境이라 漸入佳境하니 香風이
지겁　　　첨피오색운처　　　필시선경　　　점입가경　　　향풍
吹來하는 奇花瑤草라 一步一層하여 飄然陟彼坮上하니 萬里山
취래　　　기화요초　　　일보일층　　　표연척피대상　　　만리산
野에 物物形形이 盡是眼前別界러라
야　　　물물형형　　　진시안전별계

기뻐서 돌아보니 소리는 있었으나 사람은 없었습니다.[9] 혹 의심스

러운 점도 있었으나 마음으로 작정한 믿음은 신선을 찾는 것이 목

적이었으므로, 믿음을 더하고 굳게 나아가니 지난번에 어렴풋이

들은 소리는 의심 없는 신선이 부른 소리였습니다.[10] 도리어 속으

로 굳건한 생각이 있어 앞길이 먼 것을 꺼리지 아니하고, 마음과 힘

을 다하여 이리와 범도 무서워하지 않고 정진하였습니다. 어느덧

오색구름 있는 곳이 바라보이는데, 필시 선경이 분명했습니다.[11]

---

9 한울님 목소리를 듣는 강화. 신이 밖에 멀리 있다는 고정관념이 있으면 한울님 말씀이 밖
에서 들려오지만, 내게 모시고 있음을 자각하면 내면에서 들려오게 된다.

10 공부가 초심이고 믿음이 굳건하지 못하면 한울님 말씀이 들려도 어떤 말씀인지 뚜렷하
지 않다. 공부가 진행되어 마음이 맑아지면 말씀도 가르침도 명확해지게 마련이다. 風聞
은 어렴풋이 들었다는 뜻이고, 過年이라 한 것으로 보아 첫 소리를 들은후 오랜 기간 정진
이 있은 듯. 좋은 스승이 없어도 스스로 정성과 믿음이 바르고 지극하면 깨달음을 얻을 수
있다. 그것은 수양이 쌓인 사람의 내면세계가 열리며 모신 한울(내유신령)과 소통이 시작
되는 것이다.

11 이리와 범은 수도자를 유혹하고 위협하는 魔다. 조급한 마음, 신통력을 얻고자 하는 마
음, 영안이 열린 것을 자랑하고 존경받고 싶은 마음…. 이러한 마를 이겨내야 바른 도의 경
지를 깨달을 수 있으니 그곳이 선경이다.

점점 아름다운 경지에 들어가니, 향기로운 바람이 불어오는 기이한 꽃과 아름다운 풀이 있었습니다. 한걸음에 한 층계씩 나는 듯이 대 위에 올라가니 만 리에 펼쳐진 산과 들의 모든 물건과 형상이 확 트여 눈앞에 선명하게 드러났습니다. 실로 다른 세상 같았습니다.[12]

7. 「何如是 何如是乎아」翁이 笑曰「美哉라 君之誠力이여 與吾
   하여시 하여시호   옹 소왈 미재 군지성력   여오
   相孚라」
   상부

   "어찌하여 이렇습니까?" 하니 옹께서 웃으며 말하기를 "아름답다 그대의 정성이여, 나와 함께 서로 믿어 이런 경지에 이르렀노라."[13]

8. 仰問「翁號는 誰也오」하니 翁이 笑曰「吾有名三하니 信聽하라
   앙문 옹호 수야   옹 소왈 오유명삼   신청
   一曰 靈이요 二曰 心이요 三曰 翁이라 仙翁也者는 世人尊稱之
   일왈 영이요 이왈 심이요 삼왈 옹이라 선옹야자 세인존칭지
   號也니라 不須多言하고 君如是而問도 必有眞契라 願聞眞心也
   호야   불수다언   군여시이문 필유진계   원문진심야
   로다」

---

12 깨달은 마음은 온 세상이 한울님 조화의 자취임을 느낄 수 있으니 얼마나 아름답고 즐거운가. 별세계요 춘삼월 호시절이요 지상천국이다.
13 깨달음의 선경은 진리에 대한 믿음에서 시작된다. 믿고 정성 드리면 나와 한울이 하나 되고, 이 세상과 선경이 하나 된다. 孚 미쁠 부. 참되고 믿음이 있다. 일방적 믿음이 아닌 상호관계.

우러러 묻기를 "노 신선의 호는 무엇입니까?" 하니, 옹께서 웃으며 말하기를 "내 이름은 셋이 있으니 믿고 들으라. 첫째는 「영」이라 말하고, 둘째는 「마음」이라 말하고, 셋째는 「선옹」이라 하지마는, 선옹이라 하는 것은 세상 사람들이 높여서 일컫는 이름이니라. 많은 말을 할 것 없이 그대가 이렇듯이 묻는 것도 반드시 참된 괴로움이 있을 것이니, 그 참된 마음을 듣기 원하도."[14]

9. 沈吟良久에 恭順正答曰「我之爲人이 何之爲人이며 我之爲國
   침 음 양 구   공 순 정 답 왈   아 지 위 인   하 지 위 인   아 지 위 국
   이 何之爲國이며 我之爲世가 何之爲世오 問者三也니이다」
   하 지 위 국   아 지 위 세   하 지 위 세   문 자 삼 야

잠잠한 지 오래어 공손하고 온순히 대답하기를 "제가 사람이 된 것은 어떻게 사람이 되었으며, 나라는 어떻게 나라가 되었으며, 세상은 어떻게 세상이 되었습니까. 물을 것이 세 가지 있습니다."[15]

---

14 한울은 어디 있는가? 내 안에 모신 영이 곧 내 마음이고, 선옹이니 곧 한울님이다.
15 사람들의 의문을 대별하는 질문이다. 누구나 자신의 정체성이 무엇인지 확인하고 싶고, 혼자 살 수 없는 존재가 사람이므로 사회 속에서 나의 위치와 역할이 어떤 것인지, 또한 어떤 것이 한울 이치를 바르게 실현하는 사람과 세상 모습인지 고민하며 수행해 볼 일이다.

10. 翁이 曰 「後必有然然明敎리니 勿爲心急하라」
　　옹　왈　후 필 유 연 연 명 교　　물 위 심 급

옹께서 말하기를 "후에 반드시 그런 것을 밝게 가르치리니, 마음을
급히 하지 말라."[16]

11. 款曲相對라가 忽然覺之하니 仙境은 何處오 仙翁은 正是我心
　　관 곡 상 대　　홀 연 각 지　　선 경　하 처　선 옹　정 시 아 심
所形者로다.
소 형 자

매우 정답고 친절하게 대하다가 홀연히 깨달으니, 선경은 어디인
가. 선옹은 바로 내 마음이 형상한 것이 아닌가.[17]

16　깨달음은 개인적인 사건이다. 사람마다 살아온 경험과 처한 상황에 따라 구하는 것도 다
　　를 것이고 해답도 각양각색으로 나올 수밖에 없다. 그러므로 스스로 구해서 얻을 뿐 다른
　　사람이 이것이 정답이라고 할 수 있는 것이 아니다.
17　"사람의 성품을 깨닫는 것은 다만 자기 마음과 자기 정성에 있는 것이요, 한울과 스승의
　　권능에 있는 것이 아니니, 자기 마음을 자기가 깨달으면 몸이 바로 한울이요 마음이 바로
　　한울이나, 깨닫지 못하면 세상은 세상대로 사람은 사람대로이니라."(의암성사법설, 신통고)

十九. 雨後靑山(우후청산: 비온 뒤 푸른 산)[1]

1. 山耶 雨耶 知天時而然耶아 無爲而化而然耶아 截彼南山의 雨
   산 야 우 야 지 천 시 이 연 야   무 위 이 화 이 연 야   절 피 남 산   우

   後精神이여 更新世界로다
   후 정 신   갱 신 세 계

   산아 비야, 한울의 때를 알고 그런 것이냐 함이 없이 자연히 그런

   것이냐. 분명하도다, 저 남산의 비 온 뒤 정신이여, 다시 새로워진

   세계로다.[2]

2. 一團 和氣祥風에 綠樹는 半舞하고 紅花는 一笑로다
   일 단 화 기 상 풍   녹 수   반 무   홍 화   일 소

---

1 3·1운동 직후 의암 선생과 춘암 선생을 비롯한 교회 원로 지도층들이 모두 일제에 구금
   되어 교회가 지도자 공백상태가 되었을 때, 이돈화 김기전 등을 비롯한 청년들이 청년교
   리강연부를 만들어 각 지역별로 순회하며 교리교사 강연을 하는 등, 침체되고 위기에 빠
   진 교회에 새로운 바람을 불어넣게 되었다. 이것이 천도교 청년회 시원이다. 이런 소식을
   옥중에서 전해들은 의암 선생은 기뻐하셨다고 하는데 그때 하신 말씀이 아닐까 생각한다.
   사람도 시련을 겪은 뒤에 성숙해지듯이 교회도 시련을 겪고 탄압을 받으면서 더 성장하고
   자랄 것이라는 것을 가르쳐 주신 글이다.
2 비가 온 뒤에는 온 세상이 맑아지고 깨끗해진다. 생명들이 자란다. 비는 무엇인가? 인생
   의 시련일 수도 있고, 나를 정화시키고 성숙시키는 수련일 수도 있다. 한 고비를 넘기면 한
   층 성숙해지고 자란다. 사물을 보는 안목이 달라진다..

한 덩어리 화한 기운과 상서로운 바람에 푸른 나무는 어깨춤을 추고 붉은 꽃은 한결같이 웃는구나.[3]

3. 時乎 時乎 綠樹之綠耶아 紅花之紅耶아 經霜枯木이 何如是得
   시 호 시 호 녹 수 지 녹 야   홍 화 지 홍 야   경 상 고 목   하 여 시 득
   意之春逢耶아 雨後朝天에 萬木이 一時而一新이로다
   의 지 춘 봉 야 우 후 조 천   만 목   일 시 이 일 신

때여 얼마나 좋은 때인가. 푸른 나무는 그 얼마나 푸른가, 붉은 꽃은 또 얼마나 붉어 제빛을 내는가. 서리 지난 마른 나무가 어쩌면 저렇듯이 뜻을 얻은 봄을 만났는가. 비 온 뒤의 아침 한울에 모든 나무가 일시에 새로워지는구나.[4]

4. 曰「爾 靑山아 知我否아 綠陰花色은 一帶自由之氣로다」
   왈   이 청 산 지 아 부   녹 음 화 색   일 대 자 유 지 기

3 비는 온 세상에 고루 내린다. 좋고 나쁨을 가리지 않고, 잘나고 못남을 차별하지 않는다. 그렇게 온 세상이 한꺼번에 비에 씻기면 본래의 선명한 자태를 드러낸다. 진면목이다. 또한 자신의 덕과 향을 발산한다. 그러므로 비온 뒤의 숲은 그 향이 더욱 진하다. 그 향은 덕이 있는 사람의 화한 기운과 같고, 나무가 산들바람에 흔들리는 것은 흥에 겨워 추는 가벼운 어깨춤과 같다. 푸른 나무는 젊은 남자, 붉은 꽃은 젊은 여성을 표현.
4 생명은 나고 자라고 성숙하고 죽었다가 다시 살아나는 순환이고 무왕불복이다. 때가 옴을 누가 알려주지 않아도 생명은 본능적으로 안다. 그것이 한울이다. 진면목이다. "조각 조각 날고 날림이여 붉은 꽃의 붉음이냐. 가지 가지 피고 핌이여, 푸른 나무의 푸름이냐. 부슬부슬 흩날림이여 흰 눈의 흰 것이냐."(동경대전, 화결시) "봄 바람이 불어 간 밤에 일만 나무 일시에 알아차리네."(동경대전, 시문)

나는 말하기를 "너 푸른 산아, 나를 아느냐 모르느냐. 우거진 녹음
과 밝은 꽃 빛은 한결같이 자유의 기운을 얻었구나."[5]

5. 由是觀之면 山與花도 自由亦如是어든 況 惟我靑年이 不如山
　　유시관지　　산여화　　자유역여시　　　황　유아청년　　불여산
花乎아
화 호

이렇게 보면 산과 꽃도 자유가 또한 이와 같은데 하물며 우리 청년
이 산과 꽃만 같지 못할쏘냐.[6]

6. 壯哉라　吾敎友靑年之自由精神은　亦勝於靑山이리니　豈不壯
　장재　오교우청년지자유정신　　　역승어청산　　　　기불장
哉며　豈不樂哉아
재　기 불 락 재

장하다, 우리 교우 청년의 자유 정신은 또한 푸른 산보다 더할 것이
니, 어찌 장하지 않으며 즐겁지 아니하랴.[7]

5　일체가 한울임을 깨달으면 푸른 산과 나무 기운이 나의 기운과 하나임을 느끼게 된다. 분
　별과 차별이 없으니 걸릴 것도 없고 장애가 없는 자유를 만끽한다. "일동일정과 일용행사
　를 내가 반드시 자유롭게 하나니 좋으면 좋고, 착하면 착하고, 노하면 노하고, 살면 살고,
　죽으면 죽고, 모든 일과 모든 쓰임을 마음 없이 행하고 거리낌 없이 행하니…."(의암성사법
　설, 삼심관)
6　산과 꽃이 새롭게 거듭나 자유로워지듯, 청년들도 개인의 습관심과 사회 인습을 벗어던
　지고 한울사람으로 거듭나 자유로워지라는 격려. 당시는 일제의 억압이 청년을 얽어매는
　인습이었다. 오늘의 인습은 무엇인가?
7　푸른 산의 성품은 제자리를 지키며 드러내지만 사람 성품은 적극적 활동으로 세상에 보다

7. 用心而前進에 團體泰山이요 目的이 保國이라 敎中靑年은 形如
   용 심 이 전 진 단 체 태 산   목 적 보 국   교 중 청 년   형 여

喬岳卓立之氣像이로다
교 악 탁 립 지 기 상

마음을 가다듬고 앞으로 나아감에 단체가 태산이요, 목적이 나라
를 지킴이라. 교 중 청년은 그 형상이 높은 산이 우뚝 솟은 듯한 기
상이로다.

많은 일과 영향을 미칠 수 있다. 그렇기 때문에 만물의 최령자요 그 자유정신도 산보다 더
할 것이다.

二十. 我之精神(아지정신: 나의 정신)

1. 人이 爲人之時에 天이 賜 天之精神하니 我爲我之一大機關也
   인   위인지시   천   사 천지정신   아위아지일대기관야
   니라 然則 精神二字는 莫重於我者니 精神이 我耶아 肉身이 我
   연즉 정신이자   막중어아자   정신   아야   육신   아
   耶아 我之爲始 自何方而來하여 我爲乎아 我爲乎 我之前有也
   야   아지위시 자하방이래   아위호   아위호 아지전유야
   니 以無形之於有形也라 精神은 於我本位人故로 無精神者 乃
   이 무형지어유형야   정신   어아본위인고   무정신자 내
   失自由는 不言可想矣니라
   실 자 유   불 언 가 상 의

사람이 사람 될 때 한울님이 한울의 정신을 주었으니, 이것은 내가
나 된 한 큰 기틀이 된 것이다. 그러면 정신이란 두 글자는 나에 있
어 더 중한 것이 없으니, 정신이 나인가 육신이 나인가. 내가 처음
어디로부터 와서 내가 되었는가.[1] 내가 된 것은 나의 이전이 있을
것이니, 형상이 없는 것에서 형상을 이룬 것이다.[2] 형상이 없는 정
신은 나의 근본 자리이므로, 정신없는 사람이 자유를 잃을 것은 말
하지 않아도 상상할 만하다.[3]

---

1 이것이 인류역사이래로 모든 현철이 풀지 못하고 고행을 해온 질문이다.
2 형상이 없는 것은 한울 성품이요, 형상 있는 것은 내 몸이다.
3 진리를 모르면 온갖 질곡과 인습에 얽매여 헤어나지 못한다. 감옥에 있는 자만 자유를 잃

2. 天賜精神也 大者天下요 中者一國이요 小者個人也니 此三者
   천 사 정 신 야 대 자 천 하   중 자 일 국   소 자 개 인 야   차 삼 자

는 其肥個人하여 至於國與天下者也니라 如是觀之면 廣大天道
   기 비 개 인   지 어 국 여 천 하 자 야   여 시 관 지   광 대 천 도

教之於我에 私有物我不我니라 誰我之乎아 願矣 青年教友는
   교 지 어 아   사 유 물 아 불 아   수 아 지 호   원 의 청 년 교 우

我精神을 我守하고 我國精神을 我國守하고 我天精神을 我天守
   아 정 신   아 수   아 국 정 신   아 국 수   아 천 정 신   아 천 수

하여 可守五萬年教天定限哉인저
   가 수 오 만 년 교 천 정 한 재

한울이 준 정신은 큰 것이 천하요, 가운데 것이 한 나라요, 작은 것
이 개인이니, 이 세 가지는 그 개인이 살찌워 나라와 천하에 이르는
것이다.[4] 이같이 보면 넓고 큰 천도교의 나는 사유물인 내가 아니
다. 누가 나인가. 원하건대 청년 교우는 내 정신을 내가 지키고, 내
나라 정신을 내 나라로 지키고, 내 한울 정신을 내 한울로 지키어,
가히 오만 년 천도교의 한울이 정한 것을 지키라.[5]

은 것인가? 직장과 사회 관습 속에서 자신이 하고 싶은 일을 하지 못하고 수동적으로 타의
에 의한 삶을 사는 사람들이 얼마나 많은가?
4 개인이 자신의 정체성을 잃으면 스스로의 삶이 질곡에 빠질 것이고, 나라가 정체성을 잃으
   면 다른 나라에 속박당하고 망할 것이다. 천하의 모든 이가 진리를 모른 채 각자위심으
   로 서로 싸우면 세상이 멸망하거나 지옥이 될 것이다. 작은 개인과 큰 천하의 나는 실상 하
   나의 성령이므로 개인이 천하에 영향을 주기도 하고 세상의 형편이 개인에 영향을 주기도
   한다. 같이 닦아야 하는 이유다.
5 내 욕심과 습관을 버리고 비워야 보다 큰 나를 알 수 있게 된다. 작은 내 욕심만을 따르면
   나와 세상이 모두 혼란해지지만 나를 버리고 큰 나를 위하면 나와 세상이 모두 평안해진
   다. 진정한 나를 찾는 것이 내 행복의 시작이고, 나라 정신을 찾는 것이 나라가 바로 서는
   첩경이다.

二十一. 三花一木(삼화일목: 한 나무에 핀 세가지 꽃)

1. 彼有一木하니 木有三花로다 彼木彼花兮여 眼觀榮花者 是誰
   피유일목   목유삼화   피목피화혜   안관영화자 시 수
   之功德耶아 春生之德이요 人成之功이로다
   지 공 덕 야   춘 생 지 덕   인 성 지 공

   저기에 한 나무가 있는데 나무에 세 가지 꽃이 피었도다.[1] 저 나무
   의 저 꽃이여, 눈으로 빛나는 꽃을 보고 있으니 이것은 누구 공덕인
   가. 봄이 낳은 덕이요, 사람이 꽃을 보는 덕이다.[2]

2. 一木三花는 是何謂也아 譬於直言而出於天者는 一也나 各其
   일목삼화   시하위야   비어직언이출어천자   일야   각기
   各之而 各敎也니 然則 儒, 佛, 仙 三敎는 本於天而 至於各門
   각 지 이 각 교 야   연 즉 유 불 선 삼 교   본 어 천 이 지 어 각 문

---

1 나무는 근본이요, 꽃은 현상과 표현이다. 즉 나무는 하나의 진리요, 꽃은 가지의 위치와
   생장 상태에 따라 다른 모습으로 표현되는 설명인 셈이다. 하나의 물건이나 현상도 보는
   각도와 위치에 따라 수없이 많은 설명이 가능하다. 모두 같은 대상에 대한 설명이되 정반
   대 묘사도 가능하고 그에 따라 시비가 생길 수도 있다. 설명이 아닌 대상 자체를 봐야 하고
   달을 가리키면 달을 봐야지 손가락만 보고 시비하면 안 된다.
2 눈으로 꽃을 보고 있으니, 눈이 보는 것인가? 마음이 보는 것인가? 꽃이 보이는 것인가?
   꽃이 아무리 좋아도 배고픈 사람 눈에, 화장실이 급한 사람 눈에 그것이 보일까? 모두가
   한울님 조화요 간섭이다. 그러나 나무가 좋고 실해도 꽃이 아름답고 좋아야 사람들과 벌
   을 끌어들인다. 즉 진리가 좋아도 그것을 잘 설명하고 이해시키지 못하며, 세상에 실천되
   지 못하는 진리는 아무 뜻이 없다. 그것은 한울님(봄)의 덕이요, 사람(성인)의 덕이다.

者是也니라
자 시 야

한 나무에 세 가지 꽃이란 무엇을 말함인가. 비유하면 한울에서 나기는 한 가지나 각각 그 이름이 각 교로 된 것이다. 유·불·선 삼교는 한울에 근본 하였으나, 각각 문호를 달리한 것이다.

3. 如是論之면 何必木花리오 人之一身도 心有三思나 百年之間에
   여 시 논 지   하 필 목 화   인 지 일 신   심 유 삼 사   백 년 지 간
   萬事俱成이니라 木與花春榮도 不如我天樂이니라
   만 사 구 성   목 여 화 춘 영   불 여 아 천 락

이같이 말하면 어찌 반드시 나무와 꽃뿐일까. 사람의 한 몸에도 마음에 세 가지 생각이 있으나[3] 백 년 사이에 모든 일을 함께 이룬다. 나무와 꽃의 봄 영화도 내가 내 한울을 즐거워하는 것만 같지 못하다.[4]

3 사람이 온전한 생명을 영위하는 것은 한울 성품과, 기운과 몸이 모두 온전하기 때문이다. 그러나 각자 성격과 취향에 따라 순수 학문(성품)을 좋아하기도 하고 응용 학문(마음)을 좋아하기도 하며 학문보다는 실제 생활에 활용하는 것(몸)을 선호하기도 한다. 사회가 건강하려면 이 세 분야가 고루 발전해야 한다.
4 봄꽃은 한때의 영화. 봄이 지나면 곧 지는 일시적 가치. 교문도 사람들의 삶과 사회가 변함에 따라 성쇠가 있다. 그러나 한울과 진리는 오만 년 무궁한 것이니 언제나 변함없이 즐겁고 감사한 것이다. 하지만 보통 사람들은 화려한 꽃만을 좇을 뿐 영원한 진리는 잘 모른다.

4. 然而爲世하니 三花之氣는 一春之功이요 百年之事는 一身之役
   연 이 위 세   삼 화 지 기   일 춘 지 공   백 년 지 사   일 신 지 역
이요 一木一花는 春心合이요 一身一敎는 天人合이라 合則一也
   일 목 일 화   춘 심 합   일 신 일 교   천 인 합   합 즉 일 야
요 散則二也니 唯吾天道는 儒佛仙三合이요 更是一木上 三色
   산 즉 이 야   유 오 천 도   유 불 선 삼 합   갱 시 일 목 상 삼 색
花니라
   화

그렇게 세상이 되었으니 세 꽃의 기운은 한 봄의 공이요,[5] 백 년의
일은 한 몸의 역사다. 한 나무의 한 꽃은 봄기운이 합하여 핀 것이
고, 한 몸의 한 교는 한울과 사람이 합한 것이다. 합하면 하나요 헤
어지면 둘이니[6] 오직 우리 천도는 유불선 셋이 합일된 것이요, 다시
이것은 한 나무 위에 세 빛깔의 꽃과 같은 것이다.

5   종교는 당시의 절실한 시대상을 반영한다. 그러므로 진리는 그대로이되 교의 형태와 가
    르침의 방법은 때를 따라 용시용활해야 한다.
6   합하여 하나가 되는 천인합일이 도의 목적이다. 한울과 사람이 본래 둘이 아니지만 습관
    된 욕심이 참 마음을 가려 분리되고, 그로써 모든 문제가 생긴다. 일체가 하나임을 깨닫고
    돌아가야 한다.

二十二. 勸道文(권도문: 도를 권하는 글)[1]

「도」란 것은 사람이 한갖 지켜서 사업만 할 뿐 아니라, 진리를 온전
히 체득하여 어김이 없게 함이니, 어찌 삼가지 아니하리오.[2]

사람이 세상에 남에 한울 성품으로 말미암지 아니함이 없건마는
능히 그 성품을 거느리는 이가 적고, 누구나 집에서 살지 않는 이가
없건마는 그 집을 잘 다스리는 이가 적으니, 어찌 민망치 아니하리
오.[3]

---

1 포덕46년(1905) 12월 1일. 일본에 체류 중이던 의암 선생은 동학을 천도교라 이름하고
   이를 당시 제국신문 첫머리에 게재한 것을 비롯해 15회 반복 게재하였다. 이를 대고천하,
   현도라 한다. 천도교란 이름은 수운 선생이 '학즉 동학이요 도즉 천도'라고 한 데서 연유한
   것이다. 이로써 40여 년 동안 숨어서 신앙활동을 하던 도인들의 염원이 이루어지게 되었
   다. 현도 목적은 당시 극심한 동학 탄압 하에서 공식적인 종교 조직으로 변신하여 탄압을
   피하고자 하였고, 교단 조직을 근대화하기 위해 대헌을 발표하고 교구를 설치하게 되었
   다. 그리하여 인위적 교단 운영에서 체계적 운영으로, 점조직이고 사적인 포덕교화 방식
   에서 공식적이고 집단적인 포덕 교화방식으로 전환하게 되었다. 의암선생은 대고천하하
   신 후에 대헌 초안과 권도문을 인쇄하여 본국 교인들에게 보내어 회람케 하시니 권도문은
   천도교 첫 공식 경문이 된 셈이다.
2 한울의 도가 세상에 실현되면 그것이 덕이 된다. 무형 한울과 유형 한울이 둘이 아니듯이
   도와 덕도 둘이 아닌 하나다. 그러므로 도는 공부하고 진리를 궁구하는 만큼 실천하며 세
   상이 바뀌도록 노력해야 하는 것이다. 사업과 진리의 병행은 모든 수행자들의 숙제.(대종
   정의 8-5-8절 참조)
3 누구나 한울이 부여한 진심(천심)을 갖고 태어난다. 그 진심을 잘 지키면 한울 이치에 합
   하여 무위이화 될 것이나, 헛된 욕심(습관심)으로 살면 자신의 몸도 집안도 제대로 다스리

성품을 거느리니 한울이 있고 집을 다스리니 도가 있는지라, 어찌 한울과 도가 멀다 하리오. [4] 그러므로 한울은 만물을 낳고 도는 일을 낳나니, 어찌 물(物)과 일이 또한 멀다 하리오. 물은 일을 낳고 일은 먹는 것을 낳는지라, 어찌 일과 다만 밥을 또한 멀다하여 어길 바리오. 이러므로 한울이 없으면 생함이 없고, 생함이 없으면 먹는 바 없고, 먹는 바 없으면 일이 없고, 일이 없으면 도가 없을지니라. [5]

이런고로 한울은 화생하는 직분을 지키므로 잠깐도 쉬고 떠나지 못하는 것이라. 만일 한울이 일분 일각이라도 쉬게 되면 화생변화하는 도가 없을 것이요, [6] 사람이 또한 일용지도(日用之道; 날마다 행하는 삶의 도)를 잠시라도 떠나게 되면 허령창창한(虛靈蒼蒼; 비어 있으나 우리 몸과 우주에 가득 찬) 영대(靈臺; 영이 있는 곳)가 가난하고 축날 것

지 못한다.

4 누구나 자신의 타고난 본성이 있다. 사람은 공기를 호흡하지만 물고기는 물속에서 호흡한다. 그것이 한울이 부여한 천성이요 이치다. 공기를 호흡할 때 긴장하여 과호흡 하면 탄산가스가 부족해져 호흡성 알칼리 혈증이 되고, 호흡이 충분치 못하면 탄산가스가 과다해져 호흡성 산혈증이 된다. 그러므로 적절한 호흡이 필요한데 이것이 호흡을 다스리는 도다. 한울 이치와 그 이치가 행해지는 도는 그러므로 하나다.

5 한울 성품이 만물을 생성하였고 그 만물이 주어진 본성에 의해, 먹고 마시고 호흡하며 생명 작용을 한다. 그것이 한울의 도다. 그러므로 우리가 하는 모든 일이 곧 도인 것이다. 어느 일이나 다 한울의 이치로 이루어지는 것이니 도 아닌게 없다.

6 사람이 잠들어 있을 때도 호흡과 심장박동이 계속되며 세포들은 나고 죽고 순환한다. 그런 모든 것들이 잠시라도 멎으면 당연히 살아 있을 수 없다. 지구와 태양계, 은하계 등 온 우주 또한 항상 자전과 공전하며 상호작용을 한다. 그것이 잠시라도 멈추면 온 우주가 괴멸에 빠져들 것이다.

이라.[7] 이러므로 수고롭고 괴롭고 부지런하고 힘쓰는 도는 금수라도 스스로 지키어 떠나지 않거든 하물며 사람이야 이것을 저버리며 떠날 바리오.[8]

두려워하고 삼감은 더욱 군자의 절중(切中; 이치에 딱 맞는)함이라. 군자는 능히 이 사단(四端; 수고롭고 괴롭고 부지런하고 힘쓰는 마음)을 지키어 천도를 순히 함이니, 어찌 삼가지 아니하리오. 대저 천도가 여기에 지날 바 없는지라, 삼가 지킬진저![9]

우리 대선생님께서 경신 사월 초오일에 강령지법(降靈之法; 한울님 영과 하나 되는 법)을 지어 사람으로 하여금 한울님 모심을 알게 함이요, 한울님 모심을 알면 가히 써 한울님 말씀함을 알지라,[10] 어찌 의

---

7   한울의 지기는 모든 영의 근원이다. 그것은 허령창창하되 거기서 모든 조화가 비롯된다. 그러므로 한울 이치를 일용행사에 잘 행하고 지키면 수없는 조화가 절로 이루어질 것이나, 한울 도를 벗어나 습관된 욕심에 마음을 빼앗기면 영이 밝아지지 못하고 축나게 된다.

8   한울의 도는 이렇듯 노고근면의 행으로서 나타난다. 짐승들은 한울 이치에 따라 배고픈 만큼만 사냥하지만 사람은 자신 몫보다 더한 욕심을 내며 이치를 거스르는 경우가 많고 심지어 일하지 않고도 이익을 취하려 하니 현대사회의 부조리와 왜곡이 모두 이에서 비롯된다. 욕심내지 않고 자신이 노고근면한 만큼만 취하고 부족한 이들과 함께 나누면 그 또한 한울님을 위하는 것이다.

9   사단은 노고근면의 도. 이러한 한울의 도는 취미 생활 하듯이 장난삼아 할 수는 없다. 두려워하고 삼가며 항상 잊지 않고 행하려 노력해야 한다.

10   한울님 모심을 알면 한울님 모신 사람이 하는 말이 한울님 말씀이다. 깨닫지 못한 사람에겐 사람 말과 한울의 말이 따로지만 깨달은 사람에겐 분별되지 않는다. "한울님 말씀과 사람 말의 구별은 어디서 분별되는 것이냐 하면, 한울님 말씀은 대개 강화로 나오는 말을 이름인데 강화는 사람의 사사로운 욕심과 감정으로 생기는 것이 아니요, 공변된 진리와 한울님 마음에서 나오는 것을 가리킴이니, 말이 이치에 합하고 도에 통한다 하면 어느 것이 한울님 말씀 아님이 있겠느냐."(해월신사법설, 천어)

심할 바 있으리오. 사람이 이것을 다 지키면 수심정기 할 것이요, 만일 지키지 못하면 배천(背天) 역리(逆理)함(한울을 배신하고 이치를 거스르는 것)이라.[11]

한울은 사람에 의지하여 변화가 무궁하고,[12] 사람은 밥에 의지하여 만사를 행하는지라,[13] 어찌 도를 멀리 구하며 능히 근본을 깨달아 지키지 아니하리오.

모름지기 사람마다 신령한 마음이 있어 입으로 말하고 귀로 듣고 눈으로 보고, 수족이 있어 능히 동정(動靜; 움직임과 쉼)함으로써 만사를 능히 다하여, 마시고 먹고 입는 바는 도시 다른 바 없건마는 그 근본을 알아 지키는 것이 적으므로, 한울을 등져서 영대가 혼미하고 진실로 한울님의 도우심을 받지 못하는지라.[14]

군자는 이것을 능히 알고 순히 지켜서 잠시라도 떠남이 없으므로, 영대가 한울같이 신령하고 그 밝음이 일월 같고 그 앎이 귀신같아서, 천지로 더불어 그 덕을 합하고 일월로 더불어 그 밝음을 합하고

---

11 한울님 모심을 알아 한울님 도를 행하면 수심정기하는 것이고 이를 잊고 자신의 욕념에 따라 행하면 한울을 배반하는 것이니, 모르고 잘못하는 것보다 나쁘다.
12 한울은 형상이 없으므로 형상이 있고 몸이 있는 사람에 의해 그 구체적 실현을 의지한다.
13 밥은 한울-천지부모가 주는 젖이다.(해월신사법설, 천지부모)
14 한울님은 항상 모든 생명에 대한 간섭과 감응을 끊임없이, 노고근면하며 주시고 있다. 그러나 이를 받는 사람이 마음을 열고 있으면 그 간섭을 받지만 마음을 닫고 눈을 감고 귀를 막으면, 보이지 않고 들리지 않는다.

귀신으로 더불어 그 길흉을 합할지라.[15]

근래에 들으니 혹 입도한 지 수삭(數朔; 몇 달)이 못되어 발령(發靈; 강령을 받아 한울님 영과 하나 됨)이 되어 스스로 아는 바 있어 능히 도를 통하였다 하니, 진실로 민망하도다. 이같이 발령이 속히 되는 것은 천하 사람으로 하여금 한울님의 가르침을 알게 함이니라.[16]

이와 같이 한울님이 가르치시는 이 운수에, 만일 실상을 알아 잘 지키는 사람이 있으면 능히 천지로 더불어 조화를 운용 할지라,[17] 삼가 지켜 어기지 말지어다. 만일 우리 선생님의 도가 아니시면 어찌 창생을 건지리오. 이러므로 오직 「수명을랑 내게 비네」 하신 것이라.[18]

---

15 "군자의 덕은 기운이 바르고 마음이 정해져 있으므로 천지와 더불어 그 덕에 합하고…" (동경대전, 논학문) 나의 개체심을 버리고 비우면 한울의 허령과 통하게 되니, 욕심 없는 눈으로 진실을 보면 모든 것을 절로 알게 되고 절로 행하게 될 것이다. 인위로는 할 수 없는 것들이 이루어진다. 이것이 무위이화다.

16 강령은 공부의 시작이다. 끝이 아니다. 알수록 조심하고, 공경하고 두려워해야 한다. 모르면서 잘못하면 용서가 되지만 알면서 잘못하면 더 큰 벌이 오기 때문이다. 익은 벼일수록 고개를 숙이고, 지혜가 클수록 말보다 조용히 행한다.

17 "마음을 단련하는 것은 제 성품의 본바탕의 크게 활동하는 비밀의 기틀을 받은 것이니, 능력이 가히 천지를 운반하고 권능이 가히 만상의 윗자리가 되는 것이니라."(의암성사법설, 신통고)

18 "한울님께 복록정해 수명을랑 내게 비네."(용담유사, 안심가; 의암성사법설, 수수명실록 각주 참조) 태어날 때 환경은 한울이 정해 주지만 난 뒤 삶은 자신 몫이다. 수운 선생 가르침을 따라 천도에 합하면 참된 삶을 살 수 있지만, 진리를 모르고 욕심에만 이리저리 휩쓸리며 수동적으로 살면 그것이 스스로의 삶을 살았다고 할 수 있겠는가?

방금 성령이 현세(顯世; 세상에 드러나서)하여 밝음이 엄숙한지라,[19] 능히 근본을 알아 지키는 데에는 선생의 밝은 도로써 명하여 가르치심이 있어, 홀로 묘연한 사이에 받음을 알 터이요, 만일 이 이치를 어기는 사람은 만일지공(萬日之功; 만 일 동안 하는 공부)이 있어도 한울님과 스승님의 가르치심을 받지 못할 터이니, 진실로 애석하도다.[20]

이 몸은 선천이기(先天理氣; 본래 있던 세상의 이치와 기운)로 화생함이요 이 마음은 후천이기(後天理氣; 새 생명, 새 세상이 만들어지면서 생긴 이치와 기운)로 받음이라,[21] 이런고로 세상 사람이 한울님을 모시지 아니함이 아니건마는, 후천 운수를 알아 지키지 아니하면 한울이 간섭치 아니하는 바, 한울이 간섭치 아니하면 오직 사람의 중함으로도 놀다가도 죽고, 자다가도 죽고, 섰다가도 죽고, 앉았다가도 죽을지라. 이와 같이 죽음이 무상(無常; 때가 없이 수시로)한 것은 그 간섭치 아니함을 반드시 알지라.[22] 만일 지키는 사람도 이 운수의 근

---

19 수운 선생이 무극대도를 밝힌 이후는 모든 한울 이치가 밝아진 것이다. 그 이치를 따라 한울의 성령을 모시면 모든 어둠과 어리석음이 걷히고 밝아져 삿된 마가 끼어들 틈이 없이 엄숙하다.
20 한울 이치와 스승님 가르침을 따르지 않고 자기 욕심대로 행하면 만 일 동안 공부한들 소용이 있겠는가? 하루를 공부해도 바른 마음으로 바른 가르침을 따라야 할 것이다.
21 몸은 한울님 성품(원소)으로 만들어진다. 형상이야 새로운 것이지만 원소는 본래 우주에 있던 것이므로 선천이기이고, 마음은 태어날 때 그 몸을 움직이고 동작하도록 한울님 기운을 받은 것이므로 후천이기다.
22 생명은 한울의 기운 작용으로 살아간다. 그 생명 활동이 원활치 못한 것을 병이라 하고 병

본을 알지 못하면, 설령 정성이 지극할지라도 한울이 간섭치 아니할 터이니 깨닫고 생각하라.[23]

이런고로 「한울님께 복록 정해 수명을랑 내게 비네」 하신 바라. 복록(福祿; 한울님이 주시는 복과 먹을 것)은 의식(衣食; 의복과 음식)이라 의식은 선천 후천이 다른 바 없는지라, 밥은 한울님 은혜를 생각하고, 도는 스승님 은혜를 생각할 것이니, 삼가 파혹(破惑; 의심을 깨뜨려)하여 대도를 순성(順成; 순조롭게 잘 이루다)하라.[24] 은혜를 생각한다 하여도 그 근본을 알아 힘써 지키지 아니하면 어찌 한울님의 감동함이 있으리오.[25] 실상을 알고 지키어 대도견성(大道見性; 큰 도의 진리를 깨달음)하기를 바라노라.

이 심해져 생명을 유지하기 어려워지면 죽게 된다. 이것이 곧 한울이 간섭치 않는 것이다.

23 후천운수를 아는 것은 세상이 바뀌는 것을 아는 것이다. 분열에서 통합으로, 반목에서 화합으로, 싸움에서 화해로 세상 모든 것이 변해간다. 세상이 변하는 것은 알되 그렇게 변하는 근본 이치를 몰라 자신의 마음과 행을 바꾸지 못하면, 어찌 그 운수에 합하며 한울의 간섭을 받을 수 있겠는가?

24 복록은 삶의 환경이다. 빈부 차이는 있어도 삶의 만족과 행복은 같을 수 있다. 삶의 이치를 모르고 한울님 간섭을 모르면 부자라도 불행하고 횡사할 수 있지만 가난해도 한울님 감응 속에 살면 무엇이 부러우랴? 밥은 천지부모가 주는 젖이니 한울님 은혜요, 도는 한울 이치로 인도하는 스승님 가르침이니 스승님 은혜.

25 스승님 가르침을 따르면서 자신의 노력 덕분인 양 생각하고, 조금 깨달음이 생겼다 하여 자신이 새로 교문을 만들어 스승을 배반하면 그 가르침대로 한들 한울이 감응할 것인가? 진정 깨달은 사람일수록 겸손해지고 스승의 은혜를 감사할 줄 안다. 교만은 자신을 망치는 지름길이다.

二十三. 講論經義(강론경의: 경전의 뜻을 설명하고 논함)[1]

1. 互相問議하여 透徹道德하라 勞而有得이요 逸而無成이니 勉之
   호 상 문 의   투 철 도 덕   노 이 유 득   일 이 무 성   면 지
戒之어다
계 지

수행자들은 혼자 공부하기보다 서로 뜻을 물어 도를 확실히 알고
덕을 투철히 실천하라. 그렇게 공부하고 실천함에 수고하면 얻는
것이 있고 안일하면 이루는 것이 없으니 힘쓰고 경계하라.

2. 「侍天主造化定」은 根本이요 「永世不忘萬事知」는 鍛鍊也니
   시 천 주 조 화 정   근 본   영 세 불 망 만 사 지   단 련 야
至化至氣 至於至聖者 豈非正理乎아
지 화 지 기   지 어 지 성 자   기 비 정 리 호

「시천주 조화정」은 생명이 한울을 모셔 살아감을 밝힌 근본이고
「영세불망 만사지」는 이러한 이치를 잊지 않고 수행하여 지혜를
받는 단련이다.[2] 그러므로 지기와 지극히 화하여 지극한 성인에 이

---

1 경전의 뜻을 논하고 설명한다는 뜻이다. 여기서 경은 대신사의 가르침, 즉 동경대전을 뜻
   한다.
2 모든 생명은 한울의 지기를 모셨으므로 생명을 유지한다(시천주). 모신 한울 기운(내유신

르는 것이 어찌 정당한 이치가 아니겠는가.

3. 「侍者 內有神靈 外有氣化」를 海月先生主 分析曰「內有神靈
시 자 내 유 신 령 외 유 기 화   해 월 선 생 주 분 석 왈   내 유 신 령
者는 落地初赤子心也요 外有氣化者는 胞胎時降靈也라」하시니
자   낙 지 초 적 자 심 야   외 유 기 화 자   포 태 시 강 령 야
此說이 至矣盡矣니라
차 설   지 의 진 의

「모셨다는 것은 안에 신령이 있고 밖에 기화가 있다」는 것을 해월

신사께서 분석하여 말씀하시기를 「안에 신령이 있다는 것은 처음

태어날 때의 어린아이 마음이요, 밖에 기화가 있다는 것은 포태 될

때 영이 강림하여 생명이 생긴 것이라.」[3] 하였으니 이 말씀이 지당

하고 극진한 것이다.

4. 然而道德者는 罔有內外하니 神靈과 氣化는 初非二致라 一理
연 이 도 덕 자   망 유 내 외   신 령   기 화   초 비 이 치   일 리
中 散之理也요 呪文註譯의 「內有神靈」과 論學章의 「外有
중   산 지 리 야   주 문 주 역   내 유 신 령   논 학 장   외 유
接靈之氣」爲敎는 則 靈與氣 本非兩端이요 都是一氣也니라
접 령 지 기   위 교   즉   영 여 기   본 비 양 단   도 시 일 기 야

령)과 허령창창한 지기(외유기화)의 작용으로 만사가 이루어지니 이를 조화라 한다(조화
정). 이러한 이치를 알고 잊지 않고 지켜 수행하면(영세불망) 한울의 지혜와 통하게 된다
(만사지). 시천주하지 못하면 생명이 바르지 못하고, 영세불망하지 못하면 바른 삶을 살지
못한다. "주문 삼칠자는 대우주·대정신·대생명을 그려낸 천서이니 시천주 조화정은 만
물 화생의 근본이요, 영세불망 만사지는 사람이 먹고 사는 녹의 원천이니라."(해월신사법
설, 영부주문)
3 해월신사법설, 영부주문.

그러나 도덕이란 것은 안과 밖이 있을 수 없으니 안의 신령과 밖의 기화는 처음부터 둘로 된 것이 아니라 한 이치 속에서 흩어진 이치이다.[4] 논학문에서 수운 선생님이 모실 시 자의 해석을 「내유신령」과 「외유접령지기」라고 가르친 것은, 곧 내 안의 신령과 밖의 기운이 본래 둘이 아니요 한 한울 기운이기 때문이다.

5. 天與人을 分言하면 心之依身이 如天之依萬物也라
   천 여 인   분 언   심 지 의 신   여 천 지 의 만 물 야

한울과 사람을 나누어 말하면, 마음이 몸에 의지한 것이 한울이 만물에 의지한 것과 같다.

6. 「心兮本虛 應物無跡」이나 虛靈은 如無形而有跡이니라
   심 혜 본 허 응 물 무 적   허 령   여 무 형 이 유 적

「마음은 본래 비어서 물건에 응하여도 자취가 없다」[5]고 하셨다. 그러나 빈 듯한 영은 형상이 없어도 자취가 있다.[6]

---

4 내유신령과 외유기화 모두 하나의 한울님 성령, 지기이다.
5 동경대전, 탄도유심급.
6 형상이 없는 한울은 형상이 있는 만물을 간섭하고, 또한 형상 없는 기운 자체도 기온이나 바람 등에 의해 그 자취를 나타낸다.

7. 心與天은 本無二物이니 心卽天이요 天卽心이라 守其心 正其氣
   심 여 천   본 무 이 물   심 즉 천   천 즉 심   수 기 심 정 기 기
   하면 無所不通也니라
       무 소 불 통 야

   마음과 한울은 본래 두 물건이 아니니 마음이 곧 한울이요 한울이
   곧 마음이라, 한울의 바른 마음을 지키고 그 기운을 바르게 하면 통
   하지 못할 것이 없다.[7]

8. 「主」者는 尊崇天地父母之意也요 「造化」者는 無爲니 無爲는
   주 자   존 숭 천 지 부 모 지 의 야   조 화 자   무 위   무 위
   卽玄妙요 玄妙는 卽鬼神이요 鬼神者는 難形難測이라 知者는 知
   즉 현 묘   현 묘   즉 귀 신   귀 신 자   난 형 난 측   지 자   지
   矣나 實所難言處也니라
   의   실 소 난 언 처 야

   「님」이란 것은 천지부모를 존경하고 숭배하는 뜻이다.[8] 「조화」란
   것은 함이 없이 이루어지는 것이라 하셨으니, 함이 없다는 것은 곧
   매우 깊고 미묘하여 알아채기 어려운 현묘를 뜻한다. 현묘는 곧 귀
   신이요, 귀신은 형상하기 어렵고 헤아리기 어려운 것을 사람들이
   칭하는 것이다. 아는 사람은 아나 실로 말하기 어려운 것이다.[9]

---

7 "우리 도는 함이 없이 되는 것이라. 그 마음을 지키고 그 기운을 바르게 하고 한울님 성품
   을 거느리고 한울님의 가르침을 받으면, 자연한 가운데 화해나는 것이니라."(동경대전, 논
   학문)
8 "주라는 것은 존칭해서 부모와 더불어 같이 섬긴다는 것이요."(동경대전, 논학문)
9 한울의 기운작용을 옛 사람들은 귀신의 작용, 조화, 현묘라 하며 두려워했다. 그러나 '귀

9. 「定」者는 合天德 定天心하여 始成人之形體故로 曰「合其德
   定其心也」요 「知」者는 的知此受 天之理氣然後에 能受天之
   指敎故로 曰「知其道而受其知」也니라

「정」이란 것은 한울의 덕에 합하고 한울 마음에 내 마음을 정하여
야 비로소 참된 사람이 이루어지므로 말씀하시기를 「한울 덕에 합
하고 그 마음을 정한다」고 하였다.[10] 「지」란 것은 정확히 이것이 한
울님께 받는 이치 기운이란 것을 안 뒤에야 능히 한울님의 가르침
을 받으므로 말씀하시기를 「한울의 도를 알아야 그 지혜를 받는
다」고 하였다.[11]

10. 是故로 十三字其文은 爲人之根本也니 透徹根本則 能通造化하
    여 無所不爲일세 敢發愚見하여 以爲僉君子 不恥下問之資하노라

신이란 것도 나니라.'(동경대전, 포덕문)고 하셨고, "사람의 수족동정 이는 역시 귀신이요
선악간 마음용사 이는 역시 기운이요 말하고 웃는 것은 이는 역시 조화로세."(용담유사, 도
덕가)라고 하셨다. 그 모두가 하나의 기운작용일 따름이다. 이런 것들이 과학적으로 밝혀
져 사람들이 이해하게 되면 기연이요, 이해하기 어려운 부분으로 남아 있으면 불연이 된
다. 그러나 불연도 기연도 모두 한울의 작용일 뿐이다.

10 개인의 습관된 욕심을 따르지 않고 한울의 명, 천심, 양심을 따르는 것이 한울 덕에 합하
   는 것이다. 이를 변하지 않고 지키는 것이 그 마음을 지키는 것이다.

11 자신이 잘나서 아는 것이 아니다. 나의 선입견과 편견을 버려야 진실을 볼 수 있으니, 객
   관적 진실이란 한울님 시각으로 한울님 마음으로 바라보는 것이다. 즉 한울님 성령을 모
   시는 이치를 알아야(知其道而) 그 지혜를 받을 수 있다(受其知).

이러므로 십삼자 주문은 사람 된 근본이니[12] 근본을 투철히 하면 능히 조화를 통하여 하지 못할 것이 없다. 그러므로 감히 어리석은 소견을 말하여 여러분을 위하여 부끄러움을 무릅쓰고 알려 주노라.

11. 或曰「侍者는 影也라」하니 影者는 氣形之隨物也니라
　　혹 왈　시 자　영 야　　　　영 자　기 형 지 수 물 야

어떤 이는 말하기를 "모신 것은 그림자라" 고 한다. 그림자라는 것은 기운과 형체를 따르는 물형이므로, 형상은 없으나 늘 함께하는 것이 한울 성령이기 때문이다.

12　무형의 한울이 유형한 한울이 되는 이치와, 사람이 각자위심의 악질과 고해를 벗어나 참된 한울과 다시 하나가 되는 이치를 밝히신 글이 십삼자 주문이다. 그러므로 '주문 삼칠자는 대우주 · 대정신 · 대생명을 그려낸 천서(해월신사법설, 영부주문)'라고 하시고 '열세자 지극하면 만권시서 무엇하며(용담유사, 교훈가)'하신 것이다.

二十四. 衛生保護章(위생보호장: 생명을 지키고 보호함)[1]

1. 物有始終하니 始終은 理氣變化之自爲也라 故로 春夏에 生成
   물유시종   시종   이기변화지자위야   고   춘하   생성
   하고 秋冬에 黃落하나니 此는 現今目的之機也라 豈有疑端이리
        추동   황락   차   현금목적지기야   기유의단
   오 方今世界는 衛生을 甚要하나 人皆是 定命을 不充함은 無他라
      방금세계   위생   심요   인개시 정명   불충   무타
   其實은 生하는 根本을 不知함이요 抑又 知者或有라도 經緯를 能
   기실   생   근본   부지   억우 지자혹유   경위   능
   守치 못하는 바라 能知能行하면 어찌 命을 充치 못하리오.
   수   능지능행   명   충

만물은 처음 생길 때가 있고 나중에 소멸하는 때가 있다. 처음과 나
중이 변하는 것은 이치와 기운이 변화하여 자연히 되는 것이므로,
봄과 여름에는 나고 자라며 가을과 겨울에는 시들어 떨어진다. 이
것은 현재 눈으로 뚜렷이 보는 것이므로 의심할 것이 없다.[2]

---

1 포덕42년(1901) 12월, 의암 선생이 일본에서 외유 중 국내 도인에게 보낸 법설이다. 명리
   전(43년)과 삼전론(44년)이 사회구조(민생을 보호하고 재산을 보호하는 법)에 대한 말씀이
   라면 위생보호장은 그에 앞서 개인의 건강관리에 대한 말씀을 하셨다. 개인 건강과 변화
   가 전제되지 않으면 사회 건강과 변화를 이룰 수 없음은 당연한 이치이다. 小我와 大我는
   본래 하나이기 때문이다.
2 "기필키 어려운 것은 불연이요, 판단하기 쉬운 것은 기연이라."(불연기연) 사람들은 자신
   의 상식으로 판단이 되는 것은 기연으로, 판단이 어려운 것은 불연으로 치부해 왔다. 그러
   나 불연이었던 것들도 과학이 발전하며 기연이 된 것이 많고, 아직 불연이지만 미루어 유
   추해 보면 이해가 되는 것들도 많다. 한울 이치에 부쳐 보면 모두가 기연이라 하지 않던가!

지금 세계는 위생을 매우 중요하게 여기지만 사람이 제 명을 살지 못하고 종말을 일찍 맞는 것은 다름 아니라 그 실은 사는 근본을 알지 못하기 때문이다. 또는 아는 사람이 혹 있다 할지라도 그대로 지키지 못하기 때문이다. 제대로 알고 잘 행하면 왜 명대로 살지 못하겠는가.

2. 大抵 生하는 根本은 陰陽動靜造化之理也라 豈易斷言이리오 마
   대저 생   근본   음양동정조화지이야   기이단언
   는 略言하면 天生萬物은 人皆言而知之요 胞胎化生도 亦皆目
   약언   천생만물   인개언이지지   포태화생   역개목
   見이라 實理를 不知故로   定命不充이라
   견   실리 부지고   정명불충

무릇 사는 근본은 음양이 조화롭고, 움직이고 머무르는 모든 것이 알맞아야 하는 것이 기본 이치다. 쉽게 단언하지 못해도 대강 말하면 한울이 만물을 내었다는 것은 사람마다 말하고 아는 것이고, 부모의 포태로 생기고 태어났다는 것도 또한 다 눈으로 보는 것이다. 그러나 실지 이치를 알지 못하므로 정한 명을 채우지 못하는 것이다.[3]

이제 의암 선생은 사람들이 여러 질병으로 고통 받는 것을, 이치를 밝혀 벗어날 수 있는 길을 가르쳐 주시고자 하는 것이다.

3 대략은 알지만 자세히 알지 못하므로 정해진 수명대로 살지 못함을 안타까워하신다는 뜻. 자신의 병에 대해 안다고 하는 사람도 그 자세한 이치를 물으면 정확히 답할 수 있는 사람은 드물다. 따라서 치료시기를 놓치거나 잘못된 치료로 비용만 허비하기도 하는 경우

3. 人의 化生之初로 言하면 淳然한 陰陽理氣의 交應된 바어니와 形을
   인 화생지초 언   순연   음양이기 교응   형
成한 것으로 言하면 其父母胞胎로부터 成하는 바요 生하는 것으로 言
성   언   기부모포태   성   생   언
하면 自然히 生하는 것이 當當한 理致라 生함에 氣가 接하고 氣가 接
    자연   생   당당   이치 생   기 접   기 접
함에 비로소 四肢가 動하고 耳目이 開하여 能히 動靜함이 俱備하니
         사지 동   이목 개   능   동정   구비
是는 何故也오 心, 性, 精, 三者而已라
시   하고야 심 성 정 삼자이이

사람이 화해 나오는 처음은 순수한 자연의 음과 양, 이치와 기운이

서로 응하여 된 것이다.[4] 몸의 형상은 그 부모의 포태에서 시작하

여 이룬 것이고, 낳는 것으로 말하면 자연히 낳는 것이 당당한 이치

이다.[5] 세상에 처음 나오면 한울 기운이 접하고, 기운이 접하면 처

음으로 사지가 움직이고 귀와 눈이 열리어 능히 움직이고 머무는

능력을 갖추어 나간다. 이것은 어떤 연고인가. 마음과 성품과 정력

세 가지일 따름이다.[6]

가 많다.
4 한울 성품은 음도 양도 아니다. 그러나 그것이 움직이고 작용할 때는 각 원소 특성에 따라
   발현되니 그를 음양과 오행으로 설명한다. 유성생식을 하는 인류는 음양이 합해져야 새
   생명이 생긴다.
5 한울 성품과 기운이 있어도 부모 사랑이 없으면 몸을 받아 나올 수 없다.
6 성품은 생명이 있기 이전의 근본 원소이고, 마음은 성품에서 몸이 만들어질 때 몸을 주재
   하는 기운이 된다. 정은 기운이 몸의 각 부위와 장기를 움직이는 구체적 힘을 뜻한다. 성심
   신삼단과 상응하는 개념이다.

4. 三端을 分言하면 心은 氣也요 性은 質也요 精은 腦骨肺腑 個個
   삼 단   분 언   심   기 야   성   질 야   정   뇌 골 폐 부   개 개
   節節을 應하여 在한 바니라.
   절 절   응   재

세 가지를 나누어 말하면 마음은 몸을 움직이는 기운이고, 성품은

한울로부터 받은 바탕이며, 정은 뇌수와 골격과 폐부 몸의 각 부위

마디마다 응하여 있는 것을 말한다.

5. 動作의 造化로 言하면 心이 先發하여 精을 動하고 精이 發함에 體가
   동 작   조 화   언   심   선 발   정   동   정   발   체
   動하는 것이라 故로 人이 動作할 때에 心을 先發하여 四肢에 血脈精
   동   고   인   동 작   심   선 발   사 지   혈 맥 정
   神이 通한 後에 動作하여야 相違가 되지 않는 것이요 또한 말을 할 때에
   신   통   후   동 작   상 위
   도 心을 先發하여 精脈이 相通한 後에 言을 發하면 血氣가 減損되
      심   선 발   정 맥   상 통   후   언   발   혈 기   감 손
   지 아니하나 無心中에 言을 發하면 氣血이 大傷하고 飮食도 無心中
              무 심 중   언   발   기 혈   대 상   음 식   무 심 중
   猝地에 飮食하면 害가 有하며 起居도 無心中 猝地에 動하면 害가
   졸 지   음 식   해   유   기 거   무 심 중 졸 지   동   해
   有하나니 愼之愼之하라.
   유   신 지 신 지

동작의 조화로 말하면 마음이 먼저 일어나 정을 움직이고 정이 일

어나니 몸이 움직이는 것이다. 그러므로 사람이 움직일 때 마음을

먼저 일으켜 사지에 혈기와 정신이 통한 뒤에 동작해야 서로 어김

이 없는 것이다. 또한 말할 때도 마음으로 먼저 생각하여 마음과 정

맥(정의 흐름)이 서로 통한 뒤에 말을 하면 혈기가 줄어 손해나는 일

이 없지만,[7] 무심코 말을 하면 기운이 상하고 맥박이 안정되지 않고 요동친다. 음식도 무심중 급하게 먹고 마시면 해가 되며, 보통 기거할 때도 무심중 급하게 움직이면 해가 되는 것이니 삼가고 삼가라.[8]

6. 大盖 三端으로 말하면 全體에 心이 主宰라 利害가 都是在於心이
   대개 삼단   전체 심 주재   이해   도시재어심
   니 第一 心을 團束함이 可하니라.
      제일 심 단속   가

대개 세 가지로 말하면 전체를 주재하는 것이 마음이다. 이득이 되고 손해가 되는 것이 도무지 마음에 있으니 마음을 가장 잘 단속함이 옳다.

7. 第一은 守心이니 人이 心을 暫時도 精脈에서 떠나지 않게 할 것이라 떠
   제일 수심   인 심 잠시   정맥
   나지 않게 하는 方法은 日用行事間 念念不忘하여 三端을 相違케
              방법   일용행사간 염념불망   삼단   상위
   말 것이며

7 정은 말단 장기를 움직이는 에너지. 맥은 기운과 피등이 이어지는 줄기. 운동선수가 공을 치기 전 모든 기운을 손과 발에 집중시켜 타격하는 것처럼, 말을 할 때도 어떤 말을 어떻게 할지 고하고 그 기운을 입과 성대에 보낸다. 그렇게 보내는 기와 피의 흐름이 맥.
8 여기서 무심 중 한다는 것은 정(말단 기관)이 마음에 고하지 않고 행함을 뜻한다. 즉 그것이 옳고 그른 것인지 판단하고 행하는 것이 아니라 배고프면 먹고, 나오는 대로 말하고, 생각 없이 즉흥적으로 사는 것을 말한다. 앞뒤 가리지 않고 행동한 뒤에 후회하는 경우가 얼마나 많은가? 자신뿐 아니라 다른 사람 마음과 몸도 상하게 할 것이다. 그러므로 매사에 마음으로 고하라고 하셨으니 이것이 심고. "잘 때에 「잡니다」 고하고, 일어날 때에 「일어납니다」 고하고, 물 길러 갈 때에 「물 길러 갑니다」 고하고…."(해월신사법설, 내수도문)

첫째는 참된 마음을 지키는 수심이니, 사람이 마음을 잠시라도 정맥에서 떠나지 않게 해야 한다. 떠나지 않게 하는 방법은 모든 일을 행할 때 먼저 생각하고 생각하여 잊지 말고 세 가지를 서로 어김이 없게 하면 된다.[9]

8. 第二는 正氣니 喜怒哀樂을 過度히 말 것이라 怒가 過하면 驚脈이
   제 이   정 기   희 노 애 락   과 도   노 과   경 맥
不通하고 哀가 過하면 精脈이 不化하고 喜樂이 過하면 散脈이 不
불 통   애 과   정 맥   불 화   희 락 과   산 맥 부
調하나니 必是大害가 有할지니 愼之愼之하라.
조   필 시 대 해 유   신 지 신 지

둘째 기운을 바르게 하는 정기니, 기쁘고 성나고 슬프고 즐거운 것을 과도하게 하지 말라.[10] 성나는 것이 과하면 맥박이 너무 빨라져 통하지 못하고(기가 막힌다), 슬픈 것이 과하면 맥이 가라앉아 화하지 못하고, 기쁘고 즐거운 것이 과하면 맥이 고르지 못하니, 이는 반드시 큰 해가 되는 것이므로 삼가고 삼가라.[11]

---

9 매사 행할 때 한울 이치에 맞는지, 양심에 꺼리지 않는지 살피는 것이 성품을 보는 것이요, 행함에 급하게 서둘지 않고 차분히 하는 것이 정맥을 살피는 것이 될 것이다. 이 모두를 행하는 주체는 '마음'이다.

10 마음과 기운은 똑같이 한울님에게 부여받은 생명의 원기다. 그러나 마음은 조용히 관찰하는 정적인 개념이고 기운은 몸을 움직이는 에너지, 동적인 개념이다. 몸을 움직이는 에너지 중 가장 강력한 것이 희로애락의 감정이다. 사람은 어떤 이익을 위해 일할 때보다 감정이 동해서 일할 때 몇 배 힘을 내기 마련이다. 그러므로 기운, 에너지를 순히 하고 바르게 하려면 가장 먼저 자신의 감정을 다스릴 줄 알아야 한다.

11 맥은 기의 흐름. 驚은 놀랄 경이므로 놀라거나 두려울 때 빨라지는 맥을, 精은 정미로울

9. 第三은 飮食調節이니 飮食이 過하면 胃가 溢하고 胃가 溢하면 經
제삼 음식조절 음식 과 위 일 위 일 경

絡이 不調하여 消化치 못하는 故로 害가 多하니라 人이 食하는 物이
락 부조 소화 고 해 다 인 식 물

多하되 其中五穀은 純然한 精氣라 利가 有하고 餘外之物은 利害
다 기중오곡 순연 정기 리 유 여외지물 이해

가 相伴하나 제일 肉類는 害가 多하며 酒類도 또한 多害하니라.
상반 육류 해 다 주류 다해

셋째 음식조절이니, 음식이 과하면 위가 넘치고, 위가 넘치면 신체

기능의 조화가 깨져 소화를 잘하지 못하므로 해가 많다. 사람이 먹

는 물건이 많지만 그중에 오곡은 한울의 순연한 정기라 이롭고,[12]

기타 물건은 이해가 서로 반반이 되나, 제일 고기류는 해가 많으며

술도 또한 해가 많다.[13]

10. 第四는 居處와 淸潔이니 비록 土屋이라도 內外를 朝夕으로 灑掃
제사 거처 청결 토옥 내외 조석 쇄소

하고 居處를 淨潔히 하며 또는 近處에 水를 棄하지 말라 腐敗하여 惡
거처 정결 근처 수 기 부패 악

臭가 나면 有害하며 日日團束하여 修灑할 것이며 또는 몸을 자주 沐浴
취 유해 일일단속 수쇄 목욕

정이므로 차분히 가라앉는 맥을, 散은 흩어질 산이므로 웃거나 할 때 긴장을 풀고 기운이
흩어져 맥이 불규칙해지는 것을 뜻하는 듯. 어쨌건 맥이 너무 빨라도, 너무 느려도, 규칙적
이지 못해도 건강을 해치고 위급상황이 생길 수 있다.

12 "한울님은 음양오행으로써 만민을 화생하고 오곡을 장양한즉, 사람은 곧 오행의 가장 빼
어난 기운이요, 곡식도 또한 오행의 으뜸가는 기운이라. 오행의 원기로써 오행의 수기를
기르나니…"(해월신사법설, 도결)

13 과도한 육식이 개인 건강은 물론 환경에도 부담이 되는 것은 이제 상식이다. 술도 건강한
이성을 마비시키므로 삼가는 것이 좋겠다.

하라 몸에 汗塵이 많으면 有害하니라.

넷째 거처와 청결이니 비록 흙집이라도 안과 밖을 아침저녁 닦고
쓸고 거처를 깨끗이 하라. 또 집 근처에 물을 버리지 말라. 부패하
여 악취가 나면 유해하니, 날마다 단속하여 닦고 깨끗이 할 것이다.
또한 몸을 자주 목욕하라. 몸에 땀과 때가 많으면 유해하니라.[14]

11. 衛生保護하는 法과 民生保護하는 法과 財産保護하는 法은 道之
宗旨라 爲先 衛生保護하는 緊路를 記錄하여 頒布하니 先試施行
을 千萬伏祝….

위생을 보호하는 법과 민생을 보호하는 법과 재산을 보호하는 법은
도의 가장 중요한 가르침이다. 우선 위생을 보호하는 긴요한 방법
을 기록하여 반포하니 먼저 시험하고 시행하기를 천만 바라노라.

14 개인위생과 집안 청결은 새삼 강조할 필요가 없는 상식이 되었다. 그러나 지금도 자기
집안은 청결히 하면서 밖에선 함부로 버리는 사람이 많고, 차안은 깨끗이 하면서 창밖으
로 쓰레기와 꽁초를 버리는 것도 마찬가지다. 천지부모를 더럽히며 자신이 어떻게 깨끗하
길 바라는가? 그러므로 거처와 청결은 자신의 의지와 관계없이 오염된 공기나 음식을 먹
게 되는 일이 많은 오늘날, 환경오염의 문제와도 연관된다. 또한 자기 몸은 깨끗이 할 줄
알지만 마음은 더러운 생각으로 가득한 이도 많다. 안과 밖이 한결같아야 진정으로 깨끗
한 사람이 아니겠는가!

二十五. 天道敎와 新宗敎(천도교와 신종교)

1. 天道敎는 天道敎人의 私有物이 아니요 世界人類의 公有物이니라.

천도교는 천도교인의 사유물이 아니요 세계 인류의 공유물이다.[1]

2. 天道敎는 門戶的宗敎가 아니요 開放的宗敎니라 天道敎는 階級的宗敎가 아니요 平等的宗敎이며 區域的宗敎가 아니요 世界的宗敎이며 偏頗的宗敎가 아니요 廣博的宗敎이며 人爲的宗敎가 아니요 天然的宗敎인 今不聞古不聞 今不比古不比之新宗敎也니라.

천도교는 자기 문호만을 위하는 문호적 종교가 아니고 누구나 배우고 삶을 개벽할 수 있는 개방적 종교이다.[2] 천도교는 특정 계급만

---

1 천도교는 한울님 진리를 따르는 모든 사람의 것이다. 애초 내 몸조차도 잠깐 한울님께 빌린 것일 뿐인데 어찌 내 것이라 말하며, 하물며 진리를 어찌 사유물이라 하겠는가?

2 신이 선택한 선민 종교로서 심판의 날에 자기 민족만이 구원될 것이라는 선민의식이 종교가 된 것이 있다. 그러나 천도교는 진리를 깨닫고 그에 따르는 모든 이를, 한울의 덕을 함께하는 이(同德)로 여긴다. 천도교는 진리를 효율적으로 가르치기 위한 조직이고 수단이지 교회 조직 자체가 한울님이고 진리는 아니다. 천도교 밖에서도, 다른 종교에서도 얼마든지 깨달을 수 있고 진리를 행할 수 있다.

을 위하는 계급적 종교가 아니고 누구나 한울을 모신 존재로 공경하는 평등적 종교이다.[3] 특정 지역에서만 인정되는 구역적 종교가 아니고 어디나 통용될 수 있는 세계적 종교이다.[4] 진리를 독점하고 다름을 배척하는 편파적 종교가 아니고 다름도 한울 가치로 인정하는 넓고 공정한 종교이다.[5] 지도자의 권위에만 의존하는 인위적 종교가 아니고 자연스러운 진리의 종교이다.[6] 그러므로 지금에도 듣지 못하고 옛적에도 듣지 못하였으며, 지금에도 비할 수 없고 옛적에도 비할 수 없는 새로운 종교이다.[7]

3 종교가 사람들의 신분과 계급을 규정하고 그들의 삶을 얽매었던 적이 있었다. 제사장과 사제가 신과의 교감을 빌미로 권력을 누리며 세속 이권에 개입하기도 했었다. 모든 종교 역사에 이런 모습이 없었던 적이 없다. 그러나 천도교에 와서 모든 생명이 한울을 모시고 있음이 밝혀짐으로써 이런 모순은 더 이상 없다.

4 특정한 환경에서만 종교적 교의가 유지되는 것도 있다. 보편 종교 자격은 어느 장소, 어느 시대에서도 누구에게나 설득력이 있는 보편 진리를 담고 있느냐에 달려 있다.

5 偏頗는 치우쳐 바르지 못함을 뜻한다. 자신을 믿는 자만 구원을 받고 자기들 종단에 들어오지 않으면 지옥에 떨어질 것이라는 주장이 대표적인 편파다. 누구나 바른 마음으로 바른 행을 한다면 그 삶이 천지의 덕에 합할 것이요, 행복한 삶을 살 것이다. 천도교의 이러한 광박성과 개방성이 다른 종교들과의 대화를 용이하게 하는 장점이다.

6 교조가 죽으면 사라지는 종교는 역사상 수없이 많았다. 그러나 수운 선생 스스로도 "나는 도시 믿지 말고 한울님만 믿었어라, 네 몸에 모셨으니 사근취원 하단 말가"하셨다. 진리를 깨닫고 한울을 모시면 누구나 성인이요, 수운 선생이다. 그러므로 학은 동학이고, 교는 천도교지만 도는 천도(한울의 이치)요 무극대도인 것이다.

7 "우리 도는 지금도 듣지 못하고 옛적에도 듣지 못하던 일이요, 지금도 비교하지 못하고 옛적에도 비교하지 못하는 법이래(동경대전, 논학문)…" 사람이 신의 피조물로 신의 노예와 같은 시절이 있었다. 신의 대리인인 사제가 그만큼 큰 권력으로 사람들을 억압하던 때였다. 그러다 사람이 신의 자식이라 하던 시절을 지나, 무극대도에 와선 무형한 신이 형상을 이루고 다시 그 안에서 사는 인내천의 진리가 밝혀졌으니, 이전의 어떤 종교나 가르침과는 비할 수 없는 사건인 것이다.

二十六. 信仰統一과 規模一致(신앙통일과 규모일치)[1]

1. **各自自己**의 **習慣天**을 믿지 말고 오직 **自我本來天主**를 믿는 것으로써
   각 자 자 기   습 관 천   자 아 본 래 천 주
   信仰統一을 하라.
   신 앙 통 일

   각자가 자기가 아는 지식 안에서 형성된 습관된 마음을 믿지 말고,

   오직 자아 본래의 한울님을 믿는 것으로써 신앙을 통일하라.

2. **教會**의 **全體幸福**은 **教人**의 **信仰統一**과 **規模一致**가 되는 데 있나
   교 회   전 체 행 복   교 인   신 앙 통 일   규 모 일 치
   니라.

   교회의 전체행복은 교인들의 신앙이 통일되고 실천이 일치되어야

   이루어진다.

---

1   포덕57년(1916) 3월 10일 저술. 포덕58년 6월, 의암 선생이 오영창, 나용환, 나인협, 임례
    환, 홍기억, 홍기조 등 육인의 道師로 하여금 황해도와 평안도를 순회 강연토록 할 때 이
    법설을 강연 제목으로 하였고, 그 후 오영창, 나용환 두 도사로 함경, 강원, 충청, 전라, 경
    상도를 순회 강연케 할 때도 이를 연제로 하여 교인들을 격려 실천케 하였다.(조기주, 『동
    학의 원류』, 338-339쪽)

3. 信仰統一은 먼저 精神統一에서 시작되는 것이니 經典의 文句만을
   신앙통일   정신통일   경전   문구

   逐究치 말고 오로지 大道의 眞理를 直覺하는데 努力하여 조용히 天地
   축구   대도 진리   직각   노력   천지

   未判前의 消息을 들으라.
   미판전   소식

   신앙통일은 먼저 정신통일에서 시작되니, 경전 문구만을 따져 연

   구하지 말고 오로지 대도의 진리를 바로 깨닫는 데 노력하여, 조용

   히 천지가 생기기 이전의 소식을 들으라.[2]

4. 다음은 規模一致니 規模一致는 卽行動統一이니라 各自 自己의
        규모일치   규모일치   즉행동통일   각자 자기

   知力으로 判斷하여 自行自止하지 말고 오직 社會(敎會)의 決議에
   지력   판단   자행자지   사회 교회   결의

   依하여 制定된 規範을 絶對嚴守하라.
   의   제정   규범   절대엄수

   다음은 규모일치니 규모일치는 곧 행동통일이다. 각자 자기가 아

   는 지식의 힘으로 판단하여 제 마음대로 했다 말았다 하지 말고 오

   직 사회(교회)의 결의에 의하여 제정된 규범을 절대 엄수하라.[3]

---

2 경전의 문구를 따진다 함은 분별하는 것이고 분별은 자의식이 남아 있는 것이다. 아상을
  온전히 버리지 못했으므로 자구 하나씩 자신의 잣대로 판단하고 시비한다. 한울님 관점에
  선 맞는 것도 없고 틀린 것도 없다. 무욕의 상태에서 직각하는 것이 맞는 판단일 때가 많
  다. 천지 미판 전 소식을 들으라 함은 만물이 생기기 전의 고요함, 자전거 바퀴 중심의 흔
  들림 없는 상태를 지켜야 매사에 틀림이 없음을 말한 것이다.
3 아무리 옳은 방향이라도 분산된 힘으론 목적을 이루기 어렵다. 차선이라도 당시의 상황
  이 그렇다면 그를 따르는 것이 옳다. 그러므로 '군자가 환난에 처하면 환난대로 함이 그 도

5. 家族에는 家族社會 國家에는 國家社會 教會에는 教會社會 人
   類에는 人類社會가 有하니 吾教會의 人乃天의 一大目的과 性身
   換信 規模一致 至仁公愛의 三大綱領과 誠敬信法 四科와 呪
   文·淸水·侍日·誠米·祈禱의 五款實行은 教會로서 制定한
   唯一한 規模니라.

가족에는 가족사회 국가에는 국가사회 교회에는 교회사회 인류에
는 인류사회가 있다. 우리 교회는 인내천이 첫째 목적이다. 믿음으
로써 육신 관념을 성령으로 바꾸고·규모를 일치하며·지극히 어
질고 넓은 사랑을 실천하는 삼대 강령이 있고, 정성 공경 믿음 법규
의 네 과목과 주문·청수·시일·성미·기도의 다섯 가지 정성을
실행[4]하는 것은 교회로서 제정한 유일한 규모이다.

요, 곤궁에 처하면 곤궁대로 함이 그 도'(해월신사법설, 기타)라 하셨다.
4 포덕50년 12월 18일 종령 제91호로 오관을 교인들이 실행할 종규로 확정 공포하는 동시
   에 그 실행 세칙을 시달하였다. 그 시행 세칙을 보면 1. 주문은 어느 때 어디서든지 항상
   외워 한울님과 양위 신사의 감응하시는 기운을 받아 사사로운 욕심과 망령된 생각을 버리
   게 함. 2. 청수는 매일 하오9시에 받들어 집안 정결한 곳에 정한 그릇으로 모시어 한울님
   과 스승님 감응을 받아 포덕천하 광제창생할 것을 먼저 축원하고 그 밖에 다른 소원을 축
   원함이 가함. 3. 성미는 가내 식구를 위하여 영원한 수복을 비는 것이니 매양 밥 쌀 중에서
   매 식구에 한 술씩 뜨되 지극한 정성으로 함. 4. 시일은 일요일마다 성화회에 참석하여 교
   인된 자격을 발표하는 것이니 아무쪼록 교당이나 전교실에 나가서 한울님과 스승님을 지
   성으로 생각하고 설교하는 말씀을 자세히 들으며 교리를 공부함. 5. 기도는 통상기도와 특
   별기도가 있는데 통상기도는 매 시일 하오9시에 청수와 정미 5합을 같이 봉전하고 신사
   주문 백오 회를 현송 또는 묵송하며, 특별기도는 7일, 21일, 49일, 105일 등 일정한 기간

6. 世界는 廣海요 吾敎는 汽船같으니 敎人이 敎會生活을 하는 것은
　 세계　　광해　 오교　　기선　　　　　　교인　　교회생활

汽船中海上生活과 如하니라 汽船은 九十九分을 水力으로 活動
기선중해상생활　 여　　　 기선　 구십구분　 수력　　　활동

함과 如히 吾敎人은 九十九分을 天力으로 生活하는 者니라.
　　 여　 오교인　 구십구분　 천력　　　생활　　　자

세계는 넓은 바다와 같고 우리 교는 증기로 움직이는 배와 같다.
교인이 교회 생활하는 것은 기선 위에서 해상 생활을 하는 것과 같
다.[5] 기선이 구십구 분을 물의 힘으로 움직이는 것과 같이 우리 교
인은 구십구 분을 한울의 힘으로 살아가는 사람이다.

7. 敎人으로서 敎會의 德化를 不知함은 堯舜之世에 堯舜의 德化를 不
　 교인　　　 교회　 덕화　 부지　　　요순지세　　요순　 덕화　 부

知함과 如하니라 我의 目的한 바와 諸君의 目的한 바가 이미 同一하고
지　　　 여　　　 아　 목적　 바와 제군　 목적　 바가　　　 동일

諸君의 目的한 바와 大神師의 目的한 바가 또한 同一한 것이니 同一
제군　 목적　 바와 대신사　 목적　 바가　　　 동일　　　　　 동일

한 目的을 達成하려면 精神이 一致해야 하나니라 吾人의 本來精神이
　 목적　 달성　　　 정신　 일치　　　　　　 오인　 본래정신

꼭 一致하고 보면 天下를 驅하여 動코자 하여도 敢히 動치 못하나니라.
　 일치　　　　　 천하　 구　　　 동　　　　　　 감　　 동

교인으로서 교회의 덕화를 알지 못함은 요순 때에 요순의 덕화를

을 정해 가지고 봉행하는 것인데 총부에서 전체적으로 실시하는 절차에 의해서도 행하고
또는 한울님과 스승님의 감응을 받아 소원을 성취하기 위하여 각자 봉행하기도 한다.
5 기선은 증기기관으로 움직이는 배.

알지 못하는 것과 같다.[6] 내가 목적한 바와 여러분이 목적한 바가 이미 같고, 여러분이 목적한 바와 대신사가 목적한 바가 또한 같은 것이니, 같은 목적을 달성하려면 정신이 일치해야 한다. 우리의 본래 정신이 꼭 일치하면 천하가 달려들어 움직이고자 해도 감히 움직이지 못할 것이다.

8. 教人으로서 만일 이러한 眞理를 不信한다면 우리의 目的을 어떻게 達成하겠는가 目的達成에 希望이 있는 者는 먼저 眞實一致한 精神으로 過去의 精神을 刷新하여야 하나니라.

교인으로서 만일 이러한 진리를 믿지 않는다면 우리의 목적을 어떻게 달성하겠는가. 목적달성에 희망이 있는 사람은 먼저 진실하고 일치한 정신으로 과거의 정신을 새롭게 바꿔야 한다.[7]

9. 우리가 恒常 지켜야 할 條件은 信仰을 九十九分으로 하고 規制를 一分

---

6 원래 요순시대에는 백성들이 정치를 느끼지 못하고 한울이 부여한 천성대로 살게 하니 그것이 가장 좋은 정치였다. 교회의 덕화도 교인들에게 드러나는 물질적 도움을 주진 않는다. 그러나 희로애락이 반복되는 현실의 삶을 중심잡고 바르게 살게 해주는 것이야말로 교회의 핵심 덕화이다. 이를 모르는 것은 자식이 부모의 은덕을 모르는 것과 같다.

7 신앙을 하면 습관된 마음과 생활습관이 바뀌어야 한다. 내가 바뀌지 않고 남과 사회가 어찌 바뀌길 바라겠는가? 자신은 변하지 않으면서 교회만 다니면 이를 탁명이라 했다.

으로 할 것이니 敎會에서 制定한 一分의 規制를 一個 自己의 知力으로
판단하여 만약 이를 遵行치 않으면 이는 敎人資格을 喪失하는 것이라 一
分의 規制를 違反하는 者가 어찌 九十九分의 信仰을 할 수 있겠느냐.

우리가 항상 지켜야 할 조건은 신앙을 구십구 분으로 하고 규제를
일 분으로 할 것이니, 교회에서 제정한 일 분의 규칙과 제도를 한낱
자기가 아는 것으로 판단하여, 만약 이것을 지키고 행하지 않으면
이는 교인 자격을 상실하는 것이다. 일 분의 규제를 위반하는 사람
이 어떻게 구십구 분의 신앙을 할 수 있겠는가?[8]

10. 吾敎의 重要한 規制는 五款實行이니 敎人된 者는 누구나 이것을
實地로 體行하라.

우리 교의 중요한 규칙과 제도는 다섯가지 정성을 실행하는 것이
니 교인된 사람은 누구나 이것을 실지로 체행하라.[9]

8 신앙이 생활과 자연스레 하나가 되면 계율이 필요 없다. 그러나 맛의 유혹을 이기기 어렵
   고 색의 유혹을 견디기 힘든, 아직 욕념과 육신관념을 버리지 못한 상태라면 스스로 절제
   하고 삼가야 할 것이다. 이것이 성경신법 사과 중 첫 번째인 법이다.
9 오관은 천도교의 실천 계율이다. 자신의 삶이 한울님과 하나된 사람이야 따로 규제가 필
   요 없겠지만 교회 안 가면 주문을 잊고 욕심만 커지는 보통 사람들에게 필요한 최소한의
   수행규칙이다.

二十七. 原子分子說(원자분자설)

1. 原子는 空氣中 原素之一種이니 無相離存在之理也요 分子는
   <small>원자 공기중 원소지일종 무상리존재지리야 분자</small>
   各原子相合而生成者也니 水素與水素 相合則 團體也요 水
   <small>각원자상합이생성자야 수소여수소 상합즉 단체야 수</small>
   素與酸素 相容相合則複體也니 是는 皆天地 萬物化生之氣
   <small>소여산소 상용상합즉복체야 시 개천지 만물화생지기</small>
   也니라.
   <small>야</small>

   원자는 형상을 이루기 전 빈 기운[1] 가운데 원소의 일종이니 서로
   떠나 있는 이치가 없는 것이다. 분자는 각 원자가 서로 모여 생성
   한 것이니 수소와 수소가 서로 모이면 단체요, 수소와 산소가 서
   로 용납하여 서로 모이면 복체니[2], 이는 다 천지만물 화생의 기운
   이다.

---

1 공기는 우리가 호흡하는 공기인가? 모든 만물의 근원은 원리요 원소로서 빈 자리며 형상
  없는 원소다. 그 빈 기운이 모여 형상을 만들고 만물이 된다.
2 같은 원소가 모인 것을 단체, 다른 원소가 모인 것을 복체로 정의하였다. 세상은 같은 것만
  모여서는 이루어질 수 없다. 다른 원소가 서로의 장점과 단점이 결합되어 제삼의 새로운
  원소를 만들며 보다 풍요롭고 다양한 모습의 세상을 만들어 간다. 수소끼리, 산소끼리만
  있으면 폭발하며 주변까지 파괴하지만 산소와 수소가 만나면 모든 생명의 근원이 되는 물
  이 된다. 사람도 익숙한 환경에서 비슷한 사람끼리만 있으면 발전이 없다. 다른 환경, 다른
  생각을 가진 사람들과 부딪히고 어울려야 생각과 경험의 한계가 깨지며 성장할 수 있다.

二十八. 夢中問答歌(몽중문답가: 꿈속에서 묻고 답함)[1]

千峯萬壑[2] 奇岩怪石
천 봉 만 학　　기 암 괴 석
　　　　　　　　　　수많은 봉우리와 골짜기, 기묘한 돌들이

畵中江山 分明하다
화 중 강 산　 분 명
　　　　　　　　　　그림 속 풍경처럼 아름답구나.

千波萬絶 江水聲은
천 파 만 절　 강 수 성
　　　　　　　　　　쉼 없이 흐르는 강물소리는

路上行人 傷心處요[3]
노 상 행 인　 상 심 처
　　　　　　　　　　길 위의 나그네 마음을 흔들고

靑山綠林 杜鵑聲은
청 산 녹 림　 두 견 성
　　　　　　　　　　녹음 깊은 산 속 두견새는

不如歸를 일삼는다[4]
불 여 귀
　　　　　　　　　　돌아갈 수 없다고 우는구나.

1　수련 중 일어나는 마음의 변화를 꿈 속에서 진리를 찾아가는 것으로 비유한 글. 수련으로 마음이 순수해져 한울님 마음과 하나가 되면 속에서 바로 깨달음이 나오지만 하나가 되기 전에는 꿈에서 궁금하던 것에 대한 답이 나오기도 하고 기도 중 몸 밖에서 들리기도 한다. 입진경이 마음의 깨달음을 얻기 전까지의 입문을 그렸다면 이 글은 본격적인 수행 과정의 변화가 표현되어 있다. 용담유사와 같이 4.4조의 가사.

2　壑, 골 산골짜기 학. 천 개의 산봉우리와 만 개의 골짜기는 산과 골짜기가 많은 우리나라를 상징. 산과 골짜기는 또한 수련과정의 어려움을 상징하기도 하고 인생의 곡절을 상징하기도 한다.

3　강과 시냇물의 끊이지 않는 물소리를 들으면 나그네는 상념에 젖기 마련. 천파만절 강수성은 세상의 끊이지 않는 습관심과 그로 인한 수많은 사연들을 상징. 노상의 나그네는 진리를 찾는 사람.

4　두견새는 두견이목 두견이과의 새로 여름에 밤낮으로 처량하게 울어 중국 촉(蜀)나라 망제(望帝)의 죽은 넋이 붙어 있다는 전설이 있다. 그래서 杜魄, 杜宇, 杜魂, 望帝, 불여귀, 思歸鳥, 時鳥, 蜀魄, 蜀鳥, 蜀魂 등의 별칭이 있다. 일제의 압제를 받던 때 나라를 잃어 돌아갈 곳이 없는 신세는 두견새나 망국 국민이 동병상련의 심정이었을 것이다.

花柳春風 好時節을 화 류 춘 풍 호 시 절	꽃피고 봄바람 부는 좋은 시절이
遽然히⁵ 보냈으니 거 연	화살처럼 지나갔으니
無情歲月 分明하다 무 정 세 월 분 명	무정한 세월이로다.
皓月春風 明月夜에⁶ 호 월 춘 풍 명 월 야	산들바람 부는 봄날 밝은 달밤에
홀로 앉아 생각하니	홀로 앉아 생각하니
秋雨梧桐 葉落時는 추 우 오 동 엽 락 시	가을비에 떨어지는 오동나무 잎은
날로 두고 일렀도다	나를 두고 하는 말이구나.
白雲深處 數間草屋 백 운 심 처 수 간 초 옥	구름속 깊은 산중 몇 간 초가집은
人間風俗 몰랐으니 인 간 풍 속	속된 세상풍속 몰랐으니
武陵桃園 分明하다 무 릉 도 원 분 명	여기가 낙원이구나.
人間風俗 怪異하여 인 간 풍 속 괴 이	들려오는 세상소식 고약하기 그지없어
不顧天命 아닐런가 불 고 천 명	천명이 무섭지 않은가
每每事事 恨歎하다 매 매 사 사 한 탄	고약한 소식마다 한탄할 뿐인데
忽然히 잠이 드니 홀 연	문득 잠이 들었구나.
沈上一夢 怪異하다 침 상 일 몽 괴 이	잠자리 속 꿈이 괴이하다.
清風明月 희미한데 청 풍 명 월	맑은 날 밝은 달인데 길이 희미하니,
莊園蝴蝶 날아와서 장 원 호 접	어느 꽃밭의 나비인지 날아와서

5 遽; 갑자기, 재빠를, 황급히, 절박할 거.
6 皓 밝을, 빛날 호. 차지 않은 봄바람이 산들산들 부는 봄날 밤, 보름달이 환하게 떠있는 것
   을 보며 지나간 세월에 대한 상념에 잠긴 모습이다.

길을 引導 따라가니[7]
_{인 도}

길을 인도하니 따라갈밖에.

險하도다 險하도다
_{험   험}

그런데 이 길은 왜 이리 험한가.

千峯萬壑 險하도다[8]
_{천 봉 만 학 험}

수많은 봉우리, 골짜기가 첩첩이

平生氣力 다하여서
_{평 생 기 력}

험해서, 평생의 기력을 다해

不顧死生 따라가니[9]
_{불 고 사 생}

죽을 각오로 따라가니

山도 많고 물도 많아
_산

산도 많고 물도 많아

限이 없는 그 길이라
_한

한도 끝도 없는 길이 아닌가?

千辛萬苦 따라가서
_{천 신 만 고}

수없이 많은 고난을 무릅쓰고 따라가서

한 곳에 當到하여
_{당 도}

드디어 한 곳에 당도하였구나.

左右를 바라보니
_{좌 우}

이곳은 어디인가, 좌우를 바라보니

7 명월은 세상을 밝히는 빛이요 진리다. 빛이 희미하니 세상이 어지러움은 당연한 것. 앞으로의 여정이 진리의 빛을 다시 찾는 것임을 암시. 호접은 진리를 전하고 인도하는 자. 아무리 훌륭한 스승이 진리를 가르쳐도 수행자가 스스로 깨닫고 체행하는 과정을 대신할 순 없다. 스승은 길을 안내할 뿐, 길을 가는 것은 자기 몫이다. * 장자 '제물론'편에 호접몽 이야기가 나온다. 어느 날 꿈을 꾸니 나비가 되어 꽃 사이를 즐겁게 날아다녔는데 문득 깨어보니 장주가 되어 있었다. 장주가 나인가 나비가 나인가? 대상과 하나가 되어 경계가 사라진 경지를 은유한 이야기다.

8 진리를 깨닫는 과정은 육신의 달콤한 유혹들을 벗어나야 한다. 어찌 그 과정이 험하지 않을 수 있겠는가? "겨우 한 가닥 길을 얻어 걸음걸음 험한 길 걸어가노라. 산 밖에 다시 산이 보이고 물 밖에 또 물을 만나도다. 다행히 물 밖에 물을 건너고 간신히 산 밖에 산을 넘어 왔노라. 바야흐로 들 넓은 곳에 이르니 비로소 대도가 있음을 깨달았노라."(동경대전, 시문)

9 진리를 구하는 것은 시간이 있을 때 여가 생활로 하는 것이 아니다. 자신의 삶의 목표와 의미를 찾는 것이므로 생을 걸고 평생을 맹세하고 수행하며 그 길을 따르는 것이다. "도에 대한 한결같은 생각을 주릴 때 밥 생각 하듯이, 추울 때 옷 생각 하듯이, 목마를 때 물 생각 하듯이 하라."(해월신사법설, 독공)

물도 없고 山도 없네[10] 산	물도 없고 산도 없네.
浩浩茫茫 難形處를 호 호 망 망 난 형 처	아득히 넓은 이곳을 무어라 형용할 수
蝴蝶이 引導하여[11] 호 접 인 도	없는데, 나비의 인도를 따라
한편으로 들어갈세	한편으로 들어가보자.
紅橋白橋 넓은 길로[12] 홍 교 백 교	붉은 다리, 흰 다리 모두 넓은 길이라
천천히 들어가니	천천히 들어가니
浩浩茫茫 넓은 天地 호 호 망 망 천 지	아득히 넓은 온 세상이
水中世界 分明하다[13] 수 중 세 계 분 명	물 속 세상 분명하구나.
갈 바를 전혀 몰라	어디로 가야 할지 전혀 몰라서
蝴蝶을 돌아보니 호 접	나비를 돌아보니
不見其處 되었더라[14] 불 견 기 처	온데 간데 없어졌구나.

10 한울님 세계, 진리의 땅은 세상 모습 이전 것이므로 속세 모습은 아니다. 세상의 습관된 생각을 버려야 들어갈 수 있는 곳이다. 수련으로 어느 경지에 이르면 물과 산으로 상징되는 어려움과 의심이 사라지고 환하게 깨우침과 느낌이 올 때가 있다.

11 사람의 공간은 유한하지만 한울님 시공간은 무한하다. 공부가 깊어져도 스승의 가르침(호접)과 인도는 중요하다. 스스로 공부가 깊다 하여 자만하면 삿된 유혹에 빠지기 쉽다. 그러므로 수행이 깊을수록 겸허해지고 고개를 숙일 줄 안다.

12 홍교와 백교는 진리의 세계로 건너가는 다리. 홍교가 됐건 백교가 됐건 한울세계로 통하면 된다. 종교 상관없이 바르게 기도하고 바르게 수행하면 누구나 한울님 진리를 만날 수 있다. 홍교(虹橋)로 표기하면 홍예교(虹蜺橋)의 준말로, 교량 밑이 무지개같은 반원형의 형상을 하고 있는 무지개다리의 뜻. 경주 불국사의 청운교와 백운교도 홍예교. 다리는 깨닫지 못한 습관천과 깨달은 무형천, 미몽과 진리를 이어주는 지름길, 즉 주문을 상징.

13 "한울과 땅이 시판되기 전은 북극 태음 한 물일 뿐이니라."(해월신사법설, 천지이기) 수중세계는 진리의 세상으로 들어왔음을 상징.

14 진리의 땅에 왔으니 이젠 그를 체험할 차례. 호접은 길을 인도했으니 역할을 다한 것. 바

精神이 恍惚하여 정신 황홀	처음 겪는 상황에 정신이 황홀하여
길이 앉아 歎息하고 탄식	한참 앉아 한숨 쉬고
守心正氣 다시 하여 수심정기	수심정기 다시 하여
蝴蝶去處 살필 즈음 호접거처	안내해준 나비를 찾을 때.
忽然히 雷聲霹靂 홀연 뇌성벽력	갑자기 번개와 벼락이 내리치고
綠水世界 뛰노면서 녹수세계	푸른 물 속 세상이 뛰어노니
精神收拾 못할러라[15] 정신수습	정신을 차리지 못하겠구나.
一心精氣 다시 모아 일심정기	마음에 한가닥 정기를 다시 모아
守心正氣 端坐하여 수심정기 단좌	수심정기하고 단정히 앉아
動靜을 살피더니 동정	무슨 일인지 동정을 살펴본다.
次次次次 고요하여 차차차차	차차 고요해져서
日月이 明朗하며 일월 명랑	해와 달이 밝고 환해졌는데
난데없는 물 한 點이 점	난데없는 물 한 점이
차차차차 벌어질 때	차차 벌어지며
그 擧動 難形이라[16] 거동 난형	그 움직임이 형상하기 어렵구나.

르게 인도할 스승이 중요하지만 공부는 결국 스스로 하고 스스로 깨우쳐야 하는 것이다.

15 한울의 지기가 활동하기 전 고요한 상태는 무극이지만, 활동이 시작되면 각 기운의 성질에 따라 위로 아래로 약동하며 혼돈 상태가 된다. 질서가 생겨 안정되기 전 혼돈상태는 카오스이고 질서가 생기면 코스모스라 한다. "사월이라 초오일에 꿈일런가 잠일런가 천지가 아득해서 정신수습 못할러라 공중에서 외는 소리 천지가 진동할 때…"(용담유사, 안심가)

16 "나에게 영부 있으니 그 이름은 선약이요 그 형상은 태극이요 또 형상은 궁궁이니…"(동경대전, 포덕문) 영부는 한울의 진심이요 정기요 생명의 원기다. 항상 움직여 약동하므로

正心正氣 團束하고 정 심 정 기 단 속	마음과 기운을 바르게 더욱 주의하고
一片丹心 端坐하여 일 편 단 심 단 좌	한마음으로 바르게 앉아
仔詳히 살펴보니 자 상	자세히 살펴본다.
北方水氣 일어나며 북 방 수 기	북쪽에서 물기운이 일어나며
四方으로 點을 치고 사 방 점	사방으로 물을 뿌린다.
靑紅丹色 고운실로 청 홍 단 색	빨갛고 파란 고운 실로
八方에다 줄을 매고 팔 방	팔방에다 줄을 매고
東西南北 中央에다[17] 동 서 남 북 중 앙	동서남북과 중앙에
마음 心자 기둥하여 심	마음 심자로 기둥을 세워
한데 매어 세워 놓고	하나로 묶어 놓고
太極圖로 돌려내니 태 극 도	태극 모양으로 돌려내니
弓乙體格 分明하다[18] 궁 을 체 격 분 명	궁을 모습이 분명하구나.
一年 三百 六十日과 일 년 삼 백 육 십 일	일년 삼백육십일과

형상을 규정짓기 어렵다. 진리란 원래 인간 언어로 구속될 수 없는 것이다.

17 청홍색 실은 음양, 동서남북과 중앙토는 오행을 상징. 생명과 우주의 시작을 상징.

18 "처음에 한 물건이 있었으니 물건이란 것은 한 덩어리요 덩어리란 것은 무극이니, 다만 처음의 나눔이 있어 이른바 무극이 태극을 낳은 것이라. 무극은 음이요 태극은 양이니, 상하로 말하면 상하도 또한 음양이요, 동서로 말하면 동서도 또한 음양이요, 그 밖에 춥고 더운 것, 낮과 밤, 가고 오는 것, 구부리고 펴는 것 등이 다 음양 아님이 없으니 다 그 근본을 연구하면 천지·귀신·변화의 이치가 서로 대하고 서로 응하나니, 서로 대하고 응하는 것은 도무지 음양 이치이니라."(의암성사법설, 각세진경) 무극에서 음양이 되고, 음양이 사괘가 되고 팔괘, 64괘가 되며 만물의 특성을 나타낸다. 이 모두가 한울 모습이니 궁을이 아니고 무엇인가!

一日十二 열두 時刻
일 일 십 이　　　시 각
하루 열두 시각

東西南北 二十四方[19]
동 서 남 북 이 십 사 방
동서남북 이십사 방향에

方位대로 돌려가니
방 위
방위대로 돌려가니

天地度數 分明하다[20]
천 지 도 수 분 명
천지도수 분명하다.

日月精氣 모아 들어
일 월 정 기
해와 달의 정기가 모여 들어

太陰太陽 눈이 되고
태 음 태 양
태양(해)과 태음(달)의 정기가 눈이 되고

淸風精氣 모두 모아
청 풍 정 기
맑은 기운과 정기를 모두 모아

精神으로 귀가 되고
정 신
모인 정과 신으로 귀가 되고

東西南北 四肢되고
동 서 남 북 사 지
동서남북 네 방향은 팔 다리가 되고

五色丹靑 고운 물로
오 색 단 청
다섯가지 고운 색 물로

皮肉骨格 갖추어서
피 육 골 격
피부와 근육과 골격을 갖추니

사람 形像 宛然하다[21]
형 상 완 연
사람형상이 완연하다.

19 이십사방은 동서남북을 24등분한 것으로 전통 풍수 등에서 사용. 子方(정북)에서 15도
씩, 癸, 丑, 艮, 寅, 甲, 卯方(정동), 乙, 辰, 巽, 巳, 丙, 午方(정남), 丁, 未, 坤, 申, 庚, 酉方(정
서), 辛, 戌, 乾, 亥, 壬方을 이른다.

20 "오제 후부터 성인이 나시어 일월성신과 천지도수를 글로 적어 내어 천도의 떳떳함을 정
하여 일동일정과 일성일패를 천명에 부쳤으니…."(동경대전, 포덕문) "기운이 이치를 낳고
이치가 기운을 낳아 천지의 수를 이루고 만물의 이치가 되어 천지 대정수를 세운 것이니
라."(해월신사법설, 천지이기) 만물이 형성되고 움직이는 이치는 수로 설명할 수 있다. 이
를 대정수, 천지도수라 하고 이러한 우주의 수학적 원리를 연구하는 학문이 易이다. 동양
뿐 아니라 서양에서도 수로써 세상을 설명하려는 시도는 피타고라스 학파 이후 꾸준히 있
어 왔다. 현대 수학과 물리학 등이 크게 보면 다 천지도수를 연구하는 학문이다.

21 "무릇 사람이 잉태할 처음에 한 점의 물뿐이요.…머리가 둥근 것은 한울을 체로 하여 태
양의 수를 상징하고, 몸의 넋은 태음을 상징하고, 오장은 오행을 상징하고, 육부는 육기를

神奇하기 짝이 없어 _{신 기}	신기하기 짝이 없어
精神 차려 살펴보니 _{정 신}	정신차리고 살펴보니
仙風道骨 分明하고 _{선 풍 도 골 분 명}	신선같은 풍체와 골격이 뚜렷하여
世上사람 아닐러라[22] _{세 상}	세상사람이 아닌 듯 하구나.
氣骨도 좋거니와 _{기 골}	골격도 좋지만
風身도 壯하도다 _{풍 신 장}	풍기는 인상도 장하구나.
神仙일세 分明하여[23] _{신 선 분 명}	신선이 분명하다 여겨져서
怪異 여겨 살펴보니 _{괴 이}	신기한 듯 살펴보니
물결이 溶溶하며 _{용 용}	물결이 크게 일어 흐르며
난데없는 飄飄少年[24] _{표 표 소 년}	난데없이 한 소년이 바람처럼
忽然히 들어와서 _{홀 연}	홀연히 들어와서
恭順四拜 하온 後에 _{공 순 사 배 후}	공손히 네 번 절한 후에

상징하고, 사지는 사시를 상징하고, 손은 곧 마음 내키는 대로 하는 바, 조화의 수단이므로 한 손바닥 안에 특별히 팔문, 구궁, 태음, 태양, 사시, 열두 달의 수를 늘어놓아 화생하느니라."(해월신사법설, 천지이기) 정자와 난자가 만나 하나의 세포가 되고 하나에서 100조개의 세포가 분열해 온몸을 만든다. 우주의 시작도 한 점에서 대폭발로 시공간이 생기기 시작해 만물이 형성되었다. 개체 발생은 계통 발생의 반복이고, 모든 생명 발생 과정은 우주 탄생 과정과 동일하다.

22 천지 기운이 사람 형상으로 화했으니 이는 누구인가? 사람인가 한울인가? "너는 반드시 한울이 한울된 것이니 어찌 영성이 없겠느냐"(의암성사법설, 법문)

23 세상 욕심과 갈등에 물들지 않은 본래 순수한 한울사람이니, 이를 본래 나라고 하기도 하고 한울님이라 하기도 한다.

24 표표 소년은 누구인가? 세상 이치를 잘 모르고 궁금한 게 많은 또 다른 나의 모습이다.

跪膝端坐²⁵ 다시 앉아
궤 슬 단 좌

修煉聲音 順케 내어
수 련 성 음 순

수련하는 소리를 자연스럽게 낸다.

무릎 꿇고 단정히 앉아

本然理致 묻자오니²⁶
본 연 이 치

소년이 신선에게 모든 이치의 근본을

黙黙不答 말이 없이
묵 묵 부 답

묻는데, 침묵 속에 답이 없구나.

無數詰難 哀乞하니²⁷
무 수 힐 난 애 걸

수없이 따져 물으며 하소연 하니

水中天地 運動하며
수 중 천 지 운 동

물 속 세상이 운동하며

입을 열어 말씀하니

신선이 입을 열어 말씀한다.

다른 말씀 바이없어

다른 말씀이 별로 없이

陰陽이치 天地循環
음 양 천 지 순 환

"음양이치와 천지가 순환하는

暫間說話 덮어 두고
잠 간 설 화

모든 이야기들을 잠깐 덮어두고

萬物化生 造化之理
만 물 화 생 조 화 지 리

만물이 화생하는 조화의 이치를

이와 같이 대강하고

이와 같이 대강 알려주노라.

每每事事 敎訓해서
매 매 사 사 교 훈

모든 일마다 교훈 삼아서

다른 할 말 바이없고

다른 말 할 필요없이

百千萬物 되는 理致
백 천 만 물 이 치

백천만물이 되는 이치가

---

25 무릎 꿇고 단정히 앉아

26 진리를 알고자 하면 자존심을 버리고(공순사배), 단정한 자세로 수련해야 함을 보여준다.

27 한울이 답을 안 주시는가, 내 마음의 때가 덜 벗겨졌음인가? 자신의 공부가 부족함은 모
른 채 감응이 없다고 하면 안 될 것이다. 꾸준히 마음을 변치 않고 정성 드려야 응답을 받
는다. 또한 모든 일에 생각을 하고 이치를 구해야 답을 주신다. 생각을 하면 얻을 것이요
생각하지 않으면 얻지 못할 것이다.(해월신사법설, 수심정기)

이와 같이 되는 거니	이와 같이 되는 것이니
不忘其本 부디 말고 불 망 기 본	부디 기본을 잊지 말고
敬天順天 하였어라 경 천 순 천	한울님을 공경하고 따르거라.
天高聽卑 그 文字와 천 고 청 비　　 문 자	한울은 높으시니 낮은 소릴 들으실까,
天生萬民 그 말이며 천 생 만 민	한울이 만민을 낳았으니 어찌 되겠거니,
欺心欺天 되는 줄을 기 심 기 천	이 모두가 마음을 속이고 한울을
이제 叮嚀 알겠더냐[28] 　　정 녕	속이는 줄, 이제 정녕 알겠더냐.
浩浩茫茫 넓은 天下 호 호 망 망　　 천 하	아득히 넓은 천하에
五穀百穀 마련할 때 오 곡 백 곡	모든 곡식과 먹을거리 마련할 때
陰陽理氣 調和되어 음 양 이 기　 조 화	음과 양, 이치와 기운이 조화되어
雨露中에 마련해서[29] 우 로 중	비와 이슬을 내려 마련했다.
萬民에게 祿을 定해 만 민　　　 녹　 정	사람들 먹고 살 길을 정해서

28 "의아 있는 그 사람은 천고청비 그 문자를 궁사멱득 하여 내어 제 소위 추리라고 생각나니 이뿐이오 그런고로 평생 소위 일변은 교사하고 일변은 가소로다."(용담유사, 흥비가) "천생만민 하였으니 필수지직 할 것이오."(용담유사, 교훈가) 천고청비 문자는 하늘이 높이 있으니 사람들의 은밀한 말이나 생각을 어찌 알 것이냐 하는 교만한 생각을 말하는 것이고, 천생만민은 하늘이 생명을 나게 했으니 노력하지 않아도 어찌 되겠거니 하는 나태한 생각이 결국 한울을 속이고 자신을 속이는 것이라며 경계하신 말씀.

29 "음과 양이 서로 고루어 비록 백천만물이 그 속에서 화해 나지마는…."(논학문) "한울님은 음양오행으로써 만민을 화생하고 오곡을 장양한즉…."(해월신사법설, 도결) "어리석은 사람들은 비와 이슬의 혜택을 알지 못하고…."(동경대전, 포덕문) 비와 이슬의 혜택은 한울님의 조화와 은덕을 상징한다. 모든 것이 한울님 조화로 이루어진다. 그것을 설명하는 틀이 음양오행.

二十四方 血氣 좇아
이 십 사 방 혈 기
모든 방향의 생명들에게

그 氣運 돕게 하고
기 운
그 기운을 돕게 하였다.

天地陰陽 乾坤으로
천 지 음 양 건 곤
하늘과 땅, 음과 양의 이치로

男女 마련 짝을 定코[30]
남 녀   정
남녀를 마련해 짝을 정하였다.

先天後天 그 理致로
선 천 후 천   이 치
선천에서 후천으로 이어받는 그 이치로

父子人倫 完成하고[31]
부 자 인 륜 완 성
부자간의 인륜을 완성했다.

四時循環 理致 붙여
사 시 순 환 이 치
사계절이 순환하는 이치를 따라

人間禍福 마련하고[32]
인 간 화 복
인간의 화복이 순환하도록 했다.

30 생명체 진화에서 무성생식이 유성생식으로 전환된 것은 천지 차이가 있을 정도의 의미
가 있다. 생명 역사에서 개벽의 사건이라 할 만하다. 즉, 무성생식하는 종은 부모와 자손의
유전자가 동일하므로 변화하는 환경이나 질병에 치명적 약점이 노출될 경우 종 전체가 멸
절 위험에 빠지기 쉽다. 그러나 유성생식하는 경우 부모와 자손 유전자는 항상 다른 조합
으로 태어나므로 이런 위험에 노출 돼도 종의 보존에 유리할 뿐 아니라 변화하는 환경에
적응하며 스스로를 변화시키는 능력도 뛰어나다. 그러므로 천지 이치 중에 가장 중요한
것 중 하나가 음양 이치라고 파악한 것이다. 음양 이치가 적용되는 것은 생명뿐 아니라, 빛
이 있으면 그늘이 있는 것과 같이 모든 사회현상, 철학 등에서도 폭 넓게 적용될 수 있다.
31 부자 관계는 단절과 연속의 이중성을 띤다. 유전자와 생활관습 등을 물려받아 전통으로
이어가기도 하지만, 모계 유전자가 반이 섞였고 주변 환경 변화에 따라 삶의 방식도 변하
게 마련이다. 선천과 후천 관계도 마찬가지다. 선천이 없이 어떻게 후천이 있을 수 있겠는
가? 선천에서 이루어 놓은 작은 성과와 변화들이 쌓여 크고 심대한 본질적 변화를 이끌어
낼 때 그를 개벽이라 하고 개벽된 새 세상을 후천이라 하는 것이니 후천은 선천의 산고가
있어야 태어날 수 있는 것이다. 어떤 문화도 단절돼선 오래가지 못한다. 주변 문화와 영향
을 주고받으며 새로운 문화를 창출해 나가야 그 생명력이 유지된다. 그러므로 앞선 사람
이나 문화에 대한 올바른 관계를 정립하는 것은 스스로 정체성을 확인하고 유지하기 위해
서 꼭 필요하다. 이런 관계 정립이 인륜이 된다. "선천이 후천을 낳았으니 선천운이 후천
운을 낳은 것이라."(해월신사법설, 개벽운수)
32 생명의 본질은 순환이다. 나고 자라고 성숙하고 죽는다. 이 순환이 삶에서도 어김없이 반
복된다. 그것이 성쇠명암과 흥망길흉이다. "성한 것이 오래면 쇠하고 쇠한 것이 오래면 성

金木水火 五行之理 금 목 수 화 오 행 지 리	금목수화토의 오행 이치는
中央土가 主張이라³³ 중 앙 토 주 장	중앙 토가 주장이라,
天下萬國이 理致로 천 하 만 국 이 치	천하의 모든 나라가 이 이치로
萬民生活 마련하고 만 민 생 활	사람들의 생활을 마련했다.
日月盈虛이 理致로 일 월 영 허 이 치	해와 달이 차고 기우는 이치를 따라
人間富貴 循環하고 인 간 부 귀 순 환	인간의 부귀도 순환한다.
四時盛衰되는 理致 사 시 성 쇠 이 치	사시가 성하고 쇠하는 이치를 따라
生死壽命 마련해서 생 사 수 명	생사와 수명을 마련했다.
一動一靜 言語動作 일 동 일 정 언 어 동 작	움직이고 머무르며 말하는 모든 것과
用心善惡 하는 일이 용 심 선 악	마음으로 선과 악을 쓰는 모든 일이
造化로서 하는 거니 조 화	한울님 조화로서 하는 것이다.
이대로만 하게 되면	이대로만 하게 되면
循環之理 不久하여 순 환 지 리 불 구	순환하는 이치를 따라 오래지 않아
좋은 時節 定할 테니 시 절 정	좋은 시절을 정할 것이니
어찌 아니 좋을소냐	어찌 아니 좋을소냐.

하고, 밝은 것이 오래면 어둡고 어두운 것이 오래면 밝나니 성쇠명암은 천도의 운이요, 흥한 뒤에는 망하고 망한 뒤에는 흥하고, 길한 뒤에는 흉하고 흉한 뒤에는 길하나니 흥망길흉은 인도의 운이니라."(해월신사법설, 개벽운수)

33 "인의예지도 믿음이 아니면 행하지 못하고 금목수화도 토가 아니면 이루지 못하나니⋯." (해월신사법설, 성경신) 삶에 있어서는 땅에 기반한 생업을 중시하고, 일에 있어서는 모든 일을 중재하고 치우치지 않게 하는 것이 중앙 토.

堯舜世界(요순세계) 다시 와도 　　요순의 세상이 다시 와도

이와 같진 못할 테요 　　이와 같지는 못할 것이다.

三皇五帝(삼황오제) 다시 온들 　　삼황오제의 성군이 다시 온다 해도

이에서 지날소냐[34] 　　이보다 좋겠는가?

좋을시고 좋을시고 　　좋을시고 좋을시고

五萬年(오만년)의 回復之運(회복지운) 　　오만년 다시 돌아온 운수가

熙皥世界(희호세계)[35] 分明(분명)하다 　　진리가 밝혀진 태평세상이 분명하다.

不忘其本(불망기본) 그 理致(이치)를 　　한울님 모신 그 이치를 기본으로

念念不忘(염념불망) 잊지 말아 　　생각마다 잊지 말고

恨歎(한탄) 말고 있게 되면 　　한탄하지말고 잘 지키면

너의 所願(소원) 이루리라 　　너의 소원을 이룰 것이다.

祝文(축문)지어 現誦(현송)하며[36] 　　기원하는 글을 소리내어 읽으며

不顧死生(불고사생) 盟誓(맹서)해서 　　죽을 각오로 맹서해서

三才人倫(삼재인륜) 다시 定(정)해[37] 　　한울과 땅과 사람간 도리를 다시 정해

34　요순과 삼황오제는 선천 문명을 처음 연 성인들이다. 당시를 태평성대라 하지만 사람들
　　의식수준이 낮아 지도자의 가르침을 그저 따르는 정도였다. 하지만 새로운 후천 세상은
　　한울의 진리가 모두 밝혀져 모두가 한울사람이 되는 다른 차원의 태평성대가 될 것이다.

35　희호 세계는 백성의 생활이 즐겁고 나라가 태평한 세상을 뜻한다.

36　축문은 기원하는 글이므로, 한울님을 위하는 글인 주문을 잊지 않고 소리 내어 외우는
　　것. 또는 입도하여 길이 도를 따르겠다는 맹세하는 축문(동경대전)을 외는 것.

37　만물이 한울을 모신 존재라는 진리가 밝혀지면 천지인과 거기 사는 모든 생명들 삶의 의
　　미와 방식이 달라질 수밖에 없다. 모든 규범이 새로워져야 한다. 예컨대 동식물을 자원으
　　로만 보던 시각에서 한울을 모신 신성한 존재로 보는 시각으로 전환되는 것이니 일상생활

다짐 盟誓(맹서) 하는 줄을	다짐 맹서하는 줄을
내가 어찌 모를소냐[38]	내가 어찌 모르겠느냐?
이대로만 하게 되면	이대로만 하게 되면
돌아오는 그 때에는[39]	돌아오는 그 때에는
陰陽造化(음양조화) 다 알아서	음양의 조화를 다 알아서
周察天下(주찰천하) 할 터이오	두루 천하를 살필 것이고,
所願(소원)대로 行(행)할 테니	소원대로 이루어질 테니
恨歎(한탄) 말고 돌아가서	한탄하지 말고 돌아가서
너의 師丈 敎訓(사장교훈) 받아[40]	너희 스승의 가르침을 잘 따라서
一事違法(일사위법) 하지 말고	일마다 법도를 어기지 말고
次第道法(차제도법) 밝혀내어	절차와 도법을 밝혀내어
順理順受(순리순수) 하였어라	이치를 따르고 순히 받으라"
酬酌(수작)하는 그 擧動(거동)을	주고 받는 그 거동을
潛心(잠심)하여 보다가서[41]	깊이 빠져들어 보다가

도 180도 달라져야 하는 것이다.

38　"포태지수 정해 내어 자아시 자라날 때 어느 일을 내 모르며…"(용담유사, 교훈가) 한울님은 내 안에도 온 우주에도 가득하여 간섭하지 않는 곳이 없다.

39　후천개벽의 그 때를 말한다. 개벽은 저절로 오는 것이 아니다. 불고사생 맹세해서 염념불망 잊지 말고 삼재 인륜을 실천해야 오는 것이다.

40　너의 스승 가르침을 따라 잘 수행하라는 뜻이니, 스승은 수운 선생과 해월 선생.

41　지금까지 신선과 표표 소년 대화하는 것을 영화 보듯 지켜본 것이다. 그러나 신선도 내 마음속 참된 한울마음이요, 소년도 내 마음의 어리석음이니 모두가 나요 모두가 한울이다. 이렇게 자신을 떠나 자신의 참 모습이 무엇인지, 어떤 생각과 행을 하는지 바라보는 것

鳳凰의 울음소리	봉황의 울음소리가
봉 황	
忽然히 잠을 깨니[42]	문득 들려 잠을 깨니
홀 연	
不見其處 되었더라[43]	그 모두가 온데 간데 없더라
불 견 기 처	
前後左右 살펴보니	전후좌우 둘러봐도
전 후 좌 우	
枕上一夢 그뿐일세[44]	한갓 꿈일 뿐.
침 상 일 몽	

을 觀한다고 한다. 중요한 수행법 중 하나다.(십삼관법 참조)

42 봉황은 좋은 일이 있을 때 나타난다는 상서로운 짐승이다. 봉황이 울었음은 깨달음을 얻어 미몽에서 깨어남을 상징한다. 마치 불가에서 고승의 '할' 소리에 어리석은 자신의 껍질을 깨치듯이.

43 한울은 어디에서도 볼 수 없고, 또한 어디서나 볼 수 있다. 눈을 뜨고 귀를 열어야 보이고 들릴 것이다.

44 어느 것이 꿈이고 어느 것이 현실인가? 현실이 꿈만 못 하다면 꿈 속 세상과 같아지도록 노력해서 바꿔야 한다. 꿈꾸는 자만이 바꿀 수 있고 이룰 수 있다. 조금 전까지 우주의 시작과 생명의 원리를 한울님과 대화하며 깨달았음에도 그 모두를 꿈이라 여기며 버린다. 진리란 그런 것이다. 이치를 깨달았다 하여 거기에 매달리거나 그런 체험에만 집착하면 더 이상의 공부가 진행되지 않는다. 모든 이치를 깨달았어도 역시 공한 것이요, 다시 현실로 돌아와 그 이치를 삶 속에서 펴지(포덕) 않으면 의미가 없는 것이다.(무체법경 삼심관 참조)

二十九. 無何詞(무하사: 어찌함이 없는 말씀)[1]

龍潭에 물이 있어　　　　　용담 연못의 물이
용담

根源이 깊었으니　　　　　그 근원이 깊어서
근원

四海에 둘렸도다　　　　　네 바다를 다 둘렀구나.
사해

劍岳에 꽃을 심어　　　　　검악에 꽃을 심어
검악

임자를 定했으니　　　　　주인을 정했으니
정

花開消息 分明하다[2]　　　꽃피는 봄 소식이 분명하다.
화개소식 분명

東風三月 이때로다[3]　　　봄바람 부는 삼월이 이 때로다.
동풍삼월

十五夜 밝은 달은[4]　　　　보름달 밝은 달은
십오야

四海에 밝아 있고　　　　　네 바다를 다 밝게 비추고
사해

1　무하사는 우리 도의 역사를 노래한 서사이기도 하고 진리를 찾는 모든 이들의 수행 과정
　을 노래한 서사이기도 하다. 진리는 스스로 체득해야한다. 그래서 예부터 불립문자, 道可
　道 非常道라 했다. 도를 깨닫는 과정도 어찌 설명할 것인가? 매화로 은유할 뿐, 어찌 할 수
　없다(無何).
2　"용담의 물이 흘러 네 바다 근원이요, 구미산에 봄이 오니 온 세상이 꽃이로다."(동경대전,
　절구) 용담 물은 수운 선생에서 시작된 무극대도. 검악에 심은 꽃은 대도를 이은 해월 선
　생. 꽃이 피는 것은 무극대도의 진리가 세상에 드러남을 말한다.
3　동풍은 봄바람이며, 생명을 살리는 기운이고, 서풍은 가을바람이고 죽이는 바람이다.
4　음력 15일에 뜨는 달은 보름달이다. 꽉 찬 보름달은 온전한 진리의 빛이다. 온 세상을 차
　별없이 비춘다.

李花桃花 滿發하여 <small>이 화 도 화 만 발</small>	오얏 꽃 복숭아 꽃 만발하여
萬花方暢[5] 아닐런가 <small>만 화 방 창</small>	온갖 꽃이 흐드러졌다.
百花灼灼 그 가운데 <small>백 화 작 작</small>	모든 꽃이 활짝 핀 그 가운데
庭前에 一枝梅는 <small>정 전 일 지 매</small>	뜰 앞 한 가지에 핀 매화는
飄逸한 節介로서 <small>표 일 절 개</small>	고고한 절개로
隱然히 빛을 감춰 <small>은 연</small>	은은히 빛을 감추고
貞節을 지켰도다[6] <small>정 절</small>	다른 꽃들처럼 뽐내지 않는구나.
可憐하다 可憐하다 <small>가 련 가 련</small>	가련하다 가련하다.
花柳春風 好時節을 <small>화 류 춘 풍 호 시 절</small>	꽃피고 봄바람 부는 좋은 시절을
憮然히[7] 보냈으니 <small>무 연</small>	한 일 없이 보냈으니
黃菊丹楓 아닐런가[8] <small>황 국 단 풍</small>	어느새 국화와 단풍의 계절 아닌가?
霜風이 大作하여 <small>상 풍 대 작</small>	서리와 바람이 크게 일어나고

5 온갖 꽃들이 흐드러지게 피었으니. 좋은 시절이 오면 숨죽이던 모든 생명이 드러나고 생명을 만끽한다. 경신년 4월에 수운선생이 득도하여 후천의 새 세상이 시작되었다.

6 다른 꽃은 봄기운이 완연한 뒤에 다투어 피지만, 매화는 아직 추위가 가시기 전에 피어 봄소식을 알린다. 그러므로 추위에 굴하지 않는 기상을 예부터 어여삐 여겨 사군자중 하나로 칭송해 왔다. 추위에도 불구하고 봄소식을 전하는 매화는 진리를 전하는 선구자요, 선천을 개벽하기 위한 무극대도의 역사를 상징한다. 인심이 깨기 전 진리를 전하는 것은 추운 겨울에 봄소식을 전하는 것과 같다. 수운선생의 고초와 순도가 그러하지 않은가.

7 憮 어루만질, 실의한 모양, 명한 모양 무. 아무것도 한 것 없이 보냈다는 뜻.

8 노란 국화와 단풍은 가을에 나타난다. 꽃과 생명이 만발한 봄에는 두각을 나타내지 못하고 추위를 앞둔 가을에야 뒤늦게 피는, 막차를 타는 신세를 말한다. 시대를 앞서지 못하고 따라가기만 해선 좋은 열매를 차지하기 어렵다. 구한말 조선의 처지가 이와 같았다. 개혁해야 할 때를 놓치고 망국으로 들어서고 있었다. 개인의 삶도 마찬가지일 것이다.

白雪을 날렸도다[9]
백 설

碧空에 걸린 달은
벽 공

秋風에 精神 모아
추 풍   정 신

西山에 나려 있고[10]
서 산

萬花方暢 붉은 꽃은
만 화 방 창

花落無聲 아닐런가[11]
화 락 무 성

可憐하다 可憐하다
가 련   가 련

寂寞한 空窓 앞에
적 막   공 창

人迹이 없었으니
인 적

花開消息 누가 알꼬[12]
화 개 소 식

庭前에 심은 梅花
정 전   매 화

香風에 뜻을 내어[13]
향 풍

枝枝發發 날로 피어
지 지 발 발

白雪을 웃었으니
백 설

흰 눈을 날리는구나.

푸른 하늘에 뜬 달은

가을 바람에도 정신을 모아

일을 마치고 서산에 지는구나.

흐드러지게 피었던 붉은 꽃은

떨어질 때는 아무 소리가 없구나.

가련하다 가련하다.

쓸쓸하고 고요한 빈 창 앞에

사람의 흔적이 없으니

다음 봄 꽃 소식을 누가 알까?

뜰 앞에 심은 매화가

향기로운 바람에 뜻을 내어

가지마다 활짝 꽃을 피워

흰 눈을 비웃었으니

9   가을은 겨울 문턱이다. 가을 서리와 겨울눈은 생명이 숨고 저장하며 기다려야 하는 시기
     로, 참고 기다려야 할 시련을 나타낸다.

10   푸른 가을 하늘에 떠있는 달은 시련(추풍과 서산)에도 진리를 지키려는 정신이다.

11   좋은 시절에 흐드러지게 피었던 꽃들이지만 시들어 떨어지면 아무 소리도 없고 모양도
     추할 수밖에 없다. 꽃이나 사람이나 아름다운 마무리와 퇴장이 더욱 어렵다.

12   진리를 깨닫거나, 진리를 찾는 진실된 사람이 없어 새로운 세상이 오는 것을 모르니 안
     타깝다. 오직 속진에 물든 각자위심 세상임을 한탄하신 것.

13   향기로운 바람은 진리 기운, 또는 진리 소식. 혼란한 세상에서도 뜻이 있는 사람은 세상
     을 구할 진리의 가르침을 기다리게 마련이다.

花開消息 分明하다[14]
화 개 소 식 분 명

꽃피는 봄소식이 분명하다.

더디도다 더디도다

더디도다 더디도다.

나귀 등에 오는 손은

나귀 타고 오는 손님은

이런 消息 모르고서
소 식

이런 소식도 모르고

遍踏江山 무슨 일고[15]
편 답 강 산

세상을 돌아다닌다는 말인가?

春夢을 不覺하여
춘 몽 불 각

봄 꿈에서 깨어나지 못하여

精神收拾 못했도다[16]
정 신 수 습

정신을 못 차렸구나.

世上風塵 苦海中에
세 상 풍 진 고 해 중

세상의 수 많은 고난과 먼지속에서

武陵消息 어찌 알꼬[17]
무 릉 소 식

낙원의 소식을 어찌하면 전할까?

武陵桃花 흐르는 물
무 릉 도 화

낙원에서 시작된 물이

14 자신의 이익만 찾는 세상에서, 시련 속에도 홀로 피는 매화는 진리를 전하는 선각자.

15 나귀를 타고 세상을 돌아다니는 사람은 진리를 찾아다니는 세상 사람이요 속진에 물든 나의 모습이다. 진리를 배우기 원해도 인연이 닿아야 접하게 된다. 마음을 닫고 있으면 눈 앞에 한울님이 진리를 가르쳐 줘도 알아보지 못한다.

16 봄기운이 돌면 긴장이 풀리고 나른하여 졸린 듯, 깬 듯 나태해진다. 그러나 겨울이 지나 봄이 왔음은 새로운 세상, 새로운 기운이 태동함을 알리는 것이니 이를 알아채지 못하면 여름의 급격한 성장과 가을 결실-새로운 세상의 변화를 제대로 맞이할 수 없다. 새 생명을 기르는 농부들이 한창 바쁜 때가 이즈음이 아니던가!

17 세상의 희로애락에 일희일비 하다 보면 전체 인생을 크게 보지 못하고 그때그때 시비에 마음을 빼앗긴다. 그럴 경우 진리 소식을 들어도 제대로 알아듣지 못할 것이다. 무릉도원은 도연명의 도화원기(桃花源記)에 나오는 말로 이상향을 뜻한다. 즉 무릉(武陵)의 어부가 복숭아꽃이 흘러오는 곡천(谷川)을 거슬러 올라가 도화(桃花)가 만발한 숲 속 동굴에 들어가 보니, 진(秦)나라의 난리를 피해 이 산 속으로 옮겨온 사람들의 자손이 평화스럽게 살고 있었다. 대접을 잘 받고 마을로 돌아와 친구를 다시 찾아가려고 하였으나 찾지 못하였다. 여기서 무릉소식, 무릉도화는 개벽된 한울 세상과 그 소식 또는 그로 가는 진리를 상징한다.

四海에 흘렀거든[18]	네 바다로 흘러가니
漁舟를 벗을 삼아	고깃배를 벗 삼아서
非月非時 그때로서	어느 달 어느 시간이든
찾아오기 分明토다[19]	분명히 찾을 수 있겠구나.
寂寞한 空窓 앞에	쓸쓸하고 고요한 빈 창 앞에
飄然히 홀로 서서	고고하게 홀로 서서
貞節을 지켰으니[20]	곧은 뜻을 지켰으니
君子樂地 아닐런가	군자가 좋아하지 않겠는가?
그럭저럭 지내나니	그럭저럭 지내다 보니
流水같이 빠른 光陰	흐르는 물처럼 빠른 세월이
一瞬같이 지내나니[21]	삽시간에 지나가는구나.
西山에 雲捲되고	서산에 구름 걷히고

18 한울 세상의 진리는 온 세상에 차별 없이 흘러 만물을 적시고 살린다.

19 무릉을 찾아가는 고기잡이 배는 진리를 찾는 수단과 방법, 또는 안내자, 선각자. 선각자는 진리로 향하는 배를 태우고 안내할 수는 있으되, 노를 젓고 찾아가는 것은 본인 몫이다. 진리를 안내하는 배를 타고 진리의 흐름을 따라가면 개벽 세상(무릉도원)을 찾을 수 있을 것이다. 진리를 찾는 것은 특정한 때가 있는 것이 아니다. 언제든 항상 한울에 대한 생각과 위하는 마음을 잊지 않고 지켜야 한다.

20 봄이 오면 모든 꽃이 앞 다투어 피지만, 봄이 오기 전 추위가 가시기 전에 봄소식을 전하는 것은 용기와 인내가 필요하다. 민주화가 이루어진 뒤엔 누구나 자유롭게 권력을 비판하지만, 독재의 압제가 기세 등등할 때는 바른 소식을 알리고 잘못을 비판하는 용기 있는 사람이 드물다. 그런 역할을 매화가 한 것이다.

21 瞬 눈 깜짝일 순. 정절을 지켜 바른 삶을 살면, 어려운 시기라 해도 고생은 금방 지나간다.

春風三月 또 있도다[22] 춘 풍 삼 월	봄바람 부는 삼월이 또 왔도다.
이때로다 이때로다	이때로다 이때로다.
正當三月 이때로다[23] 정 당 삼 월	진정한 삼월은 이때로다.
南山北山 그 가운데 남 산 북 산	남과 북에 있는 산들과
東山西山 一體로서 동 산 서 산 일 체	동과 서에 있는 산까지 하나되어
一朝方暢 되었더라[24] 일 조 방 창	하루아침에 (모든 생명이) 흐드러졌구나.
나귀 등에 오는 손이	나귀 타고 오는 손님이
이제야 잠을 깨어[25]	이제야 잠을 깨서
蝴蝶에 信을 붙여[26] 호 접 신	나비에 믿음을 갖고
꽃을 따라 찾아가니	꽃을 찾아 따라가니
바쁘도다 바쁘도다	바쁘구나 바쁘구나.

22 捲 말다, 걷다, 힘쓰다, 주먹 권. 서산에 구름이 걷힌 후 좋은 시절이 다시 온다 함은 무슨 뜻인가? 서산 구름은 무극대도와 진리를 방해하는 물질문명 등을 상징한다. 무극대도는 이러한 시련을 극복해야 비로소 세상에 온전히 드러나게 될 것이다.

23 정당삼월은 모든 시련을 극복한 뒤의 진정한 봄, 개벽된 세상이 오는 때를 상징한다.

24 산은 땅 기운이 돌출된 곳이다. 따라서 예부터 명산은 地氣의 대표로 여겨져 기도와 공부하는 사람들이 모여들었다. 그러므로 동서남북 산이 하루아침에 하나같이 화합하여 화락했다는 것은, 세상 모든 뛰어난 인물과 가르침들이 한울 진리에 하나되었음을 뜻한다. "산하의 큰 운수가 다 이 도에 돌아오니 그 근원이 가장 깊고 그 이치가 심히 멀도다." (동경대전, 탄도유심급)

25 세상 사람들이 진리가 밝혀졌음을 이제야 알고, 따르기 시작했다는 뜻.

26 호접은 진리를 인도하는 자.(몽중문답가 참조) 인도자가 바르게 인도해도 그를 믿지 못하면 어찌 바른 길로 갈 수 있겠는가? 믿음은 깨달음으로 가는, 개벽으로 가는 첫걸음이자 기본이다.(해월신사법설 성경신 참조)

나귀 걸음 재촉하여	나귀 걸음을 재촉해서
花開門前 當到하여[27] 화 개 문 전 당 도	꽃 핀 문 앞에 당도하였구나.
馬上에 얼른 나려 마 상	나귀에서 얼른 내려
空窓 앞에 四拜하고[28] 공 창　　　사 배	빈 창 앞에서 네 번 절하고
一枝梅 부여잡고 일 지 매	매화 한 가지 부여잡고
一場歎息 한참하고 일 장 탄 식	한바탕 탄식하고
萬端愁悔 한참할 때[29] 만 단 수 회	여러 가지 근심과 회포를 한참 푸는데
半空에 玉笛 소리 반 공　　옥 적	허공에 옥 피리 소리가
忽然히 들리더니[30] 홀 연	갑자기 들리더니
五雲이 玲瓏하고 오 운　　영 롱	오색 구름이 영롱하고
香臭가 震動하며 향 취　　진 동	향기가 진동하며

27 꽃이 피어 있는 곳은 봄(개벽)이 온 곳이다. 그러므로 꽃을 따라 가는 것은 개벽의 가르침을 따라가는 것이다. 꽃이 피어있는 문은 속세와 개벽된 세상과의 경계를 뜻한다. 그 문을 들어서면 수행자로서 한 경계(예를 들면 강령 같은)를 넘어서는 것이다.

28 절은 자신을 낮추고 상대방을 공경하는 예절이다. 그래서 예부터 절은 자존심을 버리고 마음을 비우는 수행법으로 많이 활용되어 왔다. 수운 선생이 득도 전 무릎이 해지도록 절 수행을 하신 증언(수양딸)이 전하거니와 모든 사람을 신분고하를 막론하고 한울을 모신 존재로 공경하며 절하는 것은 천도교인의 특징 중 하나였다. 절은 보통 일배로 하되, 死者에게는 이배를, 옛 왕조에서는 왕에게 사배하여 최대한의 경의를 표했다. 불가에선 불, 법, 승 에 대한 삼배를 하는 전통이 있다. 그러므로 사배를 함은 자신이 표할 수 있는 최대한의 경의를 표한 것으로 볼 수 있다.

29 일지매가 봄소식을 일찍부터 알렸지만 자신이 알아보지 못했으니 미안하고 안타깝다.

30 옥피리는 은둔한 선인이나 신선이 내는 소리를 상징한다. "청옥적 황옥적은 자웅으로 지켜 있고 일천년 신라국은 소리를 지켜 내네."(용담유사, 용담가)

鶴(학)의 소리 가깝도다[31]	학의 소리가 가까워진다.
精神(정신)이 灑落(쇄락)하여	정신이 흩어져 떨어질 듯하여
拱手合掌(공수합장) 依支(의지)하여	손을 모아 집중하고
動靜(동정)을 살피더니[32]	동정을 살펴보니
飄然(표연)한 鶴髮老人(학발노인)	바람같은 학발노인이
不問曲直(불문곡직) 나려와서	다짜고짜 내려와서
鶴(학)의 등에 얼른 나려	학의 등에서 내리더니
堂上(당상)에 座定(좌정)하여	대청 위에 자리하고 앉아
一枝梅(일지매)를 어루만져	매화 한 가지를 어루만져
喜喜樂樂(희희낙락) 아닐런가[33]	기쁘고 즐거워하지 않는가?
馬上(마상)에 이른 손이	나귀 타고 온 손님이
庭下(정하)에 四拜(사배)하니	뜰 아래에서 네 번 절하며 인사하나

31 다섯 가지 구름은 오행을 상징하고, 향기로운 냄세와 학소리는 모두 속세와 다른 신선의 등장을 암시한다. "겹겹이 쌓인 티끌 내가 씻어 버리고자 표연히 학을 타고 선대로 향하리라."(동경대전, 우음) 즉, 마음을 열고 수행을 시작하여(호접에 신을 붙여 꽃을 따라 찾아가니), 참된 한울마음을 회복하니(화개문전 당도하여 공창 앞에 사배하고), 한울님 진면목을 만나 진리를 깨닫게 되는 것이다.

32 한울의 진경을 처음 체험하는 것은 이제껏 경험해 보지 못한 상태이므로 놀랍고 두려울 수 있다. 이럴 때일수록 마음을 가다듬고 한울을 위하는 마음을 잃지 않고 정진해야 한다. 지극한 기도할 때 손을 모아 합장하는 것은, 마음을 보다 간절히 집중하는 것이고 동서고금에 공통된 문화. 특정 종교 기도나 인사로 폄하할 필요는 없다. 천도교 수련 중에도 집중을 필요로 할 때는 합장하고 기도한다.

33 노인은 누구인가? 습관심을 벗어낸 나의 본 모습(한울님)일 수도 있고, 나의 공부를 진경으로 안내할 큰 스승일 수도 있겠다. 누구이건 한울마음을 간직한 한울사람이요, 선인이다.

默默不答 아닐런가[34] 묵 묵 부 답	아무 말 없이 잠잠할 뿐이더라.
이윽히 生覺타가 생 각	이윽고 생각하다가
囊中의 一片物을 낭 중 일 편 물	주머니 속 한 조각 물건을
宛然히 내어 들고 완 연	뚜렷이 꺼내 들더니
馬上에 걸어주며 마 상	나귀 위에 걸어주며
如此如此 吩咐하니 여 차 여 차 분 부	이런 저런 분부하는데
不過數言 그 뿐이라[35] 불 과 수 언	불과 몇마디 말 뿐이더라.
이윽고 天地가 震動하며 천 지 진 동	이윽고 천지가 진동하며
風雨大作 일어나서 풍 우 대 작	비바람이 크게 일어나서
江山을 뛰노면서 강 산	강과 산에 퍼붓는데
우뢰소리 귀가 먹고	우레소리에 귀가 먹을 듯
精神收拾 못할러라 정 신 수 습	정신 차리지 못하겠더라.
이 웬일고 이 웬일고	이게 웬일인가.
鴻濛天地이 아닌가 홍 몽 천 지	하늘 땅이 뒤섞인 혼돈세상인가.

34   나귀 타고 온 속세의 나는, 진인을 만났으니 경배하고 진리를 가르쳐 줄 것을 청하지만
    답이 없이 조용하다. 한울 본래 자리는 고요한 것이기 때문이다. "나에게 한 잠잠한 것이
    있으니 세상이 능히 알지 못하도다. 잠잠한 속에 나무가 있으니 그 줄기는 성품이 되고 그
    가지는 마음이 되었느니라. 성품이 있고 마음이 있음에 큰 도가 반드시 생겨나느니라."(의
    암성사법설, 극락설)
35   진리는 불립문자, 말로 설명하는 것이 아닌 스스로 체험하는 것이다. 그러므로 그것을
    가리키는 말씀도 긴 말씀이 필요 없을 것이다. '열세자 지극하면 만권시서 무엇하며…(용
    담유사, 교훈가)'라 하지 않으셨나?

連續不絶 震動하며
연 속 부 절 진 동
끊이지 않고 연속으로 진동하며

一天之下 一般이라
일 천 지 하 일 반
온 세상이 마찬가지라

天地開闢이 아닌가[36]
천 지 개 벽
천지개벽이 이런 것인가

生活之計 뉘가 알랴
생 활 지 계
살아갈 방도를 누가 알 것인가?

億兆蒼生 塗炭中에
억 조 창 생 도 탄 중
세상의 모든 사람들 도탄에 빠졌는데

以濟蒼生 어찌 할꼬
이 제 창 생
이들을 어떻게 구할 것인가?

萬端愁心 한참 할 때[37]
만 단 수 심
여러 가지 걱정이 한참일 때

堂上에 鶴髮老人
당 상 학 발 노 인
대청 위 학발노인이

微笑嘆息 하는 말씀
미 소 탄 식
미소짓고 한숨 쉬며 하는 말씀.

未練한 이것들아
미 련
"미련한 이것들아

一片物 주는 것을
일 편 물
한 조각 물건 준 것을

仔細보고 하게 되면[38]
자 세
자세히 보면

萬無一生[39] 그 가운데
만 무 일 생
모든 사람이 다 죽는다 해도

生活之方 근심하며
생 활 지 방
살 방도를 걱정할 필요 없다.

36 개벽은 새로운 세상이 열리는 것이다. 작은 변화와 달리 근본적인 깊고 넓은 변화가 오
    는 것이다. 내 작은 생활습관 하나 바꾸는 것도 힘들고 고통스러운 법인데 온 세상 삶이 근
    본적으로 바뀌니 어찌 고통과 혼란이 없겠는가? 산고가 클수록 크고 건강한 아이를 낳는
    법이다.
37 그 혼란에 자신만 살기를 도모하는 것이 아니라 모든 생명을 살리는 것을 발원한다. 이
    것이 위위심이다. 이 마음을 잃지 않고 정진하면 어떤 어려움 속에서도 길을 열어주신다.
38 이미 답을 주셨으나 실천하고 체행하지 않아 모르고 있음을 야단치신 것. 진리는 머리로
    알고만 있어선 의미가 없다. 삶 속에 실천하여 자신과 주변 삶이 변하는 것을 체험해야 한다.
39 만 명 중 한 명도 살지 못하는.

鴻濛世界[40] 그 中에도 　　　하늘 땅이 뒤섞인 혼돈 세상속이라도
홍 몽 세 계　　　중

以濟蒼生 못할소냐 　　　세상 사람들을 구하지 못하겠느냐?
이 제 창 생

仔細보고 施行하라 　　　자세히 보고 시행하라"
자 세　　　시 행

그제야 깨닫고서 　　　　　그제야 깨닫고서

一片物 살펴보니 　　　　한 조각 물건을 살펴보니
일 편 물

非金非玉 그 가운데 　　　금도 아니고 옥도 아니고
비 금 비 옥

마음 心자 뿐이로다[41] 　　마음 심자 뿐 아닌가.
심

精神이 灑落하여 　　　　정신이 흩어지고 떨어져서
정 신　쇄 락

守心正氣 다시 하고 　　　수심정기 다시하고
수 심 정 기

一動一靜 試驗하니 　　　움직이고 머무는 모든 것에 시험하니
일 동 일 정 시 험

任意用之 하는 擧動 　　　뜻하는 대로 가고 쓰는 것이
임 의 용 지　　거 동

天地造化 分明하다[42] 　　한울님 조화가 분명하구나.
천 지 조 화 분 명

그제야 破惑하고 　　　　그제야 의심을 깨버리니
파 혹

馬上客 다시 불러 　　　나귀 타고 온 손님을 다시 불러
마 상 객

40　하늘과 땅이 갈리지 않은 혼돈 상태.
41　세상을 구하는 것은 돈도 권력도 아니다. 마음이 개벽되어야 하는 것이다. 금은 재물을, 옥은 권력을 상징한다. 재물은 너무 없어도 정상적인 삶을 영위하기 어렵지만 필요 이상 많아도 분란이 끊이지 않게 된다. 권력 또한 세상을 바꾸자며 수많은 권력이 갈렸지만 정치권력이 바뀐다고 세상이 근본적으로 변하진 않는다. 또한 권력 지위에 오래 있으면 모두 군림하려 하는 것이 인지상정이다.
42　마치 수운 선생이 득도 후 일 년여를 포덕할 생각하지 않고 스스로 수행하며 체험하고 확인하였던 것과 같다. 마음공부는 실제 체행하고 느껴보지 않으면 모른다.

如此如此 指揮하고
여차여차 지휘

이런 저런 지휘를 한다.

遠處近處 어진 親舊
원처근처 친구

이렇게 되니 이곳 저곳 어진 친구들

구름 모듯 하였더라[43]

구름처럼 모여들더라.

그 中에 賢人君子
중 현인군자

그 사람들 중에 현인과 군자, 그리고

義氣男子 몇몇인고[44]
의기남자

의기를 가진 사람은 몇이나 될까?

心志相通 그 가운데
심지상통

마음과 뜻이 통하는 사람들에게

如此如此 指揮하니
여차여차 지휘

이런 저런 지휘를 하니

無窮造化 그 理致가
무궁조화 이치

무궁한 조화의 이치가

任意用之 分明하다[45]
임의용지 분명

뜻하는 대로 할 수 있음이 분명하다.

不過數朔 못하여서
불과수삭

불과 몇 달이 못 되서

各自爲心 그 사람이
각자위심

자기만 위하던 사람들이

同歸一體 되었으니
동귀일체

한 뜻이 되었으니

차차차차 試驗하면
시험

차차차차 시험하면

一天之下 그 가운데
일천지하

같이 사는 한 세상에서

---

43 "원처근처 어진선비 풍운같이 모아드니 낙중우락 아닐런가."(용담유사, 도수사) 세상에
는 바른 뜻을 품은 사람이 많다. 그 뜻과 힘을 바르게 인도할 가르침과 지도자가 필요한 것
이다.

44 풍운같이 모여든 사람들 중에는 권력을 취하고자 온 사람도 있을 테고, 군중 심리로 그
냥 따라온 사람도 있을 것이다. 진실로 마음이 변치 않고 고락을 함께할 수 있는 사람은 많
지 않을 것이다. 수운 선생 당시에도 그러하였다.

45 한울님 모심을 깨달은 사람은 생각과 말과 행이 일치되며, 마음먹은 대로 일이 이루어질
것이다. 일념재자면 만사여의(탄도유심급)라 하지 않으셨나!

萬化歸一 아닐런가[46]
만 화 귀 일

좋을시고 좋을시고

泰平時節 좋을시고
태 평 시 절

馬上客 그 손님은
마 상 객

한번 指揮 들어다가
지 휘

信之一字 아니 잃고
신 지 일 자

誠敬信法 分明하다[47]
성 경 신 법 분 명

壯하도다 壯하도다
장   장

威儀福祿 壯하도다[48]
위 의 복 록 장

一枝梅 한 가지가
일 지 매

遍踏江山 아니하고
편 답 강 산

一天之下 넓은 天地
일 천 지 하   천 지

모든 변화가 하나로 돌아오지 않겠는가?

좋고도 좋구나,

태평시절 좋구나.

나귀 타고 온 그 손님은

한번 가르침에 들어가서

믿음을 잃지 않고

성경신법 잘 하는구나.

장하구나 장하구나,

엄숙함과 예의, 복록이 장하구나

매화 꽃 한 가지가

세상을 두루 다니지도 않고

하늘아래 넓은 세상에

---

46 "산하의 큰 운수가 다 이 도에 돌아오니…".(동경대전, 탄도유심급) 세상 진리는 하나다.
그 표현과 가르치는 방법이 다를 뿐. 그러므로 만화귀일은 인위적으로 하나로 통합하려는
것이 아니라, 세상의 모든 가르침을 같은 진리로 포용하는 다양성의 인정이다.

47 "한번 입도식을 지내는 것은 한울님을 길이 모시겠다는 중한 맹세요…".(동경대전, 수덕
문) "번복지심 두게 되면 이는 역시 역리자요…".(용담유사, 도덕가) 진리를 배우기는 쉽다.
오늘날처럼 정보를 쉽게 접할 수 있는 개방된 사회라면 더욱 그렇다. 그러나 배운 진리를
잊지 않고 정성 드려 삶에 실행하는 것은 쉽지 않고 그래서 더욱 귀하다.

48 도를 행하는 모습은 거룩하고 장하다. 그러나 세속적인 위엄이 아니다. 해월 선생 처형
전 사진을 본 적 있는가? 다 해진 옷에 부르튼 발, 온갖 풍상을 겪은 그 노인 모습은 그러나
그 이상 거룩할 수 없는 모습이다. 그 모습을 보고 눈물 흘리지 않은 도인은 없었으리라.

花開消息 傳했으니[49]
화 개 소 식 전

꽃 소식을 전했으니

五萬年之 無窮이라
오 만 년 지 무 궁

오만년 가도록 무궁하리라.

龍潭劍岳[50] 돌아드니
용 담 검 악

용담에서 검악을 돌아드는

濟濟蹌蹌[51] 모든 사람
제 제 창 창

위엄있고 질서정연한 모든 사람을 보니

賢人君子 分明하다[52]
현 인 군 자 분 명

현인군자가 분명하구나.

庭上을 살펴보니
정 상

정자 위를 살펴보니

大書特筆 붙인 宣板
대 서 특 필 선 판

두드러진 큰 글자로 붙인 현판

五萬年之 無窮이라[53]
오 만 년 지 무 궁

오만년 가도록 무궁하리라.

宣板에 새긴 글은
선 판

현판에 새긴 글은

亭閣이 높고 높아
정 각

정자가 높게 서 있어

記錄하기 어렵도다[54]
기 록

읽고 기록하기 어렵도다.

賢淑한 諸君들은
현 숙 제 군

어질고 맑은 여러분들은

49 편답강산은 세속의 가치와 가르침들을 상징한다. 결국 진실은 나의 내면에 있었던 것이다.

50 무극대도는 수운 선생(용담), 해월 선생(검악)를 거쳐 이어졌다.

51 제제창창은 몸가짐이 위엄이 있고 질서정연한 모습을 말한다.

52 용담 검악을 이은 무극대도를 닦는 사람들은 몸가짐이 가볍지 않고 바르게 행하니 이를 군자라 하는 것이다.

53 학의 노인이 앉아 있던 정자는 한울 집이요 진리의 집이니 그곳은 어디인가? 한울의 진리를 수행하는 교회와 수행도량과 집이 모두 그 곳이 아닌가! 한울 뜻을 잊지 않으면 모습은 변해도 오만년이 되도록 무궁할 것이다.

54 한울 집에 새긴 글은 우주의 진리다. 진리는 그러나 사람의 짧은 언어로 온전히 그려내지 못한다. 그러므로 마음으로 깨달아야 하는 것이다. "글도 역시 무궁하고 말도 역시 무궁이라."(용담유사, 흥비가)

이말 저말 하지 말고   이 말 저 말 하지 말고

守心正氣 (수심정기) 살펴내어   수심정기 잘 살펴서

誠之又誠 (성지우성) 잃지 마오[55]   정성 또 정성을 잃지 마오.

家道和順 (가도화순) 하는 法(법)은   집안을 화목하게 하는 법은

夫和婦順 (부화부순) 으뜸이라   부부가 화합하고 순히함이 으뜸이라.

夫和婦順 (부화부순) 하게 되면   부부가 화합하고 순히 하면

天地合德 (천지합덕) 아닐런가[56]   천지와 덕을 합하게 될 것이다.

君子(군자)의 이른 말씀   군자가 이르기를

天生萬民 (천생만민) 하였으니   한울이 모든 생명을 낳았으니

各受職分 (각수직분) 아닐런가[57]   각자 할 일도 받았을 것이다.

職業(직업)을 잃잖으니   한울이 준 직업을 잃지 않으면

不失天心 (불실천심) 아닐런가[58]   천심을 잃지 않을 것이다.

---

55   참된 도는 말이 앞서는 것이 아니라 한울 마음을 지키고 정성들여 만사를 행하는 데 있다.

56   "부부는 곧 천지라. 천지가 화하지 못하면 이는 한울님이 싫어하나니, 싫어하면 화를 주고 기뻐하면 복을 내릴 것이니 가내가 화순한 곳이 되도록 더욱 힘쓰는 것이 어떠하리오." (해월신사법설, 도결) "내외가 화순하면 천지가 안락하고 부모도 기뻐하며, 내외가 불화하면 한울이 크게 싫어하고 부모가 노하나니, 부모 진노는 곧 천지의 진노이니라."(해월신사 법설, 부화부순)

57   "천생만민 하였으니 필수지직 할 것이오…."(용담유사, 교훈가) 누구든(장애인이라 할지라도) 자신을 위해, 또 다른 사람을 위해 할 수 있는 일이 있다. 그것이 본인에게 즐겁고 보람 있는 일이면 그것이 命(명)이 된다. 또 자신이 즐기는 일을 꾸준히 하면 남보다 나은 기술로 발전하여 자신만의 경지를 이룰 수도 있을 것이니 그 분야의 스승이 되는 것이다.

58   한울이 부여한 명을 행하는 것을 업이라 한다. 이를 잊지 않고 정성 드리면 이것이 천심을 지키는 것이요, 수심정기 하는 것이다. 자신이 현재 종사하는 직업에서 한울의 소명을

職業을 힘써 하면 직업	직업에 힘써 일하면
裕衣裕食 아닐런가[59] 유 의 유 식	넉넉하게 입고 먹지 않겠는가?
裕衣裕食 되게 되면 유 의 유 식	입고 먹는 것이 넉넉하면
物慾交蔽 있을소냐[60] 물 욕 교 폐	물욕에 마음을 빼앗기겠는가?
物慾交蔽 없게 되면 물 욕 교 폐	물욕에 마음이 어두워지지 않으면
守心正氣 못할소냐[61] 수 심 정 기	수심정기 못하겠는가?
誠之又誠 恭敬하니 성 지 우 성 공 경	정성이 지극하고 공경도 하니
仁義禮智 없을소냐[62] 인 의 예 지	인의예지가 왜 없겠는가?

찾아볼 일이다. 찾으면 매진하면 되고, 찾지 못하면 자신에게 맞는 자신에게 부여된 바른 업을 찾아야 할 것이다. 자신에게 맞는 업은 어떻게 찾는가? 하고 싶고, 재미있고, 보람을 느끼는 것을 찾으면 된다. 이미 직업에 귀천은 없다. 한울님께는 더욱. 또한 사회가 다양해지고 직업도 많아져, 어떤 일을 하더라도 큰 욕심만 내지 않고 정성들이면 생계는 해결할 수 있다.

59 裕 넉넉할, 느긋할 유. 遊衣遊食은 하는 일 없이 놀고먹는 것. 여기서는 넉넉할 유를 써서 궁핍하지 않고 여유 있게 먹고 입는다는 뜻.

60 항산이라야 항심이 있다. 기본적인 생활이 어려우면 도덕과 예절을 지키기 어려워진다. (의암성사법설, 창세원인장 각주 참조)

61 "물욕교폐 되게되면 이는 역시 비루자요…."(용담유사, 도덕가) "젖먹이가 눈으로 물건을 보고 사랑하는 마음이 생기어 기뻐하며 웃다가 물건을 빼앗으면 성내어 싫어하나니, 이것을 물정심이라 이르느니라. 물정심은 곧 제이 천심이니 억만사람이 다 여기에 얽매어 벗어나지 못하느니라."(의암성사법설, 진심불염) 육신을 가지고 현실을 살아가는 동안은 희로애락의 감정과 물건에 대한 욕심은 어쩔 수 없이 상존한다. 그러므로 제이 천심이라 하신 것이다. 다만 눈 앞의 이익과 감정을 조절하지 못하고 휘둘리는 것과 이를 조절하며 넓고 멀리 보는 안목으로 행하는 것은 비루한 삶이 되느냐 군자의 삶이 되느냐, 그 결과는 천지차이가 날 수밖에 없다.

62 물욕과 감정을 조절하여 위위심을 잃지 않으면 그것이 수심정기다.(의암성사법설, 위생보호장 참조) 위하는 마음이 있어야 대인접물에 공경하고 정성 드릴 수 있다. 만물을 위하는 한울 마음으로 대인접물을 행하면 어질고 의로우며 예의를 잃지 않고 지혜롭게 행하게

修身齊家 分明하니　　　　나를 닦고 집안을 바로 세우니
수 신 제 가　분 명
道德君子 아닐런가[63]　　　도덕군자 아닌가?
도 덕 군 자

될 것이다.
63　도덕은 혼자 행해서는 의미가 없다. 집안과 사회를 함께 바꿔 나가는 것이 중요하다. 나
　　는 혼자서 사는 것이 아니라, 세상 운과 함께하기 때문이다. 그러므로 수신하고 제가와 치
　　국평천하 되는 것이고, 한 사람이 화해짐에 천하가 같이 화해지는(해월신사법설, 대인접
　　물) 것이다.

三十. 降書(강서: 내려 받은 글)[1]

1. 龍潭聖運 與天無窮 長生不死
용 담 성 운 여 천 무 궁 장 생 불 사

용담의 신성한 운은 한울과 같이 무궁하여 길이 살아 죽지 않는지
라,[2]

傳授海月 乘日蹈天 杳向仙臺
전 수 해 월 승 일 도 천 묘 향 선 대

해월선생께 전하여 주시고 해를 타고 한울에 이르러

아득하게 신선이 계신 곳으로 향하였으나,[3]

無事不涉 無事不命 恒侍吾心
무 사 불 섭 무 사 불 명 항 시 오 심

---

1 〈천도교회사〉에 실린 초고에는 이 부분이 祝文으로 표기되어 있다.
2 "나의 주문을 받아 사람을 가르쳐서 나를 위하게 하면 너도 또한 장생하여 덕을 천하에 펴
   리라."(동경대전, 포덕문) 수운 선생은 41세에 순도하였으나 그 정신은 오늘도 면면히 살
   아 사람들을 일깨운다.
3 도의 사명은 해월 선생에게 전하였으나 수운 선생 성령은 한울 본성과 하나가 되었다. "한
   울님은 마음이 있으나 말이 없고, 성인은 마음도 있고 말도 있으니, 오직 성인은 마음도 있
   고 말도 있는 한울님이니라."(해월신사법설, 성인지 덕화)

일에 간섭치 아니함이 없고 일에 명령하지 아니함이 없이

길이 내 마음에 모시었도다.[4]

劍岳聖世 傳之無窮 不死不滅
검 악 성 세 전 지 무 궁 불 사 불 멸

검악의 신성한 세대에 전한 것이 무궁하여 죽지도 않고 없어지

도 아니하여,[5]

傳鉢道主 無時不命 無時不教 長全心肝
전 발 도 주 무 시 불 명 무 시 불 교 장 전 심 간

도를 전한 주인은 때로 명하지 아니함이 없고,

때로 가르치지 아니함이 없어, 길이 온전하여 마음에 새기었도다.[6]

4   한울님은 "허령이 창창하여 일에 간섭하지 아니함이 없고 일에 명령하지 아니함이 없으
     나, 그러나 모양이 있는 것 같으나 형상하기 어렵고 들리는 듯하나 보기는 어려운, 혼원한
     한 기운"(동경대전, 논학문)이시다. 이 기운과 수운 선생 성령이 하나가 되었으니 한울을
     모신 사람은 누구나 수운 선생을 모신 것이기도 하다.
5   해월 선생에게 전한 것은 물건이나 재물이 아니다. 수운 선생 마음, 무극대도를 전했으니
     도는 한울과 함께 무궁 하다.
6   해월 선생이 다시 도를 전한 것은 의암 선생이다. 의암 선생은 해월 선생을 모시고 관의
     눈을 피해 잠행하며 가르침을 받고 수련하셨다. * 예부터 스승의 도를 이어받는 사람에게
     스승 의복과 밥그릇을 전해 자신 후계자로 인정하는 관습이 있어 의발을 전했다 함은 이
     를 뜻한다.

如是沒覺 不敢將擧 大道
여 시 몰 각 불 감 장 거 대 도

이렇듯이 깨달음이 없는 것이 대도를 거느려 일으키지 못하다가,[7]

擇日設法 怳然降敎
택 일 설 법 황 연 강 교

날을 가리어 법을 베푸니 문득 가르침이 내리어,[8]

明立紀綱 廣濟蒼生之大願
명 립 기 강 광 제 창 생 지 대 원

기강을 밝게 세우고 광제창생을 크게 원하노라.[9]

2. 荷蒙薰陶 日月之廣明 傳鉢師恩 道統之相授
하 몽 훈 도 일 월 지 광 명 전 발 사 은 도 통 지 상 수

7 깨달음이 없는 이는 의암 선생 자신을 낮춰 표현한 것이다. 선생이 도를 이어 받으신 뒤
   (포덕38년), 해월 선생이 순도하시고(포덕39년) 동학혁명 후유증으로 혹심한 탄압을 받아
   도세가 많이 위축된 상태였다.
8 의암 선생은 포덕40년 이후 각세진경을 비롯한 많은 법설을 저술하시어 도인들의 수련을
   지도하고 교의 체계를 확립해 나가는 데 진력하였다. 여기서 설법은 법의 자리를 펴는 것,
   즉 진리를 강하는 자리를 마련하는 것을 뜻한다.
9 포덕40년 전후에는 도심이 많이 흩어진 상태였으므로 이를 진작하는 노력이 경주된다. 그
   것이 법설 저술과 일본 외유, 진보회 등 민회 활동, 천도교로의 체제 전환 등으로 나타났다.

어리석음을 꾸짖고 덕으로 감화하심은 해와 달처럼 큰 빛이 비춘 듯하고,[10]

도를 전하신 스승님의 은혜는 그로써 도가 전해졌음이라.[11]

先天用道 浩蕩之廣政 今日設法 立綱之節義
선 천 용 도 호 탕 지 광 정 금 일 설 법 입 강 지 절 의

옛 시대에 도를 쓰는 것은 호탕한 넓은 정치에 있었고,[12]

오늘 법을 설함은 새 세상의 기강을 세우는 예절과 의로움이다.[13]

守眞志滿 勿捨淸德 日去月來 陰陽合德
수 진 지 만 물 사 청 덕 일 거 월 래 음 양 합 덕

참을 지키고 뜻을 원만히 하여 맑은 덕을 버리지 말라.[14]

10 荷 책망할 하, 蒙 입을 몽, 덮을 몽. 훈도는 덕으로 사람의 도덕과 품성을 기르는 것. 의암 선생이 해월 선생을 만나 도를 배우고 새 사람이 된 것은 결국 한울님 은혜와 간섭 결과다. 이를 일월의 광명으로 표현하셨다.
11 한울님 은혜를 스승님 가르침이 없었다면 어찌 알 수 있었으랴. 그러므로 한울 은혜만큼 큰 것이 또한 스승의 은혜다.
12 정치는 현실 갈등을 조정하는 기술이다.(의암성사법설, 천도태원경 참조) 한울의 도가 완전히 밝혀지기 전 선천 세상에선 바른 정치를 통해 사람들의 삶을 이끄는 것이 최선이었을 것이다. 그러나 모두가 한울을 모신 신령한 존재라는 도가 완전히 밝혀진 후엔 그 신령함을 잊지 않고 세상에 그 신령함을 실현하는 것이 도의 목적이 된다.
13 오늘 설법은 후천의 도를 체행하는 또 다른 다짐과 시작이요 기준이 되는 것이다.
14 당장 곤란을 모면하기 위해 거짓에 의존하면 또 다른 거짓을 낳게 된다. 그러므로 진실을 밝히고 지키려 노력해야 하고, 이러한 참된 뜻을 항상 가득히 채우고 있어야 한다. 참된

날이 가고 달이 옴에 음양이 덕을 합하고,[15]

春生秋實 造化成功 無去無來 吾心永守
춘 생 추 실 조 화 성 공 무 거 무 래 오 심 영 수

봄에 나고 가을에 결실하니 한울 조화의 성공이라.[16]

가는 것도 없고 오는 것도 없는 내 마음을 길이 지키어[17]

不遷不易 大道刱明
불 천 불 역 대 도 창 명

마음과 뜻이 습관된 마음에 지지 않도록 키워 나가는 것이 양천주하는 것이다. 또한 나의 욕심을 버리면 한울의 청정한 덕을 알 수 있을 것이고 이를 잊지 않고 지키는 것이 수심정기하는 것이다.

15 해는 양을 상징하고 달은 음을 상징한다. 낮이 밤이 있어 밝음을 알 수 있고, 밤의 휴식이 있어야 낮의 왕성한 생명활동이 돌아온다. 세상 모든 것이 좋은 점이 있으면 단점도 있게 마련이고, 나쁜 일이 있으면 좋은 일도 오게 마련이다. 새는 좌우 날개가 있어야 날 수 있고, 이러한 상대적 가치 조화가 건강한 생명을 만든다.

16 봄은 낳게 하는 기운이고 가을은 죽이는 기운이다. 그러므로 죽기 전에 열매를 맺어 후손을 남긴다. 봄 여름 가을 겨울은 일년의 조화다. "낮이 밝고 밤이 어두운 것은 하루의 변함이요, 보름에 차고 그믐에 이지러지는 것은 한 달 변함이요, 춥고 덥고 따스하고 서늘한 것은 한 해 변함이니라."(해월신사법설, 개벽운수)

17 나의 내유신령은 외유기화와 소통 없이 존재할 수 있는가? 잠시라도 호흡과 섭취 없이 살 수 있는가? 그러면 내유신령과 외유기화는 결국 하나의 기운이요 하나의 생명 아닌가? 그러면 나와 너, 이쪽과 저쪽 구분이 어디 있는가? 모두가 하나인 것을. 이 모두가 하나이면 내 마음 또한 어디 가고오고 하겠는가? "나의 기점은 성천의 기인한 바요, 성천의 근본은 천지가 갈리기 전에 시작하여 이때에 억억만년이 나로부터 시작되었고, 나로부터 천지가 없어질 때까지 이때에 억억만년이 또한 나에게 이르러 끝나는 것이니라."(의암성사법설, 성심변)

옮기지도 아니하고 바뀌지도 아니하는 큰 도를 창명하라.[18]

何何知知 無窮而無窮 天必感應 誠心而一片
하 하 지 지 무 궁 이 무 궁 천 필 감 응 성 심 이 일 편

무엇을 알랴, 무궁하고 무궁한 것을.[19]
한울님은 반드시 정성스러운 마음 한 조각에 감응하느니라.[20]

一以貫之 夫子之聖德
일 이 관 지 부 자 지 성 덕

하나로 꿰었다함은 공자의 성덕이요,[21]

18 도의 지엽만을 말하면 다른 측면을 다시 설명해야 한다. 그러나 온전히 다 밝히면 또 다른 설명이 필요없으리라. 그러므로 대도는 옮기지도 바뀌지도 아니한다. 한울 진리를 온전히 밝힌 것이므로. "옛 성인은 다만 지엽만 말하고 근본은 말하지 못했으나, 우리 수운 대선생님께서는 천지·음양·일월·귀신·기운·조화의 근본을 처음으로 밝히셨나니라."(해월신사법설, 천도와 유불선) "지나간 옛 현철이 스스로 구하고 스스로 보이는 것으로 서로 다투었으나, 우리 도에 이르러서는 사람이 스스로 구하여 도를 이루는 것이 아니라 한울님이 반드시 바르게 보이고 바르게 들으니, 만에 하나도 의심이 없느니라."(의암성사법설, 신통고)
19 지식이란 사람 경험과 생각의 한계에 제한을 받는다. 그러나 우주 진리는 무한하니 인간 지식으로 재단할 수 없다. 그러므로 마음으로 직각해야 하는 것이다.
20 한울님은 지금 이 순간도 항상 나의 내유신령을 간섭하고 계신다. 그를 알고 감사하며 그를 위하는 마음만 있으면 된다. 특별한 제물이나 희생을 바라지 않으신다.
21 공자가 자신의 도는 忠과 恕 하나로 일관되어 있다고 한 말을 의미. 한번 마음을 정한 뒤론 변치 않는 것이 정성이라고 하셨다.(해월신사법설, 성경신)

空界送心 釋氏之道通
공 계 송 심 석 씨 지 도 통

빈 곳에 마음을 보내는 것은 석가모니의 도통이요,[22]

無形有跡 吾道之造化
무 형 유 적 오 도 지 조 화

형상이 없으나 자취가 있음은 우리 도의 조화니라.[23]

侍天奉天 永世守志
시 천 봉 천 영 세 수 지

한울님을 모시고 한울님을 받들고 평생 동안 참뜻을 지키라.[24]

---

22 마음이 항상 현실의 희로애락에 매어 있으면 전체 큰 그림을 볼 수 없다. 그러므로 희로
애락과 욕심을 버리고 우주 빈 공간으로 마음을 보내는 공부를 해야 한다. 이를 성품공부
라 한다. 성품공부를 주로 강조한 것이 불교라서 석가의 도통이라 하셨다. "내 마음을 물
건 밖에 보내면 형상도 없고 자취도 없고 위도 없고 아래도 없으며, 내 마음을 물건 안에
보내면 억천만상과 삼라미진이 다 내 성품이요, 내 마음이니라."(의암성사법설, 견성해)

23 "무릇 천도란 것은 형상이 없는 것 같으나 자취가 있고…."(동경대전, 논학문) 형상이 없
는 한울과 형상이 있는 사람이 하나가 되어 진리를 실현하는 것이 무극대도의 가르침이다.

24 내 안에 모신 한울을 항상 잊지 않고 습관된 마음보다 한울 명령에 따르고, 내 밖의 모든
한울을 받들고 위하여 사는 것이 진정한 나를 위하는 길이다. 이러한 큰 뜻을 평생 잊지 않
고 수행하는 것이 영세불망이다. "성인의 위위심은 곧 자리심(스스로 이로운 마음)이니 자
리심이 생기면 이타심(남을 이롭게 하는 마음)이 저절로 생기고, 이타심이 생기면 공화심
이 저절로 생기고, 공화심이 생기면 자유심이 저절로 생기고, 자유심이 생기면 극락심이
저절로 생기느니라."(의암성사법설, 성범설)

三十一. 詩文(시문)

(一) 降詩(강시, 내려 받은 시)

1. 天地日月入胸中 天地非大我心大
천 지 일 월 입 흉 중　천 지 비 대 아 심 대

천지일월이 가슴 속에 드니, 천지가 큰 것이 아니요 내 마음이 큰 것이라.[1]

君子言行動天地 天地造化吾任意
군 자 언 행 동 천 지　천 지 조 화 오 임 의

군자의 말과 행동은 천지를 움직이나니,

천지조화는 내 마음대로 할 것이니라.[2]

1　천지일월은 공간이다. 공간은 한계가 있지만 마음은 그 생각 넓이에 제한이 없다. 한 없이 작은 생각에 갇혀 있을 수도, 무한한 우주를 품에 안을 수도 있는 것이 마음이다. 어떤 마음을 가지느냐에 따라 그 마음이 움직이는 삶은 천지 차이가 날 것이다.
2　군자는 그 마음과 행이 한울 이치를 따르는 사람이다. 이런 사람은 사람들도 존경하지만 모든 한울 기운이 기꺼워한다. 그러므로 군자는 행동은 신중하되 한 번 정하고 움직이면 모든 사람과 한울 기운이 따라서 세상을 바꿀 수 있으니 이것이 천지조화가 아니고 무엇이랴. 그러므로 너의 정신이 천지의 공기라고 한 것이다.(의암성사법설, 인여물 개벽설)

觀貫天地一幅粧 每聽上帝言
관 관 천 지 일 폭 장 매 청 상 제 언

보는 것이 천지 한 폭의 장식한 것을 꿰뚫으면

언제나 한울님 말씀을 들으며,³

恒時飽腹政 腹中有馳馬戰爭之聲
항 시 포 복 정 복 중 유 치 마 전 쟁 지 성

항상 배가 부른 정치만 추구하면, 배 속에 말달리며 전쟁하는 소리

가 있더라.⁴

2. 一碗之食 百夫所成 苟非其力 愧不敢食
　　일 완 지 식 백 부 소 성 구 비 기 력 괴 불 감 식

3　천지 한폭의 장식한 것은 세상에 드러난 모든 겉모습. 거기에 혹하지 않고 이면에 숨겨진
　　진실을 꿰뚫어 보는 것은 수행한 사람의 능력. 일체가 한울을 모신 존재임을 깨달아 마음
　　을 열면 보이는 것이 모두 한울이고 들리는 것이 모두 한울 소리다. 한울 소리와 소음이 분
　　별되지 않으며 군자와 소인 분별이 없어진다. 일체가 한울일 뿐이다. "한울님 말씀이 어찌
　　따로 있으리오. 사람 말이 곧 한울님 말씀이며 새소리도 역시 시천주 소리이니라.… 말이
　　이치에 합하고 도에 통한다 하면 어느 것이 한울님 말씀 아님이 있겠느냐."(해월신사법설,
　　천어)
4　飽 물릴, 배부를, 만족할 포. 馳 달릴, 질주할 치. 배가 부른 것은 현실-물질 만족이다. 그러
　　나 물질은 많을수록 더 가지고 싶은 법이다. 그렇기 때문에 부자가 욕심을 멈추기 어렵고
　　마음의 평안을 얻기 어렵다. 재물과 현실의 부는 개인적 욕심을 위해 사용하면 갈등과 싸
　　움을 일으키지만 한울을 위해 사용하면 모두를 행복하게 하는 도구가 될 수도 있다.

한 그릇 밥도 백 사람의 노력으로 된 것이니,[5]

정말 힘쓰지 않고는 부끄러워 감히 먹지 못하리라.[6]

天地圖來一掌中 大道行盡二字分
천 지 도 래 일 장 중　대 도 행 진 이 자 분

하늘 땅은 한 손바닥 가운데 그림이요,[7]

큰 도는 두 글자를 분석하는 데 다했어라.[8]

人不侍天天率人 口不敎言言敎口
인 불 시 천 천 솔 인　구 불 교 언 언 교 구

사람이 한울을 모신 것이 아니라 한울이 사람을 거느렸고,

입이 말을 하는 것이 아니라 말이 입을 가르치고,

耳不聽聲聲屬耳 舌不知味味敎舌
이 불 청 성 성 속 이　설 부 지 미 미 교 설

5　밥이 상에 오르기까지는 일년간 하늘의 기후와 땅의 영양분이 벼를 키우고 그를 돌보는 농부 노력과, 수확 후 도정하고 운반하여 집에서 밥으로 만들 때까지 무수히 많은 공이 담긴다. 그러나 어찌 밥뿐이랴, 모든 생명을 키우고 만들기 위해 수많은 한울의 노력이 필요한 것을.

6　매사가 한울 간섭 없이는 하나도 이루어질 수 없다. 이를 항상 느끼고 감사하여야 할 것이다.

7　천지가 넓다 하나 우리 마음은 우주 시작과 끝까지 담고 있다. 그러므로 마음을 들여다보면 천지 이치를 알 수 있다. 어찌 손바닥 안에 있다 하지 않으랴.

8　도는 멀리 있는 것이 아니다. 나와 나의 삶 속에 있다. 천지 모든 생명 속에 다 도가 있다. 그러므로 천지(두 글자)의 모든 생명들을 공부하는 것은 곧 도를 공부하는 것이다.

귀가 소리를 듣는 것이 아니라 소리가 귀에 부딪히고,

혀가 맛을 아는 것이 아니라 맛이 혀를 가르치더라.[9]

3. 坐看江山圖 茂然胞腹中 若吐宇宙間 天下共飽腹
좌 간 강 산 도　무 연 포 복 중　약 토 우 주 간　천 하 공 포 복

앉아서 강산의 그림을 보니 흐뭇하게 배가 부르도다.[10]

9　"거울을 만리에 투영하니 눈동자 먼저 깨닫고, 달이 삼경에 솟으니 뜻이 홀연히 열리도
　다."(동경대전, 우음) 입과 귀와 혀는 대표적인 육신 감각이다. 이런 감각에 의지해 일상생
　활을 하지만 실상 그 감각이란 얼마나 주관적이고 부정확한가? 장님 코끼리 만지기 신세
　를 벗어나 실체를, 진실을 파악하려면 타성에 젖은 감각의 구속에서 벗어나야 한다. 그래
　서 육관으로 생각하는 것이 아니라 성령으로 생각하는 것이라 하지 않으셨던가?(해월신
　사법설, 수심정기) "한울을 주체로 보면 나는 객이 되고 나를 주체로 보면 한울이 객이 되
　니…사람의 권능이 한울을 이기면 한울이 사람의 명령 아래 있고, 한울의 권능이 사람을
　이기면 사람이 한울의 명령 아래 있나니, 이 두 가지는 다만 권능의 균형에 있느니라."(의
　암성사법설, 성심신삼단) 나의 습관된 마음이 크고 한울 마음이 작을 때는 나의 욕심을 비
　우고 한울님께 맡기며 기도하는 공부가 필요하다. 이때는 나를 주체로 한울을 모시고자
　하는 공부요, 나의 마음이 한울 마음과 하나가 되면 모든 것이 한울성령 아님이 없음을 알
　게 되니, 이때는 한울이 주체가 되는 단계다. 아니 이미 그때는 주와 객의 분별이 없어진
　단계다. 공부 중, 또는 일상 중 문제가 잘 풀리지 않으면 이렇게 발상을 전환해 볼 필요가
　있다. 거꾸로 보기, 역발상은 그래서 현대 미술의 주요 소재이기도 하다. 바로 놓고 보면
　화분이지만 거꾸로 보면 인물상인 주세페 아르침볼도의 〈정원사〉, 호수에 앉은 백조 그
　림을 뒤집으면 코끼리들이 나타나는 달리의 〈코끼리를 비추는 백조〉, 그림 밖에 있는 도
　마뱀이 그림 안으로 들어가고, 그림 안 도마뱀은 다시 그림 밖으로 나오는, 가상과 현실의
　구분이 사라진 에셔의 〈도마뱀〉 같은 그림들은 기존 관념들을 여지없이 무너뜨린다.(진
　중권, 미학 오디세이) 미술뿐 아니라 모든 사회 현상도 한쪽 측면만 봐선 정확한 이해를 하
　지 못하는 경우가 많다. 다양한 시각에서 입체적인 안목을 기를 필요가 있다.
10　강산은 한울 진리가 펼쳐진 곳. 습관의 장막을 걷고 보면 모든 것이 한울 아닌 것이 없
　다. 이렇듯 진리와 그 실현을 만끽할 수 있으면 어찌 만족스럽지 않으랴.

만약 우주 사이에 뻗으면 천하가 함께 배부르리라.[11]

天人授受地 水德最佳明 性靈顯世 蒼蒼復續
천 인 수 수 지 수 덕 최 가 명 성 령 현 세 창 창 복 속

한울과 사람이 주고받는 곳에 물의 덕이 가장 아름답고,[12]

성령이 세상에 나타나니 창창하게 다시 이으리라.[13]

4. 曰吾上帝 感化無窮 命我于世 活我蒼生
   왈 오 상 제 감 화 무 궁 명 아 우 세 활 아 창 생

말하기를 우리 한울님 감화가 무궁하여,[14]

나를 세간에 내시어 창생을 살리게 명하시더라.[15]

11   이렇듯 깨달은 진리를 세상에 펴서(우주 사이에 뻗으면) 진리를 모르고 고해에서 헤매는
     모든 이들과 함께 만족한 삶을 살고자 하는 것이 위위심이다.
12   한울은 사람에 의지해 그 뜻을 실현하고 사람은 한울에 그 생명을 의지한다. "한울은 사
     람에 의지하고 사람은 먹는 데 의지하나니…"(해월신사 법설, 천지부모) 그렇게 서로 의지
     하며 생명이 영위되고 세상이 돌아간다. 세상을 움직이는 여러 원리와 원소가 있으되 그
     중 물의 덕이 가장 아름다워 고금에 물을 칭송하는 이들이 많았다.
13   성령은 한울의 본질, 진리의 핵심. 세상이 모두 한울의 나타남이지만 그 진리가 온전히
     실현되진 못하고 있다. 이것이 온전히 세상에 드러나는 것이 후천개벽. 성령을 온전히 깨
     달으신 분이 스승님들이다. 개벽된 세상이 되면 그 분들의 뜻이 다시 세상에 드러나고 이
     어지는 것이다.
14   한울님은 만물을 이루시고 만물 속에 사시며 간섭하신다. 그 모두 한울님 감응이요 감화
     다. 한울님 감응은 만물이 없어질 때까지 무궁하지만 그것을 깨달은 사람은 아직 많지 않다.
15   한울은 형상 있는 사람에 의지한다. 그럼 한울이 의지하는 나는 누구인가? 의암 선생인
     가? 한울님 모심을 깨달은 나인가? 깨달은 나와 한울은 분별되지 않을 것이니 이것이 인

呼我者誰 讀我者誰 呼呼讀聲 庶幾三春
호 아 자 수 독 아 자 수 호 호 독 성 서 기 삼 춘

나를 부르는 자 누구이며, 나를 외우는 자 누구이냐.[16]

부르고 외우는 소리 거의 삼년이 되었더라.[17]

5. 合二成一 非古非今
합 이 성 일 비 고 비 금

둘을 합하여 하나를 이루니 예도 아니요 지금도 아니라.[18]

琴調失今 古家閒翁
금 조 실 금 고 가 한 옹

거문고 가락을 지금은 잃어버렸으니 옛집 한가한 늙은이가 된지

시천이요 인내천이다.

16   누구나 한울의 진리를 깨닫고자 한울님을 찾고 한울을 위하는 주문을 왼다. 그러나 그 한울은 어디 있는가? 내 안에 있는 또 다른 나, 내 진면목이 아니던가?

17   "무극한 이내 도는 삼년불성 되게 되면 그 아니 헛말인가."(용담유사 도수사) 진정한 자신을 찾기 위해 삼년 정도 정성을 드리면 누구나 깨달음을 얻을 수 있다. 정성이 지극하고 근기가 있는 사람은 하루만에도 깨우침이 있겠지만 정성이 미치지 못하면 십 년이 지나도 그저 교회나 왔다 갔다 할 뿐 얻는 것이 없을 것이다.

18   합해진 둘은 무엇인가? 너와 나, 이쪽과 저쪽, 옳고 그름, 진보와 보수, 남과 북…. 이 모든 것이 같은 한울 모습이다. 깨달으면 모든 분별이 사라지고 하나가 된다. 이런 차별이 없는 세상이 개벽된 세상이요, 이전에 보지 못하던 세상이다. "우리 도는 지금도 듣지 못하고 옛적에도 듣지 못하던 일이요, 지금도 비교하지 못하고 옛적에도 비교하지 못하는 법이라."(동경대전, 논학문)

라.[19]

哀哉人生 猿頭虎尾
애 재 인 생 원 두 호 미

슬프다 인생들아, 잔나비 머리에 호랑이 꼬리를 달았구나.[20]

千塵萬劫 已屬先天
천 진 만 겁 이 속 선 천

천만겁 오랜 세월이 선천에 속하고,[21]

落日鳥聲 錦繡江山
낙 일 조 성 금 수 강 산

19 거문고는 옛 선비들이 음을 공부하고 마음을 다스리는 벗으로 삼았던 악기다. 거문고 가
    락이 수행을 게을리 해서 현재 정갈한 음을 잃었음은 선비의 공부가 쇠락했음을 뜻한다.
    공부하고 수행하지 않는 사람은 변화하는 세상을 따라가지 못한다. 세상에 적응하지 못하
    고 할 일 없는 신세가 되는 것은 사람이나 단체나 망해가는 것이고 서글픈 일이다.
20 잔나비 머리는 사람과 비슷하지만 사람이 아니다. 호랑이도 머리와 몸이 위엄 있고 가치
    가 있지 꼬리만 있어서는 호랑이라 할 수 없다. 사람이 사는 동안 자신의 진정한 삶을 사는
    사람이 얼마나 되는가? 자신이 원하는 삶을 살지 못하고 남의 이목만을 의식하며 사는, 원
    숭이 얼굴에 호랑이 꼬리를 하고 살고 있지는 않은가?
21 塵 티끌, 속세 진. 劫 위협할, 빼앗을 겁. 한없이 긴 시간 단위. 수많은 티끌(속세의 욕망
    과 허물)과 수많은 세월의 선천이 지나고 겪어내야 후천이 도래한다. 한 사람이 한울 사람
    으로 거듭 나는 데도 수많은 허물을 참회하고 수많은 시간 동안 한울의 인과를 수행해야
    한다.

해 떨어질 때 새는 금수강산을 노래하더라.[22]

6. 妖猿哀啼賢客散 人鷄始鳴函谷關
요 원 애 제 현 객 산 인 계 시 명 함 곡 관

요망한 잔나비 슬프게 울어 어진 손님이 흩어지고,[23]

사람 닭이 처음으로 울어 함곡관이 열린다.[24]

22 해가 떨어지는 때는 한 시대가 저무는 때, 죽음의 시간이다. 후천이 오기 전 선천이 가는
시간이다. 누구나 죽기 전에는 참된 진실을 말한다고 한다. 죽기 전 새도 그제야 세상이 한
울 세상이었음을 깨닫고 노래한다. 죽기 전에 깨달을 것이 아니라 한참 생명이 왕성할 때
깨달으면 인생에 후회가 없을 것이다.

23 포덕49년(1908)이 戊申年(원숭이해)이었다. 이해 1월에 대도주 김연국(포덕48년 7월
에 대도주 선수)이 의암 선생을 배반하고 시천교 대례사가 되었다. 포덕45년 일본에 체류
중이던 의암 선생이 러일 전쟁의 혼란과 위기를 극복하기 위해 조직하여 민회 활동을 하
던 진보회가 이용구, 송병준 등의 친일파에 의해 일진회로 변신하여 친일행위를 하자 포
덕47년 천도교와 일진회를 분리하고 현도하면서 친일 세력을 출교하였다. 출교된 이들
이 세운 것이 시천교다. 교단 조직과 재정을 담당하던 이들이 시천교로 분립하자 천도교
는 심한 타격을 입었다. 또 이해 무신년에는 교회 조직을 추스르고자 의암선생이 지방 순
회에 나섰는데, 평안도에서 선생을 친일파로 오인한 사람이 습격해 부상을 입기도 하였
다. 요망한 잔나비는 누굴 상징할까? * 무신(1908)-기유-경술(1910)-신해-임자-계축-갑인-
을묘-병진(1916)으로 이어지는 해는 천도교와 조선이 나라를 잃는 등 수난이 많았던 때
다. 경술국치 이후 3·1운동 때까지 일제는 가혹하고 무자비한 수탈과 탄압을 자행해 조
선 민중의 어려움이 극심했던 시기였다. 이 구절 이하 열 구절은 이를 빗대 말씀하신 구절
로 이런 형식의 시문은 해월신사편 강서에도 있다. 이 구절들이 의미하는 것이 정확히 무
엇인지 알기는 어렵다. 그러나 시문이 상징과 은유로서 다중적 메시지를 전하는 것을 감
안하면 굳이 한 가지 해석에 매달릴 필요는 없을 것이다. 당시 시대 상황을 살펴보면서 뜻
을 헤아려 보고 오늘의 상황에도 비교해 보며 음미해 보면 될 것이다.

24 중국 춘추전국시대 맹상군 고사에 나오는 이야기로, 기지로 위기를 벗어나는 내용이다.
포덕50년(1909)은 己酉年으로, 이해 일본 내각에서 대한제국을 강제 합병하는 안이 의결
되었고 이에 분노한 안중근이 이등박문을 살해한다. 교회에선 이때 성경신법을 종문사과

走狗逢箭勢可憐 隱猪得放氣揚揚
주 구 봉 전 세 가 련　은 저 득 방 기 양 양

달리는 개가 화살을 만나니 형세가 가련하고,[25]

숨은 돼지 놓임을 얻으니 기운이 양양하도다.[26]

로 정하고 오관을 정해 구체적 신앙 세칙을 만들며 포덕교화에 힘썼다. 창도 이래 혹심한 탄압으로 주문, 청수는 고사하고 심고조차 사람 보는 데서 못하던 교인들이 현도 이후 중앙총부와 교구를 설치하고 집집마다 궁을기를 게양하게 하니 가뭄에 비를 만나듯 포덕이 크게 늘어 교도가 수백만에 달했다. 그러나 이용구의 일진회가 시천교를 설립하고 김연국을 영입해 간 뒤 중상모략과 방해공작이 심하였다. 포덕50년(1909) 12월 이용구는 한일합병을 주장하는 성명서를 발표하고 한일 양국 정부에 청원하여 전국의 공분을 일으켰고 천도교와 시천교를 구분하지 못하는 사람들이 교인들을 공격하기도 했다. 이에 의암 선생은 대한매일신보에 시천교 규탄 성명을 발표하기도 했다. 기지를 발휘해 질곡에서 벗어나게 할 인재는 어디 있는가?

25 달리는 개가 화살을 만나면 목숨이 위태로운 상태다. 이해 포덕51년(1910)은 庚戌年으로 대한제국이 망한 해이다. 일제는 이해 총독부 안에 고적조사반을 만들어 전국의 고분과 산성, 고적을 발굴하여 수많은 문화재를 조직적으로 약탈해 갔고, 11월부터는 헌병경찰을 동원하여 전국 서점, 향교, 서원과 개인집까지 수색하여 수많은 고전들을 약탈해 그 중 20여만 권을 불태우고 나머지는 일본으로 반출해 갔다. 현재까지도 우리나라 고대사가 관련 문헌 부족으로 논란에 싸여 있는 것도 이때까지 전해지던 수많은 고서적 손실과 관련된다. 또 민족정신의 정수라 할 문화재들은 중요한 것들이 일본으로 약탈당해 현재까지 그 피해 규모를 정확히 산출하지 못할 지경이다. 달리는 개는 망해가는 조선인가?

26 포덕52년(1911)은 辛亥年이다. 이해 중국에선 신해혁명으로 청나라가 망하고 중화민국이 수립되어 2000년간 지속돼 온 전제 왕조가 막을 내렸다. 이해 5월에 의암 선생은 천도교 중앙총부, 보성학원 직원, 학생 등을 대동하고 경주 용담정과 수운 선생 묘소, 해월 선생 집터 등을 성지순례하였다. 8월에 의암 선생은 총부 직원들을 대동하고 우이동 지역을 답사하시다가 현 봉황각 일대 토지를 매입하도록 지시하고 포덕53년 3월 7일에 각 연원 두목들 수련을 위해 봉황각 건축을 기공, 6월 19일에 준공하였다. 놓인 돼지는 봉건잔재를 벗어난 중국을 뜻할까?

鼠入積中非獸徒 牛放陣頭非田單
서 입 적 중 비 수 도   우 방 진 두 비 전 단

쥐가 노적 가운데 들었으니 짐승의 무리가 아니요,[27]

소를 진두에 놓았어도 전단이 아니더라.[28]

27   포덕53년(1912)은 壬子年이다. 露積은 농가 마당이나 넓은 터에 원통형으로 쌓아 둔 곡
     식단. 대부분 볏단이나 보릿단, 조단 등이다. 거둬들인 벼, 보리, 조는 탈곡해서 섬에 담거
     나 도정해야 하는데, 한꺼번에 많이 거둬들인 곡식은 탈곡이나 도정을 일시에 할 수가 없
     어 곡식단을 쌓아 보관하게 된다. 노적을 쌓을 때는 곡식알이 붙은 쪽을 안으로 하고 뿌리
     부분을 바깥쪽으로 하여 곡식단을 포개어 2m 정도로 쌓고, 그 위에는 비나 눈을 맞지 않
     게 삿갓 모양으로 엮은 덮개를 씌워 장기간 두게 된다. 그러므로 노적은 과거 농경사회에
     서 부의 상징이기도 하고 전쟁시엔 군량미를 뜻하기도 하였다. 임란 당시 이순신 장군과
     노적봉 일화는 유명하다. 이해부터 일제는 토지조사 사업을 시행하며 농민들 토지를 침탈
     하였고 마을이나 문중 왕실소유 등의 토지를 동양척식회사에 넘겼다. 1910년대 후반부
     터 일제는 조선 쌀을 본격적으로 수탈하기 시작했고, 이에 따라 3·1운동 직전까지 조선
     쌀값은 지속적으로 폭등해 각지에서 동맹 파업과 항의 시위가 빈발하는 등 조선민중의 삶
     은 더욱 도탄으로 빠져들었다. 노적 가운데 쥐는 조선 쌀을 노적 아래서 빼가는 일제를 상
     징한 것이 아닐까? 교회에선 포덕53년 봉황각 건축 시작과 동시에 의암 선생은 각 지방두
     목들을 소집하여 특별연성을 실시하고 지도하셨는데 이러한 지도자들 교육과 수련이 포
     덕은 물론, 이후 3·1운동 등을 주도할 역량으로 발전되었다. 1회 소집된 인원은 대두목
     21인으로 4월 15일부터 49일간 수련하였고, 2회는 49인이 8월 15일부터 49일, 3회는 포
     덕54년 1월 1일부터 49인이 49일, 4회는 4월 6일부터 49인이 49일, 5회는 11월 1일부터
     105인이 49일, 6회는 12월 18일부터 105인이 49일, 7회는 포덕55년 2월 5일부터 105인
     이 49일이었다. 포덕53년 4월 15일부터 포덕55년 3월 25일까지 3년 동안 7차에 걸쳐 전
     국 두목들을 차례로 독공시켰는데 총 수련일수 343일, 참가 두목이 총 483명이었다. 1회
     와 2회 연성 때는 이신환성을 요체로 지도하셨고, 3회 연성 때는 성령출세를 요체로 지도
     하셨다
28   포덕54년(1913)은 癸丑년이다. 1907년 국내의 애국지사들이 모여 결성한 신민회는
     1911년 일제가 조작한 105인 사건으로 와해되고, 점차 심해지는 탄압을 피해 운동가들이
     해외로 망명해 독립군을 조직하여 무장 투쟁을 벌이거나 외교전을 벌였다. 이해 설립된
     결사는 獨立義軍府(1913), 光復團(1913), 光復會(1913) 등이다. 신민회는 만주·노령 일대
     에 무관학교를 설립하고 독립군 근거지를 건설하며 독립군을 창건하여 적절한 기회에 국

猛虎出林時九秋 玉兎含情月三更
맹 호 출 림 시 구 추 옥 토 함 정 월 삼 경

날랜 범이 숲에서 나오니 때는 구월이요,[29]

옥토끼가 정을 머금으니 달은 삼경이라.[30]

龍得水氣最佳味 鳥啼靑林始驚人
용 득 수 기 최 가 미 조 제 청 림 시 경 인

내와 호응하여 국내에 진입, 독립전쟁을 통해 독립을 쟁취한다는 '독립전쟁전략'을 채택하고, 만주국경 부근에 1911년 新興武官學校, 1913년에는 東林武官學校와 密山武官學校를 설립해서 독립군 근거지를 창립하는 데 성공하였다. 전단은 중국 춘추전국시대 제나라를 멸망의 위기에서 구한 명장. 제나라를 쳐들어온 연나라 군대를 소를 이용해 물리쳤다. 소를 진두에 놓았음은 옛 전단의 고사를 본따 전술을 시행함이나 전술이 제대로 이루어지려면 전단 같은 명장이 잘 지휘를 해야 한다. 전술을 흉내내도 그 묘미를 살리지 못하면 소용없다. 임진왜란 때 신립이 탄금대에서 한신이 사용했던 배수진을 사용했다가 왜군에게 전멸당한 것이 그 예다.

29 포덕55년(1914)은 甲寅년이다. 이해 7월에 세계1차 대전(1914~1918)이 시작되었고 8월에는 일본이 독일에 선전포고하고 참전하였다. 사나운 호랑이가 숲에서 나오는 것은 숲에서 먹을 것을 구하지 못해 자기 영역을 벗어나는 것이다. 숲 밖 짐승들이 호환을 당할 가능성이 커졌다. 이 시기는 일제 초기의 혹심한 압제에도 각 분야에서 민족독립의 역량을 키워나가던 시기이다. 조선시대 태조는 즉위 초에 정도전에게 팔도 사람을 평하라고 하였다. 이에 정도전은 평안도 사람을 猛虎出林이라고 평하였는데, 이는 사나운 호랑이가 숲에서 나온다는 뜻으로, 평안도 사람의 용맹하고 성급한 성격을 표현하는 말로 쓰이게 되었다. 동학혁명 때 호남의 동학이 심각한 타격을 입은 뒤로 동학과 천도교 주력은 서북(평안도)에 있었다. 이해 4월 2일 의암 선생은 직접두목 74인을 모이게 한 뒤, 수운 선생의 성령출세를 선언하시고 법문을 전수하였다.

30 포덕56년(1915), 乙卯년. 옥토끼는 달에 사는 신령한 동물을 상징하고 그 옥토끼가 정을 머금었음은 달의 정기가 가장 성한 때, 즉 한밤중을 뜻한다. 한밤중 음기가 가장 성한 때는 모든 생명이 쉬거나 자는 때다. 즉 현실에선 밝음이 돌아오기 전 가장 힘든 시기를 지나고 있음을 뜻한다. 1919년 3·1운동이 일어나기 전까지 일제의 무단통치는 갈수록 심해져 조선 민중의 고통은 극에 달하였다.

용이 물 기운을 얻으니 가장 재미가 좋고,[31]

새가 푸른 숲에서 노래하니 처음으로 사람이 놀래더라.[32]

7. 昔時此地見 今日又看看
석 시 차 지 견 금 일 우 간 간

옛적에 이곳을 보았는데 오늘 또 보고 보노라.[33]

31 포덕57년(1916), 丙辰년. 해외에선 1차 세계대전이 한창이었고, 국내에선 일제 무단통치
압제가 심했다. 교단은 수련과 저술 그리고 보성사를 통한 교서 출판 활동이 활발히 이루
어졌다. 포덕57년 3월 10일 수운 선생 순도 기도식을 봉행하신 후에 선생은 '신앙통일과
규모일치'에 대해 말씀하셨다. 6月에는 "우리 교의 인내천 종지는 오만 년이 무궁토록 하
루와 같을지나 교회 제도는 시의에 의하여 10년에 소일변하고 100년에 중일변하고 1000
년에 대일변하여 항상 새로운 면목을 갖춤이 옳으니라."고 하였다. 10월 1일에는 종령
112호로 매 시일 하오 9시 기도시에 신사주문(神師靈氣 我心定 無窮造化 今日至) 105회
를 心誦하도록 하였다.
32 일제 초기의 무단통치는 1919년 3·1운동이란 저항에 직면한다. 갑오경장으로 폐지된
태형을 조선인에게만 가하던 태형법과 토지조사를 통한 경제권 박탈과 쌀 수탈로 인한 미
곡가 상승 등 경제기반 붕괴, 105인 사건으로 대표되는 지식인 탄압 등으로 조선 민중의
반감과 독립 열기는 더욱 고조되었다. 거기에 독립지사들의 조직적인 활동과 천도교 등의
민족역량(그나마 당시 유일한 합법 단체는 종교단체뿐이었지만 일제는 불교와 기독교, 일
본 신도만을 종교로 인정하고 천도교를 비롯한 민족종교는 유사종교로 분류하여 탄압하
였다)도 성숙되어 독립을 향한 기운이 무르익었다. 거기에 1918년 1차 세계대전 종결로
열강의 식민지배 체제 변화 기운이 감도는 것은 외적 요인이 되었다. 3·1운동은 일제의
강고한 폭압 속에서, 체계적이고 전국적이며 비폭력의 시위를 감행한, 우리나라는 물론
세계사에서도 유례가 없는 일대 사건이었다. 비록 직접 독립을 성취하진 못했지만, 우리
민족의 존재를 세계에 크게 고하였고 내부적으로도 임시정부 수립 등 독립운동이 한 단계
심화 향상되었으며, 2차대전 이후 항구적인 독립의 초석이 되었다. 그러므로 새가 푸른 숲
에서 노래한 것은 죽은 줄 알았던 우리 민족이 온 세계에 그 자존을 고한 것이요, 이때 세
상 사람이 놀란 것을 표현한 것으로 여겨진다.
33 의암성사 법설, 성령출세설 각주 참조.

8. 何來一物本吾性 何無來無吾亦無
하 래 일 물 본 오 성 하 무 래 무 오 역 무

어디서 온 한 물건이 본래 내 천성인데[34]

어디도 없고 온 데도 없고 나 또한 없는 것이라.[35]

我性本是來何處 性無來無我亦無
아 성 본 시 래 하 처 성 무 래 무 아 역 무

성품은 본래 어느 곳에서 왔는가.[36]

성품도 없고 온 곳도 없고 나 또한 없는 것이더라.[37]

34 "나에게 한 물건이 있으니 물건이란 것은 나의 본래 나니라. 이 물건은 보려 해도 볼 수
     없고, 들으려 해도 들을 수 없고, 물으려 해도 물을 곳이 없고, 잡으려 해도 잡을 곳이 없는
     지라."(의암성사법설, 삼성과) 지금 나를 규정하는 것이 진정한, 영원한 내 모습인가? 무엇
     이 내 본성인가?
35 이 무한한 우주가 모두 한울이요, 내 본래 자리다. 무한하므로 비어 있으며, 무한함 그 자
     체이므로 그 속에서 오고 감도 없는 일체일 뿐이다. 나라고 하는 육신도 무한한 공간과 시
     간 속에선 찰나의 순간 명멸해가는 티끌일 뿐이다.
36 나의 본성은 무엇이며 어디서 비롯되었는가? 또 어디로 돌아가는가? 이는 수행자의 가
     장 오래된 화두이리라.
37 "큰 수명은 죽고 사는 것도 없고, 선하고 악한 것도 없고, 움직이는 것도 없고, 비고 고요
     함도 없고, 빛깔과 형상도 없고, 위도 아래도 없고, 예와 이제도 없고, 말과 글도 없는 것이
     니 형용하기도 어렵고 말하기도 어려운 것이니라."(의암성사법설, 후경2) 이 모두가 한울
     일 뿐, 별개 형상이 있는 것이 아니다. 나라는 형상과 물건이라는 형상이 모두 잠깐의 허상
     일 뿐임을 알게 되면 물욕에 집착하며 아등바등 살지 않을 것이다. * 자발적 인류 멸종 운
     동이라는 단체가 있다. 이들은 인간이 지구상 다른 생명들에 끼치는 해악이 크므로 스스
     로 자손을 낳지 않을 것을 주장하고, 더 이상 인간이 아이를 낳지 않는 지구 상황을 가정한
     다. 그럴 경우 물려줄 재산이나 후손이 없다면 지금처럼 무한정 자원을 낭비하고 자연을
     파괴할까? 그래도 자기 것만 더 늘리려 싸우게 될까? 아마도 후손에 남겨 주고자 하는 욕

寶鏡虛虛含照懸 能吞天地能吐世
보 경 허 허 함 조 현 능 탄 천 지 능 토 세

보배로운 거울이 비고 비어 비치는 대로 머금고 달려 있으니,[38]

능히 천지를 삼키고 능히 세상을 뱉는 듯하구나.[39]

五尺未滿血一塊 共載宇宙步步輕
오 척 미 만 혈 일 괴 공 재 우 주 보 보 경

다섯 자 못 차는 피 한 덩어리에[40]

한가지로 우주를 실어도 걸음걸음 가볍더라.[41]

심이 없다면 남아 있는 생을 뜻있게 그리고 자연으로 돌아가는 삶을 살게 될 것이다. 무엇
이 어려운가? 한 생각 돌리면 그리 되는 것인데.(하지만 자손을 끊는 것은 천리를 거스르
는 것이다.)

38   보배로운 거울은 세상을 비추는 도구인 마음. 마음은 본래 보이지도 들리지도 않는 빈
     것이다. 거기에 욕심 때가 가득 차면 아무것도 비추어 볼 수 없지만, 욕심을 비우고 텅 빈
     거울이 되면 세상 모든 것의 진실이 온전히 비치게 된다. 거울에 비친 사물은 거울 속에 달
     려 있는 것인가, 거울이 머금은 것인가? "사람이 태어난 그 처음에는 실로 한 티끌도 가지
     고 온 것이 없고 다만 보배로운 거울 한 조각을 가진 것뿐이라, 허공에 도로 비치우니 왼쪽
     가에 한 편은 여여적적하고 바른쪽 가에 한 편은 티끌이 자욱하고 자욱하니라."(의암성사
     법설, 성범설) "내 마음을 물건 안에 보내면 억천만상과 삼라미진이 다 내 성품이요, 내 마
     음이니라."(의암성사법설, 견성해)

39   마음은 비어 있으나 온 우주를 담을 수도 있다. 그 마음은 허령창창한 우주 원기와 하나
     이기 때문이다. 거울에 비치는 천지를 거울이 삼키고 뱉는 것으로 표현.

40   한 자는 약 30cm, 다섯 자는 옛 사람의 평균 신장. 그러므로 다섯 자 피 덩어리는 한 사
     람의 육신, 사람을 뜻한다.

41   비록 육신은 다섯 자로 우주에서 보면 티끌일 뿐이지만, 그 마음은 무한하니 우주 이치를
     다 통할 수 있다.

9. 靈源不泉不渴 聖道不窮不乏
영 원 불 천 불 갈 성 도 불 궁 불 핍

영의 근원은 샘솟지도 아니하고 마르지도 아니하며,[42]

성인의 도는 다하지도 아니하고 모자라지도 아니 하니라.[43]

勇於知 行而明之 勇於仁 包而豊之
용 어 지 행 이 명 지 용 어 인 포 이 풍 지

아는 데 날래고 행하는 것은 밝게,[44]

어진 데 날래고 포용하는 것은 풍족하게,[45]

42　한울의 생명은 무궁하다. 모든 영은 한울에 근원을 두고 있으므로 역시 무궁하다. 무궁하므로 한울의 영성은 쓸수록 커지고 마르지 않는다. 그러나 본래 없던 곳에서 솟아나는 것이 아니라 있는 그대로 일체가 한울 영일 뿐이다.

43　성인의 도는 한울 덕에 합하는 것이므로 역시 무궁하다. 모든 만물을 가리지 않고 차별 없이 베푸는 것이 성인의 도요 한울 덕이다.

44　사람들이 행하는 악과 잘못은 대부분 자기 욕심과 어리석음에서 비롯된다. 욕심은 버리면 되지만 몰라서 행하는 잘못은 어쩌할 것인가? 몰라서 행한 것이라 해도 그 인과에서 자유로울 수 없다. 그러므로 자신의 어리석음을 깨우치기 위한 배움에 항상 게을리 해선 안되며, 변화하는 세상 가치에 뒤떨어지지 않도록 마음을 열고 있어야 한다. 또 아는 바를 실천하지 않으면 그것은 제대로 된 앎이라 할 수 없다. 실천하되 바르고 철저하게 행해야 할 것이다. 오늘 지구 온난화가 환경 재앙을 가져올 것이라고 한다. 그 원인으로 과도한 화석 연료 사용을 이야기한다. 우리 전 세대 사람들은 온난화 같은 개념을 몰랐다. 그러나 그 결과는 우리 모두가 안고 있다. 또한 이를 해소하기 위해선 에너지 절약과 대체 에너지 사용, 모든 자원 재활용 등이 철저히 행해져야 한다. 행하는 것을 밝게 해야 하는 것이다.

45　仁은 타인에 대한 배려다. 위위심이다.(의암성사법설, 교비평설 참조) 만물을 위하는 마음에서 모심이 시작된다. 이를 어찌 남 하는 것을 기다려 할 것인가? 스스로 먼저 위하고 모심을 실천해야 천지부모가 기뻐한다. 포용하는 것도 마찬가지. 모두가 같은 한울이되 사는 모습은 모두 다르다. 다름을 인정하고 다양함이 유지돼야 건강한 세상이다. 잘못은

勇於勇 合於大德 還是五萬年生也
용 어 용 합 어 대 덕 환 시 오 만 년 생 야

날랜 데 날래고 큰 덕에 합하면,[46] 도리어 이것이 오만년 사는 것이
니라.[47]

10. 我生誰爲生 我生爲蒼生
아 생 수 위 생 아 생 위 창 생

내가 사는 것은 누구를 위하여 사는 것인가.

내가 사는 것은 창생을 위하여 사는 것이라.[48]

世有無道者 不忍天帝告
세 유 무 도 자 불 인 천 제 고

고치도록 따끔히 지적하되 사람은 미워하지 말고 포용해야 한다. 구부러진 재목도 쓸 곳
이 있다고 하지 않으셨던가?

46 해야 할 일은 누구를 기다려 할 것이 아니라 먼저 앞장서 해야 한다. 그것이 한울 덕에
합하는 것이다. 단지 알기만 하고 행하는 데 날래지 못하면, 다른 사람들 다 한 뒤에 마지
못해 따르거나 해선 한울의 감응을 받지 못할 것이다.

47 한울 덕에 합하는 삶은, 그 육신의 삶이 길고 짧은 것에 관계없이 한울과 함께 무궁할 것
이다. 그것이 무궁한 이 울 속에 무궁한 내 아닌가 하신 것이다. 수운 선생 삶이 그러하지
않으셨던가!

48 "도가 있는 바를 알지 못하거든 내가 나를 위하는 것이요 다른 것이 아니니라."(동경대
전, 후팔절) 육신의 나에 대한 집착과 이상을 벗으면 진정한 나에 대한 자각을 할 수 있다.
그것은 누구인가? 내유신령과 외유기화가 모두 진정한 나요 한울이 아닌가? 만물을 위하
고 창생을 위하는 것이 한울을 위하는 것이고 결국 나를 위하는 것이 아닌가!

세상에 무도한 자가 있는데 한울님께 고하는 것을 참지 못하느니라.[49]

11. 日月天中到 一世共樂觀
일 월 천 중 도　일 세 공 락 관

해와 달이 중천에 솟으니 온 세상이 한가지로 즐겁게 보더라.[50]

仙隣漸近咫尺間 欲滌塵埃誰爲緣
선 린 점 근 지 척 간　욕 척 진 애 수 위 연

신선 이웃이 점점 지척 간에 가까워지는데[51]

티끌을 씻고자하나 누가 인연이 되겠는가.[52]

49　세상을 어지럽히는 무도한 자는 누구인가? 사람들 삶을 힘들게 만드는 욕심과 어리석음
　　과 성내는 마음은 어디에서 오는가? 참회문을 외워 두려워하고 삼갈 일이다.
50　해와 달은 어둠을 밝히는 빛이다. 어리석음을 깨치는 밝음이다. 의심과 어리석음이 명백
　　히 밝혀지면 어찌 즐겁지 않으랴.
51　내 욕심과 의심과 어리석음을 버리면 온 세상이 한울이요 신선 아님이 없다. 한울이 멀
　　리 있는 것이 아니라 내 마음이 멀리 있는 것이다. 신선 이웃이 가까워 옴은 내 마음이 맑
　　아짐이다.
52　내 마음이 맑아지면 모두가 한울임을 알게 된다. 이 한울을 위하고 마음을 열어 참된 삶
　　을 함께 살도록 기원하는 마음을 내니 그것이 포덕의 마음이다. 한울의 덕을 혼자 즐기기
　　보다 함께 즐기면 더욱 좋지 않겠는가?

(二) 偶吟(우음, 문득 읊음)

心爲古今囊 天地囊中輕
심 위 고 금 낭　천 지 낭 중 경

마음은 예와 지금의 주머니가 되고, 천지는 주머니 속의 가벼운 것
이라.[53]

囊中一片物 囊外遍法界
낭 중 일 편 물　낭 외 편 법 계

주머니 속에 한 조각 물건이 주머니 밖의 법계를 둘리었더라.[54]

天地爲一囊 世事輕一塵
천 지 위 일 낭　세 사 경 일 진

천지는 한 주머니가 되고 세상일은 가벼운 한 티끌이라.[55]

53　마음은 내 진면목이니 한울에게서 받은 생명의 근원이요, 진리의 거울이다. 마음은 허령
　　하여 만물의 이치를 다 통하고, 우주를 담을 수 있으니 그에 비하면 천지는 늘 변하고 영원
　　하지 않은 물질이니 가볍지 않으랴. 마음은 형상이 생기기 전 무형의 유정천이고, 천지는
　　유형의 습관천.
54　마음 속의 물건은 한울 진리. 한울 진리는 나와 나를 둘러싼 우주에 똑같이 적용된다.
55　천지 모든 일이 한울 이치를 깨달으면 하나로 꿰어지고, 그것은 또한 무궁한 한울의 시
　　공간에서 얼마나 하찮은 것인가?

天地暗暗月自東　億千萬家明如同
천 지 암 암 월 자 동　억 천 만 가 명 여 동

천지가 아득한데 달이 동쪽에 솟으니[56]

억천만 집이 밝은 것이 같고,[57]

春雨洗塵花心新　雄度海量蕭秋風
춘 우 세 진 화 심 신　웅 도 해 량 소 추 풍

봄 비가 티끌을 씻으니 꽃 마음이 새롭구나,[58]

영웅의 도량이 바다 같으니 외롭고 쓸쓸한 가을바람이라.[59]

大天自自下娑婆　落處點點寶鏡成
대 천 자 자 하 사 바　낙 처 점 점 보 경 성

56　선천 모순이 극에 달해 사람들 삶이 도탄에 빠져 있을 때 진리의 빛이 동방 조선에서 시작되었으니 그것이 동학이다. 태양이 아닌 달이 솟음은 분별과 대립의 양의 시대에서 포용과 통합의 음의 시대를 상징한다.

57　진리가 밝혀져 누구나 깨우치면 한울 덕에 하나가 된다. 또는 진리를 깨달으면 온 세상이 바로 한울이요 밝음이다. 태양의 밝은 빛은 그림자를 낳는다. 잘나고 못나고가 분별된다. 하지만 은은한 달빛은 조금 못나고 흠이 있어도 같은 밝기로 같은 한울로 다 품는다.

58　봄은 생명을 살리는 계절이다. 봄 비는 그래서 세상 허물을 깨끗이 씻고 새롭게 거듭 나게 하는 생명의 기운이다. 세상 욕심과 허물에 더러워진 꽃을 씻어 제빛을 내게 할 봄비는 한울의 진리.

59　蕭 맑은 대쑥 소, 삼갈 소. 가을바람은 거두고 죽이는 기운이다. 봄엔 허물이 있어도 용서하고 새롭게 시작할 수 있지만, 가을엔 잘못 되면 거두어들여야 한다. 세상 잘못을 엄숙히 판정하고 바로잡으며, 감정에 흔들리지 않고 상벌을 분명히 하는 것은 영웅의 도량을 가진 사람이라야 가능하다.

큰 한울로부터 스스로 세상에 내려오니[60]

떨어지는 곳마다 보배로운 거울을 만들었네.[61]

皓月登空上下空 心鏡含照片片月
호 월 등 공 상 하 공 심 경 함 조 편 편 월

흰 달이 허공에 솟으니 위아래가 비고,[62]

마음거울이 비친 것을 머금으니 조각조각이 달이로다[63]

法步登眞空難容 只是鼓五萬年鍾
법 보 등 진 공 난 용 지 시 고 오 만 년 종

법의 걸음으로 참에 오르니 빈 것을 형용하기 어렵고,[64]

60   사바. 산스크리트어 sabha에서 온 말로 괴로움이 많은 인간세계를 뜻한다. 스스로 세상
     에 내려온 것은 누구인가? 만물을 나게 하고 그 속에 살며 만물을 위하는 것은 그것이 곧
     한울이 아니던가?
61   보배로운 거울은 진리를 비출 생명의 기운. 한울 원기다. 누구나 이 거울을 지니고 있고,
     생명이 있는 곳엔 어디나 한울 원기가 함께 한다.
62   진리를 밝히는 달이 솟아올라 온 세상이 어리석음의 무명을 벗어나면 온 천지가 다 낱낱
     이 한울이다. 한울은 비고 비어 허령이 창창한 곳이다. 인간 욕심과 갈등은 없으되 그 안에
     서 무한한 생명의 가능성이 잉태된다. 皓 흴, 깨끗할, 밝을 호.
63   한울 마음이 회복된 깨끗한 양경은 사물의 진실을 올바르게 비춰준다. 만물의 진면목은
     무엇인가? 하나하나가 다 한울이 아닌가? 物物天이요 事事天이다.
64   진리에 이르기 위해선 스승님들이 가르쳐 주신 가르침을 따라야 한다. 그것이 계율이요
     법이 된다. 법의 걸음은 진리를 따르고 행하는 것. 진리에 이르면 신령한 허령을 체험하게
     되는데, 이는 보이지도 들리지도 않는 것이라 말로 형용할 수도 없다. 주관적으로 체험하
     고 느껴야 한다.

다만 오만년 종을 울린다.[65]

神靈如如心一叢 聖道眞眞山千峯
신 령 여 여 심 일 총　성 도 진 진 산 천 봉

신령한 영은 같고 같은 마음으로 하나가 되고,[66]

성스러운 도는 참되고 참되어 산에 천개의 봉우리라.[67]

心如泰山氣如江 徘徊夜半月明窓
심 여 태 산 기 여 강　배 회 야 반 월 명 창

마음은 태산 같이 중심을 잡고 기운은 강처럼 힘차게 흘러[68]

머뭇거리는 밤중에도 달이 창을 밝히니,[69]

65　종은 만물을 깨우는 외침이다. 어리석음과 어둠을 벗어나도록 하는 진리의 사자후다. 진
　　리를 깨달았으면 이를 세상에 널리 펴 만물이 다 고해에서 벗어나 오만년 내려갈 진리를
　　즐거워하도록 해야 한다. 놀고 보고 먹고 보게 해야 한다.
66　신령한 영기는 모두 한울에 통한다. 수 많은 사람에 수 많은 마음들이 있지만 결국 그것
　　이 어디서 와서 어디로 가는가? 알고 보면 다 한 한울 마음일 따름이다.
67　신령한 한울기운은 하나지만 그를 따르는 가르침은 여러 갈래 방향이 있을 수 있다. 어
　　느 것이 맞고 틀리는 것이 아니다. 다만 높은 산을 오르는지, 낮은 산을 오르는지, 험한 산
　　인지, 험하지 않은 산인지 차이가 있을 뿐. 각자 사는 여건과 도를 하는 정성에 따라 오르
　　는 봉우리가 천차만별이리라.
68　마음은 태산처럼 한번 정하면 움직이지 않고 진중해야 하나, 기운은 계속 흘러 움직여야
　　몸을 움직이고 살아있을 수 있다.
69　어두운 밤은 어리석은 세상이다. 밤중에 배회하는 것은 어리석은 무명 세상에서 바른 길
　　을 찾으려 헤매는 것이다. 이때 비치는 달빛-진리의 가르침은 얼마나 반가운가!

淸宵步步思不二　白日當當法無雙
청 소 보 보 사 불 이　백 일 당 당 법 무 쌍

맑은 밤에 거닐고 거니니 생각은 둘이 아니요,[70]

밝은 해가 당당하니 법은 두 가닥이 없더라.[71]

空谷種春今幾年　花開先天未生枝
공 곡 종 춘 금 기 년　화 개 선 천 미 생 지

빈 골짜기에 봄을 심은 지 지금 몇 해인가,[72]

꽃은 옛 세상에서 피었는데 아직 가지는 나지 않았구나.[73]

容如依空個個天　香非隨風處處仙
용 여 의 공 개 개 천　향 비 수 풍 처 처 선

70　宵 밤, 야간 소. 맑은 밤은 빛이 있는 밤이다. 어두운 밤과 달리 갈 길이 보이는 밤이다.
　　길을 알면, 진리를 알면 어느 길이나 사람을 살리는 길이요 한울로 가는 길이다. 같은 길을
　　가는 사람 생각도 한울을 위하는 마음일 뿐 어찌 다름이 있으랴.
71　밝은 대낮(백일)은 진리가 모두 드러난 세상이다. 감춰지고 숨겨진 것이 없다. 일체가 하
　　나이고 다 같은 한울인데 어찌 한울법이 따로 있겠는가. 그래서 산하대운이 진귀차도(동경
　　대전, 탄도유심급) 한다고 하지 않으셨나!
72　빈 골짜기는 한울법이 펴지지 않은 곳이다. 여기 봄을 심은 것은 생명의 원기, 진리의 씨
　　앗을 전한 것이다. 각자위심의 효박한 이 땅에 한울 진리를 처음 전하고 봄 씨앗을 뿌린 이
　　는 누구인가? 또 세상에 남아있는 빈 골짜기에 봄을 전할 이는 또 누구인가?
73　꽃은 앞으로 올 봄을 알리는 전령이다. 개벽 세상, 후천이 아직 오지 않았으나 그 기운이
　　완연하여 그를 전하는 꽃이 이미 피었는데, 그를 알아본 사람은 세상에 많지 않으니 안타
　　까운 일이다.

모양은 빈 데 의지한 것 같으나 낱낱이 한울님이요,[74]

향기는 바람을 좇지 않아도 곳곳이 신선이라.[75]

甘雨和風二月時 ⅡF咏春歌曲弄花枝
감 우 화 풍 이 월 시   영 춘 가 곡 농 화 지

단비 내리고 화한 바람 부는 이월에[76]

봄을 읊는 노랫가락이 꽃가지를 희롱하고,[77]

道心似玉精無瑕 智量如海深不知
도 심 사 옥 정 무 하   지 량 여 해 심 부 지

74 꽃은 어디서 왔는가? 모든 생명은 한울이 근원이요, 허령창창한 지기가 근원이다. 또 마
    지막엔 그곳으로 다시 돌아간다. 그러므로 한울 이치를 깨달으면 일체가 빈 것이고, 일체
    가 한울이다.

75 꽃향기는 바람을 타고 멀리 간다 하나 한계가 있고 오래가지 않는다. 그러나 덕이 있는
    사람 향기는 무한한 공간과 시간을 전해진다. 깨달은 사람에게, 또는 개벽된 세상은 모두
    가 한울이요 신선이니 어딜 가든 덕의 향이 가득할 것이다. * 꽃 향기는 바람을 거스르지
    못한다. 그러나 선한 사람의 향기는 바람을 거슬러 어느 곳이나 퍼진다(법구경) * 꽃의 향
    기는 1000-1200미터를 퍼진다고 하지만 요즘은 자동차 배기가스 등이 꽃 향기 분자를 파
    괴해서 200-300미터를 넘기 어렵다고 한다. 덕분에 도시에선 꽃 내음을 맡기도 어려워졌
    다. 꽃 향기를 따라 꿀을 모으고 암술과 수술을 수정시켜 열매를 맺게 하는 벌과 나비를 보
    기 어려워진 것도 그 때문이다.

76 음력 이월은 양력으론 3월이니 봄이 시작되는 때다. 봄에 내리는 비와 바람은 겨우내 잠
    들었던 대지를 깨우고 새 생명을 움트게 하는 생명 기운이다. 선천 세상에서 죽음이 가득
    했던 암울한 기운을 이겨내고 새로운 세상이 시작되는 후천 기운이다.

77 새로운 후천 세상은 죽임이 아닌 생명의 세상이다. 절망이 아닌 희망의 세상이다. 생명
    과 희망을 노래하는 가락이 생명을 뿜어내는 꽃가지와 어우러지는 풍경이다.

도의 마음은 구슬 같이 맑아 티가 없는데[78]

지혜의 도량은 바다 같아서 깊이를 알 수 없도다.[79]

大道本源出自微 能載天地也休非
대 도 본 원 출 자 미 능 재 천 지 야 휴 비

대도의 본원은 적은 데로부터 나왔으나[80]

능히 천지를 싣고도 쉬지 않더라.[81]

世人莫謂物少焉 萬年不已咸此歸
세 인 막 위 물 소 언 만 년 불 이 함 차 귀

세상 사람아, 물건이 작다고 이르지 말라.[82]

78 도의 마음은 욕념의 티끌이 없는 맑은 거울이요 구슬이다. 瑕 티, 흠, 허물 하.
79 도는 하나이고 텅 빈 허령이지만 거기서 나오는 조화와 활용은 무궁하다. 자신이 알고
    있는 것만 고집하면, 새로운 상황이나 모르는 것에선 벽에 부딪힐 수밖에 없지만 자신이
    아는 것 외에도 모든 가능성을 용인하고 받아들이며 배울 자세가 되어 있으면 어떤 상황
    도 이겨낼 수 있다. 그것이 허령의 유연함이요, 무한한 가능성이다.
80 우리 도의 시작은 한 사람의 위위심(세상을 구하고자 하는)에서 시작되었다. 또한 세상
    과 우주는 먼 옛날 한 점에서 시작되었다. 모든 위대한 것들의 시작은 어디서나 보는 흔하
    고 미천한 것이었다. 나의 오늘은 훗날 어떤 성취의 시작일까?
81 천지만물의 생명을 간섭하는 한울의 도는 잠시도 쉬지 않고 어디나 차별 없이 베풀지만
    (의암성사법설, 권도문) 불평하거나 공치사 하지 않는다. 다만 행할 뿐이다.
82 아무리 하찮은 물건이라도 한울의 이치가 담겨 있다. 그래서 물물천 사사천이요, 경물
    하라 하신 것이다. 불가에선 털구멍 하나에도 부처의 세계, 우주가 들어있다고 하지 않던
    가?(화엄경)

만년이 다하지 못하여 다 이리 돌아온다.[83]

水流聲聲掛滌溪 花鳥谷谷弄春啼
수 류 성 성 괘 척 계　화 조 곡 곡 농 춘 제

물 흐르는 소리 소리는 맑은 시내에 걸렸고,[84]

꽃과 새는 골짝마다 봄을 희롱하며 울더라.[85]

弘海如天無用地 世事繞心胸海底
홍 해 여 천 무 용 지　세 사 요 심 흉 해 저

큰 바다가 하늘 같아 쓸 땅이 없고,[86]

세상 일이 마음에 둘렸으나 가슴바다 밑이라.[87]

83 내가 눈 오줌도 강과 바다로 나갔다가 증발되어 비가 되고, 다시 지하수와 강물이 되고,
   수돗물이 되어 내 입속으로 돌아온다. 나고 죽고, 생기고 없어짐도 반복되고, 모든 것은 인
   과가 되어 돌아오기 마련이다. 시간과 모습은 달라질 수 있어도 반복되지 않는 것은 없다.
   그래서 무왕불복의 이치라 하셨다. 아무리 작은 물건이라도 우주의 모든 원소가 들어있다.
84 물 흐르는 소리는 생명 소리, 기운이 흐르는 소리다. 그 소리는 더러운 시궁창보다 깨끗
   한 계곡물에서 더욱 명랑하고 생기가 넘치게 들린다. 생명이 억압되는 부조리한 사회보
   다, 한울의 도가 실현되는 밝은 세상일수록 생명의 활기가 넘쳐흐를 것이다.
85 꽃과 새는 생명이요 생명을 표현하는 예술혼이고, 그대로 한울 모습이다. 새로운 세상이
   시작되는 봄(후천)이 되면, 생명이 억압되던 선천에 피지 못했던 꽃과 노래하지 못했던 새
   가 자유롭게 피고 노래하는 세상이 될 것이다.
86 바다가 넓으면 사람이 발 디딜 땅이 없다. 땅은 세속의 모든 갈등을 상징한다. 사는 데
   어찌 우여곡절이 없으랴. 그러나 거기 얽매여 삶을 고해로 여기는 사람이 있는가 하면, 마
   음을 바다같이 넓게 가져 멀리 보고 크게 보며 살면 특별히 고생이랄 것도 없다.
87 육신이 있는 동안 세속의 갈등을 겪지만 거기에 얽매이지 않는다. 좋으면 좋고, 싫으면

圓覺性中一樹佳 萬枝花葉春色加
원 각 성 중 일 수 가 만 지 화 엽 춘 색 가

둥글게 깨달은 성품 속에 한 나무가 아름답고,[88]

일만 가지 꽃과 잎에 봄빛을 더했어라.[89]

建心百年事無二 用道億世德不偕
건 심 백 년 사 무 이 용 도 억 세 덕 불 해

마음을 세운 백년에 일은 두 가지가 없고,[90]

도를 억대동안 썼지만 덕이 함께하지 않더라.[91]

風無去去天空餘 詩不詠詠意多書
풍 무 거 거 천 공 여 시 불 영 영 의 다 서

싫고, 무심행 무애행 할 뿐이다.

88   원각성은 한울 이치, 법의 인과를 뜻한다.(의암성사법설, 삼성과) 한울 성품(나무 뿌리와
줄기)에서 자라난 만물(가지와 잎, 꽃)은 각각이 진리의 표현이니 어찌 아름답지 않으랴.

89   한울 이치는 억압과 획일이 아니라 자유와 다양함이다. 잘나거나 못나거나 그 자체로 의
미가 있고 아름다움이 있다. 그것이 한울의 진리요, 그것이 실현되는 봄이요, 춘삼월 호시
절이다.

90   백년은 사람의 일평생. 누구나 호구지책에 급급할 것이 아니라 일생 동안 이룰 큰 일을
염두에 두고 살 일이다. 평생을 걸고 해야 할 일이 자신의 본 모습을 찾고 그를 실현하는
것(한울사업) 외에 또 달리 무엇이 있으랴.

91   偕 함께, 굳셀 해. 덕은 도가 세상에 실현되는 것이다. 도는 어느 세상, 어느 시기에나 항
상 있었지만 사람들이 그를 알고 덕으로 실현하는 것은 때마다 달랐다.

바람은 가고 감이 없으나 한울은 비어 남고,[92]

시는 읊고 읊지 아니하나 뜻이 많은 글이라.[93]

燈下黙念進退地 宇宙如如心無跡
등 하 묵 념 진 퇴 지　우 주 여 여 심 무 적

등불 아래서 잠잠하게 생각하여 나아가고 물러가는 곳에,[94]

우주는 같고 같아 마음에 자취가 없어라.[95]

五萬年運此地回 吾心開處世亦開
오 만 년 운 차 지 회　오 심 개 처 세 역 개

92 바람과 공기는 눈에 보이지 않는다. 그러나 그 오고 감을 느낄 수는 있다. 하지만 공기는
어디나 있는 것이고 있는 곳이 정해진 것도 아니니 어디로 가고 옴을 이야기할 수는 없다.
또한 그렇게 바람이 오거나 가더라도 한울은 항상 비어 있어 만물을 포용한다.

93 사람 말도 기록을 남기지 않으면 공중에 흩어져 흔적이 남지 않는다. 그중에서도 시문은
압축된 운율 속에 많은 뜻을 함축한다. 그러므로 인연이 없는 사람에겐 그저 지나가는 소
리일 따름이지만 뜻을 알아듣는 사람에겐 시만큼 큰 감동과 많은 상상력을 자극하는 것은
없을 것이다. 그래서 예부터 선각자들은 깨달음을 시로 표현하곤 했고 현대에 와서 많은
문학이 번역되지만 가장 번역이 어려운 것이 시라고 한다.

94 등불은 어둠을 밝히는 빛이다. 어리석음을 깨우치는 스승이다. 스승의 지도 아래 공부하
는 모습이다. 공부가 깊어지면 자신의 육관과 욕념이 일시적인 것임을 알게 된다. 이를 비
워가며 생명이 시작되기 전 고요한 상태를 공부하게 된다. 이 공부가 진행될 때에는 잡념
이 왔다가 사라지길 반복하며 차츰 마음이 맑아지게 된다.

95 일체가 한울임을 깨달으면 옳고 그르고, 너와 나, 이쪽과 저쪽의 분별이 사라지게 되고
모두가 하나인 한울이다. 이것이 동귀일체요 여여심이다. 그러나 그 같고 다른 마음도 또
한 구체적 자취가 있는 것은 아니다. 마음으로 깨달을 뿐.

오만 년 운이 이 땅에 돌아오니[96]

내 마음 열리는 곳에 세상도 또한 열리고,[97]

天地默默我獨惺 帝心不在玉京坮
천 지 묵 묵 아 독 성　제 심 부 재 옥 경 대

천지는 잠잠한데 나 혼자 깨니[98]

상제의 마음은 옥경대에 있지 않더라.[99]

天塵世塵吾亦塵 能吞能吐我自新
천 진 세 진 오 역 진　능 탄 능 토 아 자 신

한울도 티끌 세상도 티끌 나 또한 티끌이니,[100]

96 동학의 메시지는 지금까지와는 다른 삶, 다른 문명을 시작해야 한다는 명제다. 그 새로
　　운 문명이 앞으로 오만 년을 이어갈 것이므로 거기에 동참할 것인가 낙오될 것인가는 각
　　자 선택이다.
97 개벽은 전혀 다른 별천지가 아니다. 그대로의 세상이되 그것을 보는 나의 마음이 180도
　　달라진 것이다. 개벽된 마음으로 세상을 보면 새로운 세상이 보인다. 세상이 달라져도 내
　　마음이 그대로면 자기만의 세상에 갇힌 꼴이 된다.
98 세상이 아직 선천 관념에서 깨어나지 못하고 있을 때 후천 진리를 외치는 선각자의 길은
　　외롭고 힘든 것이었다. 천지와 한울은 본래 크게 빈 곳이다. 개벽이 가까워도 사람 언어로
　　무엇을 가르쳐 주진 않는다.
99 선천 관념에서 신이란 민중들의 비참한 삶과는 별개 세상(옥경대)에 있어 선택된 소수
　　사람이 아니면 감히 기도조차 할 수 없는 그런 존재였다. 그것을 이 세상 모든 티끌조차도
　　한울을 모시고 있다고 한 것이 동학이다. 그것은 가히 파천황의 전환이 아닐 수 없다.
100 일체가 한울의 지기요 허령이다. 잠시 각각 형상을 가지고 있는 것도 언젠가 허령으
　　로 돌아간다. 너는 반드시 한울이 한울된 것이니(의암성사법설, 법문). 色卽是空, 空卽是

능히 삼키고 능히 뱉으면 나 스스로 새로우리.[101]

背負胸抱慈悲事 法步能濟億億人
배 부 흉 포 자 비 사　법 보 능 제 억 억 인

등에 지고 가슴에 안은 자비로운 일,[102]

법의 걸음이 능히 많은 사람을 건지리.[103]

空界如如寂寂夜 初月湧出白如晝
공 계 여 여 적 적 야　초 월 용 출 백 여 주

공의 세계는 여여적적한 밤인데,[104]

초승달이 솟아나니 밝기가 낮인 듯하구나.[105]

色.(반야심경)
101　나에게 오고 가는 것을 나의 욕심으로 하면 그로 인해 수많은 싸움과 고통이 생길 것이
　　지만, 일체가 한울이므로 어디로 오고 감이 따로 없음을 깨달으면 거기에 얽매이거나 집
　　착하지 않고 자유롭게 행할 수 있다. 그것이 사람이건 재물이건.
102　일체가 한울임을 깨달으면 이 모두를 위하는 것이 한울과 나를 위하는 것이 됨을 알게
　　된다. 한울과 사람과 물건을 위하는 마음이 모심의 시작이다.
103　각자위심의 고해 속에 고통 받는 세상 사람들을 위하는 마음으로 진리를 전하여 참된
　　삶을 살게 하는 것이야말로 참 생명을 위하는 것이다.
104　우주는 본래 허령이 창창한 빈 곳이다. 빛조차 없는 무극이다.
105　생명이 시작되고 도가 베풀어지면(초승달이 솟아나면), 비었던 곳이 한울의 진면목으
　　로 가득 찬다(밝은 낮). 둘러보라 한울의 간섭과 은덕 아닌 곳이 어디 있는가!

步步登空無量看 天地與我一色空
보 보 등 공 무 량 간 　 천 지 여 아 일 색 공

걸음걸음 빈 데 올라 헤아릴 수 없는 것을 보니,[106]

하늘땅도 나와 더불어 하나로 비어있더라.[107]

虛虛大宇然然裡 一切萬像自遊足
허 허 대 우 연 연 리 　 일 체 만 상 자 유 족

비고 빈 큰 우주는 그렇고 그러한 속에[108]

일체 만상이 스스로 놀기 족하더라.[109]

心在一朶思二分 半開來處半開塵
심 재 일 타 사 이 분 　 반 개 래 처 반 개 진

마음은 한 떨기인데 생각은 둘로 나뉘어[110]

106 육신의 습관된 마음을 벗어나 진리를 보기 위해선 한울 마음을 회복하기 위한 꾸준한
수행이 있어야 한다. 한울의 비어 있는 허령을 보면 그것은 사람 기준으로 헤아리거나 판
단할 수 있는 것이 아니다.
107 한울 진리를 깨달으면 일체가 한울이요 하나의 지기일 따름이다. 각각 형상이 달라도
하나의 모습이요, 다 다른 마음이어도 결국 허령일 뿐이다.
108 무한한 우주에서는 시시비비가 부질없다. 만물은 다만 한울이 부여한 대로 그러할 뿐이다.
109 한울 이치를 깨달으면 자유롭게 생명을 만끽할 것이다. 다만 스스로 습관심에 갇혀 스
스로의 한계를 벗어나지 못하고 있을 뿐.
110 마음은 누구나 하나이다. 그러나 처음 태어날 때의 순수한 한울 마음을 잊고 감각의 욕
념에만 따르는 습관심(제이천심)이 자신의 마음인 줄만 알고 산다. "사람이 태어난 그 처음

반이나 열린 곳에 반은 티끌이고,[111]

天地雖分理不分　自心照見自心開
천 지 수 분 이 불 분　자 심 조 견 자 심 개

하늘땅이 아무리 나뉘었어도 이치는 나뉘지 아니하여[112]

내 마음 비치어 보는데 내 마음 열리네.[113]

法界眞眞精似玉　世事紛紛意如雲
법 계 진 진 정 사 옥　세 사 분 분 의 여 운

법의 경지 참되고 참되어 정미로운 옥 같고,[114]

세상일 어지럽고 어지러워 뜻이 구름 같아라.[115]

에는 실로 한 티끌도 가지고 온 것이 없고 다만 보배로운 거울 한 조각을 가진 것뿐이라, 허공에 도로 비치우니 왼쪽 가에 한 편은 여여적적하고 바른쪽 가에 한 편은 티끌이 자욱하고 자욱하니라."(의암성사법설, 성범설) •

111　티끌 속에 매몰되어 있으면 티끌이 보이지 않는 법이다. 마음을 닦아 티끌 속에서 벗어나면 비로소 티끌이 보이기 시작한다. 이것이 공부하는 사람의 허광심이요, 분별심이다. 그러나 그 티끌마저도 모두가 위해야 할 한울인 것을.

112　현상은 분별이다. 모습도 다르고 삶도 다르다. 거기엔 분명 옳고 그름도 있다. 그러나 그러한 것을 분별하는 이치는 어디나 같다.

113　한울로부터 부여받은 본래 내 마음을 보고자 하는 발심이 있어야 그 진면목을 볼 수 있다. 보려하지 않으면 어찌 보여줄 수 있겠는가? "생각을 하면 한울 이치를 얻을 것이요 생각을 하지 않으면 많은 이치를 얻지 못할 것이니…."(해월신사법설, 수심정기)

114　한울 법은 만물에 고루 베풀어진다. 소외되거나 버려짐이 없다. 그 정밀하고 세밀함이 옥과 같이 소중하다. '한울 그물은 성글지만 빠져 나감이 없다'(도덕경, 73장)

115　세상 모든 시시비비는 그것이 아무리 크고 중해도 찻잔 속 태풍이요, 부처님 손바닥 안

個中料得用神權 能以起風能超雲
개 중 요 득 용 신 권 능 이 기 풍 능 초 운

개중에는 귀신을 부리는 권세를 얻어[116]

능히 바람을 일으키고 능히 구름을 뛰어 넘느니라.[117]

夜來天地日半分 義擧鬼神意共聞
야 래 천 지 일 반 분 의 거 귀 신 의 공 문

밤이 천지에 오니 하루의 절반이요,[118]

의를 드니 귀신이 뜻을 같이 듣더라.[119]

猛風亂塵仙一夢 事畢男兒歸畊雲
맹 풍 난 진 선 일 몽 사 필 남 아 귀 경 운

손오공이다. 결국 같은 한울로 동귀될 것이고 빈 것으로 돌아간다. 그러므로 그 시시비비에 연연함은 흩어져 없어질 뜬 구름에 집착하는 것과 같다.

116   누구나 모신 한울로서 살아가므로 그를 깨달으면 우주에 가득한 창창한 허령과 통할수 있다. 이를 쓰는 것을 신통력이라 한다.(의암성사법설, 성심신삼단)

117   신통력은 쓸 수 있으나 그에 집착함은 또 다른 습관심이다. 필요할 때 쓸 수 있지만 그를 버릴 수도 있을까? 그러므로 스승님들께선 신통력조차 작은 일이라 하여 쓰지 않으셨다 했다. "내가 독실히 공부할 때에 억수같이 내리는 비 가운데서도 옷과 두건이 젖지 아니하였으며, 능히 구십 리 밖에 있는 사람을 보았으며 또 능히 바르지 못한 기운을 그치었으며 조화를 썼으나 지금은 조금도 돌아보지 않고 끊었노라. 원래 이것들은 다 작은 일이요 결코 대도의 바른 도리가 아니니라."(해월신사법설, 기타)

118   밝은 대낮에는 해가 영원할 것 같지만 곧 지고 밤이 온다. 하루의 반은 밤이고 낮과 계속 갈아드는 것이 무왕불복이다. 밤과 낮 뿐이랴, 젊음도 부와 권력도 영원하진 않다.

119   옳은 것은 한울을 위하는, 모두를 위하는 것이다. 한울이 감응하고 귀신이 감응할 것이다.

사나운 바람 어지러운 티끌은 신선의 한 꿈이니,[120]

일을 다한 사나이는 구름가로 되돌아가리라.[121]

返照先天未生顔　無聲無答無現歡
반 조 선 천 미 생 안　무 성 무 답 무 현 환

돌이켜 옛 세상을 비치니 낯을 내지 못하고,[122]

소리도 없고 대답도 없고 나타난 즐거움도 없고,[123]

百年舞坮風塵息　一片精神水月還
백 년 무 대 풍 진 식　일 편 정 신 수 월 환

백년 춤추던 터에 바람과 티끌이 쉬고,[124]

한 조각 정신이 물과 달에 돌아오더라.[125]

多風手空頓覺昏　慈悲眼活天一村
다 풍 수 공 돈 각 혼　자 비 안 활 천 일 촌

120 세상 일이 아무리 웅대하고 복잡해도 결국 지나고 보면 한낮 꿈이요, 이야깃거리일 뿐이다.
121 세상일을 다하면 한울 본래 자리로 돌아가게 마련이니, 그 곳은 허령이요, 빈 곳이다.
122 깨달은 뒤에 깨닫기 전의 치기어린 행동들을 돌아보면 부끄럽지 않을 수 있으랴?
123 일체가 한울임을 깨달으면 어디에 묻고 답을 기다릴 것인가? 自心自法할 뿐이다.
124 백년은 사람의 일평생이다. 일평생 춤추던 터는 우리 육신을 말한다. 육신이 있는 동안
　　은 세상 풍진에 함께하지만 육신을 벗으면 더 이상 풍진에 얽매일 필요가 없다. 육신을 벗
　　기 전이라도 육신 관념을 벗어나 깨달음을 얻어도 세상 풍진에 집착하지 않을 것이다.
125 한 조각 정신은 진정한 한울 마음이요 진리다. 물과 달은 수운과 해월. 결국 진리는 스
　　승님 가르침을 통해 깨달을 수 있음이다.

많은 바람이 손에 비니 문득 어두운 것을 깨닫고,[126]

자비로운 눈이 살았으니 한울이 한 마을이라.[127]

月入碧海渾無跡 雲散蒼天內有痕
월 입 벽 해 혼 무 적　운 산 창 천 내 유 흔

달이 푸른 바다에 잠기니 도무지 자취가 없고,[128]

구름이 푸른 하늘에 흩어지니 안으로 흔적이 있더라.[129]

神風掃盡白日寒 吾心虛虛宇宙欄
신 풍 소 진 백 일 한　오 심 허 허 우 주 란

신령한 바람이 맑은 날의 추위를 쓸어버리니[130]

126　많은 바람은 수많은 세상사의 희로애락. 많은 애환을 겪지만 결국 사람은 허령일 뿐이
　　고 빈 곳으로 돌아간다. 이를 깨달으면 희로애락에 연연하는 어리석음을 벗어날 수 있을
　　것이다.
127　자신의 이익만을 보는 눈은 진실을 보지 못하는 각자위심의 어리석은 눈이지만, 만물
　　을 위하는 눈은 자비의 눈이요, 분별심을 버리고 일체가 한울임을 깨달은 눈이다.
128　달이 지면 온 세상이 칠흙같이 어두운 세상이요, 허령창창한 세상이 된다. 달이 떠서
　　만물이 드러나는 것은 유정천 세상이요, 달이 진 뒤의 공허한 세상은 무정천 세상이다. 해
　　월(달) 선생은 세상 시비를 벗어난 분이시다. 육신이 살아 계실 때는 만물을 위하는 행을
　　하셨지만 돌아가신 뒤엔 한울과 하나 되어 허령 자리에 거하신다.
129　구름은 일정한 형상이 없다. 그러므로 흩어지면 그 흔적이 없다. 수운(구름) 선생 몸은
　　흩어져 흔적이 없으되, 당신이 남기신 뜻은 한울과 우주에 영원한 자취가 남을 것이다.
130　이 시문은 독립운동을 지원하시던 당시 상황을 표현한 듯하다. 흰 바탕의 해는 일본을
　　상징하고 일제 압제(추위)에 시달리는 것을 쓸어버리는 것은 '신풍'이라 하였다. 신풍은 민
　　족정기요, 진리의 한울 기운일 것이다.

내 마음은 비고 비어 우주가 한 난간이라.[131]

共和漸進六洲界 天是團也人一團
공 화 점 진 육 주 계   천 시 단 야 인 일 단

함께 화하는 것이 점점 육대주로 나아가고[132]

한울이 한 덩어리니 사람도 하나가 되는 것이라.[133]

兩君今至我自先 共自仙緣一般天
양 군 금 지 아 자 선   공 자 선 연 일 반 천

두 그대가 지금에 이르니 내가 스스로 먼저요,[134]

함께 스스로 신선 연분이니 한 가지 한울이라.[135]

131 마음이 빈 허령의 경지가 되면 한울과 하나가 된다. 한울과 하나가 되면 온 세상이 한
     가족이요 한 울타리다.
132 공화는 한울마음으로 함께 화하는 것이기도 하지만, 선천세상의 전제정치에 대비한 후
     천의 공화정을 뜻하기도 한다. 선천 세상은 너와 나를 분별하고 차별하여, 이긴 자와 힘센
     자가 모든 것을 독점하는 시기였지만, 후천 세상은 잘난 이와 못난이 차별이 없는 모두가
     서로 위하는 세상이 될 것이다. 그것이 어느 한 곳만 그러한 것이 아니라 모든 나라에 다
     후천의 변화가 올 것이니 그것이 개벽이다.
133 團 둥글, 모일, 덩어리 단. 문맥으로 보아 둥글다는 뜻보다는 하나로 모인다고 해석하
     는 것이 자연스럽다. 사람도 한울도 만물도 모두 하나의 지기, 하나의 허령의 소산이다.
134 엄혹한 일제 치하에서 민족운동과 독립운동 선구에 섰던 천도교는 자신의 목숨을 돌보
     지 않고 대의를 위해 분투했던 지사가 많았다. 지금 이 구절은 의암 선생이 중요한 사명을
     받은 두 지사를 앞에 두고 격려하는 모습이 연상된다. 두 사람이 어려운 일을 하게 되었지
     만 선생이 앞장 서 모든 책임과 뒷 일을 감당할 것이라는 다짐을 하시는 것일까?
135 같은 길을 위해 매진하니 같은 인연이요, 같은 한울 감응 속에 있음이다.

法步充然思無疑 大行男兒斷指年
법 보 충 연 사 무 의   대 행 남 아 단 지 년

법의 걸음이 찼으니 생각에 의심 없고,[136]

크게 행할 사나이는 손가락을 끊고 맹서할 해로다.[137]

萬法在我勿求遙 一片心頭古今招
만 법 재 아 물 구 요   일 편 심 두 고 금 초

만법이 내게 있으니 멀리 구하지 말라.[138]

한 조각 마음머리에 예와 지금을 부르고,[139]

號令江山正日月 義氣天地靈仙橋
호 령 강 산 정 일 월   의 기 천 지 영 선 교

136 대의를 위해 나서는 것은 사사로운 욕심을 버리고 모든 한울을 위하는 것이니 한울 법
     의 행보가 아닐 수 없다. 진리를 따르니 어찌 의심이 있으랴.
137 예부터 중요한 맹서를 할 때 단지하고 혈서를 쓰곤 했다. 부모에게 물려받은 몸을 훼손
     하지 않도록 가르치던 유교 사회에서 이는 목숨을 건 맹세를 뜻했다.
138 "네 몸에 모셨으니 사근취원 하단 말가."(용담유사, 교훈가) 해답은 항상 가까이 있다.
     눈 감고 귀 막고 있어 모를 뿐.
139 "나의 기점은 성천의 기인한 바요, 성천의 근본은 천지가 갈리기 전에 시작하여 이때에
     억억만년이 나로부터 시작되었고, 나로부터 천지가 없어질 때까지 이때에 억억만년이 또
     한 나에게 이르러 끝나는 것이니라."(의암성사법설, 성심변) 예와 지금 그리고 앞날까지 헤
     아리는 것이 모두 마음 소치다.

강산을 호령하니 일월이 바르고,[140]

의로운 기운이 천지에 하나 되면 영과 신선의 다리로다.[141]

覺心通空無頭尾 敍則無邊收不藏
각 심 통 공 무 두 미   서 칙 무 변 수 부 장

깨달은 마음이 빈 데를 통하니 머리도 꼬리도(차례가) 없고,[142]

펴는 법이 가이 없어 거두어도 감추지 않나니,[143]

誰使是兒聞又知 萬智萬能我自由
수 사 시 아 문 우 지   만 지 만 능 아 자 유

누가 이 사나이로 하여금 듣고 또 알게 하나,[144]

모든 것을 알고 모든 것을 행하는 것은 내 자유로다.[145]

---

140   한울 이치에 따라 가르치고 인도하면 따르고 승복하지 않을 자가 없을 것이다. 만물이
      바르게 다스려짐을 일월이 바르다고 표현하셨다.
141   의로운 기운을 천지와 함께하면 그것이 신령한 한울과 하나 되는 길이요, 신선 삶과 하
      나 되는 길이다
142   진리는 어디나 통한다. 온 우주가 한 한울이치이기 때문이다. 그러므로 그 이치를 깨달
      으면 시작도 없고, 끝도 없고, 좋은 것도 나쁜 것도 없는, 일체가 하나임을 알게 된다.
143   敍 차례, 순서, 차례대로 행할 서. 한울의 법은 어디나 소외됨 없이 적용되고 베풀어진
      다. 그러므로 그 베풂에 끝이 없으며 숨기거나 감출 것도 없다.
144   나를 움직이고 생각하고 동작하게 하는 것은 누구인가? "내 속에 어떤 내가 있어 굴신
      동정하는 것을 가르치고 시키는가."(의암성사법설, 인여물개벽설)
145   나와 너, 나와 한울이 하나임을 깨달으면 진리를 알고 행함에 있어 거리낄 것이 없다.
      이를 참된 자유라 한다. 개인 욕념대로 방종하는 것이 아니다. "일동일정과 일용행사를 내

月照蒼江裏 倒天無嫌隙 魚呑皎月色 腹中天地明
월 조 창 강 리　도 천 무 혐 극　어 탄 교 월 색　복 중 천 지 명

달이 푸른 강 속을 비치니 뒤집힌 한울에 작은 틈도 없고[146]

고기가 흰 달빛을 삼키니 배 속의 하늘땅이 밝더라.[147]

方入於中伴鬼神 運動之跡能如天
방 입 어 중 반 귀 신　운 동 지 적 능 여 천

방금 중도에 들어 귀신과 짝하니[148]

운동하는 자취가 능히 한울 같고,[149]

가 반드시 자유롭게 하나니 좋으면 좋고, 착하면 착하고, 노하면 노하고, 살면 살고, 죽으면 죽고, 모든 일과 모든 쓰임을 마음없이 행하고 거리낌 없이 행하니 이것을 천체의 공도 공행이라 하느니라."(의암성사법설, 삼심관)

146　달 밝은 고요한 밤에 물에 비친 사물을 보면 이쪽이 진실인가, 저쪽이 진실인가? 어느 쪽이 허상이고 어느 쪽이 참인가? 나는 현실 속에 있는가 나의 꿈 속에 있는가? 당신은 꿈과 현실을 명확히 구분할 수 있는가? 자신이 사는 이유를 모르고 자신이 하는 행을 모르면서 살면 그것이 꿈 속을 헤매는 것이지 참된 삶이라 할 수 있는가? 이 모두가 진리를 깨닫고자 하는 이유다. 깨달으면 이쪽과 저쪽 분별이 없어진다. 일체가 한울이므로. "燈明水上 無嫌隙 柱似枯形力有餘"(동경대전, 유시)

147　물 속 고기가 물에 비친 달을 삼킨다. 달을 삼킨 물고기가 큰 것인가, 그것을 바라보는 내가 큰 것인가? 물속과 물 밖의 경계가 이미 사라졌다. "연꽃이 물에 거꾸로 서니 고기가 나비되고, 달빛이 바다에 비치니 구름 또한 땅이로다."(동경대전, 영소) "천지일월이 가슴 속에 드니, 천지가 큰 것이 아니요, 내 마음이 큰 것이라."(의암성사법설, 강시)

148　수련 중 자신의 습관심을 잊고 본성 자리에 들면 한울의 허령과 하나가 됨을 체험하게 된다. 이를 강령이라 하고 한울의 신령한 기운과 하나가 되니 구부리고(귀) 펴는(신) 모든 동작이 이의 감응과 간섭 아님이 없다.(해월신사법설, 천지인귀신음양) 한울의 이치와 기운은 치우침이 없는 中이다. "인사지찰은 유일집중"(수덕문)

149　자신의 욕념으로 행하는 것이 아닌 한울 마음으로 행하면 그 행하고 이룸이 곧 한울이

放牛天地無間天 教牛聲中自成天
방 우 천 지 무 간 천 　 교 우 성 중 자 성 천

소를 천지에 놓으니 한울과 간격이 없고,[150]

소를 가르치는 소리 가운데 스스로 한울을 이루어라.[151]

萬物盡是別無理 一成造化處處天
만 물 진 시 별 무 리 　 일 성 조 화 처 처 천

만물은 별다른 이치가 없고[152]

한 조화로 이루어진 곳곳의 한울이라.[153]

我無身無心亦無 一水始分陰陽天
아 무 신 무 심 역 무 　 일 수 시 분 음 양 천

행하고 이룸이 된다.

150 불가에선 예부터 소가 진리를 상징했다. 아마도 인도에서 유래한 관념인 듯하다. 즉 사람이 본래의 청정한 마음을 잃고 방황하는 것을, 목동이 소를 잃은 것으로 표현하고 이 잃어버린 소를 찾아가는 과정을 도를 닦는 과정으로 묘사한 것이 절에 그려져 있는 심우도다. 즉 소를 천지에 놓음은 이미 마음이 소를 찾는 집착을 버리고 천지에 가득한 것이 잃었던 소임을 깨달은 것이다. 그러므로 그 마음은 곧 한울 진리와도 같다.

151 진리 공부하는 것을 소를 가르치는 것으로 표현했다. 잃어버린 소와 진리는 어디 있는가? 스스로의 마음에 있을 뿐이다. 그러므로 스스로 한울을 이루고 스스로 소가 되는 것이다.

152 세상에는 수 많은 생명이 각기 다른 모습으로 살아간다. 모습은 다 다르되 그 살아가는 원리는 하나로 연결되니 그것이 곧 진리요 한울 이치다.

153 그러므로 해월선생은 물건마다 일마다 한울이라고 하셨다. 깨달으면 모두 한울이나 깨닫지 못하면 모두가 각각이다.

나도 없고 몸도 없고 마음 또한 없는 것이니,[154]

한 물이 처음으로 음과 양으로 한울을 나누었어라.[155]

大觀天地一氣天 形形色色造化天
대 관 천 지 일 기 천   형 형 색 색 조 화 천

크게 하늘땅을 보니 한 기운의 한울이요,[156]

형형색색 조화의 한울이요,[157]

屈伸動靜任意天 萬事治政一般天
굴 신 동 정 임 의 천   만 사 치 정 일 반 천

구부리고 펴고 움직이고 머무는 것이 마음대로 한울이요,[158]

만사를 다스리는 한 가지 한울이라.[159]

154 나와 나의 습관된 마음도 본래는 허령에서 온 것이고, 몸도 또한 백년이 못 가 흩어져
     없어질 존재이다. 무엇이 있는 것이고 무엇이 없는 것인가? 이 분별을 넘어서야 한울을 보
     았다고 할 것이다.
155 음양이 나뉘기 전 무극은 크게 비고 어두운 것이라, 음에서 시작했다고 해도 틀리지
     않는다. 그러므로 해월선생은 천지가 시작되기 전은 북극 일륙수 뿐 이었다고 하신 것이
     다.(해월신사법설, 천지이기)
156 하늘과 땅을 이루는 것이 모두 하나의 지기다.
157 하늘과 땅 사이에 수많은 생명들(생물과 무생물 모두 포함)이 있다. 형태와 모습은 다
     다르지만 그 이루어진 조화는 한울 이치일 뿐이다.
158 수 많은 한울생명들이 자유자재로 몸을 움직일 수 있는 것도 모두 한울 간섭이다. 그것
     이 없으면 한 가지도 임의대로 할 수 없다. 그를 모르고 살아가고 있을 뿐.
159 세상에서 벌어지는 수 많은 일들은 자연 조화에서 사람 일에 이르기까지 한울 이치와

能知萬事自爲天 一發開口如意天
능 지 만 사 자 위 천   일 발 개 구 여 의 천

능히 만사를 알 수 있는 자연히 되는 한울이요,[160]

한 번 입을 열면 뜻과 같이 되는 한울이요,[161]

與物合德無間天 建道天地無疑天
여 물 합 덕 무 간 천   건 도 천 지 무 의 천

물건과 같이 덕에 합하여 사이가 없는 한울이요,[162]

도를 천지에 세워도 의심 없는 한울이라.[163]

天生萬物心受天 道生萬事食補天
천 생 만 물 심 수 천   도 생 만 사 식 보 천

한울이 만물이 낳았으니 마음은 한울에서 받으며,[164]

한울 기운 작용 아닌 것이 없다. 물물천 사사천이다.

160 만물 이치가 하나이므로 한울 이치를 깨달으면 만사를 다 알 수 있게 된다(만사지). 만물
     과 만사가 하나로 통함을 알면 한울을 위하는 것이 자신을 위하는 것임을 또한 알게 된다.

161 습관된 마음이 아닌 한울 마음에서 나오는 말은 곧 한울 뜻을 사물에 베푸는 것이다.

162 군자의 덕은 한울과 함께한다고 하였다. 한울 이치가 물건에까지 베풀어지지 않음이
     없으니 물건을 바르게 사용하고 아끼는 것이 한울 덕에 합하는 것이 된다.

163 한울 덕을 가르치는 것이 도라면 이를 세상에 세우고 펴는 것 또한 한울 덕행이다. 바
     른 도가 세상에 펴지면 일체가 의심이 없어진다.

164 만물과 만물을 유지하는 마음이 모두 한울에서 나온 것이다. 그러므로 참된 마음을 잊
     고 살았다가도 다시 한울에 기원하면 본래 참된 마음을 회복할 수 있다.

도는 만사를 낳았으니 밥 먹는 것은 한울을 돕는 것이라.[165]

今朝唱韻奉命天 明朝刱運許諾天
금 조 창 운 봉 명 천 　 명 조 창 운 허 락 천

오늘 아침에 운을 부르니 명을 받는 한울이요,[166]

내일 아침에 창명한 운이니 허락한 한울이라.[167]

於千萬物始一氣 各有成形各有性
어 천 만 물 시 일 기 　 각 유 성 형 각 유 성

천만물이 한 기운에서 시작되어[168]

각각 이룬 형상이 있으며 각각 성품이 있고,[169]

---

165 도는 한울이 세상에 베풀어지는 방법이자 이치다. 모든 생명이 사는 이치가 그러므로
한울의 도다. 생명은 먹는 것으로서 자신의 생명을 유지한다. 그러므로 먹는 것은 한울 생
명을 돕는 것이요, 그래서 한울님을 주리게 하지 말라(해월신사법설, 십무천)하셨다.

166 奉 받들 봉. 운은 시나 노래를 짓기 위한 주제나 소재를 말한다. 운을 띄우는 것은 어떤
일을 시작하는 신호로 생각할 수 있다. 어떤 일을 시작하는가? 일생에 가장 중요한 일은
한울 명을 수행하는 일을 시작함이다.

167 刱. 創 비롯할, 만들 창. 오늘 한울 명을 받는 일을 시작하면 내일은 한울의 큰 운수를
받음을 허락 받을 것이다. * 이 7언 절구는 뒤의 3구절에 심수천-식보천-봉명천-허락천 등
으로 반복되는 운을 넣어 운율과 뜻을 살렸다.

168 우주 모든 만물은 모두 한울의 지기, 허령에서 시작된 것이다.

169 같은 한울에서 시작됐으나 생겨난 곳 기후와 토양 등에 따라 그 성질과 모양이 모두 다
르다. "歌曰 而千古之萬物兮 各有成各有形"(동경대전, 불연기연)

天道只在體物間 人事自行敎化中
천 도 지 재 체 물 간　인 사 자 행 교 화 중

천도는 다만 몸과 물건 사이에 있고,[170]

사람의 일은 자연히 교화하는 가운데서 행하여지더라.[171]

夢中和語明如此 醒則送思難爲形
몽 중 화 어 명 여 차　성 즉 송 사 난 위 형

꿈속에 주고받는 말이 밝기 이와 같으나,[172]

깨면 보내는 생각이 형용하기 어려워라.[173]

夢中世界若如此 豈不爲形豈有異
몽 중 세 계 약 여 차　기 불 위 형 기 유 이

170　도가 세상에 구현된 것은 내 몸과 물건들이 그 증거다. 그 모두가 한울 간섭이 아니면
　　　어찌 생겨났겠는가? 그러므로 내가 나를 위하는 것이고, 물건을 공경해야 하는 것이다.
171　사람 일은 자신의 욕심으로 억지로 하려 하면 탈이 나게 마련이다. 한울님 순리대로 하
　　　면 저절로 이루어지는 것을.
172　꿈은 이상 세계다. 한울 세상이다. 꿈 속에선 현실의 장애 없이 뜻한 바를 이룰 수 있다.
　　　그러나 꿈과 현실은 무엇이 다른가? 내 욕심이 남아 있는가, 남아 있지 않은가의 차이일
　　　뿐인 것.
173　꿈에서 깨어나 현실로 돌아오면 어느 틈엔가 꿈을 잊고, 꿈 속에서 깨달은 답을 잊고
　　　살아가는 자신을 발견하곤 한다. 수도원에서 수련할 때는 세상을 개벽할 수 있을 것 같다
　　　가 내려와 생활하다 보면 어느새 예전의 모습이 되어 있는 것처럼….

꿈 속의 세계가 만약 이 같으면,[174]

어찌 형용하지 못하며 어찌 다른 것이 있으리.[175]

氣滿天地無滯邊 變化能作正心處
기 만 천 지 무 체 변   변 화 능 작 정 심 처

기운은 천지에 가득차서 어디에도 막힘없고,[176]

변화는 능히 바른 마음 가지는 곳에 되더라.[177]

龍沈畵海鱗無濕 影在示鏡語不和
용 침 화 해 인 무 습   영 재 시 경 어 불 화

용이 그림 바다에 잠겼으나 비늘은 젖지 않고,[178]

그림자는 보이는 거울에 있으나 말은 화답치 못하고,[179]

174 꿈이 현실이 되려면, 바른 생각을 하고 바른 이상 바른 도를 세워야 한다. 꿈조차 이상
과 욕념에서 헤어나지 못하면 무엇을 더 기대하랴.

175 바른 꿈과 바른 이상을 세우면 비록 현실은 더디게 변할지라도 내일을 확신할 수 있을
것이다. 결국 일체가 한울로 돌아가는 것이므로.

176 한울 기운은 천지 어디서나 막힘이 없고 차별 없이 베풀어진다.

177 한울 덕과 합하면 바르게 뜻한 바를 이룰 것이나, 자신의 욕념으로 구하면 바르게 얻어
지지 않을 것이다. 생명은 늘 변화한다. 바른 마음으로 변하면 바르게 이룰 것이나, 바르지
못한 마음을 가지면 그르칠 것이다.

178 용이 진짜 바다가 아닌 그림 속 바다에 잠겼으니 비늘이 젖을 리 없다. 진리를 찾으려
면 자신의 진실 속에서 찾아야지 밖에서 찾거나 자신의 이상이나 허상에서 찾는 것은 용
이 그림 속에서 비늘이 젖길 바라는 것과 같다.

179 거울에 비치는 모습은 자신과 똑같지만 거울 속 자신은 할 수 있는 것이 아무것도 없다.

雲影落地踏無盡 月色滿地禁無窮
운 영 낙 지 답 무 진 월 색 만 지 금 무 궁

구름 그림자가 땅에 떨어지니 밟아도 다함이 없고,[180]

달빛이 땅에 가득하니 금하여 다함이 없느니라.[181]

急水聲高半天外 緩步意出一世上
급 수 성 고 반 천 외 완 보 의 출 일 세 상

급한 물소리는 한울 밖에 드높지만,[182]

느리게 거니는 뜻은 온 세상에 드러나고,[183]

雨聲風聲胸海起 意自往來衣無濕
우 성 풍 성 흉 해 기 의 자 왕 래 의 무 습

진실한 자기만이 자신을 위하고 세상을 위하고 한울을 위할 수 있다. 지금 자신은 진실인
가 허상인가? 진리를 모르고 한울을 위하는 삶을 살지 못하면 허상과 다를 것이 무엇인가?

180 구름 그림자는 넓게 덮이지만 사람 발길을 방해하지 않고 밟는다고 닳아 없어지지 않
는다. 진리도 그러하다. 땅에 떨어진 구름 그림자는 세상에 펼쳐진 水雲 선생의 진리.

181 달빛이 땅을 비춤에 가리거나 차별하지 않는다. 누구에게나 무궁히 비칠 뿐이다. 땅에
가득한 달빛은 이 세상에 베풀어 주신 海月 스승님의 큰 덕.

182 급박하게 돌아가는 세상 소식은 언제나 시끌벅적하다. 하지만 그 소리가 아무리 요란
해도 내 마음 평정한 곳은 고요할 뿐이다. 드러난 티끌 한울이 다가 아니다. * 이 구절은 다
음 구절과 대구가 되므로 '한울 밖에 드높지만'으로 번역하는 게 자연스럽다.

183 느리게 걷는 것은 확신이 있어서다. 넓고 큰 진리를 깨달으면 조급할 필요가 없다. 그렇
게 차근차근 행해도 애써 알리려 하지 않아도, 한울의 도는 자연히 세상에 드러나게 된다.

비 소리 바람 소리는 가슴 바다에서 일어나건만,[184]

뜻은 스스로 가고 오나 옷은 젖지 않더라.[185]

觀海惟是蒼蒼涯 讀書只在勞苦中
관 해 유 시 창 창 애   독 서 지 재 노 고 중

바다를 보는 것은 오직 창창한 물가이기 때문이요,[186]

글을 읽는 것은 다만 힘쓰고 괴로운 속에 있고,[187]

思不去天天來思 人不通道道通人
사 불 거 천 천 래 사   인 불 통 도 도 통 인

184 온 세상의 희로애락이 모두 마음속에서 일어난다. 그 마음은 진리를 깨달으면 온 우주
    와 하나로 통하니 "천지일월이 가슴 속에 드니 한울이 큰 것이 아니요 내 마음이 큰 것이
    라."(의암성사법설, 강시)
185 현실 사업에 매진하며 노력하여도 마음 한 편은 거기에 물들지 않고 고요한 무형 세계
    에 있어야 현실의 희로애락에 마음을 빼앗기지 않을 수 있다.
186 涯 물가 끝 근처 애. 바다를 바다 속에서 볼 수는 없다. 바다는 바다 밖에서 가장 잘 보
    인다. 자아를 보기 위해서도 자신의 감정에서 한 걸음 떨어져 객관적으로 봐야 하고, 어떤
    난제에 닥친 경우도 그 곳에선 나오지 않던 답이 한 걸음 떨어져 제3자의 눈으로 보면 쉽
    게 보이기도 한다. 이것이 마음공부할 때 觀하는 법이다.(의암성사법설, 십삼관법 참조)
187 글을 읽고 책을 보는 것은 정보를 얻기 위함이다.(재미로 하는 경우도 있지만) 옛 사람
    들은 자신이 걸어온 경험과 삶의 지혜를 책에 담아 후세 사람들의 교훈이 되도록 했고, 책
    을 통해 그를 학습함으로써 사람들은 앞선 사람들의 실수를 반복하지 않고 보다 발전된
    학문과 삶으로 나아갈 수 있었다. 그것이 인류 문명이 축적 돼온 방식이었다. 그러므로 책
    을 읽는 것은 노고근면의 삶을 배우는 것이요, 삶의 진실을 간접적으로 체험하는 것이 아
    닐 수 없다.

생각하는 것이 한울에 가는 것이 아니라 한울이 생각하는데 오고,[188]

사람이 도를 통하는 것이 아니라 도가 사람을 통하느니라.[189]

體物一世天地影 心氣萬年鬼神跡
체 물 일 세 천 지 영 심 기 만 년 귀 신 적

형체와 물건은 한 세상 천지의 그림자요,[190]

마음과 기운은 만년 귀신의 자취니라.[191]

靈莫靈於天地 非人生而不靈
영 막 영 어 천 지 비 인 생 이 불 령

신령한 것은 하늘과 땅보다 더 신령한 것이 없으나[192]

사람이 아니면 신령하지 못하고,[193]

---

188 "사람이 한울을 모신 것 아니라 한울이 사람을 거느렸고…."(의암성사법설 강시) 내가
    생각하는 것도 한울님 간섭이 없으면 어찌 가능하겠는가? 고정관념 속에 갇혀 있으면 총
    체적 진실을 알기 어렵다.
189 윗 구절과 댓구. 자신의 습관심이 남아 있으면 진리를 깨닫기 어렵다. 습관된 고정관념
    을 버리면 자연히 드러나는 것이 진실이요 진리다. 나의 욕심으로 이루어지는 것이 아니
    라 자연히 무위이화 되는 것이니 도가 사람을 통한다고 해도 된다.
190 세상 모든 만물은 한울의 무형한 성령이 유형화한 것.(의암성사법설, 성령출세설 참조)
191 마음과 기운 또한 한울의 허령에서 나온 것이니, 한울님은 "귀신이란 것도 나"(동경대
    전, 논학문)라고 하지 않으셨던가! 나의 몸과 물건은 잠깐 형상을 갖춘 것이고 마음과 기운
    이야말로 영원히 이어지는 것이다. 어느 것이 주이고 어느 것이 객인가!
192 천지 우주가 모두 한울 작용으로 이루어지고 운행되니 한울보다 신령한 것이 또 있으랴?
193 마음은 본래 비어서 자취가 없고(동경대전, 탄도유심급), 한울 또한 허령이므로 구체적

明莫明於日月 非耳目而不明
명 막 명 어 일 월   비 이 목 이 불 명

밝은 것은 해와 달보다 더 밝은 것이 없으나

귀와 눈이 아니면 밝지 못하다.[194]

明兮明兮神亦明 知兮知兮人亦知
명 혜 명 혜 신 역 명   지 혜 지 혜 인 역 지

밝고 밝음이여, 신도 또한 밝고[195]

알고 앎이여, 사람도 또한 알더라.[196]

山來思仁人與孰 意足茅屋堯日輝
산 래 사 인 인 여 숙   의 족 모 옥 요 일 휘

산은 어진 것을 생각하는데 사람은 누구와 같이 할까.[197]

자취를 나타내기 위해선 몸을 가진 사람이 그 역할을 해야 한다. 그러므로 한울은 사람에
의지하고 사람은 밥에 의지한다고 하신 것이다.

194 윗 구절과 댓구. 해와 달이 아무리 밝아도 그것을 인지하는 사람이 없으면 소용없다.
아무리 좋은 붓이 있어도 사람이 쓰지 않으면 좋은 그림을 그릴 수 없는 것과 같다. 진실은
항상 지금 여기에 있지만, 나의 눈과 귀가 그것을 보고 듣지 못하면 소용없는 것이다.

195 밝음이란 어리석음의 어두움을 깨치는 진리의 상징이다.(동경대전, 팔절 참조) 귀신이
란 한울 작용이 나타남을 말한다. 그러므로 귀신도 또한 한울이요 신령한 것이다.

196 앎이란 소통이다. 사물과 한울의 진실과 통하는 것이다. 마음을 열고 자신의 습관심을
버리는 사람에게 진리는 지금 현재 이 자리에 있다.

197 孰 누구 숙. 어짊은 배려다. 위하는 마음이다. 이 마음에서 부모를 위하는 효와 충이 시

뜻은 초가집이라도 족하니, 요임금의 날이 비친 것이라.[198]

天地始創二字明 聖道誠盡三端止
천 지 시 창 이 자 명　성 도 성 진 삼 단 지

하늘땅이 처음으로 생겨 두 글자가 밝아지고,[199]

성인의 도에 정성을 다하니 세 가지에 그치니라.[200]

地載萬物一毫輕 德被四海片心薄
지 재 만 물 일 호 경　덕 피 사 해 편 심 박

땅은 만물을 실었으나 한 털끝같이 가볍고,[201]

덕은 사해에 덮였으나 조각 마음같이 엷더라.[202]

작된다. 논어 옹야편에 공자가 智者樂水 仁者樂山 라 한 구절이 있다. 즉 지혜로운 사람은
머물러 있지 않고 변화하고 움직이며 새로운 것을 배우고 개혁해 가지만, 어진 사람은 의
리를 편안히 하고 중후하여 움직이지 않는 산과 같다는 뜻이다. 그러므로 산에 감은 어진
것을 생각하고 공부하는 것을 상징하는데, 어진 것이란 두(二)사람(人) 사이의 배려하는 마
음이므로 사람 간의 관계다. 상대가 있어야 공부도 되고 어짊도 되는 것이다.

198　뜻이 한울과 우주에 통하면 몸이 어디에 있건 무슨 상관이랴. 요 임금 또한 한울 뜻을
　　　깨달은 성인이니, 요 임금을 밝혀준 해와 나의 어리석음을 밝힌 해는 같은 한울 빛이요 같
　　　은 해다.

199　텅 빈 무극에서 세상이 시작되며 하늘과 땅, 음과 양이 나뉘어 생겨났다.

200　우리 도는 많은 말을 할 것이 아니라 성경신 석 자라고 하셨다.(동경대전, 좌잠 참조) 또
　　　한 천지인 삼재의 수와 성심신 삼단이 스승님이 가르쳐 주신 도의 핵심이다.

201　어머니 대지는 만물을 싣고 키우고 다시 거두지만 그것을 자랑하거나 생색내지 않는
　　　다. 오직 대가를 바라는 인간 욕심이 공치사를 할 뿐이다.

202　덕은 한울 도가 실현된 것이다. 한울의 도와 덕은 온 세상 어디나 차별 없이 베풀어진

海帶月色水性潔 人守聖道天心燭
해 대 월 색 수 성 결 인 수 성 도 천 심 촉

바다가 달빛을 두르니 물의 성품이 깨끗하고,[203]

사람이 성인의 도를 지키니 천심이 밝아지느니라.[204]

無經無緯我獨生 幾多經緯使我苦
무 경 무 위 아 독 생 기 다 경 위 사 아 고

날줄도 없고 씨줄도 없이 나 홀로 태어나니[205]

얼마나 많은 날줄과 씨줄이 나를 괴롭히고,[206]

一超天堂破帝闕 孰能使我言經緯
일 초 천 당 파 제 궐 숙 능 사 아 언 경 위

다. 또한 대가를 바라지 않고 다만 베풀 따름이니 어디에도 마음의 부채가 없다. 어찌 가볍
지 않으랴.

203　잔잔한 바다에 달빛이 훤하여 맑은 물이 다 보이는 듯하다. 바다에 뜬 달은 해월이요,
　　 깨끗한 물은 수운이다. 수운(천황씨)의 맑은 뜻은 해월(지황씨)로 인해 밝혀졌다.

204　사람 마음이 천지의 공기이므로(인여물개벽설) 사람들의 마음이 성인의 가르침으로 바
　　 뀌고 개벽되면 천지 마음이 밝아지고 천지가 개벽된다. 여기서 사람은 인황씨를 은유할
　　 수도 있다. 인황씨(의암 선생)가 도를 지킴으로써 끊어질 뻔했던 도맥이 이어질 수 있었다.

205　날줄과 씨줄은 사람이 살면서 겪는 모든 인연과 인과를 상징한다. 누구나 지금 현재 살
　　 고 있는 공간과 시간의 영향을 벗어날 수 없다. 그러나 한울님 세계에선 이 모든 인연과 인
　　 과가 소멸되고 일체가 하나로서 자유로워진다. 이를 해탈이라 한다. 날도 씨도 없이 홀로
　　 태어났다 한 것은 세상 모든 구속에서 해탈하여 한울 사람으로 새롭게 거듭난 것을 뜻한다.

206　해탈하지 못한 세상 사람들은 이전 인과에 의해 현재 있는 공간과 시간에 위치하며, 지
　　 금 짓는 인과에 의해 내일 위치가 또한 정해질 것이다. 이 모든 인과를 자신이 선택하고 주
　　 관할 수 있는 것과 수동적으로 끌려 다니는 것은 삶의 모습이 180도 다를 것이다.

한 번 천당에 뛰어 올라 상제의 대궐을 쳐부수면[207]

누가 능히 나로 하여금 경위를 말하라고 하리.[208]

月出夜無東 日落夕不西
월 출 야 무 동　일 락 석 불 서

달이 동쪽에 솟으나 밤은 동쪽이 없고,

해가 서쪽에 떨어지나 저녁은 서쪽이 아니라.[209]

大地圓無境 人眼不離堤
대 지 원 무 경　인 안 불 리 제

큰 땅은 둥글어 경계가 없건마는 사람의 눈은 둑을 떠나지 못하느

니라.[210]

207　천당과 상제는 나의 본질을 구속하고 왜곡하는 현실의 모든 도그마, 억압의 상징이다.
　　나의 참 모습을 찾기 위해선 모든 선입관과 기득권을 부수고 개벽해야 한다.
208　천당의 상제 대궐을 부숨은 나를 싸고 있는 두터운 습관의 핵심을 깬 것을 뜻한다. 천
　　심을 깨달아 일체가 한울임을 체험하고 즐기면 날줄과 씨줄에 얽매이지 않는다.
209　달이 뜨고 지는 곳은 방향이 정해져 있지만 깨달은 세상은 따로 방향과 경계가 없다.
　　모두가 허령이요 한울이기 때문이다.
210　우주와 한울은 무한하다. 경계가 없다. 좋고 나쁨, 선과 악, 길고 짧은 것을 가리지 않
　　는다. 모두를 포용한다. 그러나 사람 육신은 자신의 한정된 감각만을 믿고 분별하려 한다.
　　그러므로 육관으로 생각하지 말고 심령으로 생각하라고 하셨다.(해월신사법설, 수심정기)
　　눈이 떠나지 못하는 둑은 어디인가? 내 재산과 지위를 지키는 든든한 보호벽인가, 나를 습
　　관과 욕망 속에 가두는 감옥인가? 내 마음을 소란스럽게 만드는 세상사인가, 진실을 올바
　　르게 보지 못하게 만드는 욕념과 에고(아상)인가? 어찌 됐건 나와 세상을 단절시키는 가로

禍亂必責不正之道 飢寒自顧懶惰之心
화 란 필 책 부 정 지 도　기 한 자 고 나 타 지 심

재화와 난리는 반드시 바르지 못한 도에 책임을 묻고,[211]

주리고 추운 것은 스스로 느리고 게으른 마음을 돌아보라.[212]

豁豁蕩蕩無碍地 上帝命敎令我曉
활 활 탕 탕 무 애 지　상 제 명 교 영 아 효

넓고 넓은 크고 큰 거리낌 없는 곳에서[213]

상제의 명령하고 가르치는 것이 나로 하여금 깨닫게 하고,[214]

막이다. 이 둑을 넘어서고 터뜨려야 한울을 바로 보고, 진실을 바로 볼 수 있을 것이다.

211　세상 일은 모두가 인과다. 조그만 방심과 부정과 욕심들(바르지 못한 도)이 화와 난을 초래한다. 겪기 전엔 잘못을 깨닫지 못한다. 이를 그때그때 교정하고 참회하며 고치면 큰 일을 당하지 않을 것이고, 큰 화를 당해도 그 원인을 돌아보고 바른 도로 돌아온다면 빨리 벗어날 수 있을 것이다.

212　한울이 사람을 낼 때 녹 없이는 아니 낸다고 하였다.(용담유사, 교훈가) 스스로 노력하여 많든 적든 자신의 녹을 찾아야 한다. 그렇지 못하면 생명이 상하게 되니, 한울을 주리거나 상하게 하지 말라고 하지 않으셨던가(해월신사법설, 십무천) "정성이 이루어지는 바를 알지 못하거든 이에 스스로 자기 게으름을 알라."(동경대전, 후팔절)

213　무한히 넓고 거리낌 없는 곳은 모든 생명의 고향이자 근원인 한울이다. 그곳은 마음을 연 누구나 옆에 있지만 마음을 닫은 이에겐 한없이 먼 곳이며, 또한 무죄지지이기도 하다.(동경대전, 팔절)

214　나를 명령하고 가르치는 것은 누구인가? 나인가, 한울인가, 부모인가, 권력인가, 내 삶의 의지인가? 나는 오늘 온전한 자의로 살고 있는가? "내 속에 어떤 내가 있어 굴신동정하는 것을 가르치고 시키는가."(의암성사법설, 인여물개벽설)

孰能無蕩蕩之心 但使利慾遮遮路
숙 능 무 탕 탕 지 심 단 사 리 욕 차 차 로

누구인들 능히 넓고 큰 마음이 없으랴마는,[215]

다만 사리사욕이 길을 막고 막느니라.[216]

有鬼神則 堯舜治 無鬼神則 桀紂亂
유 귀 신 즉 요 순 치 무 귀 신 즉 걸 주 난

귀신이 있으면 요순의 다스림이요,[217]

귀신이 없으면 걸주의 난이니라.[218]

鳳凰臺役鳳凰遊 天心守處天心開
봉 황 대 역 봉 황 유 천 심 수 처 천 심 개

봉황대를 지어야 봉황이 놀고,[219]

---

215 누구나 태어나면서 한울의 마음을 받아 나온다. "사람이 태어난 처음엔 보배로운 거울
    한 조각을 가진 것뿐이라."(의암성사법설, 성범설)
216 진실은 항상 그 자리에 있다. 다만 나의 습관심과 아상이 그를 가리고 있을 뿐.
217 귀신은 음양이고 굴신이며, 한울 이치다.(해월신사법설, 천지인 귀신음양) 그러므로 귀
    신이 있음은 한울 이치를 따르는 것이니 요순의 태평성세가 순천리 순천명한 덕분이다.
218 귀신이 없음은 한울 감응이 없는 것을 뜻한다. 걸과 주는 하나라와 은나라 마지막 임
    금으로 폭정으로 나라를 망하게 한 암군(暗君)의 대명사.
219 봉황은 상서로운 기운을 상징하는 상상 속 동물. 좋은 결과가 있으려면 좋은 인과를 많
    이 만들어야 하는 것은 당연한 이치.

천심을 지키는 곳에 천심이 열리더라.[220]

臥龍水性合 風浪自然靜
와 룡 수 성 합 　 풍 랑 자 연 정

누운 용이 물 성품에 합하니, 바람과 물결이 자연히 고요하니라.[221]

鏡裡不生塵 萬塵起着鏡 若使本無鏡 萬塵何處着
경 리 불 생 진 　 만 진 기 착 경 　 약 사 본 무 경 　 만 진 하 처 착

거울 속에서 티끌이 생기는 것이 아니라

많은 티끌이 일어나 거울에 붙나니,[222]

만약 본래 거울을 없이 하면 많은 티끌이 어느 곳에 붙으랴.[223]

220 우는 아기 젖 준다. 한울을 찾고, 진리를 구하며, 참된 마음을 지키려 하는 사람에게 한
    울의 진리가 열릴 것이다. "땅은 거름을 들여야 오곡의 남음이 있고, 사람은 도덕을 닦아
    야 모든 일이 얽히지 않느니라."(동경대전, 유고음) "우물을 판 뒤에야 물을 마실 것이요,
    밭을 간 뒤에야 밥을 먹을 것이니…."(해월신사법설, 독공)
221 용은 물속에 산다. 사는 곳에 적응하지 못하여 몸부림치면 풍랑이 일 것이니, 옛 사람
    들은 풍랑을 용이 노하여 몸부림하는 것으로 여겼다. 내가 사는 곳의 환경이 나쁘면 나와
    주위 사람들이 괴롭다. 나를 바꿀 것인가, 환경을 바꿀 것인가?
222 거울은 본래 있는 그대로 비칠 뿐이다. 주변이 바람 불고 소란스러우면 먼지가 일어 거
    울이 더러워질 것이다. 거울은 우리 마음이요, 티끌은 나의 마음을 가리는 마다. 마는 어디
    에서 오는가? 외부에서 나를 유혹하는가, 내 안에서 욕념이 생기는가?
223 몸을 가지고 세상을 사는 데 티끌이 어찌 생기지 않으랴. 그를 닦느라 애쓰는 것은 또
    다른 욕심. 지엽에서 헤매지 말고 근본 진리를 직각해야 한다. "나라는 티끌과 물건이란
    티끌이 도시 한 티끌이니 어찌 여기에 물들며 저기에 물들겠는가."(의암성사법설, 진심불
    염) 이것이 해탈.

一片月上東 幾家人登樓 野花千萬枝 遊客忘歸家
일 편 월 상 동 기 가 인 등 루 야 화 천 만 지 유 객 망 귀 가

한 조각 달이 동쪽에 솟으니 여러 집 사람이 다락에 오르고,[224]

들꽃 천만 가지에 놀던 손님이 집에 돌아가기를 잊었더라.[225]

一天之下無二東 皓月登空四海同
일 천 지 하 무 이 동 호 월 등 공 사 해 동

한 한울 아래 두 동녘이 없고[226]

흰 달이 공중에 솟으니 네 바다가 하나 되고,[227]

蕭蕭葉落九秋夜 志士男兒手生風
소 소 엽 락 구 추 야 지 사 남 아 수 생 풍

224 어두운 밤하늘에 밝은 달이 솟으면 그 빛을 보기 위해 사람들이 모이는 것은 당연한 일
이다. 전기가 없던 옛날에는 달빛이 유일한 조명이었다. 달빛은 어리석음(어둠)을 쫓는 진
리의 빛이요, 그 빛을 따라 다락에 사람들이 오르는 것은 선각자의 인도를 따라 사람들이
진리 세계로 나아가는 것을 상징한다.
225 들에 핀 꽃은 모두 한울이 드러남이다. 이를 알아보면 세상이 모두 즐거운 한울이니 어
찌 세상의 번다한 곳으로 돌아가랴?
226 진리를 깨달으면 온 세상이 다 같은 한울이다. 모든 분별이 없어지는데 어찌 동이 둘이
있으랴? 또한 이 글은 동학만이 한울의 온전한 진리를 밝혔음을 자부하는 것일 수도 있다.
227 달빛은 진리의 빛. 빛이 있기 전 어둠은 사물의 본 모습이 감추어진 세상이다. 거짓과
속임의 세상이다. 그러나 빛이 진실을 드러내면 일체가 한울임이 밝혀진다.

우수수 잎 지는 가을밤에[228]

뜻있는 사나이 손에 바람이 나느니라.[229]

勇拔天賜劍 一斬萬魔頭 魔頭如秋葉 枝上月精神
용 발 천 사 검 일 참 만 마 두 마 두 여 추 엽 지 상 월 정 신

날래게 한울이 준 칼을 빼어서 단번에 모든 악마의 머리를 베니,[230]

마귀 머리 가을 잎 같이 떨어지고 가지 위엔 달빛 같은 정신이 빛나

도다.[231]

心如天地氣如山 雲裡龍亭自不閒
심 여 천 지 기 여 산 운 리 용 정 자 불 한

마음은 천지 같고 기운은 산 같은데,[232]

228 九秋는 음력 구월을 뜻하기도 하고, 가을 90일을 뜻하기도 한다. 또한 가을은 기존 모
    든 것을 거두고 저장하며 새로운 것이 나기 전 죽임의 계절이기도 하다.
229 가을은 겨울을 앞둔 변화를 준비하는 때이다. 새로운 세상을 준비하는 뜻이 있는 사람
    은 그를 위한 손길이 바쁠 것이다.
230 마귀는 어디 있는가? 세상 온갖 악이 마귀인가, 내 본심을 흐리는 모든 것이 마귀인가?
    이 모든 마를 없애고 천심을 지키는 한울의 칼은 무엇인가? "삼칠자를 그려내니 세상 악
    마 다 항복하네."(동경대전, 강시)
231 한울이 준 진리의 보검을 휘두르면 가을 낙엽처럼 마가 사라지고, 밝은 진리의 마음이
    열리게 될 것이다.
232 마음이 열리면 천지부모 마음과 하나가 된다. 몸을 움직이는 기운 또한 천지의 지기와
    하나로 통하니 이 마음과 기운을 기르는 공부가 심학이다.

구름 속 용이 머무는 것이 한가롭지 않고,[233]

使此男兒難又生 不惜精神扶人間
사 차 남 아 난 우 생　불 석 정 신 부 인 간

이 사나이로 하여금 또 나게 하기 어려우니,[234]

정신을 아끼지 말고 인간을 도우리라.[235]

心投塵世上 去來都無跡 無然疑訝中 忽覺我爲我
심 투 진 세 상　거 래 도 무 적　무 연 의 아 중　홀 연 아 위 아

마음을 티끌 세상에 던지니 가고 오는 것이 도무지 자취가 없고,[236]

언뜻 의심나는 중에 홀연히 내가 나 된 것을 깨닫느니라.[237]

233　裡. 裏와 동자. 속, 내부, 가운데 리. 용은 비구름을 몰고 다닌다. 비는 또한 농경사회에
　서 햇볕과 함께 가장 중요한 한울의 베풂이다. 그러므로 구름 속에서 용이 분주함은 세상
　을 위해 자신의 역할을 하기 위함이다. 亭 정자 정, 머무를 정.
234　사람 일생은 백년을 못 가지만 연습과 다시는 없다. 지금 현재 살고 있는 생은 단 한 번
　뿐이다. 그것이 얼마나 소중한 것이 될지, 하찮은 것이 될지는 자신 선택에 달렸다.
235　모든 한울과 구름과 용이 생명들을 위해 분주하듯이, 한울 본성과 본마음은 만물을 위
　하는 것이다. 사람 본성은 사람들을 위하고 돕는 것이 가장 가까울 것이다.
236　마음 한쪽은 비고 고요한 무정천에 두지만, 한쪽은 번잡하고 티끌이 자욱한 유정천에
　둔다. 이를 균형 있게 해야 비고 고요한 데 갇혀 세상을 돌보지 않거나, 티끌 속에 파묻혀
　전체를 보지 못하는 우를 범하지 않을 것이다. 이를 자유롭게 하면 마음이 티끌 세상에 있
　어도 물들지 않고 공도공행할 수 있을 것이다. 색이 공이요, 공이 색이므로, 가는 것도 오
　는 것도, 손해 보는 것도 이익도 없다. 그저 그럴 뿐.
237　진리에 대한 발심은 의심에서 시작한다. 나의 본성은 무엇인가? 나는 왜 세상에 나서
　어떤 삶을 살아야 하는가? 이러한 자신의 본성을 깨닫는 것이 진정한 내가 되는 것이다.

雖云天地闊 恒是心上明
수 운 천 지 활 항 시 심 상 명

비록 천지가 넓다고 말하나[238]

언제나 이 마음 위에서 밝아라.[239]

靜中能盡無形外 動處自知鬼神跡
정 중 능 진 무 형 외 동 처 자 지 귀 신 적

고요한 속에서 능히 형상 없는 한울을 다할 수 있고,[240]

움직이는 곳에서는 스스로 귀신의 자취를 알 수 있더라.[241]

道覺事事業 聾破聲聲天
도 각 사 사 업 농 파 성 성 천

도를 깨달으면 일마다 사업이요,

귀먹은 것을 깨치면 소리마다 한울소리요,[242]

238   천지 우주는 무한하다. 인간 척도로 측량이 불가능하다. 그것을 뛰어넘어야 한다.
239   우주가 무한하되 내 마음이 아니면 그를 볼 수도 없고, 또한 마음은 그 무한한 우주 한
      계조차 없애고 뛰어넘을 수 있다.
240   비고 고요한 한울은 형상이 없는 한울이다. 모든 만물은 생기기 전이 무형이요, 또한 무
      형한 한울로 돌아간다. 이를 공부하는 것이 성품공부.
241   형상이 있는 한울은 항상 움직이고 변화한다. 이 움직이고 변하는 것이 음양이고, 귀신이
      며, 이를 수로 나타내는 것이 대정수요 주역이다.
242   만물은 본래 그대로 한울이다. 나의 욕심과 선입관이 그 본 모습을 보이지 않게 가리고
      있을 뿐. 그 색안경을 벗는 순간 진실을 보게 되고 듣게 된다.

滌塵有本天 遠害無惡人
척 진 유 본 천 원 해 무 악 인

티끌을 씻으면 본래 한울이 있고,

해로운 것을 멀리하면 악한 사람이 없느니라.[243]

君子無知不知無 小人有知不知有
군 자 무 지 부 지 무 소 인 유 지 부 지 유

군자는 앎이 없으나 알지 못하는 것이 없고,[244]

소인은 아는 것 같으나 알지 못하느니라.[245]

日月光明亦爲塵 夜靜風寒鶴夢眞
일 월 광 명 역 위 진 야 정 풍 한 학 몽 진

해와 달이 밝고 빛나도 또한 티끌이요,[246]

243 내 마음에 티끌이 자욱하면 그것은 이미 천심이 아닌 각자위심이요 욕념일 뿐이지만 그
    를 다시 닦아 맑게 하면 만물을 바르게 비추는 한울 마음이 된다. 사람 또한 자기 욕심에 의
    해 추해지고 악해지는 것일 뿐 마음을 다스리고 천심을 회복하면 여전히 한울 사람이다.
244 진실로 아는 사람은 자신이 안다고 나서지 않는다. 조용히 실행할 뿐. 어느 한 분야의
    달인이 되면 학교에서 배운 이론과 수치를 몰라도 자기 일을 누구보다 정확하게 알고 해
    낸다.
245 책이나 남에게 조금 얻어 들어 알게 된 것도 안다고 우쭐하는 사람일수록 실제 삶과 일
    에 그것을 적용해 보면 할 줄 아는 것이 없다. 머리로 아는 것보다 행과 하나로 이어질 때
    진정으로 안다고 할 수 있을 것이다.
246 아무리 훌륭한 업적이 있어도 무한한 한울 세상에선 순간의 먼지일 뿐이다. 어떤 소중

밤은 고요하고 바람은 차도 학의 꿈은 참되어라.[247]

人事無道王城悲 世聲不到仙樓新
인 사 무 도 왕 성 비 세 성 부 도 선 루 신

사람들의 삶이 바르지 못하니 왕성이 슬프고,[248]

세상 소리 이르지 아니하니 신선 다락이 새로워라.[249]

한 것도 집착하면 마음을 가리는 티끌일 뿐이다.

247 밤은 어둠의 세계, 진리가 밝혀지지 않은 미몽 세상이다. 그런 어리석음의 세상이 고요한 것은 아직 진리 빛이 보일 기미가 없는 것. 바람이 찬 것은 진리를 구하는 사람에게 닥치는 시련이 아직 춥고 힘든 것을 나타낸다. 그렇지만 이런 어려움 속에서도 진리를 구하고 세상을 밝히고자 하는 참된 사람(학)의 희망이 세상을 밝음으로 이끄는 등불이 될 것이다.

248 사람-물건-천지의 기는 하나로 연결되어 있다. 사람들 삶이 피폐해져 있으면 사람들이 사는 천지의 기가 어찌 편안할 수 있겠는가? 일제하의 왕성(서울)은 무도한 곳이었다. 지금은 어떠한가?

249 세상 온갖 유혹과 욕념(세상 소리)에서 자유로워야 새로운 사람, 새로운 삶이 될 것이다. 이렇게 구습을 벗어던진 새로운 한울 사람을 신인간, 신선 사람이라 한다.

三十二. 其他詩文(기타시문)

(一) 椒井藥水 吟(초정약수 음, 초정약수에서)[1]

雖云芒木發花佳 蕩池蓮花尤香好
수 운 망 목 발 화 가 탕 지 연 화 우 향 호

비록 가시나무라 이를지라도 핀 꽃은 아름답고,[2]

---

1   충북 청주 초정리 광천수는 세계 광천학회에서 미국 샤스터, 영국 나포리나스와 함께 세계 3대 鑛泉水로 꼽는다. 조선 세종 26년(1444년) 3월 2일에는 왕이 이곳에 행차하여 眼疾을 치료하였으며, 세조도 이곳에서 질병을 치료하였다. 東國與地勝覽 淸州牧 山川에서는 '淸州에서 東쪽으로 39里에 매운맛이 나는 물(椒水)이 있는데, 이 물에 목욕을 하면 피부병이 낫는다.'고 하였으며, 이수광의 〈芝蜂類說〉에는 '우리나라에 많은 초수가 있지만 그 중에서도 廣州와 淸州 초수가 가장 유명하다.'고 기록되어 있다. 예로부터 7~8월 한여름에는 초수의 약효가 제일 좋다고 하여 복날과 백중날에 많은 사람들이 이곳에 찾아와 목욕을 하며 더위를 식혔다. 의암 선생은 포덕56년 7월에 성묘를 위해 고향 청주를 방문하였다. 청주대교구에서 특별 성화회를 열고, 초정약수터를 거쳐 생가인 대주리를 돌아본 후 부모님 묘소에 성묘하였다. 이 시는 입도 전 21세 때 지은 것으로 전하는데, 7월 보름에 약수터에 가보니 강원 영월군수를 지낸 송월령과 평남 숙천군수를 지낸 변숙천 두 양반이 약수터를 차지하고 피서하면서 백성들이 약수를 마지지 못하게 하였다. 이에 약수를 마시러 온 백성들의 원성이 컸는데, 선생께선 약수터에도 양반 상놈의 차별이 있느냐며 소리를 치고, 약수를 떠 마신 후 백성들에게 약수를 돌렸다. 봉변당할까 피하는 두 양반에게 자신은 "청주에서 온 상놈"이라고 밝힌 후 이 시를 지어 농락하였다고 한다.
2   芒 까끄라기, 털, 바늘 망. 세상 어떤 것도 자신만의 고유한 특징과 쓰임이 있다. 사람들의 산행을 방해하는 가시나무는 밉지만, 도둑을 막는 가시나무는 얼마나 고맙고 이쁠까? 그래서 '잘하는 목수는 구부러진 재목을 거절하지 않는다.'고 하였다.(해월신사법설, 대인접물)

더러운 못에 연꽃이라도 향기는 더욱 좋더라.[3]

古今班常何有別 椒井洗心平等人
고 금 반 상 하 유 별 초 정 세 심 평 등 인

예와 지금 양반과 상놈이 무엇이 다름이 있으랴.[4]

초정에 마음을 씻으니 사람은 평등이더라.[5]

(二) 龍門寺 吟(용문사 음, 용문사에서)[6]

雲歸龍門寺 水流洛東江 疎雨靑山答 凉風碧空信
운 귀 용 문 사 수 류 낙 동 강 소 우 청 산 답 양 풍 벽 공 신

---

3 주렴계는 연꽃 특징을 군자 성품에 비유하였다. "진흙에 나서 물들지 않고(出於泥而不染), 맑은 물결에 씻기면서도 요염하지 않고(濯淸漣而不妖), 가운데는 통하고 밖은 곧으며(中通外直), 넝쿨도 없고 가지도 없으며(不蔓不枝), 향은 멀리 가면서 더욱 맑아진다(香遠益淸)." 어려움과 안 좋은 환경을 이긴 성과는 더욱 값진 법이다.
4 출신이 미천해도 크게 이룬 사람이 있고, 고귀한 집안에 망나니가 나기도 한다. 본인 노력과 정성이 자기 삶을 결정한다. 신분과 재산이 다가 아니다.
5 물은 예부터 마음의 때를 씻고 새로 태어나는 정화의 상징이었다. 그러므로 기도에 정한 수를 올리기도 했고, 물로 세례 의식을 치르기도 했던 것이다.
6 용문사는 경기도 양평에도 있고 경북 예천 소백산에도 있다. 낙동강과 함께 있는 곳이라면 예천 용문사를 방문하고 지은 것으로 보는 것이 맞겠다. 포덕40년(1899) 의암선생은 동학혁명후의 집요한 관의 추적을 피해 손병흠, 이용구, 김학수 등과 함께 예천 용문사에 피신한 적이 있다.

구름은 용문사로 돌아가고 물은 낙동강으로 흐르고,[7]

성근 비는 푸른 산이 대답하고 서늘한 바람은 푸른 하늘의 편지로 다.[8]

遊魚碧海心 啼鳥青山意 白石萬年骨 紅花十日痕
유 어 벽 해 심　제 조 청 산 의　백 석 만 년 골　홍 화 십 일 흔

노는 고기는 푸른 바다의 마음이요, 우는 새는 푸른 산의 뜻이라.[9]

흰 돌은 만년 뼈요, 붉은 꽃은 열흘 흔적이로다.[10]

花鳥啼春色 驚人夢法界
화 조 제 춘 색　경 인 몽 법 계

꽃과 새는 봄빛을 노래하고, 놀랜 사람이 법계를 꿈꾸도다.[11]

---

7 구름은 높은 산에 걸려 있으니 산사로 돌아간 것으로 표현하였고, 높은 산에는 깊은 물이 함께하는 법이니 소백산에선 낙동강이 발원한다. 소백산 경관을 한눈에 보는 듯하다.

8 부슬부슬 비가 오는 날 산 속에 있으면 나무와 풀들의 녹색이 더없이 짙어지고 그들이 뿜는 신선한 생명 내음 또한 온몸 가득 느낄 수 있다. 맑은 가을날 서늘한 바람이 선듯 불면 파란 가을 하늘이 더없이 시원하게 느껴지며 여름동안의 과정을 정리하고 겨울을 준비하는 마음이 바빠진다.

9 푸른 바다에 유유히 노니는 고기는 걸리는 것 없이 자유롭게 온 바다를 다닌다. 산 속에서 우는 새 또한 경계를 나누지 않고 자유롭게 난다. 거리낌 없는 자유로움이야말로 한울 뜻이 아니겠는가?

10 산 모습은 꽃이 피고 잎이 나고 지면서 변하지만 그 자태와 골격은 변하지 않는다. 변하지 않는 삶의 중심(만년뼈)도 중요하고, 때에 맞춰 삶의 꽃을 피우는 것 또한 중요하다.

11 봄은 겨우내 움츠렸던 생명이 다시 활기를 되찾는 축제다. 새와 꽃은 그를 만끽하는 봄

轉到寺門聽佛語 忘却世界夢三生
전 도 사 문 청 불 어   망 각 세 계 몽 삼 생

이럭저럭 절문에 이르러 부처의 말을 듣고,[12]

세계를 잊어버리고 삼생을 꿈꾸고,[13]

弗人何可以有佛 非無豈敢乎有有
불 인 하 가 이 유 불   비 무 기 감 호 유 유

사람이 아니면 어찌 가히 부처가 있으며,[14]

없는 것이 아니면 어찌 감히 있음을 있다 하리.[15]

殿閣三佛進供養 臭散歸虛味食天
전 각 삼 불 진 공 양   취 산 귀 허 미 식 천

전령이다. 그러면 한울 법 세계, 개벽 세상은 누가 꿈꾸고 누가 노래하는가? 배부르고 편안한 사람보다는 상처 받고 가난한(놀랜) 사람이 아닐까?

12   산을 올라 용문사에 다다라 부처가 깨달은 것을 되새겨보는 모습. 아마도 진리에 다다르기 위한 공부 과정도 이와 같을 것이다. 고비 고비 산을 넘어 진리 문턱을 넘어서는 순간이다.

13   진리 세계에 들어서면 세상 시비가 부질없다. 전생과 현생과 내생이 하나로 꿰어 있음을 알게 된다. 일체가 한울이므로.

14   진리가 있어도 그를 실천하고 행하는 사람이 없으면 무슨 소용이랴?

15   부자의 달콤함은 가난한 시절 쓰라림이 있기 때문이고, 낮의 밝음은 밤의 어두움 덕분이다. 있음과 없음, 밝음과 어두움, 음과 양, 이쪽과 저쪽, 이 모두 한 한울이며 동전의 양면일 뿐이다. 그 분별이 없어져 자유로워지는 것이 개벽이다.

전각 세 부처께 공양을 드리니,[16]

냄새는 흩어져 빈 데 돌아가지만 맛은 한울을 먹이고,[17]

知是靈佛僧汝心 每食供養必成道
지 시 영 불 승 여 심 매 식 공 양 필 성 도

이 영한 부처를 아는 것은 중 네 마음이니,[18]

매양 먹을 때에 부처께 공양하면 반드시 도를 이루리라.[19]

(三) 金剛山 吟(금강산 음, 금강산에서)

億萬山中金剛秀 十兆人間天士高
억 만 산 중 금 강 수 십 조 인 간 천 사 고

---

16 불상을 모시는 대웅전에는 세 부처가 있는데, 가운데 본존불과 좌우 협시불 삼존불이다. 이는 법신(法身)·보신(報身)·화신(化身) 세 부처를 말하는데, 현세불인 석가여래·약사여래·아미타여래를 모시기도 하고, 과거·현재·미래불을 함께 모셔 삼존불이라고도 한다. 현세의 3불을 모시는 경우에는 삼세불 (三世佛)이라고 한다. 부처께 공양을 드림은 한울을 모시는 기도와 같다. 진리의 핵심에 들어가는 것이다.
17 냄새는 눈에 보이지 않는 것. 우리 마음과 같다. 욕심과 분별심이 모두 본래 없는 것이고, 이 허령과 빈 마음을 깨닫는 것이 한울 본성을 깨닫는 것이니 이 깨달음이 한울을 먹이고 키운다.
18 불상에 기원하여 소원을 이루는 것은 불상이 영험한 것인가 기도하는 정성이 영험한 것인가?
19 부처께 올리는 것만 공양인가? 매 끼 먹는 것이 한울을 먹이고 부처를 먹이는 것이 아니고 무엇인가? 그러므로 식고하는 이치를 알면 도통은 그 안에 있다 하였다.(해월신사법설, 도결)

억만 산 중에 금강이 빼어나고,[20]

십조 인간에 한울선비가 제일 높고,[21]

世人莫言鴻濛天 山在人在水亦在
세 인 막 언 홍 몽 천　산 재 인 재 수 역 재

세상 사람아, 어지럽고 흐린 세상을 말하지 말라.[22]

산도 있고 사람도 있고 물도 또한 있거니.[23]

花發一樹萬世春 名高三人百代榮
화 발 일 수 만 세 춘　명 고 삼 인 백 대 영

꽃이 한 나무에 피니 온 세상이 봄이요,[24]

이름이 세 사람에 높으니 백대의 영화로다.[25]

20 모든 산이 다 좋지만, 그 높이와 산세가 각각 다르다. 높은 산도 낮은 산도 있고 산세가
    아름다운 산도 있고 평범한 산도 있다. 본질은 차별이 없지만 현상은 차이가 있다.
21 세상 사람이 모두 한울이지만 모두 그 이치를 깨달은 것은 아니다.
22 鴻 큰기러기, 클, 굳셀 홍. 濛 가랑비 올, 흐릿할 몽. 시시비비가 가득한 어지러운 현 세계
    를 홍몽천이라 한다. 아무리 어려운 문제도 해법이 있게 마련이고, 어지러운 세상이라도
    살아갈 길은 있게 마련이다. 그것이 한울 도다.
23 산도 사람도 물도 모두 한울이다. 한울이 가르쳐 준 길이요, 증명이다. 성철스님이 '산은
    산이요 물은 물'이라고 했다. 마음이 복잡한 사람에겐 산과 물은 넘어야 될 고비일 뿐이지
    만, 한울을 깨달은 사람에겐 모두가 한울 진면목이다.
24 봄 소식은 한 송이 꽃에서 시작되고, 개벽은 진리를 깨달은 한 사람에서 시작된다. "한
    몸이 다 바로 꽃이면 온 집이 모두 바로 봄일세."(동경대전, 시문)
25 이름 높은 세 사람은 한울 진리를 깨달은 세 분 스승. 백대는 수 많음을 뜻하는 것으로

武陵何處桃花遲 惟恐漁舟藏白雲
무 릉 하 처 도 화 지 유 공 어 주 장 백 운

무릉이 어디냐, 복숭아꽃이 더디구나.[26]

오직 낚싯배가 무서워서 흰 구름에 (복숭아 꽃이) 숨었구나.[27]

大海遙望上連天 金剛一幅飛如烟
대 해 요 망 상 연 천 금 강 일 폭 비 여 연

큰 바다를 멀리 바라보니 위로는 하늘이 잇닿았고,[28]

금강 한 폭은 날리는 연기와 같고,[29]

百八九岳皆不俗 萬二千峯總古然
백 팔 구 악 개 불 속 만 이 천 봉 총 고 연

무극대도가 후천에 무궁히 전해질 것을 말한다.
26 무릉도원에서 복숭아 꽃이 흘러와야 그를 따라 찾아갈 것이나, 마음을 깨달으면 자신이
    곧 신선이요 사는 곳이 곧 무릉이니 복숭아 꽃을 기다릴 일은 아니다. 선경 같은 금강산 경
    치를 노래. "不怕塵念起 惟恐覺來遲"(동경대전, 좌잠)
27 낚싯배는 진리(무릉)를 찾는 이고, 진리를 가린 구름은 습관된 욕념.(무하사 각주 19 참조)
28 동해 수평선을 보고 있다. 하늘과 땅이 맞닿은 것을 지평선과 수평선처럼 절실히 느끼게
    해 주는 곳이 또 있을까? 그 끝 너머엔 어떤 세상이 있을까 하는 궁금함은 사람들의 오랜
    호기심이었다. 그 끝 너머와 내 마음 너머는 아마도 하나로 이어질 것이다.
29 겸재 정선 금강전도를 보면 금강산 일만이천 봉우리를 한 폭에 표현하였다. 바닷가 높은
    산은 대부분 구름이나 안개와 함께하는 경우가 많아 이 구절 표현이 실감나는 이유다.

백팔 구악이 다 속되지 않고,[30]

만이천봉이 전부 옛 것인 듯하여라.[31]

(四) **鳳凰閣** 吟(봉황각 음, 봉황각에서)[32]

德振四海明 地載三春晴
덕 진 사 해 명　지 재 삼 춘 청

덕은 사해의 밝은 것을 떨치고, 땅은 봄 석 달의 맑음을 실었고,[33]

30　금강산은 산 곳곳에 수많은 절과 암자를 품고 있는 수행 도량으로도 유명하고 금강이라
　　는 이름도 불교와 인연이 깊다. 불교뿐 아니라 우리나라를 수호하는 오악의 하나로 유불
　　선 수도자들이 모여들어 수행하던 신성한 산이었으며, 그 산세 또한 속기가 없는 것으로
　　유명하다

31　금강산의 수많은 봉우리를 만이천봉으로 표현한다. 이 모두가 새롭고 낯선 것이 아니라
　　오래된 옛 것인 양 친근하다는 표현인 듯. 속된 마음을 버리고 한 마음 깨달으면 처음 보는
　　사물도 한울로서 하나로 통함이. '昔時此地見 今日又看看'(성령출세설)

32　포덕52년 8월 의암 선생은 총부직원들을 대동하고 우이동 지역을 답사하다가 현 봉황
　　각 일대 토지를 매입하도록 지시하고 포덕53년 3월 7일에 각 연원 두목들 수련을 위해 봉
　　황각 건축을 기공, 6월 19일에 준공하였다. 당시엔 총부 직원들이 산골짜기 땅을 무엇 때
　　문에 사는가 의아해 했다고 한다. 봉황각 건축 시작과 동시에 선생은 각 지방두목들을 소
　　집하여 특별연성을 실시하고 지도하셨는데 이러한 지도자들 교육과 수련이 교회 포덕과
　　이후 3·1운동 등을 주도할 교회 역량을 한층 발전 성숙시켰음은 물론이다. "두견 꽃은 웃
　　는데 두견새는 울고, 봉황대 역사하는데 봉황새는 놀고 있네."(동경대전, 영소)

33　덕이란 한울 도가 실현된 것이다. 온 세상이 한울 덕 아님이 없다. 그 진리를 깨달으면
　　온 세상이 밝은 것이나 깨닫지 못하면 무명의 어두움이다. 땅이란 만물을 대가 없이 실어
　　주고 포용하는 존재다. 그런 땅이 가장 아름다울 때는 역시 새 생명이 움트는 봄기운이 가
　　득한 땅일 것이다. 삼춘은 봄 석 달. 맹춘(孟春), 중춘(仲春), 계춘(季春)을 이른다.

誰能間其間 可得萬物情
수 능 간 기 간　가 득 만 물 정

누가 능히 그 사이에 끼어, 가히 만물의 정을 얻으리.[34]

(五) 夢 詩(몽시, 꿈에)

尋者誰也工者何 尋者工者都是汝
심 자 수 야 공 자 하　심 자 공 자 도 시 여

찾는 자 누구이며 공부하는 자 누구인가.[35]

찾는 자 공부하는 자 전부가 너로다.[36]

夢破更醒依高枕 思中惟見眞不見
몽 파 갱 성 의 고 침　사 중 유 견 진 불 견

꿈을 꾸다 다시 깨어 높은 베개에 의지하니,[37]

34　하늘과 땅의 덕 사이에 만물이 나고 활동한다. 이 이치를 깨닫는 것이 천도를 깨닫는 것
　　이다. 이런 생명의 기운이 가득한 곳이 예부터 기도처로 애용되어 왔고, 북한산 계곡에 아
　　늑히 자리 잡은 봉황각 또한 의암 선생 바람대로 수많은 인재를 길러낸 요람이 되었다.
35　무엇을 찾고 무엇을 위해 공부하는가? 수동적인 반복이 아닌 자신이 진정으로 원하는 것을
　　하고 있는가? 내가 원하는 것이 아닌 남이 원하는 것을 하고 있다면 그건 나인가, 남인가?
36　모든 수행과 공부는 자기 참 모습을 찾는 것에서 시작한다. 나는 누구인가? 내 이름, 내 성
　　격, 모습, 지위 등도 원래부터 있던 것들이 아니다. 변하지 않는 나의 본 모습은 무엇인가?
37　내가 살고 있는 세상이 현실인가, 꿈 속이 진짜인가? 자기가 누구인지 모르고, 자신이
　　원하는 것을 하지 못하면 그것은 꿈인가, 현실인가? 의지하는 높은 베개는 꿈과 현실을 분

생각 속에는 보이나 참을 보지 못하고,[38]

思者何人眞者誰 思者眞者都是心
사 자 하 인 진 자 수 사 자 진 자 도 시 심

생각하는 자 어떤 사람이며, 참된 자 누구인가.[39]

생각하는 자 참된 자 전부가 마음이니라.[40]

(六) 內院庵 吟(내원암 음, 내원암에서)[41]

守心以來三十年 長看別天又有空
수 심 이 래 삼 십 년 장 간 별 천 우 유 공

마음을 지킨 지 삼십 년에[42]

별할 가르침.

38 마음으로는(생각 속에는) 어떻게 해야 할지 알지만 실제 생활에선 습관대로 하는 경우가 많다. 자신이 알고 깨달은 대로 삶을 바꾸지 못하면 진실로 아는 것이 아니다.

39 진리를 구하고자 하는 사람과 진리는 얼마나 멀리 떨어져 있는가? 마음을 깨달으면 자신이 곧 진리이나, 깨닫지 못하고 멀리서 구하면 한없이 멀 수밖에 없다.

40 "마음은 바로 성품으로서 몸으로 나타날 때 생기어 형상이 없이 성품과 몸 둘 사이에 있어 만리만사를 소개하는 요긴한 중추가 되느니라."(의암성사법설, 성심신삼단) 마음이 있어야 한울도 진리도 자신도 보려 할 수 있다.

41 경남 양산 통도사 말사인 내원암은 수운 선생이 을묘년에 천서를 받은 뒤, 병자년 여름에 49일 기도를 드린 곳이다. 또한 50년(1909) 12월 20일 의암 선생이 제자 6인을 대동하고 49일 특별기도를 행하시고 성령출세설과 강시 등을 저술하신 천도교 성지다.

42 의암선생은 포덕23년 10월 5일 동학에 입도하셨다. 내원암에 가실 때(포덕50년)까지 대

길이 별다른 한울과 또한 빈 것이 있음을 보았고,[43]

輕風忽起萬塵頭 無疑左右一觀天
경 풍 홀 기 만 진 두 무 의 좌 우 일 관 천

가벼운 바람이 홀연히 티끌머리에서 일어나니,[44]

의심 없이 좌우가 한 가지로 한울을 보았노라.[45]

空空本無空 心爲空寂界 若使心不得 一塵不可形
공 공 본 무 공 심 위 공 적 계 약 사 심 부 득 일 진 불 가 형

비고 빈 것이 본래 빈 것이 아니라 마음이 비고 고요한 경지가 되니,[46]

락 30여 년 수심정기 수행을 하신 것이다.

43 우물 안 개구리는 넓은 세상을 보지 못하고, 현실에 매몰되어 있는 사람은 주변을 돌아
보지 못한다. 길고 멀리 보는 사람만이 넓은 또 다른 세상이 있고, 그 모두가 또한 결국은
빈 것이요, 허령임을 알 수 있을 것이다.

44 티끌은 어디에 있는가? 티끌과 나를 분별하는 습관심이 티끌이다. 티끌이 가득한 마음
에서 홀연히 일어나는 바람은 무엇인가? 마음이 잠잠할 때는 고요한 성품이나, 무엇인가
보려 하고 하려 하면 모든 일의 근원이 된다. "마음이 성품 깨닫는 데 들어가면 스스로 그
자리에 있을 것이니 한번 조용함에 비고 고요한 극락이요, 한번 기쁨에 크게 화한 건곤이
요, 한번 움직임에 풍운조화이니라."(의암성사법설, 신통고)

45 비고 고요한 곳도 한울이요, 먼지가 자욱한 곳도 한울이다. 어느 한쪽만 옳다고 고집하
거나 한쪽만 취해선 안 된다.

46 고요한 것은 죽음이요, 움직이는 것은 산 것이다. 그러나 삶도 고요함과 움직임이 공존
한다. 휴식과 활동, 태어남과 죽음 이 모두가 생명 모습이다. 그러므로 빈 곳은 활동을 준
비하고 내재한 곳이지 언제나 빈 곳은 아니다. 활동하는 기운과 마음도 항상 움직이지만

만약 마음으로 하여금 얻지 못하면 한 티끌도 형용할 수 없느니라.[47]

心上無上天 性天亦無痕 若誦天道者 守心性與世
심 상 무 상 천 성 천 역 무 흔 약 송 천 도 자 수 심 성 여 세

마음 위에 위 한울이 없고 성품 한울도 또한 흔적이 없으니,[48]

만약 천도를 말하려는 자는 마음과 성품 지키기를 세상과 같이 하라.[49]

虛鏡無天高 萬塵輕一毛 心白南海里 時紅東園桃
허 경 무 천 고 만 진 경 일 모 심 백 남 해 리 시 홍 동 원 도

빈 거울은 한울 높음도 없고, 일만 티끌은 가볍기 한 터럭이라.[50]

고요한 쉼이 있어야 움직임이 유지될 수 있다. 활동과 고요함, 마음과 빈 곳은 하나의 두 모습인 것이다.

47 이 모두를 비춰 보고, 생각하며 그 얻은 바로부터 몸을 움직이는 데 이르기까지 모든 주관이 마음 역할이다. 그러므로 마음이 항상 진리를 생각하고 멀리 볼 수 있도록 하여 눈 앞 물욕이나 감정에 흔들리지 않도록 수행해야 한다.

48 내 마음이 없으면 한울과 성품이 다 무슨 의미가 있으랴. 깨달으면 일체가 곧 마음이요 성품이요 한울이나. 깨닫지 못하면 한울과 성품은 고사하고 자신도 모를 것이다.

49 도의 운수는 세상과 같이 한다. 세상이란 한울의 반영이기 때문이다. 그러므로 세상을 떠나 도를 찾을 수 없고, 세상을 떠나 도를 실현할 수도 없다. 세상을 위하고 한울을 위하는 마음이 한울 마음이며 이 마음을 지키는 것이 천도요 수심정기다.

50 거울은 세상을 비추고 바라보는 마음이다. 그 마음에 티끌과 때가 없이 텅 빈 것은 한울 근원 마음에 들어간 것이다. 거기엔 모든 차별이 없다. 위아래, 너와 나, 있는 것과 없는 것

마음은 남쪽 바다 마을에 희고, 때는 동쪽 동산 복숭아에 붉었고,[51]

當事諸君子 進義皆俊豪 吾家好男兒 百世壯氣挑
당 사 제 군 자 진 의 개 준 호 오 가 호 남 아 백 세 장 기 도

일을 당한 여러 군자는 의에 나아가 다 영웅호걸이니[52]

우리 집의 호남아여, 백대의 장한 기운을 뽐내세.[53]

然然一物無漏藏 森羅萬象總是天
연 연 일 물 무 루 장 삼 라 만 상 총 시 천

그렇고 그러한 한 물건이 새는 것도 감춤도 없으니[54]

도 없다. 일체가 다 한울일 뿐인데 따로 높은 한울이 어디 있으랴. 한울 마음에선 세상 모든 희로애락이 한 티끌이요, 한 순간일 뿐이다. 세상에서 아무리 크고 힘든 일이었어도.

51 한울을 깨달은 뒤엔 물물천 사사천이다. 만물이 새롭게 보이고 새롭게 느껴진다. 그 마음을 깨달은 곳이 남쪽 내원암이고, 복숭아는 후천 무릉도원이 가까이 왔음을 알리는 전령이다. 그것이 동쪽에 붉게 익었음은 동학이 후천의 새 세상을 열 것임을 뜻한다.

52 습관된 마음의 필부는 일에 임해서 개인적 이익을 생각하지만 일체가 한울임을 깨달은 사람은 모두를 위해 의로운 길을 따른다. "사람은 한울을 공경함으로써 자기의 영원한 생명을 알게 될 것이요, 한울을 공경함으로써 모든 사람과 만물이 다 나의 동포라는 전체의 진리를 깨달을 것이요, 한울을 공경함으로써 남을 위하여 희생하는 마음과 세상을 위하여 의무를 다할 마음이 생길 수 있나니…."(해월신사법설, 삼경)

53 우리 집은 천도교문. 호남아는 스승의 거룩한 뜻을 따르는 모든 제자. 백세는 많은 수를 상징. 오만 년 이어갈 무극대도를 모든 제자들과 함께 세상에 펴며 기꺼워하는 모습.

54 자연과 세상 모든 만물은 각각 모두 한울 기가 형상화된 것이므로 스스로 그러할 뿐이다. 그러한 한울 본 모습은 어디 더하거나 덜할 것도 감출 것도 없다.

삼라만상이 모두 이 한울이라.[55]

好好如眞醒醉夢 步步登空我爲我
호 호 여 진 성 취 몽　보 보 등 공 아 위 아

좋고 좋아 참인 듯 취한 꿈을 깨워[56]

걸음걸음 빈 데 오르니 내가 나를 위함이라.[57]

人生世間天春果 道明法界心秋海
인 생 세 간 천 춘 과　도 명 법 계 심 추 해

사람이 세간에 나니 한울의 봄 열매요,[58]

도가 법계에 밝으니 마음은 가을 바다라.[59]

55 생물과 무생물 모두가 한울의 지기가 화한 것이고 그 기에 의해 자신의 역할을 한다.
56 이렇듯 깨달으면 일체가 한울이라 어찌 즐겁지 않으며 기쁘지 않으랴. 꿈인 듯 생시인
　　듯 모든 일이 하려 하지 않아도 자연히 이루어지니 무심행 무애행이요, 무위이화다.
57 빈 데 오르는 걸음(욕심과 아상을 비워가는 수행)은 한울 진리를 향하는 수행 길이요, 천
　　도를 세상에 펴는 체행 길이기도 하다. 그러나 그것은 누구에게 공치사 받거나 대가가 있
　　는 것이 아니다. 그저 빈 것일 뿐이고, 나를 위하는 것일 뿐이다.
58 만물이 한울의 표현이나 그 중 최령자가 사람이라 하였다. 그러므로 사람은 한울에서 가
　　장 빼어난 열매일 것이다.
59 도가 밝아졌음은 모든 의심이 씻겨 없어졌음을 뜻한다. 마음이 도의 깨달음을 얻으면 잔
　　잔한 가을 바다처럼 맑고 투명하여 무엇이든 비치고, 무한히 넓어 모든 것을 포용할 수 있
　　을 것이다.

吾厭塵世來處顧 萬疊疑雲又重重
오 염 진 세 내 처 고 　 만 첩 의 운 우 중 중

나는 티끌세상이 싫어 온 곳을 돌아보니,[60]

만 겹 의심스러움이 또 거듭 겹쳤느니라.[61]

左塵右塵無容也 一超無聲還墜聲
좌 진 우 진 무 용 야 　 일 초 무 성 환 추 성

왼쪽도 티끌 바른쪽도 티끌 형용할 수 없고,[62]

한 번 초월함에 소리 없는 것이 도로 소리에 떨어지고,[63]

有聲無聲非二地 穩看看熟一機綜
유 성 무 성 비 이 지 　 온 간 간 숙 일 기 종

소리 있고 소리 없음이 두 땅이 아니니,[64]

60 　맑고 깨끗한 세상을 체험하면 복잡하고 더러운 세상은 다시 가고 싶지 않을 것이다. (그
　　러나 깨끗한 곳과 더러운 곳은 같은 세상이요, 한 한울이다.)
61 　깨끗한 세상을 보면 모든 것이 분명하지만, 더러운 세상을 보면 왜 한울 진리가 실현되
　　지 않는지 의심스럽고 의아하다.
62 　모든 것은 영원하지 않다. 생겼다 없어지는 티끌일 뿐이다.
63 　소리 없는 것은 무형 한울, 소리 있는 것은 유형 한울. 유형 한울 속에선 티끌만 자욱하
　　지만 영원한 진리의 세계인 무형 한울은 고요하고 텅 빈 곳이다. 그러나 무형 한울은 죽음
　　의 세계요 생명이 있기 전 세계다. 체험하고 마음 중심을 무형한 한울에 둘 수 있으되 거
　　기서 살 수는 없다. 다시 티끌 한울, 유형한 한울로 돌아와야 한다.
64 　결국 소리 있고 없음이 모두 한 한울이다. 생명은 죽음으로 돌아가고, 죽음은 다시 생명

조용히 보고 익히 보면 한 기틀에 모이느니라.[65]

雙看萬塵不脫離　一觀微塵不染基
쌍 간 만 진 불 탈 리 　 일 관 미 진 불 염 기

두 번 모든 티끌을 보아도 벗어나지 아니하고,[66]

하나로 작은 티끌을 보아도 터전을 물들게 하지 않고,[67]

赤子抱玉無生心　聖道塵世不染塵
적 자 포 옥 무 생 심 　 성 도 진 세 불 염 진

갓 난 아이 옥을 안아도 욕심이 없고,[68]

성인의 도는 티끌세상에서도 티끌에 물들지 않느니라.[69]

을 잉태하며 순환한다. 어느 한 쪽만 있어선 온전한 한울이 되지 못한다.
65   성품(소리 없는 무형천)과 마음과 몸(소리 있는 유형천)은 하나이며 함께 닦아야 바른 도
　　를 깨달을 수 있다.
66   많은 티끌이 무엇인가? 결국 만진이 곧 한울 아니던가! 티끌과 한울이 둘이 아니니 어디
　　물들며 어디 벗어날 것이 있는가?(의암성사법설, 진심불염)
67   큰 인물일수록 작은 허물에 연연해하지 않는다. 좋은 스승일수록 제자들 작은 허물을 야
　　단치기보다 장점을 크게 칭찬하는 법이다. 누구나 약점이 있고 허물이 있는 법이지만 그
　　신령한 생명의 무한한 가능성과 영성을 가로막진 못한다.
68   갓난아기는 내 것 네 것 분별이 없다. 이것이 한울 마음이다. 내 것을 가리기 시작하며
　　각자위심이 시작되고 고해가 시작된다. 이를 다시 회복하는 것이 심학이요 시천주 가르침
　　이다.
69   티끌도 나요 한울이다. 분별하면 물들까 저어되어 가리고 버리지만, 욕심 없는 한울 마
　　음은 모두가 내 몸이요 내 티끌이다. "나라는 티끌과 물건이란 티끌이 도시 한 티끌이니
　　어찌 여기에 물들며 저기에 물들겠는가. 나와 한울이 둘이 아니요, 성품과 마음이 둘이 아

眞是知塵者不脫 只是知道者不染
진 시 지 진 자 불 탈   지 시 지 도 자 불 염

참으로 티끌을 아는 사람은 마음을 빼앗기지 아니하고,[70]

다만 도를 아는 사람은 물들지 아니하네.[71]

世法百年苦 聖法萬年愁
세 법 백 년 고   성 법 만 년 수

세상 법은 백년 괴로움이요, 성인의 법은 만년 근심이라.[72]

一破二法獨步立 心自樂樂世自樂
일 파 이 법 독 보 립   심 자 낙 락 세 자 락

한 번에 두 법을 깨치고 홀로 서니,[73]

니요, 성인과 범인이 둘이 아니요, 나와 세상이 둘이 아니요, 삶과 죽음이 둘이 아니니라."
(의암성사법설, 진심불염)

70 티끌을 더럽다고 하는 사람은 분별심이 남은 사람이다. 자기 자신도 티끌일 뿐인 것을. 그러므로 세상 욕념에 마음을 빼앗기지 않는다.(剛而不奪, 후경2) 함께 하나 물들지 아니한다.
71 도를 아는 사람은, 더러운 사람 깨끗한 사람, 더러운 일 깨끗한 일을 가리지 않는다.
72 세상 법은 사람들 삶을 바로잡기 위함이다. 사람들 삶은 세상이 변하며 계속 달라지므로 세상 법도 따라 변한다. 그러나 성인 법은 변하지 않는 진리를 추구한다. 사람의 삶과 세상이 변해도 달라지지 않는 한울 법을 따른다. 백년은 사람 일평생을, 만년은 영원한 시간을 상징한다.
73 세상 법과 한울 법은 다른가? 세상 이치가 모두 한울 이치에서 나왔으므로 한울 이치를 깨치면 세상 이치 또한 자연히 깨치게 된다. 한울 이치만 알고 세상 법에 등한히 하면 무형천만 알고 유형천을 모르는 것. 이 모두를 깨우쳐야 비로소 바른 법을 행할 준비가 되었다

마음이 스스로 즐겁고 즐거움에 세상은 스스로 즐거우니라.[74]

(七) 三聖庵 吟(삼성암 음, 삼성암에서)[75]

億千萬年鏡無間 流照精神遍法界
억 천 만 년 경 무 간   유 조 정 신 편 법 계

억 천만 년에 마음 거울은 사이가 없고,[76]

흘러 비치는 정신은 법계를 밝았어라.[77]

(八) 百五日祈禱 吟(백오일기도 음, 백오일기도를 마치고)[78]

고 할 것이다.

74 일체가 한울임을 깨달으면 일마다 사물마다 한울이니 어찌 즐겁지 않으랴. '춘삼월 호시절에 놀고 보고 먹고 보세' 할 것이다.

75 삼성암은 서울 삼각산 등 여러 곳에 있다. 동학이 현도 되기 전엔 산 속 암자에서 수행하곤 했고, 현도 이후에도 내원암 등에서 수련한 기록이 있어 절에서 수련한 것은 드문 일이 아니었다.

76 거울은 모든 것을 비추는 마음이요 한울 정신이다. 한울의 정수는 억만 년 전이나 후나 달라질 것이 없다. 형상과 모습은 변해도 생명 본질은 그대로다.

77 한울 정신은 억만 년 전부터 지금까지 끊임없이 흐르고 있다. 그것은 우주의 좋은 것 나쁜 것, 깨끗한 것 더러운 것을 모두 차별 없이 비추어 왔다. 그 모두가 한울의 이치요 진리요 법이다.

78 동양 사상에서 중요시하는 수가 있다. 천지인을 상징하는 3, 일 월 화 수 목 금 토 우주를 상징하는 7, 금 목 수 화 토 오행을 나타내는 5 등이 그것이다.
  * 천도교 핵심인 21자 주문을 3,7자 주문이라 부르는 것도 이런 의미가 담겨 있다. 그러므로 기도를 할 때도 7일 21일 49일 105일 단위로 하는데, 7일은 작은 우주인 자신을 되돌아보고 깨닫는 공부, 21일은 자신을 천지인 세상으로 확장해 공부하는 것, 49일은 자신을

祈禱百五日 白雪大野深 寒風無人道 獨樂萬年心
기 도 백 오 일　백 설 대 야 심　한 풍 무 인 도　독 락 만 년 심

기도 백오일에 흰 눈이 큰 들에 깊고,[79]

찬바람 사람 없는 길에서 홀로 만년 마음을 즐기느니라.[80]

天有天有天 我有我有天 天無天無天 我無我無天
천 유 천 유 천　아 유 아 유 천　천 무 천 무 천　아 무 아 무 천

한울이 있고 한울이 있는 한울이면 내가 있고 내가 있는 한울이요,[81]

벗어나 천지 우주 이치를 깨닫는 공부로 비견하기도 한다. 105일은 21일을 5회 하는 것이므로 자신과 세상, 그리고 만물 운행 이치(오행)를 공부하는 것으로 볼 수 있겠다. ** 미국의 의사 맥스웰 몰츠는 무엇이든 21일 동안 계속하면 습관이 된다는 사실을 발견했다. 우리의 뇌는 충분히 반복해 회로(시냅스)가 형성되지 않은 일에 저항하지만 21일 동안 무언가를 반복하면 생각이 대뇌피질에서 뇌간까지 전달되고 각인돼 저항감이 없어진다는 것. 21일은 두뇌 회로를 바꿔 '새로운 뇌'를 만드는 데 걸리는 최소 시간이다. ** 교회 원로들의 말에 따르면, 예전엔 수련이나 기도 기간이 기본 3.7일이었다고 한다. 7일은 직장 휴가 단위에 맞춘 비교적 최근의 기간인 셈.

79   백오일 기도 마치는 때가 한겨울이었던가 보다. 기도 마칠 때 내린 눈이 넓은 들에 가득 내림은 무엇을 뜻하는가? 아마도 기도하며 얻은 깨달음이 세상 모든 티끌과 허물을 다 덮을 정도로 크고 깊었나 보다.

80   찬바람이 부는 길은 진리를 향한 험난하고 어려운 길. 보통 사람들은 육신 안락만을 찾고 험난한 촉도 같은 마음 길에는 잘 들지 않는다. 오만 년 무궁한 한울 마음을 깨달았으니 즐겁지 않으랴만 함께 깨달은 이가 없으므로 홀로 즐길 수밖에.

81   한울도 있고 나도 있다고 보는 관점. 저쪽도 나도 한울도, 모두 같은 한울이므로 따로 존재함이 없다고 볼 수도 있지만 그러나 각각 움직일 수 있으므로 따로 실체가 있다고 보는 것이다. 나와 저쪽이 별개 존재라는 분별심과 각자위심과는 다르다.(의암성사법설, 십삼관법 참조)

한울이 없고 한울이 없는 한울이면 내가 없고 내가 없는 한울이라.[82]

(九) 三難(삼난, 세가지 어려움)

人有上下 上亦難下亦難 居上周調難 在下不過難
인 유 상 하　상 역 난 하 역 난　거 상 주 조 난　재 하 불 과 난

사람은 상하가 있어 위도 어렵고 아래도 어려우니,[83]

위에 있으면 두루 고르게 하기가 어렵고

아래 있으면 과하지 않기가 어려우니라.[84]

人有貧富 貧亦難富亦難 在富止欲難 在貧爲勤難
인 유 빈 부　빈 역 난 부 역 난　재 부 지 욕 난　재 빈 위 근 난

82　한울도 나도 모든 형상은 영원한 것이 아니다. 그러므로 현상에 집착함이 없이 크고 멀리 보며 마음을 자유롭게 해야 한다.

83　모두가 한울을 모신 신령한 존재라는 것은 같지만, 나이 체격 재능 등은 모두 다르다. 이 다름을 인정하고 자신의 적성을 살려 자신과 세상을 위해 도움이 되도록 하면 좋겠지만, 자신만의 명을 찾지 않고 남을 겉모습만 보고 흉내 내려 하면 성공한 삶을 살기 어렵다.

84　부모에게 자식은 모두 소중하지만 애착이 더 가는 자식이 있게 마련이다. 하물며 직장이나 조직에서 아랫사람들 중에 능력이 있고 자신을 잘 따르는 사람에게 관심이 더 가는 것은 인지상정일 것이다. 하지만 이를 차별로 여기지 않게 하고 못하는 사람도 열심히 하면 상이 주어진다는 원칙을 명확히 하지 않으면 아랫사람을 잘 다스리고 이끌기 어렵다. 자식도 마찬가지. 아랫사람은 전체를 조망하는 안목이 부족한 경우가 많다. 때문에 일이나 대인 관계에서 부족하거나 과하거나 하기 쉽다.

사람은 빈부가 있어 빈자도 어렵고 부자도 어려우니,[85]

부자는 욕심을 멈추기 어렵고 빈자는 부지런하기가 어려우니라.[86]

人有死生 死亦難生亦難 居生養志難 臨死持心難
인 유 사 생 사 역 난 생 역 난 거 생 양 지 난 임 사 지 심 난

사람은 사생이 있어 죽기도 어렵고 살기도 어려우니,[87]

살 때는 뜻을 양하기 어렵고, 죽음에 임하여는 (참된)마음을 가지기

어려우니라.[88]

85 재물이란 사람이 살아가는 데 도움이 되는 것이지만 없어선 안 될 무엇은 아니다. 재물
    의 많고 적음을 떠나 자신의 재물을 유용하게 잘 사용하면 그 사람이 부자요, 재물이 아무
    리 많아도 필요한 데 쓰지 못하면 그 사람 인생은 가난한 것이다.

86 9억을 가진 사람이 10억을 채우기 위해 더 욕심을 낸다고 했다. 부자는 재물 흐름을 잘
    알고 그에 따른 사업을 잘하는 사람이다. 어떻게 하면 더 벌 수 있는지 알므로 욕심을 멈추
    기 어려울 것이다. 빈자는 여러 원인이 있겠지만 사업 안목이 없는 경우가 많다. 자신 주변
    에 재물을 벌 기회가 있음을 알면 부지런히 뛸 것이나 그런 기회가 있음도 모르면 어찌 뛰
    어다니겠는가?

87 태어남이 있으면 죽음이 있다. 죽음이 있으므로 삶이 의미가 있다. 삶과 죽음은 한울 순
    환에서 보면 하나일 뿐이다. 그 이치를 모르고 삶과 죽음에 얽매이면 사는 것도 고해요 죽
    는 것도 어렵다.

88 아침에 눈을 뜨고 출근하고 퇴근하고 잠드는, 반복되는 생활을 하다 보면 그렇게 습관대
    로 살 뿐, 자신이 무엇을 위해 사는지 나중엔 자신이 누구인지조차 망각하게 된다. 나는 누
    군가? 물어 볼 일이다. 죽음에 임박하면 오히려 삶에 집착하게 된다. 자신이 그동안 하지
    못한 것들이 한스럽다. 집착하고 미련이 있으면 평상심을 잃고 무리한 일을 벌이게 된다.
    결국 자신과 주변사람들을 더욱 힘들게 만든다. 그러나 어쩌겠는가, 이미 지나간 삶을. 죽
    음조차 삶의 일부임을 받아들이고 차분히 정리할 시간을 갖는다면 오히려 품위 있게 생의
    마감을 할 수 있을 것이다.

(十) 扶餘 吟(부여 음, 부여에서)[89]

百濟江山虛影飛 餘存景色一亭依
백 제 강 산 허 영 비 여 존 경 색 일 정 의

백제 강산에 빈 그림자 날리고,[90]

남아 있는 경치는 한 정자에 의지했네.[91]

故國忠魂愁雲含 今日義士文明衣
고 국 충 혼 수 운 함 금 일 의 사 문 명 의

고국의 충혼은 근심스런 구름에 머금었고,[92]

오늘의 의로운 선비는 문명을 입었더라.[93]

89 고구려에 밀려 한성에서 공주로 천도한 뒤 계속 불안했던 백제 왕실은 무령왕과 성왕 대
    에 이르러 어느 정도 원상을 회복, 더 강성한 왕국 건설 웅지를 가지고 성왕 16년(538년)
    에 부여로 천도하였다. 부여로 천도한 백제는 국호를 남부여로 고치고, 호남평야 지대의
    경제 기반과 진취적인 대외 활동을 통해 이 같은 목표를 어느 정도 달성한다. 그리하여 백
    제역사상 부여시대(538~660년) 123년은 660년 나당연합군에 의해 멸망하기까지 백제
    문화의 최전성기를 구가하였을 뿐 아니라 삼국 문화 중 최고의 예술혼을 피우게 되었다.
90 백마강, 낙화암 등 강산은 그대로지만 백제 자취는 모두 사라져 빈 그림자뿐이다. 옛 영
    화가 흔적도 없이 사라졌음은 보는 이를 수심에 잠기게 하고, 현상의 부질없음을 새삼 느
    끼게 한다.
91 낙화암 꼭대기에 백화정이 있는데 이는 궁녀들 원혼을 추모하기 위해 1929년 세워진 정
    자이다.
92 망국 백제의 한이 서린 부여에서 역시 망해 버린 조선의 한을 느끼신 것일까?
93 망국의 뜻있는 사람은 나라를 되찾고자 하는 뜻을 품었을 것이다. 무장 투쟁과 교육, 외교
    등 여러 방법이 있을 것이나, 모두 한울 진리와 세상 문명에 바탕을 둔 것이어야 할 것이다.

(十一) 詠春詩賦(영춘시부, 봄을 노래함)[94]

1. 不勝春情更看天 萬山皆春杜鵑稀
불 승 춘 정 갱 간 천 만 산 개 춘 두 견 희

봄의 정취를 못 이겨 다시 하늘을 보니,[95]

만산이 다 봄이언만 두견이 드물구나.[96]

春日到此吾亦春 萬區生靈都是花
춘 일 도 차 오 역 춘 만 구 생 령 도 시 화

봄 날씨가 되니 나도 또한 봄이요,[97]

만 구역 생령이 전부 꽃이로다.[98]

---

94   봄을 노래한 시와 부로 내용과 형식이 다른 몇 개 시문을 모아 놓은 듯하다. 내용상 다른
      시문을 편의상 번호로 구분하였다.

95   봄은 생명이 다시 소생하는 계절이다. 그 생명 기운을 느껴 시를 짓기도 하고 노래하기
      도 하며 온 세상 생명이 즐기는 때다.

96   두견새는 뻐꾸기목 두견과 새로 대만, 인도 등지에서 겨울을 난 뒤 봄에 돌아와 여름을
      난다. 그러므로 두견이 돌아오지 않았음은 아직 봄이 다 된 것이 아님을 뜻하는데, 두견이
      는 나라를 빼앗긴 옛 촉나라 망제의 영혼이 새가 되어 불여귀를 부르짖으며 운다는 전설
      이 있다. 그러므로 두견이가 드물고 봄이 덜 왔음은 조선 독립이 아직 덜 되었음을 상징하
      는 것으로도 읽힌다.

97   사람은 환경 영향을 받게 마련이다. 봄이 되어 생명 기운이 가득하면 사람도 새로운 마
      음과 몸으로 한해를 시작하게 된다.

98   꽃은 생명의 절정이요, 표현이다. 죽어가는 생명은 추하지만 살아나는 생명은 어느 것이
      나 아름답다. 마치 꽃처럼. 하지만 추하고 아름다움도 사람의 관점일 뿐, 허령으로 돌아갈
      뿐이다.

2. 乾道循環 其氣下降 坤道調和 其情上升
건 도 순 환 기 기 하 강 곤 도 조 화 기 정 상 승

하늘의 도가 순환하니 그 기운이 내리고,[99]

땅의 도가 서로 화합하니 그 정열이 오른다.[100]

3. 春色夭夭化養物之布德 百態俱備豁發道之露亨
춘 색 요 요 화 양 물 지 포 덕 백 태 구 비 활 발 도 지 노 형

봄빛이 어여쁘고 어여쁘게 화하여 만물을 기르는 덕을 펴고,[101]

백 가지 모양을 갖추니 도가 활발히 형통함을 드러내느니라.[102]

山鳥啼時 枝枝葉葉靑靑 杜鵑花笑 方方谷谷紅紅
산 조 제 시 지 지 엽 엽 청 청 두 견 화 소 방 방 곡 곡 홍 홍

99   하늘 기운은 땅으로 내려오고 땅 기운은 하늘로 올라가는 것이 정상적인 천도 순환이요,
      화합 괘다.(해월신사법설, 부화부순 참조) 대지를 적시는 봄비 같은 것이 그런 것이다.
100   하늘 열기와 비로 언 땅이 녹으면 땅 속 씨앗들이 움이 트며 솟아나온다. 이것이 하늘
      로 향하며 화합하는 기운이다.
101   봄기운은 생명을 살리는 기운이다. 한울 기운이다. 봄기운으로 만물이 생동하고 꽃이
      피듯이, 한울 진리로 모든 생명을 살리는 것이 포덕이 될 것이다.
102   한울 도는 만물에 미치지 않음이 없다. 아무리 작은 미생물도 그 생명이 영위되는 정교
      한 메커니즘은 놀랍기 그지없다. 창조론자들이 절대자 설계가 아니고선 불가능한 것이라
      며 창조 증거로 종종 들곤 한다. 그러나 자연은 어느 것이나 스스로 그러할 뿐이다. 자기
      생존을 위한 욕구보다 강한 것은 없다. 자신이 처한 환경에 맞게 진화하는 것이 만물에 공
      통된 한울 도다.

산새가 울 때에는 가지가지 잎새마다 푸르고 푸르고,[103]

두견화 필 때에는 이곳저곳 골짝마다 붉고 붉더라.[104]

4. 渡水淵川 千派歸一 玩花東山 萬人同樂
   도 수 연 천 천 파 귀 일 완 화 동 산 만 인 동 락

물 건너는 못과 내는 천 갈래가 하나로 돌아오고,[105]

꽃구경하는 동쪽 산엔 만 사람이 같이 즐기느니라.[106]

際茲 水光接天 月色滿世 潭魚成龍 林虎從風
제 자 수 광 접 천 월 색 만 세 담 어 성 룡 임 호 종 풍

이때를 당하여 물빛은 하늘에 닿고, 달빛은 세상에 가득하고[107]

못의 고기는 용이 되고, 숲의 범은 바람을 따르느니라.[108]

103   산새가 우는 계절은 생명이 가장 왕성한 계절이다. 그러므로 가지마다 잎새마다 생명
으로 가득 찬 그 정기를 느낄 수 있다. "소나무 잣나무는 푸릇푸릇 서 있는데 가지가지 잎
새마다 만만 마디로다."(동경대전, 화결시)
104   앞 구절과 댓구의 같은 내용. 두견화 피는 계절엔 다른 꽃들도 만발해 그 자태를 뽐낸다.
105   모든 물은 그 시작은 모두 다르지만 마지막엔 같은 바다로 귀결된다. 모든 사람들의
사는 모습이나 생각은 다 달라도 결국 하나의 이치로 돌아온다. "용담의 물이 흘러 네 바
다의 근원이요, 구미산에 봄이 오니 온 세상이 꽃이로다."(동경대전, 절구)
106   꽃은 생명의 절정이요, 한울 정기다. 꽃구경하는 동쪽 산은 한울 진리를 만끽하는 동학
을 뜻한다. 개벽된 동학 세상에선 모든 생명이 차별 없이 함께 생명을 즐긴다.
107   개벽된 세상은 또한 스승님들 가르침이 널리 펴지고 실천되는 세상이다. 물빛은 수운
선생의 가르침이요, 달빛은 해월 선생의 가르침을 뜻한다.
108   용은 물속에 사는 생물의 으뜸이고, 범은 숲속에 사는 생물의 으뜸. 사람이라면 깨달은

5. 端坐誦詩 百疊塵埃 低然惟夢外之事 黙念經綸 萬古盛衰 怳
   단 좌 송 시 백 첩 진 애 저 연 유 몽 외 지 사 묵 념 경 륜 만 고 성 쇠 황
若是鏡裡之貌
약 시 경 리 지 모

단정히 앉아 시를 외우니 백 겹 쌓인 티끌이 꿈밖의 일이요,[109]

고요히 세상을 경영할 경험과 포부를 생각하니 만고의 성쇠가

문득 거울 속의 모습 같더라.[110]

權度在質 處卞在時 才氣過人 勝己者厭
권 도 재 질 처 변 재 시 재 기 과 인 승 기 자 염

권한의 정도는 가진 바탕에 있고, 처변하는 것은 때에 있으나,[111]

재기가 사람에 지나면 자기보다 나은 사람을 싫어하느니라.[112]

사람이요 한울 사람이다. 범이 따르는 바람은 한울의 진리. "고기가 변하여 용이 되었으나
못에는 고기가 있고, 바람이 숲 속에서 범을 끌어냈으니 범이 바람을 좇아가네."(동경대전,
영소)
109 단정히 앉아 외우는 시는 한울 마음을 깨우는 법문, 곧 주문이다. 한울을 위하는 법문
     을 외면 욕념으로 분주하던 마음이 차분히 가라앉고 세상일에 일희일비하지 않게 된다.
110 한울 중심에서 세상사를 보면 모든 이치가 확연히 드러나고 확실해진다. 숲 속에 있어
     선 숲이 얼마나 큰지 모르지만 숲 밖에서 보면 그를 알 수 있음과 같다. 잘 닦인 고요한 마
     음은 만고의 성쇠를 비추는 거울.
111 사람마다 권한과 능력이 모두 다르다. 그것의 크고 작음은 그 사람 자질과 소양이 결정
     할 것이고 그것을 사용하는 것은 적절한 때를 아는 데 그 성패가 달려 있다.
112 사람은 자기 능력의 70% 정도를 쓰는 위치가 적당하다. 자기 능력이 미치지 못하는 큰
     일을 맡으면 재앙이 되기 쉽지만 자신 능력을 여유 있게 사용하고 남는 능력은 응급 상황
     이나 주변을 살필 수 있는 여력으로 남겨 놓는 것이 좋다. 재기가 사람에 지남은 자기 능력
     보다 큰 자리를 차지하거나 자신 재주를 겸양하지 않고 뽐내는 것이다. 자신을 드러내기

6. 時運回春是芳暢而盡花容 才德兼備如滄海之一道量
시 운 회 춘 시 방 창 이 진 화 용   재 덕 겸 비 여 창 해 지 일 도 량

시운에 봄 돌아오니 꽃답고 화창한 것이 다 꽃모습이요,[113]

재주와 덕이 겸하여 갖추니 도량이 푸른 바다와 같더라.[114]

盛衰迭代 陰陽之翻覆 進退盈縮 君子之時中
성 쇠 질 대   음 양 지 번 복   진 퇴 영 축   군 자 지 시 중

성한 뒤 쇠하고 서로 갈아드는 것은 음양의 번복이요,[115]

나아갔다 물러가고 가득히 찼다 줄어드는 것은 군자의 때에 맞춤

이라.[116]

보다 실속 있게 일하는 사람도 있지만 불필요하게 자신을 자랑해 주위로부터 경계와 견제
를 당하는 사람도 있다.

113 시운이 돌아와 봄이 되었음은 개벽 세상이 된 것이다. 개벽된 한울 세상에선 만물이 다
  자신의 진면목을 드러내고 생명 본모습대로 사니 어찌 꽃만 아름답겠는가? 자신 모습에
  충실한 모든 것은 그대로가 아름다움이다.

114 한울 세상에선 모두가 꽃처럼 아름답지만 사람은 재주와 덕이 고루 있어야 아름답다.
  재주와 기술은 좋지만 인간적 면모가 부족하면 사람들을 속이고 이용하기 쉽고, 덕이 있
  으되 그를 펼 재주가 없으면 사람들에게 별 도움이 되지 못한다.

115 낮과 밤이 돌아들고, 그믐과 보름이 돌아가는 것은 자연 순환이다. 이러한 자연 순환을
  해석하는 체계가 음양이요, 오행이요, 주역괘 대정수다. "차고 비고 서로 갈아드는 수는
  있으나…"(동경대전, 논학문)

116 한울의 순환이 있듯 사람에게도 순환이 있다. 기운이 성할 때와 쇠할 때가 있고, 나아
  가 뜻을 이룰 때와 물러나 뜻을 간직할 때가 있다. 물러서야 할 때 나서거나, 나서야 될 때
  잠자코 있으면 모두 뜻을 이루기 어렵다. 마치 밤에는 자고 낮에는 활동해야 하는 것처
  럼.(해월신사법설, 용시용활 참조)

抱道潛居 布衣寒士 得雨能濟 時乎丈夫
포 도 잠 거 포 의 한 사 득 우 능 제 시 호 장 부

도를 품고 숨어 사니 베옷 입은 가난한 선비요,[117]

비를 얻어 능히 세상을 건지니 때를 만난 장부로다.[118]

信如磻石 期此日之意成 誠如堅城 當一時之可用
신 여 반 석 기 차 일 지 의 성 성 여 견 성 당 일 시 지 가 용

믿음이 반석 같으니 오늘의 뜻 이룸을 기약함이요,[119]

정성이 굳은 성 같으니 마땅히 한 때에 쓸 만하니라.[120]

7. 義兮義兮 美哉美哉
의 혜 의 혜 미 재 미 재

117 큰 뜻은 있으되 세상에 나아가 뜻을 펼 기회를 얻지 못하고 은거해 있는 선비를 베옷만
     걸친 가난한 선비라 하였다. 비록 가난한 선비이나 기회가 되면 세상에 자신의 웅지를 펼
     뜻과 실력을 갖춘 사람이니 승천하지 못한 용이요, 숲 속에 숨은 범이다.
118 가문 날에 비처럼 반가운 게 있을까? 비를 얻었음은 뜻을 펼 기회를 만난 것이고 그 기
     회를 자기 영달이 아닌 모든 생명들을 구하기 위해 사용하면 이를 장부라 할 만한 것이다.
119 믿음은 모든 일을 이루는 기본이다. 자신이 하는 일에 확신이 없이 어찌 일을 하겠으며
     자신이 가는 길에 확신이 없으면 목적지에 어찌 도달하겠는가? 그러므로 믿음은 모든 일
     의 근본이요 시작이고 믿음이 변치 않아야 뜻을 이룰 수 있다.
120 정성이란 변치 않고 꾸준함이다. 꾸준하려면 믿음이 있어야 함은 물론이다. 어떤 일이
     든 변치 않고 정성 드리면 이루지 못할 것이 없을 것이요, 언젠간 그 정성이 빛을 발해 크
     게 쓰이거나 크게 이루게 될 것이다.

의로움이여 의로움이여, 아름답도다 아름답도다.[121]

窮理正心 通古今之無窮
궁 리 정 심 통 고 금 지 무 궁

이치를 생각하고 마음을 바르게 하니 예와 지금의 무궁한 것을 통하고,[122]

和平天下 達造化之手段
화 평 천 하 달 조 화 지 수 단

천하를 화평케 하니 조화의 수단을 득달하였더라.[123]

烏子反哺 誠一心之孝悌
오 자 반 포 성 일 심 지 효 제

가마귀 새끼가 도로 먹이는 것은 한결같은 마음의 효도와 공경으

---

121   꽃이 아름답지만 얼마 못 가 시들고 추해진다. 그러나 바른 생각과 바른 삶은 언제나 변하지 않는 아름다움이다.
122   이치공부와 마음(주문)공부는 항상 함께 해야 한다.(해월신사법설, 수도법) 이렇게 이치 와 마음공부를 겸전하면 한울의 지극한 이치를 깨닫게 되니 한울 이치는 예와 지금이 하나요 만물이 하나요 온 우주가 하나로 통하는 무극대도이기 때문이다.
123   한울 이치를 깨달았으면 그 이치를 세상에 펴고 실천해야 한다. 세상에 도를 펴기 위해 선 세상이 돌아가는 조화와 방편에 또한 능하여야 한다. 도는 높지만 세상 방편에 능하지 못하면 책상물림이요 구두선에 지나지 않을 것이다.

로 정성함이요,[124]

玄鳥知主 信萬事之不變
현 조 지 주   신 만 사 지 불 변

제비가 주인을 아는 것은 만사의 변치 않는 것을 믿는 것이니라.[125]

8. ## 南辰圓滿 鳳凰來儀 北河澄淸 大道脫劫
남 진 원 만   봉 황 내 의   북 하 징 청   대 도 탈 겁

남쪽별이 둥글게 차니 봉황이 와 거동하고,[126]

북쪽 하수가 맑고 맑으니 대도가 잿더미가 될 위협을 벗느니라.[127]

9. ## 豁達貫通 平生之事業 盡誠盡敬 萬世之成功
활 달 관 통   평 생 지 사 업   진 성 진 경   만 세 지 성 공

124   까마귀(가마귀) 새끼가 어미에게 도로 먹이는 것은 효의 표본으로 일컬어지는 것으로, 효란 사람을 위하는 마음, 仁의 가장 기본적 실천 규범이다. "가마귀 새끼가 도로 먹임이여, 저것도 또한 효도와 공경을 알고….".(동경대전, 불연기연)
125   제비(玄鳥)가 겨울을 난 뒤 봄에 다시 돌아오는 것은 자신이 살던 집과 주인이 그대로 있을 것이라는 믿음이 있기 때문이다. 믿음이야말로 모든 일의 지침이 되는 이유다. "제비가 주인을 앎이여, 가난해도 또 돌아오고 가난해도 또 돌아오도다."(불연기연)
126   봉황이 옴은 신령한 생명이 옴이요, 한울 세상이 됨을 뜻한다. 그런 개벽 세상이 오는 때는 남쪽별이 둥글게 찰 때라는 것이다. "남쪽별이 둥글게 차고 북쪽 하수가 돌아오면 대도가 한울같이 겁회를 벗으리라."(동경대전, 우음)
127   동학은 창도 이래 민족과 민중의 질곡을 함께 해 왔다. 동학이 세상에 드러나 개벽 세상을 가르치고 이끄는 날이 진정한 현도요, 대도가 겁회를 벗는 날일 것이다. 그 때는 남쪽별이 둥글게 차고 북쪽 하수가 맑게 돌아오는 때라는 것이다.

도를 환히 깨달음은 평생의 사업이요,[128]

정성과 공경을 다함은 만세의 성공이니라.[129]

10. 興兮興兮 樂哉樂哉
흥 혜 흥 혜 낙 재 낙 재

좋고 좋을시고, 즐겁고 즐거워라.[130]

侍天奉天 感化神之樂樂 讀書詠詩 泰和心之惺惺
시 천 봉 천 감 화 신 지 낙 락 　 독 서 영 시 태 화 심 지 성 성

한울을 모시고 한울을 받드니 감화하신 신의 즐거움이요,[131]

글을 읽고 시를 읊으니 크게 화한 마음의 깨달음이라.[132]

128　도를 깨닫는 것은 진정한 생명을 찾는 것이요, 진정한 삶을 회복하는 것이다. 모든 생
　　　명이 자신의 명을 실현하기 위해 평생을 경주하는 것이 아닌가?
129　정성과 공경은 한울 덕에 합하는 길이다. 나의 한 육신에 한정되지 않고 무궁한 한울
　　　덕과 성공에 하나가 되는 길이다.
130　습관된 마음은 나와 남을 분별하므로 각자위심이고 서로 상해하여 고해가 되지만, 일
　　　체가 한울임을 깨달으면 서로 위하는 마음으로 화합하니 즐거운 삶이 된다. 춘삼월 호시
　　　절에 놀고 보고 먹고 보는 생명이 된다.
131　각자위심 극복은 시천주-모심에서 시작된다. 서로 위하고 모심으로써 서로 감화하고
　　　화합하니 어찌 즐겁지 않으랴?
132　스승님 글과 시는 모두 한울 가르침이니 이를 읽고 외우면 자연히 마음이 평안해져 세
　　　상 번뇌와 근심을 잊고 큰 깨달음에 이를 수 있다.

物態風俗 已屬暮於西天　丈夫時乎 先刱明於東土
물 태 풍 속 　이 속 모 어 서 천　　장 부 시 호 　선 창 명 어 동 토

물질의 모양과 풍속은 어느덧 서쪽 하늘에 저물고,[133]

장부의 좋은 때는 먼저 동쪽 나라에서 창명되었느니라.[134]

11. 日去月來新日之春　時乎時乎男兒之秋
　　일 거 월 래 신 일 지 춘　 시 호 시 호 남 아 지 추

날이 가고 달이 오니 새 날의 봄이요,[135]

때가 가고 때가 오니 사나이의 가을이라.[136]

(十二) 南山公園 吟(남산공원 음, 남산공원에서)

南山에 숨은 虎는 威嚴을 감추었고 漢水에 잠긴 龍은 造化를 감췄더라 日
남 산　　　호　　위 엄　　　　　한 수　　　용　　조 화　　　　　　　일

133 현대 물질문명 시원은 서양이다. 자본주의와 공산주의 모두 물질문명을 어떻게 구현하
　　　느냐는 싸움에 다름 아니었다. 그러나 그 모두가 한계가 있음이 확인된 지금, 새로운 후천
　　　문명 시작은 어떤 모습이며 어디에서 오는가?
134 장부는 한울 진리를 깨닫고 행하는 사람. 새로운 문명을 시작하는 가르침은 이미 동쪽
　　　조선에서 창명되었다.
135 해가 지고 달이 뜨고, 매일 순환하고 반복되고 같은 일상이되 항상 새롭고자 노력하는
　　　이에겐 항상 새로운 날이며 매일이 개벽이다. "날이 가고 달이 오고 새 날이 오니 천지정
　　　신이 나로 하여금 깨닫게 하도다."(해월신사법설, 강시)
136 봄이 시작하는 때라면 가을은 거두며 마무리하는 때다. 개벽 문을 봄에 열었으면 가을
　　　엔 그 완성과 결실을 맺어야 하는 때인 것이다. 개벽을 향한 열정이 느껴지는 구절이다.

後에 風雲이 일면 天下震動… 歲月이 如流하여 春風和氣 돌아온다
후　　풍운　　　　천하진동　　세월　　여류　　　춘풍화기

男兒一生宇宙間하여 快報天地尊師恩을 어 좋다 丈夫時乎 이때로다.
남아일생우주간　　　쾌보천지존사은　　　　장부시호

남산에 숨은 범은 위엄을 감추었고, 한강물에 잠긴 용은 조화를 감
췄더라.[137] 일후에 풍운이 일면 천하가 진동하리라… 세월이 물처
럼 흘러 봄바람, 화한 기운이 돌아온다.[138] 남아 일생 우주 사이에
나서 천지에 기쁘게 보답하고 스승의 은혜를 높이니, 어 좋다. 장부
의 때가 이때로다.[139]

(十三) 開闢琴(개벽금, 개벽 거문고)[140]

開而闢之 闢而開之
개 이 벽 지 벽 이 개 지

개하고 벽하며 벽하고 개하니,[141]

137　범과 용은 큰 뜻을 품은 선비. 범이 숲에서 나오고 용이 물 밖으로 승천하면 세상을 바
　　꾸는 큰일을 한다.
138　범과 용을 부르는 풍운은 독립의 시운인가? 범과 용이 뜻을 펼 수 있는 진리를 말함인가?
　　그 모두가 맞아 천하를 진동하며 개벽이 되면 모든 생명체의 춘삼월 호시절이 될 것이다.
139　누구나 한 번 태어나고 다시 한울 품으로 돌아간다. 이 넓은 우주에 태어나 무의미하게
　　살다 가기보다, 한울의 큰 진리를 깨우치고 천지부모와 진리를 전해 준 스승 은혜를 반포
　　지효하듯이 되돌리면(쾌보천지존사은) 생이 얼마나 보람되고 즐겁겠는가?
140　琴 거문고 금. 거문고는 옛 선비들이 심신을 수련할 때 항상 함께하던 악기였다.
141　開 열, 통할, 비롯될 개. 闢 열, 물리칠 벽. 개벽이란 새로운 시작이다. 천지개벽이 처음

開者 天地之始也 闢者 萬物之初卽
개 자 천 지 지 시 야 벽 자 만 물 지 초 즉

개란 것은 천지의 시작이요,[142] 벽이란 것은 만물의 처음이라

始而無終 初而無窮 始初也 吾生之無窮也
시 이 무 종 초 이 무 궁 시 초 야 오 생 지 무 궁 야

시작하여 마침이 없고 처음이라 다함이 없으니,[143]

시작과 처음은 곧 내가 사는 무궁한 것이라.[144]

琴中有和 心中有樂 和而樂之 天地位焉 萬物育焉
금 중 유 화 심 중 유 락 화 이 낙 지 천 지 위 언 만 물 육 언

있었고, 후천 개벽이 스승님들에 의해 시작되었다. 또한 각 개인마다 삶의 전환이 되는 개
벽이 있을 것이다.

142   천지가 시작되는(빅뱅) 최초 개벽이 있었다. 천지우주는 수없는 세월을 팽창하다가 다
시 수축해 소멸했다가, 다시 폭발해 팽창을 시작하며 반복 순환하는 것으로 추정한다.

143   처음 대폭발 때는 성간 가스와 몇 가지 원소뿐이었다. 그 원소들이 서로 반응하며 다양
한 원소를 만들고 별과 우주 공간을 형성하니 만물이 형성되는 시작이었다. 그렇게 생긴
만물은 지금도 새로 생성하고 소멸하며 무궁히 순환한다.

144   시작은 삶의 시작이고 끝은 생명의 죽음이다. 매일매일 새롭게 시작하며 삶을 시작할
수도, 매일 삶의 끝이라 여기며 체념할 수도 있다. 어떤 삶을 살 것인지는 본인 선택이다.
"나의 기점은 성천의 기인한 바요, 성천의 근본은 천지가 갈리기 전에 시작하여 이때에 억
억만년이 나로부터 시작되었고, 나로부터 천지가 없어질 때까지 이때에 억억만년이 또한
나에게 이르러 끝나는 것이니라."(성심변)

거문고 속에 화하는 것이 있고 마음속에 즐거운 것이 있으니,[145]

화하고 즐거워함에 천지가 자리 잡고 만물이 길러지느니라.[146]

(十四) 訣詩(결시, 헤어지며)[147]

卿士貪榮忘後事 富翁守貲暗來塵
경 사 탐 영 망 후 사 　 부 옹 수 자 암 래 진

벼슬하는 선비는 영화를 탐내어 뒷일을 잊고,[148]

돈 모으는 늙은이는 재물을 지키느라 오는 티끌에 어둡고,[149]

145　음악은 사람들 마음을 하나로 모으고 감격과 환희 또는 참회와 비탄을 주기도 한다. 그렇기 때문에 예부터 신에게 올리는 기도나 제례 때 음악을 사용하기 시작하였고, 현자들은 그 나라 음악이 어떤가에 따라 그 나라 사람들 마음 상태와 정치가 잘 이루어지는지를 가늠할 수 있다고 하였다. 그러므로 옛 선비들의 수양 과목 중엔 음악이 반드시 있었다.(육예; 詩, 書, 樂, 禮, 射, 御, 사광의 고사) 거문고 소리가 맑고 청아하며 울림이 깊다면 그를 연주하고 듣는 사람의 마음이 편안하게 화하고 즐길 수 있을 것이다. 그것은 연주하는 사람 마음과 수양이 거문고를 통해 전해지기 때문이다.
146　만물은 다투면 서로 상해하지만, 위하고 화하면 서로 즐겁고 기화하며 생명을 기를 수 있다. *어떤 사람이 화초를 기르며 하나는 정성껏 보살피고, 하나는 욕하며 저주하고, 하나는 무관심으로 방치했다고 한다. 얼마 뒤 잘 보살핀 화초는 윤기 나고 잘 자란 반면, 저주한 것은 비틀리고 잘 못 자랐고, 무관심한 것은 얼마 가지 않아 시들었다고 한다. 욕하는 것도 관심이 없으면 할 수 없다. 생명에는 소통이 가장 소중하고 무관심(단절)이 제일 무섭다.
147　訣 이별할, 작별, 송별할 결.
148　욕심이 정확한 판단을 흐리게 한다. 지위와 권력에 욕심이 생기면 그를 유지하기 위해 비정상적인 수단과 무리수를 두게 되고 그것이 훗날 자신을 망치는 빌미가 되곤 한다.
149　재물이란 생명을 돕는 재화로 기능할 때 소중한 것이지 쌓아 놓고 순환하지 않으면 고여 썩게 마련이다. 재물을 원하는 사람들이 주변에 모이고 아첨하거나 속이려 들기 십상이니 필요한 곳에 쓰이도록 순환시키느니만 못할 것이다.

往往風波漢水濱 天時地利不如人
왕 왕 풍 파 한 수 빈 천 시 지 리 불 여 인

이따금 바람과 물결이 한강물 가에서 이니,[150]

천시 지리가 인화만 같지 못하고,[151]

非山非水居何處 只在弓弓待暮春
비 산 비 수 거 하 처 지 재 궁 궁 대 모 춘

산도 아니요 물도 아닌 어느 곳에 살까.[152]

다만 궁궁에 있으니 저문 봄을 기다리라.[153]

150 한수는 우리나라를 상징. 거기에 이는 바람과 물결은 우리나라와 거기 사는 사람들이
      겪을 수많은 고난들.
151 맹자에 나오는 말.(의암성사법설, 도전 각주 참조) 사람들 마음이 화합하면 시기와 장소
      가 아무리 열악해도 소기의 성과를 이룰 수 있을 것이다. 반면에 아무리 때와 장소가 좋아
      도 사람들 마음이 서로 각각이고 다툰다면 어찌 일을 도모하겠는가?
152 예부터 난리를 많이 겪은 우리나라 사람들은 세상이 흉흉해지면 어느 곳으로 가야 난
      을 피할 수 있는지가 초미의 관심이었다. 정감록과 십승지지가 그런 관심을 대변한다.
153 난은 어디에서 오는가? 자신의 재앙은 물론 세상 난도 모두 사람 마음에서 비롯되는
      것이니, 마음을 바르게 하고 삶을 바르게 하여 세상을 바로잡는다면 그것이 곧 난을 막는
      것이 아닌가? 그러므로 모든 것은 마음 심 즉 궁궁, 궁을에 있는 것이다. 이런 개벽 가르침
      이 시작된 것이 초봄이라면 가르침이 널리 퍼져 무르익는 때가 늦은 봄이니 늦은 봄엔 개
      벽 세상이 다다른 것이다. "산도 이롭지 않고 물도 이롭지 아니하리라. 이로운 것은 밤낮
      활을 당기는 사이에 있느니라."(신사법설, 강시)

(十五) 菊花 吟(국화 음, 국화를 노래함)

笑爾群芳不同歸 一鬚一向艶陽來
소 이 군 방 부 동 귀　 일 수 일 향 염 양 래

웃는 너는 뭇 꽃과 같이 돌아가지 아니하고,[154]

한 가닥 수염은 한결같이 고운 볕을 향하여 오더라.[155]

(十六) 獄中夢詩(옥중몽시, 옥에서 꾼 꿈)[156]

春風三月登好館 日月光明萬姓歡
춘 풍 삼 월 등 호 관　 일 월 광 명 만 성 환

봄바람 삼월에 좋은 집에 오르니,[157]

154　국화는 예부터 사군자 중 하나로 다른 꽃과 다르게 여겨졌다. 쉬 유행에 휩쓸리거나 하
　　지 않고 자신만의 향과 자태를 지킨다고 보았다. 道氣長存邪不入 世間衆人不同歸(동경대
　　전, 입춘시)
155　국화 꽃잎 각각을 수염으로, 볕을 향하고 있음은 진리와 님을 향하는 것으로 표현했다.
156　의암 선생은 기미독립운동 이후 서대문 형무소에 수감되셨는데 사식 차입은 물론 면회
　　일체가 금지되었다. 건강하시던 선생은 외부와 두절된 채 수형생활을 하시던 중, 심한 고
　　문으로 9개월째 되던 포덕60년(1919) 11월 29일 돌연 뇌연화증으로 우반신 마비가 되고,
　　포덕61년 5월경에는 좌반신 마비까지 되었다. 10월에야 보석이 허가되어 출감하셨으나
　　투병 끝에 포덕63년 5월 19일 환원하셨으니 향년 62세. 유해는 우이동 봉황각 앞에 안
　　장되었다.(『동학의 원류』, 341-349쪽)
157　봄바람 삼월은 새로운 세상이 온 좋은 시절. 좋은 집이란 독립된 새 나라, 또는 개벽된
　　새 세상이다. 그곳엔 어찌 가는가? 궁궁에 답이 있을 것이다.

일월이 빛나고 밝아 만백성이 즐기더라.[158]

(十七) 遺詩(유시, 남기는 시)[159]

鐵身豈非煖 三作分合緣
철 신 기 비 난 삼 작 분 합 연

쇠 몸인들 어찌 덥지 아니하리오.[160]

세 번 나누고 합하는 연분을 지으니[161]

老龍歸沛澤 候鳥送秋天
노 룡 귀 패 택 후 조 송 추 천

늙은 용은 패택으로 돌아가고,[162]

---

158   일월이 빛남은 진리가 밝혀져 모든 한울과 만물이 제 모습을 되찾아 빛남이니 자신의
      본성을 억압당하고 잊고 있던 모든 생명이 그를 되찾으면 얼마나 기쁘고 즐거울 것인가?
159   내용상 의암 선생이 마지막으로 남기신 시문으로 후학들에게 당부하는 내용이 절실하
      여 가슴이 저린다.
160   의암 선생이 살아오신 생애는 조선말과 일제를 거치며 역사 격랑 한복판에서 온 몸으
      로 그를 겪어내신 것이었다. 그렇게 열심히 뛰어다니고 살면 차가운 쇠로 만든 몸이라도
      달구어질 것이라며 당신이 살아온 생을 은유한다.
161   우리 도는 삼절운이라고 하셨다.(동경대전, 필법) 의암 선생은 그중 동학혁명 좌절과 일제라는
      두 번의 큰 질곡을 겪어 내셨다. 선생 당신도 해월 선생 세 수제자 중 막내로 해월선생 사후에 삼
      암이 모두 헤어지는 아픔을 겪기도 하셨다.(송암은 순도, 구암은 시천교로) 또한 사람 생명은 한
      울 성품과 기운 그리고 몸으로 이루어져 살다가 죽으면 다시 한울 원소와 기로 돌아가는 것이다.
162   용은 큰 뜻을 품고 세상에 이바지하는 선비요 영웅이다. 늙은 용이라 함은 의암 선생 자

철새는 가을 하늘로 보내고,[163]

握手未喜樂 別辭豈鮮明
악 수 미 희 락 별 사 기 선 명

손을 잡고 기뻐하고 즐거워하지 못하니[164]

이별하는 말인들 어찌 선명하리오.[165]

前程益多艱 後事任諸賢
전 정 익 다 간 후 사 임 제 현

앞길에 더욱 어려움이 많으리니[166]

뒷일을 여러 어진 이에게 맡기노라.[167]

신을 지칭하는 것으로 못에서 나와 세상을 풍미하던 용이 이제 다시 나왔던 본원 자리로 돌아감을 말한다. * 본래 패택의 용은 패현 출신으로 한나라를 건국한 유방을 일컫는 말.

163   철새는 봄에 돌아와 여름을 즐기고 추워지면 남쪽으로 겨울을 나기 위해 내려간다. 역시 한 시절(당신의 일평생)을 떠나보내는 심정을 읊으신 내용이다.

164   일을 마무리 하면 기쁘고 즐거워야 마땅하지만 선생 사후에도 천도교와 우리 민족에게는 수많은 험로가 놓여 있었다. 이런 험고를 물려주고 가시는 마음이 어찌 편안하셨겠는가?

165   앞으로 어떤 어려움이 있을지 예측조차 어렵고 또 그런 어려움을 함께하지 못함이 안타까우시니 그런 말을 어찌 일일이 다할 수 있을까?

166   선생 생전에 동학혁명의 후유증을 극복하고 대도를 재건하셨지만 사후 일제 핍박과 해방 후 좌우 이념 분열 등으로(남에선 미군정에 의해 좌익으로, 북에선 종파주의로 몰려 탄압받았다) 천도교는 깊은 침체에 빠져든다.

167   스승님들 삶은 진정한 생이 어떤 것인지 표상이 되었다. 이제 그를 배우고 따르느냐 그렇지 못하느냐는 온전히 후학들 몫이다.

三十三. 其他(기타)

(一) 현기문답(玄機問答, 현묘한 기틀을 묻고 답함)[1]

문: 한울(天)은 무엇입니까.

한울은 무엇입니까?

답: 자연한 이치와 자연한 기운으로 만물을 만드시는 창조주(創造主)를 이름이니라.

자연한 이치와 자연한 기운으로 만물을 만드시고 다시 만물 자체에서 사는 본래의 나이니라.[2]

---

1   右는 天道敎中에서 玄妙한 眞理를 硏解하야 著述한 바인대 一般世人에게 供覽하기 위하여 玆에 揭載하노라.(만세보 219호; 포덕46년(1907) 3월 30일자.) 현기문답은 1906년 6월 17일 창간되어 1907년 6월 29일 293호로 종간된 천도교에서 운영 간행한 일간 신문인 萬歲報에 15회(1907.3.30- 4.17)에 걸쳐 게재하여 천도교 교인들이 알아 갖추어야 할, 천도교 근본사상과 신앙 방법, 교인 자세와 신념 등을 교육시킨 것이다.(김용천)
2   "보려 해도 볼 수 없고, 들으려 해도 들을 수 없고, 물으려 해도 물을 곳이 없고, 잡으려 해도 잡을 것이 없느니라. 그러나 항상 머무는 곳이 없이 어디나 있고, 능히 움직이거나 고요함을 볼 수 없으나 모든 일을 간섭한다. 법으로써 능히 법하지 아니하나 만법이 스스로 몸에 갖추어지며, 정으로써 능히 기르지 아니하나 만물이 자연히 나는 것이니라. 변함이 없으나 스스로 화해 나며, 움직임이 없으나 스스로 나타나서 천지를 이루어내고 도로 천지의 본체에서 살며, 만물을 생성하고 편안히 만물 자체에서 사니, 다만 천체를 인과로 하여 선도 없고 악도 없으며 나지도 않고 죽지도 않나니 이것이 이른바 본래의 나니라."(삼성과)

문: 도(道)는 무엇입니까.

 도는 무엇입니까?

답: 정당한 마음으로 정당한 권능을 행하는 것을 이름이니라.[3]

 한울과 사람과 만물이 바른 마음으로 스스로에 부여된 정당한 권
능을 삶에 실현하는 것을 말한다.

문: 교(教)란 무엇입니까.

 교란 무엇입니까?

답: 사람의 지혜와 총명함이 한결같지 못하여 상등과 하등의 차별이 있는
데, 상등 사람의 자비(慈悲)한 마음으로 하등 사람을 일깨워 가르치는 것
을 이름이니라.

 사람들의 지혜와 총명함이 다 같지 않아서 깨닫지 못한 사람들이
고해 속에 살고 있다. 먼저 깨달은 사람이 자비의 마음으로 깨닫지
못한 사람을 일깨워 가르치는 것이 교이다.

문: 권능(權能)은 무엇입니까.

 권능은 무엇입니까?

---

3 천지가 한울 이치대로 운행하는 것은 한울의 도요, 사람이 세상 이치대로 행하는 것은 사
  람의 도다

답: 마음이 정당한 이치에 있어 지혜로 세계의 권력을 경쟁하는데, 능(能)한 마음이 오히려 남음이 있고, 개인의 신분상 권한을 지키는데 세계의 능력으로도 능히 빼앗지 못한 공권(公權)이 있느니라.

누구나 한울이 부여한 정당한 이치를 마음으로 깨달아 지혜롭게 세상에 자신을 실현할 권한이 있다. 이러한 자유로이 생명을 누릴 권한은 개인과 모든 생명에게 있으며, 이는 어떠한 권력으로도 빼앗을 수 없는 한울이 부여한 공적인 권한이다.

문: 한울이 공평하신 마음으로 사람을 내시는데 지혜와 총명이 어찌 상등과 하등의 차별이 있습니까.

한울이 공평하신 마음으로 사람을 내시는데 지혜와 총명이 어떻게 다르며 차이가 있습니까?

답: 한울이 사람을 내실 때에 입으로 물을 머금어 뿜는 것과 같아서 혹 큰 방울도 있으며 혹 작은 방울도 있느니라.

한울이 사람을 내실 때 같은 한울 성령이지만 부모가 만드는 그릇에 따라 담기는 크기와 모양이 천차만별이 되는 것이다.[4]

---

4 "영은 세상을 마련하고 세상은 영을 얻은 것이니라. 물건마다 각각 그 특성을 이룬 것은 이 신묘한 성령의 활동이 각각의 틀과 바탕에 응한 것이요, 그 그릇대로 세상에 나 어울리는 데 응한 것이다. 비유하면 같은 비와 이슬에 복숭아는 복숭아 열매를 맺고, 살구는 살구 열매를 맺나니, 이것은 각각이 차이나고 구별되는 식물에 따라 각각의 열매를 맺음과 같으니라."(성령출세설)

문: 이치와 기운은 무엇입니까.

이치와 기운은 무엇입니까?

답: 천지에 사뭇 차 있고 만물에 내외 없이 뻗어 있는 이치와 기운이 각기 그 부분이 있나니, 이치 모인 곳에 기운이 이치를 응하여 형상을 이루는 자도 있으며, 형상을 이룬 곳에 이치가 형상을 따라 더욱 발명되는 자도 있느니라.

한울의 이치와 기운은 천지에 가득 차 있고 만물의 안과 밖에 빠짐 없이 뻗어 있다. 만물은 한울 원소가 모인 곳에 기운이 응하여 그 형상을 이룬다. 또한 그 형상을 이룬 이치를 연구하면 새롭고 편리한 물건을 발명할 수도 있다.

문: 이치와 기운의 부분이 각각 무엇입니까.

이치와 기운의 부분이 각각 무엇입니까?

답: 사람과 금수와 초목과 곤충이 되는 이치와 기운이 각기 종류가 있어 서로 혼잡치 아니하여, 그 이치와 기운이 없어지지도 아니하며 생기지도 아니하여 항상 세상을 준비하느니라.[5]

---

5   다 같은 한울 원소이되, 무거운 원소는 금속이 되고 가벼운 원소는 기체가 된다. 복잡한 생명도 마찬가지. 각각 형상을 이루는 원소들이 다르고, 그 원소들이 형상을 이루는 방식도 다 다르다. 동물에서 생명체가 형상을 이루고 자신의 형상을 후손에 전하는 방식은 DNA라는 핵산 이중 나선구조로 밝혀져 있다. 그 생명 방식이 한울 이치다.

같은 한울 성령이되, 사람이 되는 이치와 기운, 동물과 식물 그리고 곤충이 되는 이치와 기운이 각기 종류가 있어 서로 혼잡 되지 않는다. 그 이치와 기운은 없어지지도 않고 새로 생기지도 않아 항상 세상을 준비한다.

문: 세상은 무엇입니까.

세상은 무엇입니까?

답: 만물이 형상(形狀)을 이루는 곳이니라.

한울이 만물로 형상을 이루고 다시 그 속에서 사는 유형한 한울이 세상이다.

문: 이치와 기운은 한울이요 형상은 세상이라 이를진대, 이치와 기운은 형상의 근본이라 한울과 세상을 어찌 써 분별합니까.

형상이 없는 이치와 기운은 한울이요 형상이 있는 것은 세상이라 합니다. 이치와 기운은 형상의 근본이니 한울과 세상을 어떻게 분별합니까?

답: 한울과 세상은 곧 한 곳이니, 만물이 생기기 전과 생기었다가 없어진 뒤는 다 한울이요, 형상이 있어 사람의 눈에 보이는 것이 세상이니라.[6]

---

6 "영의 적극적 표현은 이것이 형상 있는 것이요, 영의 소극적 섭리는 이것이 형상 없는 것

한울과 세상은 본래 한 곳이다. 만물이 생기기 전과 생겼다가 없어진 뒤는 형상이 없는 한울이고, 형상이 있어 사람의 눈에 보이는 것은 세상이니 형상 있는 한울이다.

문: 지혜(智慧)는 무엇입니까.

지혜는 무엇입니까?

답: 공기가 사람의 영대에 들어가면 지혜가 되느니라.(지혜는 天慧)[7]

한울의 빈 듯하나 신령한 기가 사람의 영대에 들어가면 바른 이치를 분별할 수 있는 지혜가 열린다.

문: 공기로써 사람의 지혜가 됨은 어찌하여 그러합니까.

한울의 기가 사람의 지혜가 되는 이치는 무엇입니까?

답: 천지는 한 공기라.[8] 공기 속에 쌓인 이치가 없는 곳이 없어 세상과 세상에 응하였으나 물품이 각기 이치로 발하여 공기로 형용을 이루며, 사람의

이니…".(성령출세설) 형상 없는 기와 형상 있는 세상 만물이 모두 같은 한울로서 서로 순환한다.

7 공기는 무엇을 뜻하는가? 다음 설명에서 '천지는 한 공기''공기 속 요점이 이치'라 하시고, 공기를 많이 마시라고 한 것으로 보아, 공기는 우리가 흔히 마시는 산소와 질소 등 기체로서의 뜻 보다는 우주에 가득한 허령창창한 기운, 즉 한울님의 지극하고 신령한 기운을 뜻하는 것으로 보아야 할 듯. 이 또한 외유기화다. "「지」라는 것은 한울의 도를 알아서 그 지혜를 받는 것이니라."(논학문)

8 우주는 허령창창한 한 기운일 따름이다.(동경대전, 논학문)

의견과 학문이 이치로 비롯하여 공기로 활동하느니, 이치와 공기 부분을 정하면 서로 내외 같으나 공기가 없으면 이치가 무엇을 근본하여 생기는가. 그러한 고로 이치는 공기 속에 한 요점이라 이름이 가하도다. 사람이 공기를 많이 마시면 공기 속에 쌓인 이치가 사람의 마음에 통하여 의견과 학문을 장만하느니, 의견과 학문은 사람의 지혜라, 지혜를 기르고자 하는 자는 먼저 공기를 마시느니라.[9]

천지는 하나로 허령창창한 기이다. 그 기 안에 모든 한울의 이치가 없는 것이 없어 세상을 만들고 세상에 응하여 간섭하고 있다. 각각의 만물이 한울의 이치를 바탕으로 기운이 모여 형상을 이룬다. 사람의 의견과 학문도 한울이치를 바탕으로 기운으로 활동하는 것이다. 이치와 기운의 부분을 정하면 서로 내외 같아 같은 한울 성령의 다른 상태일 뿐이다. 이치가 있어도 기운이 없으면 형상을 이루고 활동하지 못하므로, 이치는 기운의 요점이라고도 할 수 있다. 사람이 한울의 바른 기운을 마음에 많이 쌓으면 기운 속에 쌓인 이치가

9   그러므로 공기를 많이 마시라 함은 호흡을 많이 하는 것이 아니라(실제 필요 이상으로 과 호흡하면 호흡성 알칼리 혈증으로 몸이 상하게 된다) 한울님 지기를 많이 받아 지혜가 열리길 수련하는 것이니 주문 수련이 그것이고 주문의 뜻이 그렇다. 또한 한울님 이치가 담긴 많은 학문과 의견을 접하고 이를 자기 것으로 흡수하여 지혜의 근원으로 삼으라는 뜻이기도 하다. 그러나 학문도 마찬가지. 한울의 큰 뜻을 이해하지 못하면서 지식만 취하거나, 과도히 몰두하면 그 앎을 이용해 자신의 개인적 이익을 취하려 하거나 그것이 화근이 되어 스스로를 망치기도 한다. "마음은 정이 있는 기(有情空氣)로써, 변화하는 능력이 생기기 때문이다."(성심신삼단)

사람의 마음에 통하여 의견이 생기고 학문을 이룬다. 이 의견과 학문이 사람의 지혜가 되니, 지혜를 기르고자 하는 사람은 먼저 한울의 바른 기를 마음에 쌓아가야 한다.

문: 공기를 마시는 방법이 무엇입니까.

한울의 기운을 마음에 쌓는 방법은 무엇입니까?

답: 공기 속에 선하고 악하고 이롭고 해로운 종류가 각기 부분이 있으니, 그 부분에 대하여 능히 입으로 마시며 마음으로 마시기를 분간하여 각기 그 양을 채우는 것이 방법이니라.[10]

한울 기운 속에는 선하고 악하고 이롭고 해로운 종류가 모두 있으니, 몸으로 마음으로 분간하여 기운을 쌓아가야 한다.[11]

문: 공기를 마시면 유익한 효험이 무엇입니까.

마음에 한울 기운을 쌓으면 유익한 효험이 무엇입니까?

답: 비유하건대 천지는 만물을 많이 쌓은 창고요, 사람은 그 물품을 주관하

10　입으로 마시는 것은 기체로서 공기, 마음으로 마시는 것은 학문과 의식 같은, 뜻으로서 공기. 자신이 필요한 만큼 마시고 소화하여야 한다. 자신의 분수 이상으로 욕심을 내면 입으로 마시거나 마음으로 마시거나 모두 탈이 난다. 수련할 때도 자신의 그릇에 맞는 감응을 구해야 답을 얻을 수 있지, 노력은 조금하고 많은 감화를 얻을 수는 없다. 뒤의 수련하는 방법을 설명한 구절을 참조.
11　악하고 해로운 기운을 쌓으면 병이 될 것이고, 선하고 이로운 기운을 쌓으면 건강해지고 지혜도 열릴 것이다.

며 겸하여 그 물품 장기(帳記)를 가진 자니, 먼저 그 장기를 준하여 창고 물품을 차례로 쓰는 것이 효험이니라.[12]

비유하면 한울-천지는 만물이 무한히 쌓인 창고이고, 마음에 한울의 기운을 쌓은 사람은 그 물품을 기록한 장부를 가지고 물품을 주관할 수 있다. 그 무한한 물품을 자유로이 사용해 한울의 무한한 능력을 사용할 수 있는 것이 효험이다.

문: 사람이 쓰기를 위하여 물품을 준비하기는 누구입니까.

사람이 쓸 수 있도록 물품을 준비하는 것은 누구입니까?

답: 조화(造化)를 주재(主宰)하는 것은 한울님이시니라.[13]

그러한 무형 유형의 모든 조화를 주재하는 것은 한울님이시다.

문: 한울님이 개개인을 위하여 물품을 준비하십니까.

한울님이 개개인을 위하여 물품을 준비하십니까?

---

12 사람은 만물 중 최령자라 하였다. 다 같은 한울이되 사람은 지혜가 있어 한울 이치를 알수 있고 그 이치를 따라 만물을 활용하니 이를 유정천의 능력이라 한다. 일개 육신에 국한된 작은 몸은 그 능력이 유한하지만 한울님 모심을 자각하고 지극한 그 능력과 하나 되면무한한 능력을 쓸 수 있다. 병을 약 없이 낫거나 자신과 사람들의 운명을 바꾸며 그로써 세상을 바꾸는 개벽이 모두 한울의 능력이다.(의암성사법설, 성심신삼단)
13 한울님이 준비하시는 물품은 무엇인가? 눈에 보이는 재물이나 재화는 그 극히 일부일것이다. 오히려 무형의 재능과 가능성, 희망 등이 사람이 살아가고 일을 이루는 가장 큰 자산일 것이다.

답: 아니니라. 세계 창시(創始)하던 날로부터 끝나는 날까지 생생무궁(生生無窮)한 사람이 다 한 창고 물품으로 쓰느니라.[14]

아니다. 세상이 시작되던 날부터 끝나는 날까지 무궁한 모든 사람이 다 같은 한 창고 물품으로 쓰는 것이다.

문: 그 증거는 무엇입니까.

그 증거는 무엇입니까?

답: 한울은 한 신(神)이라. 신은 조화무궁한 자니, 유형(有形)한 물품과 무형(無形)한 이치를 준비하는 데 천만 년이 한 날이요, 천만 리가 한 곳이요, 천만 인이 한 사람이니라.[15]

한울은 즉 신이시다. 신은 조화가 무궁한 우주 대 성령이므로 인간의 시간과 공간을 초월하신 분이시다. 그러므로 유형한 물품과 무형한 이치를 준비하는데 천만 년이 한 날이요, 천만 리가 한 곳이요, 천만 인이 한 사람과 같은 것이다.

문: 사람의 영대(靈臺)는 무엇입니까.

---

14   한울의 이치를 잘 알아 활용하는 사람은 무궁한 활용이 가능할 것이요, 이치를 깨닫지 못한 사람은 자신 몫조차 제대로 활용하지 못할 것이다.

15   "성천의 근본은 천지가 갈리기 전에 시작하여 이때에 억억만년이 나로부터 시작되었고, 나로부터 천지가 없어질 때까지 이때에 억억만년이 또한 나에게 이르러 끝나는 것이니라."(의암성사법설, 성심변) 우주 대성령으로써 한울님은 시간과 공간을 초월하신 분이다.

사람의 영대는 무엇입니까?

답: 한울의 조화는 신이요, 신의 명자(明者)는 사람의 성령(性靈)이니 영의 머무는 곳이 영대니라.[16]

무형한 한울이 세상에 조화를 나타내면 이를 신이라 하고, 신의 밝은 것은 사람의 성령이며, 사람의 성령이 머무는 곳이 영대이다.

문: 성령은 무엇입니까.

성령은 무엇입니까?

답: 영은 사람의 지각을 준비하는 이치요, 성(性)은 영(靈)을 담는 그릇이니, 밝고 신통함이 거울 같아서 천지 만물과 온갖 사리를 비추며 신기하고 공교(工巧)함이 능히 조화 기틀을 가져, 사람 육신에 관계되는 일을 마음에 작정한 대로 낱낱이 수응酬應(요구에 응)하느니 가히 신령하다 이를지로다.[17] 그러나 다만 선하고 악한 것을 스스로 정하며 스스로 행하는 성질

---

16 한울 조화가 나타나는 것이 귀와 신이다. 드러나게 변화가 있는 것은 신이요, 조용히 눈에 띄지 않는 변화가 있는 것은 귀다.(해월신사법설, 천지인 귀신 음양 참조) 한울의 생명을 받아 만물이 생기며, 형상이 생길 때 받은 기와 생명이 본래 마음이다.(성심신삼단) 이 마음이 있으므로 만물의 이치를 밝게 알 수 있어 이것이 신령한 영대가 된다. 누구나 한울님께 받은 영대가 있으되 습관된 욕념이 이를 가리고 있어 지혜가 열리지 않아 어둠 속에서 헤매고 있다.

17 "반드시 모든 이치가 갖추어 있어 형상 없는 법체가 깨닫는 곳에 나타나며, 형상 있는 색체에 돌아오는 빛이 돌려 비치어 밝지 아니한 곳이 없고 알지 못할 곳이 없으니, 이것을 허광심력이라 이르느니라."(의암성사법설, 삼심관) 한울 성령은 무사불섭 무사불명이니 사람의 성령이 한울 성령과 하나되면 그 앎과 조화를 함께 할 수 있다.

이 없는 고로, 선한 마음을 만나면 선을 도와 좋은 정도에 이르고, 악한 마음을 만나면 또한 악을 도와 극(極)한 정도에 이르느니라.[18]

영은 사람이 느끼고 생각하고 말하고 행동하는 모든 지각을 담당하는 이치고, 성품은 영을 담는 그릇이다. 성령은 밝고 신통함이 거울 같아서 천지 만물과 온갖 사리를 비추며 솜씨 있고 교묘함이 능히 조화의 기틀을 가진다. 그리하여 사람 몸에 관계되는 모든 일을 마음먹은 대로 낱낱이 응하니 신령하지 않은가. 그러나 한울은 선악을 가리지 않으므로 선한 마음에는 선을 도와 좋은 정도에 이르고, 악한 마음에는 악을 도와 극한 정도에 이를 수 있으니 성령에 응하는 마음을 잘 다스려야 한다.

문: 마음은 무엇입니까.

마음은 무엇입니까?

답: 성령과 육신이 합하여 사람이 된 후에, 사람이 세상에 대하여 교섭하는 직책을 맡은 자인 고로, 항상 세상 정욕(情慾)이 많으니라.[19]

---

18 "한울님은 선악을 가리지 않기 때문이니라."(동경대전, 논학문) "다만 천체를 인과로 하여 무선무악하고 불생불멸하나니 이것이 이른바 본래 나니라."(의암성사법설, 삼성과) 무한한 우주 공간에선 선악 분별이 무의미하지만 사람들의 삶과 현실에서는 의미가 있다. 그러므로 선악을 분별하는 마음의 힘을 기르고 실천하는 것은 마음공부에 달려 있다.

19 "마음은 바로 성품으로서 몸으로 나타날 때 생기어 형상이 없이 성품과 몸 둘 사이에 있어 만리만사를 소개하는 요긴한 중추가 되느니라."(의암성사법설, 성심신삼단) 마음이 있어 몸을 움직여 살아가지만(정욕), 한울님의 이치를 찾고 한울님 성령과 하나 되고자 하는

한울 성령이 몸의 형상을 이루어 나타날 때 몸에 깃 든 것이 마음이다. 마음은 사람이 세상에 대하여 교섭하는 역할을 한다. 때문에 세상의 모든 것에 대한 좋아하고 싫어하는 많은 정욕이 생긴다.

문: 정욕은 무엇입니까.

정욕은 무엇입니까?

답: 육신에 관계되는 사정과 욕심이니 항상 정대(正大)하기 어려우니라.[20]

몸에 관계되는 사사로운 정과 욕심이라서 항상 바르게 하기 어렵다.

문: 성령의 밝고 신령함을 근본하여 발생한 마음이 어찌 정대하기 어렵습니까.

성령의 밝고 신령함에서 근본이 되어 발생한 마음이 어떻게 바르게 하기 어렵습니까?

답: 한울이 사람을 시험하는데 선신(善神)과 악신(惡神)으로 하여금 사람의 마음 곁에 있다가, 사람의 이목구비(耳目口鼻)와 수족(手足)이 만물을

것도 마음이다. 어떤 마음을 일으킬지는 자신에게 달려 있다.

20 몸이 있는 한, 식욕 색욕 수면욕 명예욕 같은 것은 피하기 어렵다. 다만 이런 욕심에 자신의 중심을 잃고 끌려 다니면 범인이요, 욕심을 절제하며 만물을 위하는 것이 군자, 성인이다.

교섭하여 마음에 보고할 때에, 선신과 악신이 각기 마음에게 대하여 악신은 악한 이치로 권고하며 선신은 선한 이치로 권고하는데, 악한 권고는 사람의 마음에 재미와 기쁜 생각이 있고, 선한 권고는 맑고 한만(閑漫, 한가하고 느긋)하여 듣기에 재미가 적은 고로, 마음이 악신의 권고를 들어 그대로 이목구비와 수족에게 지휘하느니, 그 지휘를 받는 자 어찌 정대한 말과 일을 행하리오.[21] 한울이 본래 사람의 자유를 허락하신지라, 선악은 물론하고 사람이 행하는 대로 볼 뿐이나 선한 사람에게는 명예와 복록으로써 영화를 누리게 하고, 악한 사람에게는 죄악과 형벌로써 앙화(殃禍, 재앙 같은 화)를 받게 하느니, 이는 다 한울의 시험으로 사람의 내두결과(來頭結果, 눈앞에 닥친 결과)가 되는 것이라. 처음 선악으로 시험할 때에 마음이 그 시험을 받지 아니하고 일분 동안만 다시 생각하여 악신의 재미있는 꾀임을 받지 아니하면, 선신의 권고가 자연히 마음을 감동하느니 무슨 말이든지 일을 행하고자 할 때에 아무리 급하더라도 먼저 생각을 돌려 선악을 분간한 후에 입으로 말을 발하며 몸으로 일을 행하면, 육신은 마음의 지휘를 받는 자라, 어찌 정대치 아니하리오.[22]

---

21 선신과 악신은 모두 한울 기운. 나의 본 마음이 선신이요, 욕심에 물 든 마음이 악신이다. 본래 따로 있는 것이 아니라 마음 씀에 따라 작용과 결과가 달라질 뿐이다. "선악 간 마음 용사 이는 역시 기운이오."(용담유사, 도덕가) "심령의 있음은 일신의 안정이 되는 것이요, 욕념의 있음은 일신의 요란이 되는 것이니라."(해월심사법사, 수심정기) 심령은 선신이요 욕념은 악신이다.

22 "사람이 움직일 때에 마음을 먼저 발하여 사지에 혈기와 정신이 통한 뒤에 동작하여야 서로 어김이 없는 것이요, 또한 말할 때에도 마음으로 먼저 생각하여 정과 맥이 서로 통한

한울은 선악을 가리지 않으므로, 사람의 마음이 착한 쪽으로 작용하든 나쁜 쪽으로 작용하든 그 자유를 허락하였다. 사람의 이목구비와 팔 다리로 만물을 교섭하여 마음에 보고할 때 나쁜 쪽으로 작용하는 것은 사람의 짧은 생각에 재미와 기쁨이 있어 보이고, 착한 쪽으로 작용하는 것은 맑고 한가하며 느긋하여 듣기에 재미가 적어 보이게 마련이다. 마음이 나쁜 쪽으로 작용하는 대로 이목구비와 수족에게 지휘하면 어떻게 바른 말과 일을 행하겠는가?

그렇게 행하는 것은 사람의 자유이나, 그 행한 것에 따른 인과는 마땅히 받게 마련이다. 선한 사람에게는 명예와 복록으로 영화를 누리게 하고, 악한 사람에게는 죄악과 형벌로 재앙과 화를 받게 하니, 모두가 사람이 스스로 만든 것이다.

그러므로 처음 선악의 마음이 엇갈릴 때 일분 동안만 다시 생각하여 악한 쪽의 재미있는 꼬임을 받지 않으면, 착한 쪽의 권고가 자연히 마음을 감동하게 할 수 있다. 무슨 일이든지 일을 행할 때 아무리 급해도 먼저 생각을 돌려 선악을 분간한 후에 입으로 말하고 몸으로 일을 행하면, 어떻게 바른 행이 되지 않겠는가?

뒤에 말을 하면 혈기가 감손되지 아니하나, 무심중에 말을 하면 기운과 피가 크게 상하고 음식도 무심 중 급하게 먹고 마시면 해가 되며, 보통 기거할 때에도 무심 중 급하게 움직이면 해가 되는 것이니 삼가고 삼가라."(의암성사법설, 위생보호장) 이것이 매매사사 심고하라는 가르침이다.

문: 육신(肉身)은 무엇입니까.

육신은 무엇입니까?

답: 육신은 사람이 세상에 난 처음 표준이요 성령의 집이니, 사람의 희로애락(喜怒哀樂)과 생사존망(生死存亡)이 다 육신에 관계하느니라.

육신은 사람이 세상에 난 처음 표준이요 성령의 집이다. 사람의 희로애락과 삶과 죽음이 다 육신에 관계된 것이다.

문: 성령과 육신과 마음의 관계가 서로 어떠합니까.

성령과 육신과 마음의 관계는 어떻게 됩니까?

답: 성령은 한울의 한 부분이요, 육신은 세상의 한 부분이니, 성령과 육신이 합하여 사람의 한 전체를 이룬지라, 마음이 그 전체를 거느려 능히 사람의 위치에 거居하며 사람의 일을 행하느니, 성령과 육신은 사람의 사람 노릇하는 자료요, 마음은 사람의 사람 노릇하는 주장主掌이니라.[23]

사람의 성령은 한울의 한 부분이고, 육신은 세상의 한 부분이다. 성령과 육신이 합하여 사람의 형체를 이루고, 마음이 그를 거느려

---

23 성령은 한울님께 받은 본성이고, 육신은 현실적인 욕망을 상징한다. 육신의 욕망을 조절하고 양심과 성령에 따라 몸을 움직이는 주체는 마음이다. 이를 성심신삼단(의암성사법설, 무체법경), 정기신, 정심성(의암성사법설, 위생보호장), 또는 본능(id)-자아(ego)-초자아(superego) 등으로 설명하기도 한다. 보통 사람들은 본능과 그를 적절히 통제하는 자아는 알지만 한울 성령은 모르는 경우가 많다. 성령을 깨달으면 무한한 지혜가 열리지만 그를 깨닫는 것은 마음이다.

능히 사람의 위치에서 사람의 일을 행하는 것이다. 그러므로 성령과 육신은 사람이 사람 노릇하는 자료가 되고, 마음은 사람 노릇하는 주장이 된다.

문: 마음이 성령과 육신을 거느린다 이름은 어찌함입니까.

마음이 성령과 육신을 거느린다 말하는 것은 어떻게 된 것입니까?

답: 비유(比喩)하건대 성령은 물이요, 물이 능히 움직이며 흐르는 힘은 마음이요, 흐르는 물을 받는 곳은 육신이니, 육신이 없으면 성령이 위탁할 곳이 없고, 성령이 없으면 마음이 생길 근본이 없으나, 성령과 육신의 사이에 마음의 소개(紹介)가 없으면 다만 한 생물이 세상에 있다 이를지언정 사람의 이름에 상당한 지각과 능력이 있다 이르지 못하리니, 사람이 전체로 말하면 세 가지에 하나도 없지 못할 것이요, 각기 부분을 정하면 마음이 일신(一身)의 주권(主權)이니라.

비유하면 성령은 물이고, 물이 능히 움직이며 흐르는 힘은 마음이며, 흐르는 물을 받는 곳은 육신이다. 그러므로 육신이 없으면 성령이 위탁할 곳이 없고, 성령이 없으면 마음이 생길 근본이 없다. 그러나 성령과 육신 사이를 마음이 소개하지 않으면 다만 한 생물이 있을 뿐 사람의 이름에 걸 맞는 지각과 능력이 있을 수 없다. 사람은 이 세 가지가 모두 있어야 온전한 사람이라고 할 수 있고, 각기 부분을 정하면 마음이 한 몸의 주된 권한을 행사하는 것이다.

문: 마음이 주권 노릇하는 자격은 무엇입니까.

마음이 주권 노릇하는 자격은 무엇입니까?

답: 성령을 수련(修煉)하고 육신을 보호하는 데 있느니라.[24]

마음이 성령을 수련하여 한울 이치를 깨닫고, 그로써 몸이 질병과 잘못된 길로 가지 않도록 보호하는 데 있다.

문: 수련과 보호하는 방법은 무엇입니까.

수련과 보호하는 방법은 무엇입니까?

답: 우물 근원에 흙이 막히지 아니하며 예리한 칼날에 녹이 슬지 아니하면, 물은 근원을 통하여 능히 바다와 하수를 이루며 칼은 둔둔(鈍)치 아니하여 능히 용과 범을 잡느니라. 그 종조리(終條理, 마지막 갈피)에서 성공한 것만 보면 다 마음의 힘이라 이르나, 그 시초를 궁구(窮究)하면 성령을 수련한 효력에 근본한 고로, 사람이 성현(聖賢)을 자기(自期, 마음 속에 기준 삼아)하여 도덕에 주의(主義)하든지, 영웅을 자기하여 공업(公業)에 주의하든지, 먼저 성령수련으로 목적을 삼지 아니함만 같지 아니하니,[25] 대저 성령은 곧 마음 속 단전(丹田)이라,[26] 흩어진 정신을 수습하여 단전에 모으는

---

24   마음이 육신의 욕념에만 끌려 다니면 짐승에 가까운 것이나 욕념을 조절하고 한울 성령에 가까이 가려 하면 그것이 수련이요, 군자가 되는 길이다.

25   한울의 큰 이치를 깨닫지 못하면, 두뇌가 명석하나 남을 속이는 데 낭비하고, 힘이 있으되 골목대장이나 할 것이고, 돈이 있으되 유흥비로 탕진하게 될 것이다.

26   단전은 마음의 핵심이라는 뜻. 사람은 누구든 마음이 하루 중에도 수없이 움직이는데 욕

데, 처음에는 세상 사념(邪念, 삿된 생각)이 정신을 끌어 매양(每樣) 단전 밖으로 빙빙 돌아, 사념이 자연히 없어지고 정신이 기를 찾아 단전에 들어가면, 이는 수련하는 초두(初頭)공부라. 단전에 밝고 맑은 빛이 있는 듯 없는 듯 혹 졸음도 오며 혹 사지(四肢)도 무기(無氣)하다가 그 모인 정신을 흩지 말고 날 공부와 달 공부와 해 공부가 차차 굳어지면, 단전에 밝은 빛이 점점 명랑하여 이치를 비추면 이치를 마음으로 보며, 형용을 비추면 형용을 마음으로 보며, 세계를 비추면 세계가 마음속에 있나니,[27] 그때를 당하여 마음이 민첩(敏捷)하고 활동하는 힘이 전보다 백천 배(百千倍)가 더한지라, 성현의 위치를 정하든지 영웅의 위치를 정하든지 때를 따라 사람의 높은 정도에 이르는데, 공덕(功德)과 사업이 세계의 으뜸이요 이름이

심을 따라 움직이는 것이 많을 것이요, 한울 성령을 따라 움직이는 것이 적을 것이다. 마음 속에서 한울의 성령을 항상 잊지 않도록 위하여 성령이 커가는 것이 마음공부.(해월신사법설, 양천주) * 단전은 흔히 배꼽 밑 3치(9cm쯤)의 부위를 말한다. 동양 의학에선 뇌를 상단전(上丹田), 심(心)을 중단전(中丹田), 배꼽 밑 3치의 부위를 하단전(下丹田)이라고 하며, 하단전은 정(精)을 저장하는 부(府)로, 중단전은 기(氣)를, 상단전은 신(神)을 저장하는 부라고 하였다. 사람 몸은 정(精)·기(氣)·신(神)에 의해 생명 활동이 이루어진다. 정을 잘 다스리면 기가 생기고, 기를 잘 수련하면 지혜(신)가 생긴다. 그러므로 정·기·신(성심신, 성심정)을 항상 잘 닦아야 한다.(의암성사법설, 위생보호장 참조)
27 "닦는 사람 염두에 반드시 양단이 있으리니, 부지런히 하고 부지런히 하여 쉬지 아니하며, 깨닫고 깨달아서 어둡지 아니하고, 적적하여 혼미하지 아니하면, 빈 가운데서 빛이 날 것이라. 반드시 모든 이치가 갖추어 있어 형상 없는 법체가 깨닫는 곳에 나타나며, 형상 있는 색체에 돌아오는 빛이 돌려 비치어 밝지 아니한 곳이 없고 알지 못할 곳이 없으니, 이것을 허광심력이라 이르느니라."(의암성사법설, 삼심관) 마음을 비우면 빛이 절로 난다.(해월신사법설, 허와실) 욕념을 버리고 한울을 위하는 마음을 잊지 않으면 그것이 수련이고 수심정기법이다. 이렇게 한울 마음을 잊지 않고 합하게 되면 지혜가 열리게 된다.

만고(萬古)에 빛나느니, 그 원인을 생각하면 대범 어디서 득력(得力)한 효험(效驗)이라 이르겠는가.[28] 그러나 육신 보호하는 방법이 생소(生疎)하면 반푼(半分)사람에 지나지 아니한 고로, 행실(行實)로써 풍화(風化)의 보호를 받으며 덕의로써 민중의 보호를 받으며 규칙으로써 사회의 보호를 받으며 법률로써 국가의 보호를 받으며 실업으로써 생계의 보호를 받아 육신상 강장(强壯)한 효력을 얻으면, 육신과 성령이 서로 합하여 사람의 고명(高明)한 가치로 세계문명이라 하는 이름을 저버리지 아니 하느니라.[29]

마음을 항상 한울 성령에 두고 닦으면, 막히지 않는 우물이 강물과 바다를 이루듯 큰 이치를 깨달을 것이다. 그 참된 마음을 예리한 칼날처럼 녹슬지 않게 수행하면 능히 용과 범도 잡을 수 있는, 세상을 개벽하는 힘이 될 것이다.

그 마지막에 성공한 것만 보면 다 마음의 힘이라 이르지만, 그 처음을 따져보면 성령을 수련한 효력에 근본한 것이다. 그러므로 사람이 성인과 현인을 자기 마음속에 기준삼아 도덕을 주된 주장으로 삼든지, 영웅을 기준삼아 공공의 업적을 이룰 것을 주된 주장으

---

28 성품과 마음을 수련하면 한울 이치를 깨닫고 지혜가 열린다. 한울 지혜로 한울 일을 행하면 되지 않을 일이 어디 있겠는가? 무위이화를 체험할 것이다.

29 성품과 마음을 수련하여 뜻이 높고 지혜가 있어도 몸이 없으면 그것을 실천할 수 없다. 몸은 육신의 건강함 뿐 아니라 사회적 실력을 의미함이니 법률과 실업 같은 것들이 모두 육신-현실 가치들이다. 천도교는 이런 세속 가치들에 매몰 되지만 않으면 이들이 한울 뜻을 실현하는 좋은 도구로 사용될 수 있음을 인정한다.

로 삼든지, 먼저 성령수련으로 목적을 삼지 않으면 안 된다.

무릇 성령은 곧 마음 속 단전 즉 기운의 밭이요 핵심이다. 세상 욕념에 흐트러진 정신을 수습하여 단전에 모아야 한다. 처음에는 세상의 모든 삿된 생각이 정신을 끌어 매번 단전 밖으로 흩어지지만, 사념이 자연히 없어지고 정신이 기를 찾아 단전에 들어가면 이것이 수련의 첫 단계다. 수련을 계속하면 단전에 밝고 맑은 빛이 있는 듯 없는 듯 혹 졸음도 오며 혹 사지에 기운이 없는 듯 하기도 한다. 그 모인 정신을 흩지 말고 공부가 날과 해를 거듭해 쌓이고 차차 굳어지면 단전에 밝은 빛이 점점 명랑해진다. 그 빛으로 이치를 비추면 이치를 마음으로 보며, 생긴 모습을 비추면 모습을 마음으로 보며, 세계를 비추면 세계가 마음속에 있다.

그때가 되면 마음이 맑고 밝아 재빠르고 활동하는 힘이 전보다 백천 배가 되므로, 성현의 위치에 오르던지 영웅의 위치에 오르던지 때를 따라 사람의 높은 정도에 이를 수 있다. 그렇게 공덕과 사업이 세계의 으뜸이 되고 이름이 만고에 빛나게 되니, 그 원인을 생각하면 그 모든 힘이 어디에서 나온 효험이겠는가?

그러나 육신 보호하는 방법이 서투르면 반쪽 사람에 지나지 않는다. 그러므로 사람이 바른 행실로 풍습의 보호를 받고, 덕과 의를 행하여 민중의 보호를 받고, 규칙을 지켜 사회의 보호를 받으면 개인의 육신이 강하고 왕성한 효력을 얻게 된다. 그렇게 육신과 성령이 서로 합하면 사람의 고명한 가치로 세계문명을 이끌게 된다.

문: 성령과 육신을 비교하면 소중(所重)함이 무엇입니까.

 성령과 육신을 비교하면 어떤 것이 소중합니까?

답: 성령의 중함이 육신에 비할 바 아니나 다만 절충(折衝)하기 어려우니, 하등 사람은 성령으로써 육신을 거느리지 못하여 성령의 생맥(生脈)이 육신에 미칠 뿐이요, 중등 사람은 성령과 육신을 평등으로 대우하여 성령 범위에 있는 덕의(德義)와 육신 범위에 있는 이익(利益)을 항상(恒常) 아울러 취(取)할 사상(思想)이 있으며, 상등 사람은 육신 관계보다 성령을 중히 여김이 육칠분에 지나는 고로, 덕의와 이익을 함께 놓고 자의(自意)대로 취(取)하라 하면 항상 덕의를 취하며, 상등에 지난 사람은 성령의 밝고 신통한 보부(寶符, 보배들)로 인간 업장(業場)에 허비할 생각이 적어 항상 유유탕탕(悠悠蕩蕩)히 세상 밖에 오유(遨遊)하니, 정도는 비록 높으나 인족 사회에 벗어진 사람이라 가히 법(法)받지 아니할지오. 다만 상등 사람의 지조(志操)를 표준하여 육신의 일평생을 지내면 사회가 자연히 문명하리니, 문명은 우리 교회의 목적이니라.[30]

---

30 천도교가 목표로 하는 문명의 정의를 내리고 있다. 세속 가치에만 끌려 다니지 말고(하등사람), 그렇다고 현실을 등한히 하지도 말고(상등에 지난 사람), 육신 가치도 소홀히 하지 않되 성령을 위주로 삶과 세상을 이끌어가는 것이 천도교 문명이다. 즉 현실과 이상을 조화시키되, 현실이 따라오지 못해도 이상은 항상 높은 곳에 두고 현실을 이끌어야 할 것이다.

성령의 중함이 육신에 비할 바 아니다. 다만 절충하기 어렵다.

하등 사람은 육신을 중시하고 성령을 소홀히 하니, 성령의 생명 흐름이 겨우 육신이 살 수 있는 정도만 미칠 뿐이다. 중등 사람은 성령과 육신을 동등하게 여겨, 성령 범위에 있는 도덕과 의로움, 그리고 육신 범위에 있는 이익을 항상 같이 취하려 한다. 상등 사람은 육신 관계보다 성령을 중히 여기는 것이 60-70%를 넘는다. 그러므로 도덕과 이익 중에 선택하게 하면 항상 도덕을 선택한다. 상등을 넘은 사람은 성령의 밝고 신통한 보배들에 대한 관심으로 인간 세속에 허비할 생각이 적어서, 항상 유유탕탕히 세상 밖에서 즐겁게 노니, 정도는 비록 높지만 사람들 기준을 벗어난 사람이라서 법에 얽매이지 않는다. 그러므로 상등 사람의 곧은 뜻을 표준으로 삼아 사람들이 일평생을 지내도록 하면 사회가 자연히 문명할 것이다. 문명은 곧 우리 교회의 목적이다.

문: 교는 상등 사람의 자비 사업(慈悲事業)으로 하등 사람을 인도(引導)하여 바른 길로 돌아오게 하는 것이 목적(目的)이라 그 인도하는 사람의 의무는 당연(當然)하나, 사람의 품질(稟質, 타고난 자질)이 원래 상등과 하등의 차별이 현수(縣殊)하여 하등 사람이 능히 상등 사람을 따라 미치지 못하는 것은 정한 일이라. 만일 사람으로 하여금 상등 사람을 표준하려 하다가 종말에 실효를 얻지 못하면, 필경(畢竟)은 교(敎)를 신앙하는 마음까지

나태(懶怠)할 염려가 없지 아니하거늘, 하등 사람으로 하여금 엽등(躐等, 등급을 뛰어 넘어)으로 상등 사람을 표준하라 함은 어찌함입니까.

교는 상등 사람의 자비로운 마음으로 하등 사람을 인도하여 바른 길로 돌아오게 하는 것이 목적입니다. 그러므로 인도하는 사람의 의무는 당연하지만, 사람들의 타고난 자질이 원래 현격히 다릅니다. 하등 사람이 상등 사람을 따라 미치지 못하는 것은 당연한 것이니, 만일 사람들로 상등 사람을 표준하려 하다가 마침내 실효를 얻지 못하면, 결국 교를 신앙하는 마음까지 게으르게 될 것입니다. 그러한데 하등 사람이 등급을 뛰어넘어 중등이 아닌 상등사람을 표준 하라고 하는 것은 어떻게 된 것입니까?

답: 하등을 상등으로 표준하면 그 의견(意見)과 도량(度量)은 배우지 못하나, 방향(方向)과 규모(規模)는 문명한 면목을 이루며, 겸하여 한울이 정제(精製)하신 수(壽)와 복(福)을 각기 분의(分義, 분수에 맞는 도리)대로 누리나니, 이는 다 교를 신앙하는 효험이라. 교에 대하여 점점 낙종(樂從, 즐거이 따르는)하는 마음이 있을지언정 어찌 나태한 생각을 두리오.[31]

---

31 나는 하등 사람인가, 상등 사람인가? 하등과 상등 사람 모두 한울 사람이며 이것이 신분의 제한이 있는 것이 아님은 물론이다. 다만 그 뜻이 높고 행이 한울 뜻을 따르면 상등 사람이라 할 것이다. 아직 생업에 더 관심이 많고 자녀들이 다른 아이들보다 잘 나길 바라는 나는 분명 하등 사람이다. 그러나 스승님들 삶을 존경하고 그 가르침을 따르는 것은 그것이 옳은 것임은 분별할 수 있기 때문이다. 비록 그렇게 살진 못해도 그런 삶이 되도록 노력하며 그런 행들이 세상을 바꿀 것임을 믿기 때문이다.

하등이 상등을 표준으로 삼으면, 그 의견과 도량은 배우지 못해도, 방향과 규모는 문명한 됨됨이를 이룰 수 있다. 겸하여 한울의 이치대로 살아가면 한울이 부여하신 수명과 복을 각자 받을 수 있는 분수만큼 누릴 수 있으니, 이는 다 교를 신앙하는 효험이다. 그러므로 교에 대하여 점점 즐거이 따르는 마음이 있을지언정 어떻게 게으른 생각이 들겠는가?

문: 교를 인연(因緣)하여 수와 복을 누림은 어찌함입니까.

교를 신앙하는 인연으로 하여 수명과 복을 누리게 되는 것은 어떻게 그렇습니까?

답: 교는 안으로 정신을 수습(收拾)하여 한울이 사람을 내신 이치와 사람이 세상에 처(處)하는 방법을 연구하며, 밖으로 행실과 법률과 실업에 주의(主義)하여 명예와 이익의 최우등을 스스로 기(期, 약속)하는데, 의복과 음식과 거처(居處)와 약(藥)을 각기 문명제도(文明制度)로 육신에 적당한 도수를 맞추거니, 어찌 천정(天定, 한울이 정한)한 수를 누리지 아니하며, 매양(每樣) 생각이 동(動)할 때에 생각으로 생각을 살펴 외람(猥濫, 함부로)하며 음란(淫亂)하며 교만(驕慢)하며 방탕(放蕩)하며 탐(貪)하며 독(毒)하며 속이는 생각을 제거(除去)하면, 표면의 높은 행실이 결단코 법률에 저촉(抵觸)한 일이 없을 뿐 아니라, 겸(兼)하여 농상공(農商工)의 실업(實業)으로 육신(肉身) 자량(資糧, 비용과 식량)에 곤핍(困乏, 괴롭고 가난한)한

일이 없거니, 어찌 지극한 복이 아니리오. 대범(大凡) 그 사람이 도덕의 군자(君子)요 명예의 군자니, 한울이 군자에게 대하여 무엇으로써 대접(待接)하리오. 그 대접하는 것은 인간 수복(壽福, 수명과 복)이라. 수복을 누릴 때에 다시 생각하면 수복이 내려 어디로부터 좇아왔겠는가.[32]

교는 안으로 정신을 수습하여 한울이 사람을 내신 이치와 사람이 세상에 바르게 처신하는 방법을 연구한다. 밖으로는 행실과 법률과 실업에 그 뜻을 두어 명예와 이익이 가장 높아질 수 있다. 의복과 음식과 거처와 약을 한울이치에 맞는 문명의 제도로 몸에 알맞게 하므로 한울이 정한 수명도 누릴 수 있게 된다.

매번 생각이 움직일 때 그 생각이 외람되고 음란하며 교만하고 방탕하며 탐하고 독하며 속이는 생각이면 그런 생각을 제거한다. 나쁜 생각을 없애면 생각으로 움직이는 행실이 법을 어기는 일이 없

---

32 수와 복을 누리는 것이 아마도 교를 신앙하는 가장 솔직한 목적일 것이다. 신앙하면 과연 수와 복이 오는가? 수는 병 없이 건강하게 장수하는 것이요, 복은 사업 성공으로 생각할 수 있다. 한울이 정하신 생명 이치를 알고 그에 따른 삶을 살면 질병 없이 장수하겠지만 그렇지 않으면 병으로 고통 받고 단명할 것이다. 이것을 연구하는 학문이 의학이다. 의학에서 말하는 질병 원인은 명료하다. 자야 할 때 안 자고 먹어야 할 때 안 먹고, 먹지 말아야 할 것을 먹고 휴식이 필요할 때 쉬지 못하는 것 등이다. 감염도 이런 것들로 인해 신체 방어기제가 약해지면 잘 온다. 이런 이치를 알아 지키면 물약자효가 왜 안 되겠는가?(해월신사법설 영부주문, 해월신사법설 기타 참조) 사업 성공도 마찬가지. 사람들 마음을 잘 읽고 순리대로 한다면 사업에 성공하지 못할 리 없지 않은가! 누구나 아는 이치를 욕심이 마음거울을 가리면 보이지 않게 된다.(고생할 때 당사자는 이유를 몰라 헤매지만 주변 사람은 다 안다) 그러므로 항상 한울 마음으로, 객관의 입장에서 관하는 수련을 해야 한다.

을 것이고, 바른 생각으로 농상공의 사업을 하면 사업의 성공으로 괴롭고 가난한 일이 없을 것이다. 이것이 지극한 복이 아니겠는가.

무릇 한울 이치를 따라 바른 생각과 바른 행을 하는 사람이 도덕의 군자요 명예의 군자이다. 한울은 군자에게 인간의 수명과 복으로 대접하니, 그 수명과 복은 어디에서 따라 왔겠는가?

문: 교를 신앙하는 목적은 무엇입니까.

교를 신앙하는 목적은 무엇입니까?

답: 대범 신(信)은 정성의 근본이라. 정성스러운 마음으로써 생각과 말과 일을 살피며, 다만 그 뿐만 아니라 그 살피는 것으로 말미암아 생각과 말과 일이 확실히 효력이 있는가 없는가 하여 또 다시 살피느니, 살피면 사람의 일동일정(一動一靜)이 자연히 천리(天理)에 합당(合當)할 것이요, 천리에 합당하면 일신상 광채(光彩)와 사회문명이 다 고등한 이치를 점령하리니, 사람의 정도는 살피는 범위 속에 진퇴(進退)한다 이름이 가(可)하도다. 그런고로 날마다 살피는 공부를 힘쓰는데, 밤 열시를 당하여 당일 살피던 마음과 살피던 것을 인연(因緣)하여 옳은 생각을 둠과 옳은 말을 발(發)함과 옳은 일을 행(行)하던 조건을 낱낱이 조사하여 선악의 다소(多少)를 비교하며, 그 살피던 마음과 조사하는 성력(誠力, 정성하는 노력)을 날마다 연속하여, 날이 쌓여 달이 되고 달이 쌓여 해가 되도록 일만 분이라도 해타(懈惰, 게으른)한 마음이 없으면, 내종(乃終) 회계(會計)에 자연히 옳은 것

이 많을 것이요, 그 마음으로 또 여러 해를 지내면 순연(純然)한 옳은 것뿐 이 회계에 나타나리니, 살피는 공(功)이 대저 어떠한가. 그러나 살피는 것 이 준적(準的)[33]이 없으면 마음이 항상 현황(眩慌, 어둡고 어렴풋)하며 주 저(躊躇)하여 방향을 정定치 못하는 고로, 먼저 사람의 선악과 세상의 치 란지사(治亂之事, 다스려지거나 어지럽거나 한 일들)를 증거하되, 시초에 무슨 생각과 무슨 말과 무슨 일에 근본하여 종말에 무슨 결과가 나타나는 것을 역사상 사적(事蹟)과 학문상 의견에 참고하여, 살피는 공부에 큰 준 적을 삼느니라.[34] 준적을 비록 세우고자 하나 꺼리고 두려운 마음이 없으 면 자행자지(自行自止, 제멋대로)하여 근본이 완고(完固, 완전하고 단단) 하기 어려운 고로, 항상 천주를 모셔 엄숙하며 공경하는 마음으로 준적 근 본을 삼느니라.[35]

무릇 믿음은 정성의 근본이다. 정성스러운 마음으로 생각과 말과 일을 할 때 한울님께 고하며 한울 이치에 맞는지, 한울님 마음에 흡 족한지 살핀다. 그뿐 아니라 그렇게 살피는 것으로 생각과 말과 일 이 확실히 변화가 있는가 또 다시 살핀다. 그렇게 한울 이치를 살피

33 준적; 활쏘기에서 표적을 겨냥하는 것. 어떤 목적의식이 있어야 함을 말씀하신 것이다.
34 사람들 살아온 경험이 모두 공부가 되고 스승이 될 것이다. 그 살아온 역사를 거울하고 자 함이 역사를 기록하고 공부하는 목적이요, 역사 속에서 사람이 교훈해야 할 요점을 정 리한 것이 성인들 가르침과 학문들일 것이다.
35 성령이 근본임을 알고 육신과 욕념은 객체임을 알면 함부로 행할 수 없다. 그러므로 한울 을 모시고 위하고 공경하는 것이 모든 도의 시작이다.

며 행하면 모든 일동일정이 자연히 천리에 합당할 것이고, 천리에 합당하면 한 사람의 삶 뿐 아니라 그 사회도 또한 문명이 고등한 이치로 빛이 날 것이다. 그러므로 사람이 얼마나 성취하는가 하는 정도는 살피는 범위가 얼마나 되는가에 따라 나아가고 물러감이 결정되는 것이다.

그러므로 날마다 살피는 공부에 힘써야 할 것이다. 밤 열시 또는 하루를 마무리 할 때, 그날 살피던 마음과 살피던 것에 따라 옳은 생각을 한 것과 옳은 말을 한 것과 옳은 일을 행한 것을 낱낱이 조사하여 선악이 얼마나 많고 적은지 비교한다. 그렇게 살피던 마음과 조사하는 정성을 날마다 연속하여, 날이 쌓여 달이 되고 달이 쌓여 해가 되도록 게으르지 않으면, 나중에 세어 볼 때 자연히 옳은 것이 많아질 것이다. 그런 마음으로 여러 해를 지내면 순전히 옳은 것만 회계에 나타날 것이다. 그러니 한울 마음을 살피는 공이 얼마나 큰가?

그러나 살피는 것에 목적의식이 없으면 마음이 어둡고 어렴풋하여 주저하게 되고, 방향을 정하지 못하게 된다. 그러므로 이전 사람들의 선악과 세상의 난리를 다스렸던 일들을 공부하여, 처음 무슨 생각과 무슨 말과 무슨 일로 시작되어 어떤 결과가 나타났는지 역사의 사적과 학문적 의견을 참고하면, 한울 이치를 살피는 공부에 큰 목표를 삼을 수 있다. 목표를 세우고자 하나 삼가하고 두려운 마음이 없으면 제멋대로 하여 근본을 단단히 다지기 어렵다. 그러므로 목표를 세울 때는 항상 한울님을 모셔 엄숙하고 공경하는 마음으로 그 근본을 삼아야 한다.

문: 천주[36]는 무형(無形) 중에 계시거늘 사람이 어찌 써 모시며, 천주를 모시는 연유(緣由)는 무엇입니까.

한울님은 무형 중에 계시는데 사람이 어떻게 모시며, 한울님을 모시는 까닭은 무엇입니까?

답: 천주가 무형 중에 계시는 고로 사람이 무형한 마음으로써 모시나니, 천주가 만일 유형(有形)하시어 사람이 그 얼굴이 뵈오며 그 언어를 통하면, 사람의 공손(恭遜)한 낯빛과 공경한 말씀으로 천주의 뜻을 맞추기 쉬우며, 한 번 맞춘 뒤에는 사람의 마음이 혹 나태하기 쉽거니와, 천주를 항상 무형 중에 모셔 노여워하시는지 기뻐하시는지 측량(測量)하기 어려운 고로, 사람의 조심하고 공경하는 마음이 더욱 돈독(敦篤)하느니라.[37] 통상(通常) 사람의 마음이 항상 어른의 위엄(威嚴)에 꺼리든지, 덕화(德化)에 감동하든지, 양단 간(兩端間) 나타나는 일이 있은 후에야, 어른을 섬기는 마음이

---

36 한울님을 한자로 표기하면 天主가 된다.(동경대전, 포덕문, 논학문) 그 외 상제, 귀신, 음양, 천지부모 등 다양한 표현이 경전에 사용된다. 어찌됐건 그 모두 사람이 부르는 것이지 한울님은 그저 이름에 상관없는 한울님일 뿐이다.(다른 종교의 신의 명칭도 마찬가지)
37 무형한 한울을 모시는 마음은 그래서 더욱 삼가고 조심하여 공경을 잊지 않아야 한다. 수운 선생도 '무죄지지'가 가장 무섭다고 하지 않으셨나!

게으르지 아니하거늘, 형용(形容)이 없으며 위엄과 덕화가 사람에게 대단히 관계가 없는 듯한 천주(天主)에 대하여 조심하며 공경하는 마음이 어찌 돈독하리오마는,[38] 대개 사람이 다 자기의 이익점을 인연하여 조심과 공경하는 실상(實狀)을 지키느니, 천주를 정성으로 모시면 육신의 평생에 복록(福祿)이 진진(津津, 가득)하며, 육신이 세상을 떠난 후라도 명예가 천만년에 현저(顯著)하며, 음덕(陰德)이 자손에게 무궁한 고로[39] 천주를 모시는 마음이 더욱 게으르지 아니하느니라.

한울님이 무형 중에 계시기 때문에 사람이 무형한 마음으로 모시느니라. 한울님이 만일 형상이 있어서 사람이 그 얼굴을 뵙고 말씀이 서로 통한다면, 사람들이 눈앞의 한울님께만 공손한 얼굴빛과 공경한 말씀으로 한울님의 뜻을 맞추기 쉬울 것이다. 한 번 맞춘 뒤에는 사람의 마음이 나태하기 쉽지 않겠는가. 그러나 한울님은 항상 무형 중에 모시므로 노여워하시는지 기뻐하시는지 눈으로 확인하기 어렵다. 그러므로 사람이 조심하고 공경하는 마음이 더욱 도타워진다.

보통 사람의 마음이란 어른의 위엄에 꺼리든지, 덕화에 감동하든

---

38 "무릇 지금 하품 사람은, 보이는 데는 강하고 무형한 데 소홀히 함은 이치의 당연한 것이라. 심히 책하여도 모자랄 것이나 도가 이미 창시하였은즉, 어찌 가히 깨닫지 못한 것으로만 돌려 전연 돌보지 않고 포기하는 밖에 내버려두겠는가."(해월신사법설, 도결)
39 이것이 한울님이 "나를 위하게 하면 너도 또한 장생"(동경대전, 포덕문)한다고 하신 뜻.

지, 둘 중 하나가 되어야 어른을 섬기는 마음이 게으르지 않게 된다. 그런데 모습이 보이지 않고, 겉으로 보이는 위엄도 덕화도 사람들에게 느껴지지 않고 관계가 없는 것 같은 한울님을 사람들이 어떻게 조심하고 공경하겠는가? 대개 사람은 자기의 이익에 따라 조심하고 공경하는 모습을 보인다. 그러므로 한울님을 정성으로 모시면 평생 사는 동안 복과 의식이 가득하며, 몸이 세상을 떠난 후라도 명예가 오래도록 뚜렷하고 그 음덕이 자손에게 무궁한 것을 안다면, 한울님을 모시는 마음이 더욱 게으르지 않을 것이다.

문: 천주를 모시는 절차(節次)는 무엇입니까.
한울님을 모시는 절차는 어떻게 합니까?
답: 아침에 일어나면 먼저 천주께 향하여 종일토록 선(善)한 사람이 되기를 축원(祝願)하며, 밥을 먹을 때에는 먼저 천주께 향하여 육신을 자양(滋養)하는 덕을 축하(祝賀)하며, 생각이 동(動)하든지 말을 하고자 하든지 일을 행(行)하고자 할 때에 먼저 천주께 향하여 선한 사람이 되기를 축원하며, 인(因)하여 자세히 기억하였다가 저녁에 잠을 잘 때를 당하여 당일 기록한 발기(發起)를 조사하여 선악의 부분을 정한 후에, 천주를 받들어 선한 것은 천주께 은덕을 축하하며 악한 것은 자기가 회개(悔改)하기를 축원하되,

매일 한 모양으로 절차를 행하느니라.[40]

아침에 일어나면 먼저 한울님께 그날 하루 선한 사람이 되기를 기도한다. 밥을 먹을 때는 먼저 한울님께 내 몸에 영양을 주고 기르는 덕을 감사드린다. 또한 생각하거나 말을 하거나 일을 행하기 전에 먼저 한울님께 한울을 위하는 생각과 말과 행이 되도록 기도한다. 그렇게 하루를 자세히 기억하였다가 저녁에 잠들기 전에 그날 있었던 일들을 되돌아보고 잘하고 못한 부분을 정한다. 잘한 부분은 한울님의 은덕에 감사드리고, 잘못된 것은 스스로 잘못을 뉘우치고 고치도록 기도한다. 이렇게 매일 같은 모양으로 행하는 것이 절차가 된다.

문: 교의 정신은 무엇입니까.

교의 정신은 무엇입니까?

답: 사람마다 한울 광채(光彩)로 문명하며, 집집마다 한울 광채로 문명하며, 세계가 다 한울 광채로 문명함이 교의 정신이니라.[41]

40　물물천 사사천이다. 하찮은 일이라도 항상 고하고 움직이면 자신의 사욕을 차츰 잊고 천심 인도대로 움직일 수 있을 것이다. 그런 연후 일은 무위이화가 될 것이며, 매일 시작과 마무리를 한울님께 고하고 하루 중에 한울님 간섭을 잊지 않고 생활한다면 일년을 하루같이 보람되고 행복하게 살 수 있을 것이다.

41　나 혼자 오래 살고 잘 살자는 기도와 가르침이 아니다. 나보다 남을 위하고 한울을 위하여 모두 함께 행복한 삶을 살도록 하는 것이 천도교 정신이다. "한 사람이 착해짐에 천하가 착해지고, 한 사람이 화해짐에 한 집안이 화해지고, 한 집안이 화해짐에 한 나라가 화해

사람마다 한울 진리의 빛으로 어리석고 악한 어두움을 바르게 밝혀 인도하는 것이다. 집집마다 한울의 빛으로 밝히고, 세계가 한울의 빛으로 밝히는 것이 교의 정신이니라.

문: 교의 종지(宗旨)는 무엇입니까.

 교의 가장 중요한 가르침은 무엇입니까?

답: 정성스러우며 공경하며 믿으오며 법을 지키는 것으로써 종지로 삼느니라.[42]

 모든 일에 정성을 다하고, 만물을 공경하며, 한울님과 그 진리를 믿으며, 스승님의 가르침을 잘 따르는 것으로 가장 중요한 가르침을 삼는다.

문: 교인의 목적은 무엇입니까.

 교인의 목적은 무엇입니까?

지고, 한 나라가 화해짐에 천하가 같이 화하리니…"(해월신사법설, 대인접물) "천지의 도를 밝히고 음양의 이치를 통달하여 억조창생으로 하여금 각각 그 직업을 얻게 하면 어찌 도덕문명의 세계가 아니겠는가."(해월신사법설, 성인지덕화)

42 "우리 도는 넓고도 간략하니 많은 말을 할 것이 아니라, 별로 다른 도리가 없고 성 · 경 · 신 석자이니라."(동경대전, 좌잠) "우리 교회의 인내천의 일대 목적과 성신환신 · 규모일치 · 지인공애의 삼대 강령과 성경신법 사과와 주문 · 청수 · 시일 · 성미 · 기도의 오관 실행은 교회로서 제정한 유일한 규모니라."(신앙통일과 규모일치; 해월신사법설, 성경신, 의암성사법설, 성심신삼단 참조)

답: 대범 사람의 마음이 육신의 이익에 관계가 중(重)한지라,[43] 신심(信心)으로 천주를 모심에 그 목적이 항상 수(壽)를 누리며 운명(運命)이 통하고 커서 지위가 높으며 복록이 진지(眞摯, 참으로 도타워)하여 재산이 풍족(豊足)하기를 발원(發願)하느니,[44] 천주는 사람의 부모요 주재(主宰)라, 사랑하고 보호하는 마음이 어찌 범연하시리오.

대체로 사람의 마음은 몸의 이익을 중요시한다. 바른 믿음으로 한울님을 모시면 순리대로 살게 되니 한울이 주신 수명을 누릴 수 있다. 한울의 이치를 알고 그에 따르면 한울의 운과 함께 하니 일마다 통하여 지위도 높아지고 복과 의식이 도타워지니 재산도 풍족해지지 않겠는가. 이 모두 한울님은 사람의 부모이자 생명을 간섭하시는 주장이시므로 사랑하고 보호하는 마음이 극진하시기 때문이다.

문: 교인의 면목(面目)은 무엇입니까.

교인의 드러난 됨됨이는 어떻게 해야 합니까?

답: 면목은 자기의 행동이 타인에게 나타나는 자라. 교인의 행동이 항상 덕

---

43 "몸이 있는 동안은 불가불 몸을 주체로 알아야 할 것이니…"(의암성사법설, 성심신삼단) 그러므로 몸의 이익을 외면해서도 안 되고 연연해서도 안 된다. 육신의 이익을 인정하되 집착하지 않고 한울을 위해 쓰려 노력하면 될 것이다.
44 오래 사는 것과 출세하는 것, 복록과 재산, 모두 육신의 이익이다. 이를 잊고 마음을 비우며 수련하면 이들은 자연히 얻어지지만 한울은 모른 채 이익만 추구한다면 어찌 얻을 수 있겠는가?

(德)과 의(義)와 화(化)와 강(强)으로써 때를 따라 면목을 지키느니라.

됨됨이는 자기의 행동이 타인에게 나타나는 것이다. 교인의 행동은 때를 따라, 부족한 곳에선 덕을 베풀 수 있어야 하고, 옳지 못한 곳에서는 의로서 깨우쳐야 하고, 함께 해야 할 곳에서는 하나로 화할 수 있어야 하며, 의혹이 있는 곳에서는 바른 믿음을 굳세게 지킬 수 있어야 한다.

동학네오클래식 06

의암성사법설

등록 1994.7.1 제1-1071
1쇄 발행 2022년 5월 25일

역　주　　라명재
펴낸이　　박길수
편집장　　소경희
편　집　　조영준
관　리　　위현정
디자인　　이주향
펴낸곳　　도서출판 모시는사람들
　　　　　03147 서울시 종로구 삼일대로 457(경운동 수운회관) 1207호
전　화　　02-735-7173, 02-737-7173 / 팩스 02-730-7173
홈페이지　http://www.mosinsaram.com/

인　쇄　　(주)성광인쇄(031-942-4814)
배　본　　문화유통북스(031-937-6100)

값은 뒤표지에 있습니다.
ISBN 979-11-6629-098-5　　04250
SET　978-89-97472-22-2　　04250